마태복음 강해

AN EXPOSITION ON THE GOSPEL ACCORDING TO MATTHEW

〔3판〕

김효성
Hyosung Kim
Th.M., Ph.D.

옛신앙
oldfaith
2025

머리말

주 예수 그리스도(마 5:18; 요 10:35)와 사도 바울(갈 3:6; 딤후 3:16)의 증거대로, 성경은 하나님의 말씀이다. 성경이 하나님의 말씀이며 우리의 신앙과 행위에 있어서 정확무오한 유일의 법칙이라는 고백은 우리의 신앙생활에 있어서 매우 기본적이고 중요하다.

웨스트민스터 신앙고백에 진술된 대로(1:8), 우리는 성경의 원본이 하나님의 감동으로 오류가 없이 기록되었고 그 본문이 "그의 독특한 배려와 섭리로 모든 시대에 순수하게 보존되었다"고 믿는다. 이것은 교회의 전통적 견해이다. 그러므로 우리는 신약성경의 헬라어 비잔틴 다수 사본들의 본문이 순수하게 보존된 성경 원본의 본문에 가장 가까운 본문으로 여전히 받아들여져야 한다고 본다.

성경은 성도 개인의 신앙생활뿐 아니라, 교회의 모든 활동들에도 유일한 규범이다. 오늘날처럼 다양한 풍조와 운동이 많은 영적 혼란의 시대에, 우리는 성경으로 돌아가 성경이 무엇을 말하는지 묵상하기를 원하며 성경에 계시된 하나님의 모든 뜻을 알기를 원한다.

성경으로 설교할지라도 그것을 바르게 해석하고 적용하지 않는다면, 말씀의 기근이 올 것이다(암 8:11). 오늘날 많은 설교와 성경강해가 있지만, 순수한 성경 지식과 입장은 더 흐려지고 있는 것 같다.

그러므로 오늘날 요구되는 성경강해는 성경 본문의 뜻을 명료하게 해석하고 적용하는 것일 것이다. 실상, 우리는 성경책 한 권으로 충분하다. 성도들은, 유일한 선생님이신 성령님의 지도를 구하며 성경을 읽어야 하고, 성경강해는 오직 작은 참고서로만 사용해야 할 것이다.

심히 부족한 종에게 지혜와 분별력과 간절함과 건강을 주시고 또 약한 남편을 위해 일평생 헌신한 아내를 주시고 또 많은 기도와 물질로 후원한 성도들과 합정동 교회를 주신 하나님께만 영광을 돌린다.

내용 목차

본문 혹은 각주에 자주 사용된 약어

KJV (King James Version), NASB (New American Standard Version), NIV (New International Version)--영어번역본들.

Byz (전통적 비잔틴 다수 사본들), M (전통적 비잔틴 다수 사본들의 다수), TR (전수본문 성경).

p[45 66 75] (파피러스 사본 45번-3세기, 66번-200년경, 75번-3세기 초).

א (시내 사본-4세기), A (알렉산드리아 사본- 5세기), B (바티칸 사본-4세기), C (에브라임 사본-5세기), D (베자 사본-5세기), W (워싱톤 사본-5세기).

it[a b d ff2 h k n] (옛 라틴어역 a사본-4세기, b d e ff2 h n사본들-5세기, k사본-4-5세기).

vg (라틴어 벌게이트역-4-5세기), vg[cl] (벌게이트역 클레멘타인판-16세기), vg[ww] (워즈워스-화이트판-19세기), vg[st] (스투트가르트판-20세기).

lat (다수의 옛 라틴어역과 라틴어 벌게이트역),

latt (대다수의 옛 라틴어역과 라틴어 벌게이트역).

syr[p c s] (옛 수리아어 페쉬타역-4-5세기, 쿠레토니안 사본, 시내사본-4세기),

cop[sa] (콥트어 사히딕역), cop[bo] (콥트어 보하이릭역-4-5세기),

cop[meg] (콥트어 Middle Egyptian역-4-5세기).

arm (아르메니아어역-5세기).

Irenaeus[lat gr] (이레니우스-2세기, lat-라틴어 저서, gr-헬라어 저서),

Cyprian (키푸리안-3세기), Origen (오리겐-3세기),

Tertullian (터툴리안-3세기),

Diatessaron[arm syr] (디아테사론[=타티안의 사복음서 대조-2세기] 인용-4세기),

ms (소수의 사본들), mss (다수의 사본들), pt (일부의 사본들).

* (본래의 본문), ( ) (대략적으로 일치함).

Thayer (Joseph H. Thayer, *Greek-English Lexicon of the New Testament*).

BDAG (F. W. Danker, rev. & ed. *A Greek-English Lexicon of the New Testament and Other Early Christian Literature*, 3rd ed.).

Poole (Matthew Poole, *A Commentary on the Holy Bible*).

자세한 내용은 다음의 자료를 참고할 것.
김효성, 『신약성경 전통본문 옹호』 (옛신앙, 2020).
http://www.oldfaith.com/00download/04text/00NTtextual.pdf

서론

'복음'이라는 원어(유앙겔리온 εὐαγγέλιον)는 '좋은 소식'이라는 뜻이다. 예수 그리스도는 하나님께서 세상에 주신 가장 좋은 소식이다. 복음이라는 말은 예수님의 생애를 증거하는 마태복음, 마가복음, 누가복음, 요한복음이라는 네 권의 책에 적용되었다. 예수 그리스도께서 오시지 않았다면 우리는 다 죄로 인해 멸망 받을 자들이었다. 그러나 그가 우리를 구원하시려고 이 세상에 오셨다.

사복음서의 처음 세 권은 공관복음(共觀福音)이라 불린다. '공관'이라는 말은 '함께 보여진'이라는 뜻이다. 처음 세 권은 '대조표'를 만들 수 있을 정도로 비슷한 내용들을 많이 담고 있다. 이와 다르게, 요한복음은 공관복음들의 내용을 보충하는 성격을 띤다.

마태복음의 **저자**는 마태이다. 마태는 예수 그리스도의 열두 제자 중 한 사람이었다. 그는 예수 그리스도의 제자가 되기 전에는 직업이 세리이었다(마 9:9; 10:3). 우리는 예수 그리스도의 제자들이 진실한 증인들이었고 이 책에 기록된 내용들은 다 사실이었음을 믿는다.

마태복음이라는 명칭은 매우 오래된 것이다. 그것은 주후 1세기 말 디다케(80-100년경)에서 자주 사용되었고 바나바 서신(70-100년경)에서는 심지어 '기록되었으되'라는 표현이 사용되면서 인용되었다. 그 외에도 순교자 저스틴(100-165년경) 등 여러 사람들에 의해 인용 혹은 암시되었다.

초대교회는 본서가 사도 마태가 쓴 책이라고 한 목소리로 말한다. 파피아스(60-130년경)는 "마태는 히브리어로 로기아(어록집)를 작성하였다"고 말했다(유세비우스, 교회사, 3. 39. 16). 로기아는 아마 마태가 아람어로 쓴 복음서이며 다른 사람이 그것을 헬라어로 번역했든지(잔), 아니면 마태가 아람어로 쓴 그리스도의 말씀들을 담은 한 책이며 후에 그가 또 헬라어로 그의 복음서를 기록하였을 것이다(벵겔, 엘리코트). 이레니우스(130-200년경)는 "마태는 또한 히브리인들의 방언으로 된 하나의 기록된 복음서를 히브리인들 가운데 내어놓았다"고 말했다(이단반박, 3. 1. 1). 오리겐(185-254년)도 본서를 마태의 저작으로 돌린다(유세비우스, 교회사, 4. 25. 4). 마태는 특별히 뛰어난 사도가 아니었으므로 그가 본서를 기록하지 않았다면 본서가 그에게 돌려진 것은 이상한 일일 것이다. 로마제국의 세금 공무원이었던 그는 아람어와 헬라어를 잘 알았을 것이다.

마태복음의 **저작 연대**는 주후 45-50년경이라고 본다. 초대교회는 많은 핍박을 당했고 이런 환경 속에서 신자들의 믿음을 견고케 하고 위로 격려하며, 또 핍박하는 유대인들에게 복음이 성경(구약성경)에 예언된 내용들의 성취임을 증거하는 것이 필요하였을 것이다. 전통에 의하면, 사도 마태는 15년간 팔레스틴에서 전도사역을 했고 그 후 이방나라들로 갔다. 그러므로 그는 팔레스틴을 떠나기 전에 유대인들을 위하여 본서를 기록했을 것이다. 또 주후 70년의 예루살렘 멸망의 사건이 미래의 일로 예언되어 있는 것을 보면, 본서는 주후 70년 이전에 기록되었을 것이라고 추측된다.

마태복음에는 다음 몇 가지 **특별한 점들**이 있다.

(1) 마태복음은 예수께서 성경 곧 구약성경에 예언된 메시아이심을 강조한다. 마태복음 1:1, "아브라함과 다윗의 자손 예수 그리스도." 본서에는 '다윗의 아들'이라는 표현이 아홉 번이나 나오고, 구약성경의 인용이나 암시가 약 65회 나온다.

(2) 본서는 왕과 왕국(나라)을 다루는 구약적 요소를 지닌 책이다. 본서에는 '천국'(하늘나라)이라는 말이 33회나 나온다.

(3) 본서에는 '의로운'이라는 말(디카이오스 δίκαιος)이 19회, '의'라는 말(디카이오쉬네 δικαιοσύνη)이 여섯 번 나온다. 의 혹은 의롭다는

말은 구약의 율법, 특히 십계명에 맞는 것을 의미한다.

(4) 본서에는 복음서들 중에 유일하게 '교회'(16:18; 18:17, 17)라는 말이 나온다.

(5) 본서는 예수 그리스도를 선생님으로 강조한다. 본서에는 예수 그리스도의 교훈들이 많이 증거되어 있다. 물론, 그가 구주와 주님이시라는 것은 본서 전체에 전제되어 있다.

(6) 본서에는 여섯 개의 설교들 혹은 교훈들이 있다:

5-7장, 산상설교.

10장, 전도자 파송의 교훈.

13장, 천국에 대한 비유들.

18장, 겸손과 용서에 대한 교훈.

23장, 바리새인들의 위선에 대한 책망.

24-25장, 재림 징조와 종말에 대한 교훈(감람산 교훈).

(7) 본서에는 열다섯 개의 비유와 스무 개의 기적이 나온다.

(8) 본서에는 이방인들에 대한 특별한 관심이 있다. 1장에는 예수 그리스도의 족보에 이방 여인들 두 명(여리고 성의 기생 라합과 모압 여자 룻)이 언급되고, 15장에는 가나안 여자의 믿음의 간구를 들어주신 내용이 나오고, 28장에는 복음을 온 세계 모든 족속에게 전하라는 주 예수 그리스도의 명령이 나온다.

(9) 본서에는 다른 복음서들에 없는 내용들이 있는데, 가룟 유다의 후회, 돌문의 인봉, 보초병의 배치, 성도들의 부활 등의 사건이다.

(10) 본서에는 '그때에'라는 말(토테 τότε)이 매우 빈번하게(90회) 사용된다. 다른 복음서들과 비교해보면, 그 말은 마가복음에는 6회, 누가복음에는 14회, 요한복음에는 10회만 나온다.

1장: 예수 그리스도의 족보, 초자연적 임신

1-17절, 예수 그리스도의 족보

〔1절〕 **아브라함과**[아브라함의 자손,] **다윗의 자손 예수 그리스도의 세계(世系)**(비블로스 게네세오스 βίβλος γενέσεως)[족보의 책, 족보]**라.**

"아브라함의 자손, 다윗의 자손 예수 그리스도"라는 말은 구약과 신약의 연결고리로서 예수 그리스도께서 구약성경에 예언되고 약속된 메시아시라는 뜻이다. 하나님께서는 아브라함에게 "네 씨로 말미암아 천하 만민이 복을 얻으리라"고 약속하셨고(창 22:18), 또 다윗에게 그의 몸에서 날 자식으로 그 나라의 왕위를 영원히 견고케 하리라고 약속하셨다(삼하 7:12-13, 16). 하나님께서 아브라함에게와 다윗에게 하신 약속들은 메시아에 대한 약속이었다. 선지자 이사야, 예레미야, 에스겔, 호세아 등은 장차 오실 메시아를 '다윗의 왕위에 앉을 자'(사 9:7), '다윗의 의로운 가지'(렘 23:5), '내 종 다윗'(겔 34:23), '그 왕 다윗'(호 3:5)이라고 불렀다.

예수께서 구약성경에 약속된 메시아시라는 사실은 세 가지 진리를 보여준다. 첫째로, 하나님께서 하시는 일에는 때가 있다. 모든 일에는 때가 있다(전 3:1). 하나님의 때는 종종 긴 세월이 필요하다. 아브라함은 주전 2천년경의 인물이고, 다윗은 주전 천년경의 인물이다. 많은 세월이 흘러서 하나님의 정하신 때가 되었다. 하나님께서는 언제나 조급하지 않으신다. 그에게는 천년이 하루 같으시다(벧후 3:8).

둘째로, 하나님께서는 약속을 지키신 분이시다. 그는 아브라함의 씨를 통하여 천하 만민이 복을 받게 하시겠다는 약속과, 다윗의 자손으로 영원한 왕위를 얻게 하시겠다는 약속을 지키셨다. 사람은 심령의 정직함과 진실함이 없어서 혹은 약속을 지킬 여건이 되지 못해서 약속을 어긴다. 시간 약속을 어기고 빌린 돈을 갚겠다는 약속을 어긴다. 약속을 어기는 것은 죄이다(롬 1:31). 그러나 하나님께서는 약속을 지키시는 분이시다. 그는 약속대로 메시아를 보내주셨다.

셋째로, 하나님께서는 약속을 지키실 수 있는 능력을 가진 분이시다. 그는 세상의 모든 일을 만세 전에 계획하시며 그것을 이루시는 주권자이시다. 사람은 자신의 능력의 한계성 때문에 약속을 못 지킬 경우가 있으나 하나님께서는 그렇지 않으시다.

〔2-3절〕 아브라함이 이삭을 낳고 이삭은 야곱을 낳고 야곱은 유다와 그의 형제를 낳고 유다는 다말에게서 베레스와 세라를 낳고 베레스는 헤스론을 낳고 헤스론은 람을 낳고.

마태가 증거하는 예수 그리스도의 족보에는 특별한 이름들이 있다. 그것들은 다 하나님의 특별한 은혜를 입은 죄인들의 이름이다. 실상, 마태복음을 쓴 마태 자신도 과거에 죄인이었다. 그는 당시의 사람들이 비난하고 정죄했던 세리 즉 세관 공무원이었다. 그런 그가 하나님의 은혜를 받아 예수님의 열두 제자 중의 한 사람이 되었고 신약성경 27권 중 한 권을 쓴 성경 기록자가 된 것이었다.

마태가 예수님의 족보 속에 쓴 특별한 이름들 중 하나는 다말이다. 다말은 유다의 며느리이었다. 유다는 아내가 죽은 후 외롭게 지내다가 창녀라고 생각한 한 여자에게 들어갔는데, 그가 바로 다말이었다. 다말은 남편이 죽은 후 시아버지가 옛날 풍습대로 시동생을 남편으로 주지 않기 때문에 의도적으로 그런 일을 저질렀었다. 이것은 유다에게 부끄러운 실수이었고 다말에게도 악한 일이었다. 하나님께서는 모든 사람이 죄인임을 아셨기 때문에 예수 그리스도를 보내주셨고, 그로 말미암아 그들의 수치스런 죄악들을 깨끗케 하기를 원하셨다.

〔4-5절〕 람은 아미나답을 낳고 아미나답은 나손을 낳고 나손은 살몬을 낳고 살몬은 라합에게서 보아스를 낳고 보아스는 룻에게서 오벳을 낳고 오벳은 이새를 낳고.

예수 그리스도의 족보에 기록된 또 다른 특별한 이름은 라합과 룻이다. 라합은 여리고 성의 창녀이었고, 룻은 모압 여인이었다. 그 둘은 다 이방인이었다. 한 사람은 부도덕하고 천한 신분의 이방 여인이었고, 다른 한 사람은 젊어서 과부가 된 불행했던 이방 여인이었다. 그러나 이 둘의 공통점은 그들이 다 이방인이었으나 하나님을 경외하게 되었다는 점이다. 라합은 천한 죄인이 존귀한 성도가 된 경우이었고, 룻은 불행한 이방인이 복된 선민이 된 경우이었다. 이것은 신약시대에 이방인들이 은혜로 구원 얻을 것을 예시한 것이 분명하다.

〔6-11절〕 이새는 다윗 왕을 낳으니라. 다윗은 우리아의 아내에게서 솔로몬을 낳고 솔로몬은 르호보암을 낳고 르호보암은 아비야를 낳고 아비야는 아사를 낳고 아사는 여호사밧을 낳고 여호사밧은 요람을 낳고 요람은 웃시야를 낳고 웃시야는 요담을 낳고 요담은 아하스를 낳고 아하스는 히스기야를 낳고 히스기야는 므낫세를 낳고 므낫세는 아몬을 낳고 아몬은 요시야를 낳고 바벨론으로 이거할[강제 이송될] **때에 요시야는 여고냐와 그의 형제를 낳으니라.**

예수 그리스도의 족보에는 우리야의 아내라는 여인도 언급되었다. 우리야는 다윗의 충성스러운 신하이었다. 그러나 다윗은 우리야의 아내인 밧세바를 범하고 그 죄를 은닉하기 위하여 그 남편 우리야를 고의로 전장(戰場)에 내세워 죽게 했다. 그것은 다윗의 생애에 지울 수 없는 큰 오점(汚點)이며 큰 죄이었다. 그러므로 다윗은 하나님의 엄한 징계를 받아야 했다. 밧세바가 낳은 첫 아기는 죽었고 다윗은 자기 집에 칼이 영영히 떠나지 않는 벌을 받았다. 그러나 이런 실수 외에는 다윗은 역사상 보기 드문 경건하고 의로운 사람이었다.

예수 그리스도의 족보에는 악한 남자들도 많이 들어 있다. 다윗의 자손들인 유다의 왕들은 대부분 악한 자들이었다. 솔로몬은 노년에 우상숭배에 떨어졌다. 그의 아들 르호보암은 교만한 자이었다. 아사는 경건하였으나 말년에 발에 병이 있었을 때 하나님께 구하지 않고 의사에게 구하였다. 여호사밧도 경건했으나 악한 왕 아합과 교제를 끊지 않음으로 그의 자녀들의 타락과 부패의 길을 닦았다. 요람[여호람]은 아합의 딸을 취함으로 북방 이스라엘의 우상숭배를 본받았고 말년에는 하나님께서 치시므로 창자에 고치지 못할 병이 들어 아끼는 자 없이 세상을 떠났다. 유다 왕들의 명단에 아하시야, 요아스, 아마샤, 세 명의 이름이 생략되어 있으나, 그들도 다 악한 자들이었다.

그 다음, 웃시야는 교만해져 제사장의 일을 하려 하다가 나병이 들어 여생을 마쳤다. 므낫세는 가장 악한 왕이었다. 그의 많은 우상숭배로 유다 왕국은 결국 멸망에 이르렀다. 아몬, 여고냐(여호야긴) 등도 악하였다. 마침내 유다 왕국은 멸망했고 70년간의 바벨론 포로생활로 이어진다. 구약시대의 역사 전체가 그러하지만, 이스라엘과 유다 열왕들의 역사는 사람들의 연약함과 죄악됨을 증거하였다. 그러나 메시아의 족보는 그런 연약한 사람들을 통해 흘러 내려왔다. 사람들의 많은 부족과 연약과 실패에도 불구하고, 하나님께서는 그의 구원 계획을 이루어 오셨다. 그는 그의 크신 긍휼로, 죄인들을 능히 구원할 구주를 보내셨고 또 그들을 실제로 구원하신 주권자이시다.

〔12-17절〕 바벨론으로 이거한[강제 이송된] **후에 여고냐는 스알디엘을 낳고 스알디엘은 스룹바벨을 낳고 스룹바벨은 아비훗을 낳고 아비훗은 엘리아김을 낳고 엘리아김은 아소르를 낳고 아소르는 사독을 낳고 사독은 아킴를 낳고 아킴은 엘리웃을 낳고 엘리웃은 엘르아살을 낳고 엘르아살은 맛단을 낳고 맛단은 야곱을 낳고 야곱은 마리아의 남편 요셉을 낳았으니, 마리아에게서 그리스도라 칭하는 예수가**[께서] **나시니라. 그런즉 모든 대수가 아브라함부터 다윗까지 열네 대요 다윗부터 바벨론으로 이거(移居)할 때까지 열네 대요 바벨론으로 이거(移居)한 후부터 그리스도까지 열네 대러라.**

마태복음 1장의 족보는 누가복음 3장의 것과 좀 다른데, 그 차이는 다음 몇 가지로 설명될 수 있을 것이다. 첫째로, 옛 시대에는 오늘날처럼 한 사람이 두 가지 이상의 이름을 가지고 있는 일이 종종 있었다. 둘째로, 옛 시대에도 입양(入養) 제도가 있었고, 또 형이 죽으면 동생이 형수와 결혼하여 형의 후손이 끊어지지 않게 하는 수혼(嫂婚) 제도도 있었다(신 25:5-10). 셋째로, 누가복음 3장의 족보는 마리아의 족보일지도 모른다(루터, 벵겔, 라이트푸트, 고데, 브로더스, 매튜 풀, 매튜 헨리). 비록 우리가 마태복음과 누가복음의 족보들 간의 차이에 대한 정확한 이유를 알지 못하지만, 우리는 성경의 진실성과 권위를 믿기 때문에 그 두 족보가 다 진실하고 정확하다고 생각한다.

본문의 교훈을 정리해보자. 첫째로, 하나님께서는 아브라함의 자손, 다윗의 자손으로 메시아를 보내주셨다(1절). 그는 메시아에 대한 약속을 지키셨다. 그는 신약 성도들에게도 주 예수 그리스도의 재림과 죽은 자들의 부활과 영생과 천국을 약속하셨다. 그는 그 약속도 지키실 것이다. 그러므로 우리는 낙망치 말고 그 약속을 믿고 기다려야 한다.

둘째로, 예수 그리스도의 족보 속에는 다말과 라합 같은 여자들과 악한 왕들의 이름이 들어 있다. 예수 그리스도께서는 죄인들을 구원하기 위해 죄인들의 구주로 오셨다. 그는 "건강한 자에게는 의원이 쓸데없고 병든 자에게라야 쓸데 있느니라," "내가 의인을 부르러 온 것이 아니요 죄인을 부르러 왔노라"고 말씀하셨다(마 9:12-13). 하나님의 뜻은 죄인들이 예수 그리스도를 믿고 죄사함과 의롭다 하심을 얻는 것이다. 죄인이었던 우리는 예수 그리스도를 믿고 죄사함과 의롭다 하심을 얻었다.

셋째로, 사람들의 많은 부족과 연약과 실패에도 불구하고, 하나님께서는 그의 구원 계획을 이루어 오셨다. 크신 긍휼의 주 하나님께서는 택하신 죄인들을 구원할 구주로 자신의 독생자를 보내주셨고 그들을 실제로 구원하셨다. 사람은 하나님의 하시는 일을 다 알 수 없다. 그러므로 우리는 오늘날 우리의 연약함이나 교회들의 배교와 타협과 혼란 때문에 낙심하지 말고 하나님의 작정과 섭리가 지금도 진행되고 있음을 믿어야 하고, 세상의 악인들은 악을 행할지라도, 참된 성도들은 열심을 품고 주를 섬기며, 참 교회를 세우고 의와 선을 행해야 한다.

18-25절, 예수 그리스도의 초자연적 임신

〔18-25절〕 예수 그리스도의 나심은 이러하니라. 그 모친 마리아가 요셉과 정혼[약혼]**하고 동거하기 전에 성령**[님]**으로 잉태된**[임신된] **것이 나타났더니 그 남편 요셉은 의로운 사람이라. 저를 드러내지 아니하고 가만히 끊고자 하여 이 일을 생각할 때에 주**[님]**의 사자가 현몽하여**[꿈에 나타나] **가로되**[말하기를] **다윗의 자손 요셉아, 네 아내 마리아 데려오기를 무서워 말라. 저에게 잉태된**[임신된] **자는 성령**[님]**으로 된 것이라.** [그 여자가] **아들을 낳으리니** [너는 그의] **이름을 예수라 하라. 이는 그가 자기 백성을 저희 죄에서 구원할 자이심이라 하니라. 이 모든 일의 된 것은 주께서 선지자로 하신 말씀을 이루려 하심이니 가라사대**[말씀하시기를] **보라, 처녀가 잉태**[임신]**하여 아들을 낳을 것이요 그 이름은 임마누엘이라 하리라 하셨으니 이를 번역한즉 하나님이**[께서] **우리와 함께 계시다 함이라. 요셉이 잠을 깨어 일어나서 주**[님]**의 사자의 분부대로**[명한 대로] **그 아내를 데려 왔으나 아들**[그 여자의 맏아들][1)]**을 낳기까지 동침치 아니하더니 낳으매 이름을 예수라 하니라.**

본문은 몇 가지 사실을 증거한다. 첫째로, 본문은 예수 그리스도께서 다윗의 자손으로 오셨음을 증거한다. 예수께서는 요셉과 약혼한 마리아에게서 나셨는데, 요셉은 다윗의 자손으로 불리었다. 20절, "이 일을 생각할 때에 주의 사자가 꿈에 나타나 말하기를, 다윗의 자손 요셉아, 네 아내 마리아 데려오기를 무서워 말라. 저에게 잉태된 자는 성령으로 된 것이라." 누가복음 1:27, "다윗의 자손 요셉이라 하는 사람과 정혼한 처녀에게 이르니 그 처녀의 이름은 마리아라."

구약성경은 메시아께서 다윗의 자손으로 오실 것을 예언하였다. 이사야 11:1, "이새의 줄기에서 한 싹이 나며 그 뿌리에서 한 가지가 나서 결실할 것이요." 예레미야 23:5, "보라, 때가 이르리니 내가 다윗에게 한 의로운 가지를 일으킬 것이라." 에스겔 34:24, "나 여호와는 그들의 하나님이 되고 내 종 다윗은 그들 중에 왕이 되리라."

---

1) Byz C D* W it$^{(d)}$ vg syr^{p} arm Diatessaron 등.

둘째로, 본문은 예수께서 성령님의 능력으로 마리아에게 임신되어 탄생하셨다고 증거한다. ① 마리아는 요셉과 약혼하였고 동거하기 전에 ② 성령님으로 임신된 것이 드러났다(18절). ③ 그녀의 남편 요셉은 의로운 사람이었고 자기 약혼녀의 임신 사실을 드러내지 않고 가만히 끊고자 하였다(19절). 예수님의 법적 부친인 요셉은 경건하고 의롭고 착한 사람이었다. ④ 그때 하나님의 천사가 꿈에 나타나 "다윗의 자손 요셉아, 네 아내 마리아 데려오기를 무서워 말라. 저에게 임신된 자는 성령님으로 된 것이라"고 말하였다(20절). ⑤ 또 그는 이것이 구약성경의 예언을 성취한 것이라고 말하였다. 이것은 이사야 7:14의 말씀이었다. "보라, 처녀가 임신하여 아들을 낳을 것이요 그 이름은 임마누엘이라 하리라." 자유주의자들이 '처녀'라는 원어(알마 עַלְמָה)를 '젊은 여자'로 번역하려 했지만, 그 말은 성경에서 사용된 용례로 볼 때 '결혼한 젊은 여자'를 가리키지 않고 '처녀로 간주되는 젊은 여자, 즉 소녀'를 가리킨다(창 24:16, 43). 그러므로 고대 헬라어 70인역은 이 단어를 '처녀'(파르데노스 παρθένος)라고 번역하였다. ⑥ 요셉은 잠을 깨어 일어나 주의 천사의 지시대로 행하여 그의 아내를 데려왔으나 그 여자의 맏아들을 낳기까지 동침치 않았다(24-26절, 전통본문). 예수님의 법적 부친인 요셉은 절제심도 있는 사람이었다.

예수 그리스도께서는 성령님의 능력으로 처녀 마리아의 몸을 통해 탄생하셨다. 그는 마리아의 맏아들이셨다(25절; 눅 2:7; 막 6:3). 하나님의 영원하신 아들 예수께서 이렇게 사람이 되신 것은 그의 신성(神性)과 무죄성(無罪性)에 합당했다. 그는 요셉과 마리아의 관계에서 보통 사람들의 출생 방법으로 나지 않으셨다. 누가복음 1:35, "이러므로 나실 바 거룩한 자께서는 하나님의 아들이라 일컬으리라."

예수 그리스도께서는 단지 한 훌륭한 종교적 인물이 아니셨다. 우리는 단지 그의 사상이나 인격을 본받는 자들이 아니다. 물론, 그는 우리의 모범이시다. 그러나 그는 우리의 모범 이상이시다. 그는 우리의 찬송과 경배의 대상이시다. 신약성경은 그에게 신적 명칭, 신적 속성, 신적 사역, 신적 영광을 돌린다. 특히 그의 모든 기적들은 그의 신적 인격을 증거한다. 우리는 예수 그리스도의 신성(神性)의 영광을 믿는다. 우리는 그가 하나님과 본질적으로 동일하시고 동등하신 분이심을 믿는다.

셋째로, 본문은 예수께서 죄인의 구주이심을 증거한다. 21절, "아들을 낳으리니 이름을 예수라 하라. 이는 그가 자기 백성을 저희 죄에서 구원할 자이심이라 하니라." '예수'라는 헬라어(예수스 Ἰησοῦς)는 '여호수아'(예호슈아 יְהוֹשֻׁעַ)라는 히브리어와 같은데, '여호와께서는 구원이시다'는 뜻이다. 메시아께서 하시는 일은 구원의 일이시다. 그는 죄인들을 구원하시는 구주로 이 세상에 오셨다.

구원은 단지 질병이나 가난이나 환경적 재해로부터의 구원이 아니고, 죄로부터의 구원이다. 죄가 사람들의 근본적 문제요, 그 외의 것들은 죄의 결과로 생긴 문제들일 뿐이다. 메시아께서는 죄인들을 불러 회개시키러 오셨다. 누가복음 5:32, "내가 의인을 부르러 온 것이 아니요 죄인을 불러 회개시키러 왔노라." 마태복음 20:28, "인자(人子)가 온 것은 섬김을 받으려 함이 아니라 도리어 섬기려 하고 자기 목숨을 많은 사람의 대속물로 주려 함이니라." 디모데전서 1:15, "미쁘다, 모든 사람이 받을 만한 이 말이여, 그리스도 예수께서 죄인을 구원하시려고 세상에 임하셨다 하였도다. 죄인 중에 내가 괴수니라."

예수 그리스도께서는 엄격히 말해 '자기 백성'(21절) 즉 하나님께서 세상에서 택하신 자들을 구원하시기 위해 오셨다. 성경은 선택의 진리를 가르친다. 주께서는 "아버지께서 내게 주신 자들"이라는 표현을 사용하셨다(요 6:37, 39). 사도 바울은 하나님께서 만세 전에 자기 백성을 택하셨다고 증거하였다(엡 1:4-5). 예수 그리스도께서는 바로 그들을 위해 대속 제물이 되기 위해 오셨고 그들을 구원하신다.

예수 그리스도께서는 오늘도 죄인을 구원하시는 일을 계속하신다. 그 일은 오늘도 참 교회들을 통해 이루어지고 있다. 전도는 교회의 첫 번째 임무, 곧 교회의 사명이다. 그러므로 참 교회들에 속한 성도들은 하나님의 뜻을 깨닫고 하나님의 구원 사역을 위하여 그들의 몸과 시간과 물질을 거룩하게, 즐거이 드려야 한다.

넷째로, 본문은 주의 천사가 꿈에 요셉에게 나타났다고 증거한다. 사두개인들은 부활도 없고 천사도 없고 영도 없다고 믿었으나, 우리는 천사의 존재를 믿는다. 그런데 오늘날에는 왜 천사들이 나타나지 않는가? 그것은 천사들이 나타날 필요성이 없기 때문이다. 옛 시대에 천사들이 나타난 것은 하나님의 특별계시를 전달하기 위함이었다. 그러나 하나님의 특별계시는 예수 그리스도의 탄생과 그의 기적들과 그의 십자가의 죽음과 그의 부활로 이루신 속죄사역과 그 진리들을 증거하는 신약성경으로 완성되었고 그러므로 중지되었다. 하나님의 모든 뜻은 오늘날 신구약 66권의 성경에 충족하게 기록되어 있다.

히브리서 1:1-2, "옛적에 선지자들로 여러 부분과 여러 모양으로 우리 조상들에게 말씀하신 하나님이 이 모든 날 마지막에 아들로 우리에게 말씀하셨으니." 누가복음 16:31, "모세와 선지자들에게 듣지 아니하면 비록 죽은 자 가운데서 살아나는 자가 있을지라도 권함을 받지 아니하리라." 고린도전서 13:8-10, "예언도 폐하고 방언도 그치고 지식도 폐하리라. 우리가 부분적으로 알고 부분적으로 예언하니 온전한 것이 올 때에는 부분적으로 하던 것이 폐하리라."

개혁교회는 하나님께서 자신을 특별하게 계시하셨던 이전의 방식들이 중단되었다고 믿는다. 웨스트민스터 신앙고백 1:1, ". . . 이것이 성경을 가장 필요하게 만든다. 하나님께서 그의 백성에게 그의 뜻을 계시하시던 이전의 방식들이 지금 중지되었기 때문이다." 우리가 그렇게 믿는 것은 신구약성경이 하나님의 충족한 말씀임을 믿기 때문이다. 요한계시록 22:18-19, "내가 이 책의 예언의 말씀을 듣는 각인에게 증거하노니, 만일 누구든지 이것들 외에 더하면 하나님이 이 책에 기록된 재앙들을 그에게 더하실 터이요, 만일 누구든지 이 책의 예언의 말씀에서 제하여 버리면 하나님이 이 책에 기록된 생명나무와 및 거룩한 성에 참여함을 제하여 버리시리라." 우리는 성경대로 믿고 사는 것으로 충분함을 알아야 하고 그렇게 믿어야 한다.

본문의 교훈을 정리해보자. 첫째로, 주 예수 그리스도께서는 다윗의 자손으로 오셨다. 예수 그리스도께서는 아브라함과 다윗의 자손이시다. 그것은 구약성경의 예언의 성취이다. 하나님께서는 구약의 선지자들을 통해 예언하신 바를 그대로 이루셨다. 예수께서는 실제로 다윗의 혈통은 아니시지만, 법적으로 다윗의 자손으로 오셨다. 그는 다윗의 자손인 요셉과 정혼한 마리아에게서 탄생하셨다. 그는 참 사람으로 오셨다.

둘째로, 예수 그리스도께서는 성령님의 능력으로 처녀 마리아에게서 나셨다. 그것은 초자연적 임신과 탄생이었다. 본문은 예수 그리스도께서 성령님으로 임신되셨다고 두 번이나 말했다(18, 20절). 그것도 구약 예언의 성취이었다. 이사야 7:14, "보라, 처녀가 임신하여 아들을 낳을 것이요 그 이름을 임마누엘이라 하리라." 그의 독특한 초자연적 탄생은 그의 신성(神性)과 무죄성(無罪性)에 합당했다. 사람의 부부관계에서 난 자들은 원죄가 없을 수 없다. 그러나 예수께서는 죄 없는 거룩한 인격이셨다. 또 그는 본래 사람이 아니셨고 하나님의 영원하신 아들이셨다.

셋째로, 무엇보다 예수 그리스도께서는 죄인들의 구주이시다. 21절, "아들을 낳으리니 이름을 예수라 하라. 이는 그가 자기 백성을 저희 죄에서 구원할 자이심이라." 사람들과 세상의 근본 문제는 죄 문제이다. 예수 그리스도께서는 죽음으로 그 문제를 해결하셨다. 디모데전서 1:15, "미쁘다, 모든 사람이 받을 만한 이 말이여, 그리스도 예수께서 죄인을 구원하시려고 세상에 임하셨다 하였도다. 죄인 중에 내가 괴수니라."

2장: 예수 그리스도의 탄생과 피신

1-12절, 동방박사의 경배

〔1-3절〕 헤롯 왕 때에 예수께서 유대 베들레헴에서 나시매 동방으로부터 박사들이 예루살렘에 이르러 말하되 유대인의 왕으로 나신 이가[께서] 어디 계시뇨? 우리가 동방에서 그의 별을 보고 그에게 경배하러 왔노라 하니 헤롯왕과 온 예루살렘이 듣고 소동한지라.

본문은 예수 그리스도의 탄생과 동방박사들의 방문에 대해 증거한다. 예수 그리스도께서는 헤롯 왕 때에 탄생하셨다. 헤롯 왕은 헤롯 대왕이라고 불리는데 주전 40년부터 주전 4년까지 로마 제국의 지배 아래 유다 땅에 세움을 받아 다스렸던 왕이었다. 본장은 예수 그리스도의 탄생 시점을 알려주는데, 그것은 헤롯 대왕 때라는 것이며 그러므로 예수 그리스도의 탄생은 주전 4년 이전에 있었다고 보인다.

신약성경에서 예수 그리스도의 탄생 시점을 보여주는 또 한 구절은 누가복음 2:1-7이다. 거기에 보면, 그때는 로마 황제 가이사 아구스도(옥타비아누스, 주전 27년부터 주후 14년경까지 통치)가 칙령을 내려 온 천하로 다 호적하라고 했던 때이었고, 그것은 구레뇨가 수리아 총독 되었을 때 첫 번 한 것이었다(눅 2:2). 구레뇨는 두 번 수리아 총독을 하였다고 보인다. 두 번째는 주후 6-9년이었으므로 해당사항이 없고, 첫 번째는 주전 10-7년으로 보이며 이때 유대 땅에도 호적하는 일이 시작되었다고 보인다. 그러므로 학자들은 예수 그리스도의 탄생 시점을 주전 6년경으로 보기도 한다(*ZPEB*, I, 816, 818).

예수 그리스도께서는 유대 베들레헴에서 탄생하셨다. 그때에 동방으로부터 온 박사들이 그에게 경배하였다. 그들은 별을 연구하는 자들이었던 것 같은데 하나님께서 보여주신 한 특이한 별을 보고 유대인들의 왕이 탄생하셨다고 생각했다. 그들은 유다 나라의 수도 예루살렘에 와서 "유대인들의 왕으로 나신 이가 어디에 계시뇨? 우리가 동방에서 그의 별을 보고 그에게 경배하러 왔노라"고 말했다. 헤롯 왕과 온 예루살렘 사람들은 그들의 말을 듣고 소동하였다.

예수께서는 '유대인들의 왕'으로 탄생하셨다. 이 일은 메시아께서 다윗의 왕위를 잇는 왕으로 오시리라는 구약성경의 예언들의 성취이었다. 이사야 9:6-7, "이는 한 아기께서 우리에게 났고 한 아들을 우리에게 주신 바 되었는데 . . . 그 이름은 . . . 평안의 왕이라 할 것임이라." 예레미야 23:5, "보라, 때가 이르리니 내가 다윗에게 한 의로운 가지를 일으킬 것이라 그가 왕이 되어 지혜롭게 행사하며." 에스겔 34:24, "내 종 다윗은 그들 중에 왕이 되리라." 호세아 3:5, "저희가 돌아와서 그 하나님 여호와와 그 왕 다윗을 구하고 말일에는 경외하므로 여호와께로 와 그 은총으로 나아가리라."

〔4-8절〕 왕이 모든 대제사장과 백성의 서기관들을 모아 그리스도가[께서] **어디서 나겠느뇨 물으니 가로되**[말하기를] **유대 베들레헴이오니 이는 선지자로 이렇게 기록된 바 또 유대 땅 베들레헴아, 너는 유대 고을**[두령들, 지도자들] **중에 가장 작지 아니하도다. 네게서 한 다스리는 자가**[께서] **나와서**[나오셔서] **내 백성 이스라엘의 목자가 되**[시]**리라 하였음이니이다. 이에 헤롯이 가만히 박사들을 불러 별이 나타난 때를 자세히 묻고 베들레헴으로 보내며 이르되**[말하기를] **가서 아기에 대하여 자세히 알아보고 찾거든 내게 고하여 나도 가서 그에게 경배하게 하라.**

헤롯 왕은 동방박사들이 말한 유대인들의 왕이 그리스도를 가리킴을 알았다. 그는 모든 대제사장들과 백성의 서기관들을 모아 그리스도께서 어디서 나겠느냐고 물었다. '모든 대제사장들'이라는 말은 그 당시에 대제사장들이 많았음을 보인다. 원래 대제사장은 제사장들 중에 대표자 한 사람이었다. 그러나 주전 2세기 헬라시대 안디오커스 4세 때 이후 제사장직이 속화되고 왕들이 임명하며 돈으로 얻을 수도 있게 되었고 종신직이 아니고 수들도 많아졌으며 헤롯 대왕 때부터 예루살렘 멸망 때까지 28명의 대제사장들이 있었다고 한다(*Thayer*).

헤롯 왕 앞에 모인 그들은 미가 5:2로 대답했다. "베들레헴 에브라다야, 너는 유다 족속 중에 작을지라도 이스라엘을 다스릴 자가 네게서 내게로 나올 것이라." 이와 같이, 이스라엘 나라를 회복하시고 다스리실 메시아께서는 유대 땅 베들레헴에서 나실 것이 예언되어 있었다. 모든 대제사장들과 서기관들은 메시아의 출생지에 대한 성경 예언을 잘 알고 있었으나 아기로 출생하신 그리스도께 경배하기 위해 동방박사들과 함께 간 것 같지는 않다. 그들의 지식은 생명 없는 지식이었다. 참 믿음은 단순한 지식이 아니고 마음의 순종이다. 하나님을 믿는 자는 그를 사랑하고 사모하며 그의 뜻에 순종해야 한다.

헤롯은 가만히 박사들을 불러 별이 나타난 때를 자세히 묻고 베들레헴으로 보내며 말했다. "가서 아기에 대하여 자세히 알아보고 찾거든 내게 고하여 나도 가서 그에게 경배하게 하라." 그러나 헤롯의 속마음은 그렇지 않았다. 그는 성경에 약속된 메시아를 경배하려 한 것이 아니고 오히려 그를 죽이려는 마음을 품고 있었다(16절).

〔9-12절〕 박사들이 왕의 말을 듣고 갈새 동방에서 보던 그 별이 문득 앞서 인도하여 가다가 아기 있는 곳 위에 머물러 섰는지라. 저희가 별을 보고 가장 크게 기뻐하고 기뻐하더라. 집에 들어가 아기와 그 모친 마리아의 함께 있는 것을 보고 엎드려 아기께 경배하고 보배합을 열어 황금과 유향과 몰약을 예물로 드리니라. 꿈에 헤롯에게로 돌아가지 말라 지시하심을 받아 다른 길로 고국에 돌아가니라.

누가복음 2:6-7에 보면, 요셉과 마리아가 호적하러 베들레헴으로 가서 있었을 때 마리아가 해산할 날이 차서 맏아들을 낳아 포대기로 싸서 마구간의 구유에 뉘었는데 여관에 있을 곳이 없었기 때문이다. 또 누가복음 2장은 그 밤에 어린 아기로 탄생하신 그리스도를 방문한 자들은 그 지경에서 양을 치던 목자들이었다고 증거한다.

동방박사들의 방문은 그 후이었다고 본다. 동방박사들은 헤롯 왕의 말을 듣고 갔는데, 자기들이 보았던 그 특이한 별이 갑자기 다시 나타났고 그들을 베들레헴으로 인도하였다. 그 별은 참 신기한 별이었다. 그것은 하나님께서 그들에게 보내주시고 보여주신 별이었다. 그들은 별을 보고 심히 크게 기뻐했다. 놀랍게도 그 별은 아기 예수께서 계신 집 위에 머물러 섰다. 그 동방박사들은 집에 들어가 아기와 그의 모친 마리아가 함께 있는 것을 보고 엎드려 아기께 경배했다. 산모인 마리아와 아기 예수님은 마구간과 구유에서 집으로 옮겨졌던 것 같다. 그들은 아기 예수님을 방문한 특별한 사람들이 되었다.

동방박사들은 하나님의 특별한 은혜를 받은 자들이었다. 그들은 '동방' 곧 먼 이방나라에서 왔다. 그들은 믿음의 환경에서 자란 자들이 아니었다. 그들은 단지 별에 대한 적은 지식을 가지고 하나님께서 주신 기이한 별에 이끌리어 먼 길을 여행하였고 아기 메시아를 찾는 열심을 나타내었다. 그들은 아기께 경배하였고 귀한 예물도 드렸다.

이스라엘 나라 지도자들은 경선한 전통에도 불구하고 죽은 형식적 종교를 가지고 있었으나, 동방박사들에게는 하나님을 경외하는 진지한 열심이 있었다. 그들이 어떻게 그런 경건과 열심을 가지고 그렇게 먼 길을 왔는지 하나님의 기이한 은혜에 놀랄 뿐이다.

동방박사들은 아기께 경배하고 보배합을 열어 황금과 유향과 몰약을 예물로 드렸다. 황금은 세상에서 매우 귀한 물건이다. 또 유향은 향료의 기본적 원료이었고(출 30:34-35), 몰약도 중요한 향료이었고(출 30:23-25; 시 45:8; 잠 7:16-17; 에 2:12), 특히 시체를 보존하는 데도 쓰였다. 예수님의 장례식 때 니고데모는 몰약과 침향(알로에) 섞은 것을 백 근쯤 가지고 와 유대인의 장례법대로 예수님의 시체를 그 향품과 함께 세마포로 쌌었다(요 19:39-40).

동방박사들은 꿈에 헤롯에게로 돌아가지 말라는 지시를 받아 다른 길로 고국에 돌아갔다. 헤롯이 아기를 죽이려 하였기 때문이다.

본문의 교훈을 정리해보자. 첫째로, 예수께서는 유대인들의 왕으로 오셨다. 구약성경은 메시아께서 왕으로 오실 것을 예언하였다(사 9:6-7; 렘 23:5; 겔 34:24; 호 3:5). 누가복음 1장은 천사가 요셉에게 나타나 그와 정혼한 마리아에게 나실 이는 다윗의 왕위를 이어 영원히 왕노릇하실 자라고 예언했다(눅 1:31-33). 유대인들의 왕은 메시아, 이스라엘 나라의 회복자를 가리킨다. 예수께서는 유대인들의 왕이시며 만왕의 왕이시며 교회의 머리이시다. 우리는 그에게 순종하고 그를 섬겨야 한다.

둘째로, 하나님께서는 이방의 동방박사들에게 은혜를 주셨다. 그는 유대 땅의 왕이나 종교지도자들에게 주지 않으셨던 은혜를 그들에게 주셨다. 그는 오늘날도 그가 원하시는 자들에게 환경을 초월하여 긍휼과 구원을 베푸신다. 그는 여리고의 창녀 라합에게 긍휼과 자비를 베푸셨고 모압 여인 룻에게도 은혜를 베푸셨다. 또 그는 이방인 고넬료에게 구원의 은혜를 주셨다. 베드로는 고넬료의 집에 방문했을 때 “각 나라 중 하나님을 경외하며 의를 행하는 사람은 하나님이 받으시는 줄 깨달았도다”라고 말했다(행 10:35). 그는 우리에게도 구원의 놀라운 은혜를 주셨다. 그러므로 우리는 늘 감사함으로 하나님을 믿고 섬겨야 한다.

셋째로, 우리는 예수 그리스도께 경배하며 가장 귀한 예물을 그에게 드려야 한다. 동방 박사들은 먼 곳에서 베들레헴까지 와서 아기 예수께 경배했고 황금과 유향과 몰약을 드렸다. 황금은 세상에서 매우 가치 있는 것이고 유향과 몰약은 귀한 향품들이다. 하나님의 아들 예수 그리스도께서는 죄인들을 구원하시기 위하여 사람이 되셨고 십자가에 달려 죽으셨다. 그는 우리의 경배와 우리의 가장 좋은 예물들을 받으시기에 합당한 분이시다. 시편 2:12, “그 아들에게 입맞추라.” 마가복음 10:29-30, “예수께서 가라사대 내가 진실로 너희에게 이르노니 나와 및 복음을 위하여 집이나 형제나 자매나 어미나 아비나 자식이나 전토를 버린 자는 금세에 있어 집과 형제와 자매와 모친과 자식과 전토를 백 배나 받되 핍박을 겸하여 받고 내세에 영생을 받지 못할 자가 없느니라.”

13-23절, 아기 예수님의 피신과 성장

〔13-15절〕 저희가 떠난 후에 주[님]**의 사자가 요셉에게 현몽하여**[꿈에 나타나] **가로되**[말하기를] **헤롯이 아기를 찾아 죽이려 하니 일어나 아기와 그의 모친을 데리고 애굽으로 피하여 내가 네게 이르기까지 거기 있으라 하시니 요셉이 일어나서 밤에 아기와 그의 모친을 데리고 애굽으로 떠나가 헤롯이 죽기까지 거기 있었으니 이는 주께서 선지자로 말씀하신 바 애굽에서 내 아들을 불렀다 함을 이루려 하심이니라.**

동방박사들이 떠난 후에 주의 사자가 요셉에게 꿈에 나타나 "헤롯이 아기를 찾아 죽이려 하니 일어나 아기와 그의 모친을 데리고 애굽으로 피하여 내가 네게 이르기까지 거기 있으라"고 말했다. 요셉은 일어나서 밤에 아기와 그의 모친을 데리고 애굽으로 떠나가 헤롯이 죽기까지 거기 있었다. 이는 주께서 선지자로 말씀하신 바 애굽으로부터 내 아들을 불렀다 함(호 11:1)을 이루려 하심이었다.

하나님께서는 옛 시대에 꿈을 사용하여 그의 뜻을 알리셨다. 요셉이 마리아와 조용히 절교하려고 생각하였을 때에 주의 사자는 꿈에 나타나 마리아에게 잉태된 자는 성령으로 된 것이니 그를 데려오라고 말했었다(1:20). 주의 사자는 꿈에 동방박사들에게 헤롯에게 돌아가지 말라고 지시했었다(2:12). 그는 또 꿈에 요셉에게 나타나 일어나 애굽으로 피하라고 말하였다(2:13). 또 그는 헤롯이 죽은 후에 꿈에 나타나 이스라엘 땅으로 돌아가라고 지시하였고(2:19), 또 꿈에 요셉 가족이 갈릴리 지방의 나사렛 동네에 거주하도록 지시했다(2:22).

하나님께서는 법적 부친인 요셉으로 하여금 아기 예수님과 그의 모친을 위한 보호자의 역할을 하게 하셨다. 동방박사들이 드린 황금 예물은 요셉 가족의 도피생활을 위해 유용했을 것이다. 실상, 세상의 모든 은금의 주인은 하나님이시다.

〔16-18절〕 이에 헤롯이 박사들에게 속은 줄을 알고 심히 노하여 사람을 보내어 베들레헴과 그 모든 지경 안에 있는 사내[남자]**아이를 박사들에게 자**

세히 알아본 그때를 표준하여 두 살부터 그 아래로 다 죽이니 이에 선지자 예레미야로 말씀하신 바 라마에서 슬퍼하며 크게 통곡하는 소리가 들리니 라헬이 그 자식을 위하여 애곡하는 것이라. 그가 자식이 없으므로 위로받기를 거절하였도다 함이 이루어졌느니라.

헤롯은 박사들에게 속은 줄을 알고 심히 노하여 사람들을 보내어 베들레헴과 그 모든 지경 안에 있는 남자아이들을 박사들에게 자세히 알아 본 때를 표준하여 두 살부터 그 아래로 다 죽였다. 그래서 선지자 예레미야로 말씀하신 바(렘 31:15) 라마에서(베들레헴에서 15 킬로미터 이상 떨어진 곳까지) 슬퍼하며 크게 통곡하는 소리가 들리니 라헬이 그 자식을 위하여 애곡하는 것이라는 말씀이 이루어졌다.

헤롯이 박사들에게 "가서 아기에 대하여 자세히 알아보고 찾거든 내게 고하여 나도 가서 그에게 경배하게 하라"(2:8)고 한 말은 거짓말이었다. 그는 유대인의 왕인 메시아가 자기 아들들의 왕위를 위태하게 한다고 생각하여 그를 죽이려 했을 것이다. 그러나 박사들이 그에게 알려주지 않음으로 그의 은밀한 계획이 실패했을 때, 그는 베들레헴 부근의 2살 이하 남자아이들을 모두 죽이는 유아 대학살의 큰 악을 저질렀다. 헤롯은 참으로 악하였다. 그의 통치연대가 주전 4년에 끝나는 것을 보면, 헤롯은 이런 큰 악을 행한 후에 죽었다.

〔19-23절〕 헤롯이 죽은 후에 주[님]**의 사자가 애굽에서 요셉에게 현몽하여**[꿈에 나타나] **가로되**[말하기를] **일어나 아기와 그 모친을 데리고 이스라엘 땅으로 가라. 아기의 목숨을 찾던 자들이 죽었느니라 하시니 요셉이 일어나 아기와 그 모친을 데리고 이스라엘 땅으로 들어오니라. 그러나 아켈라오가 그 부친 헤롯을 이어 유대의 임금 됨을 듣고 거기로 가기를 무서워하더니 꿈에 지시하심을 받아 갈릴리 지방으로 떠나가 나사렛이란 동네에 와서 사니 이는 선지자**[선지자들](KJV, NASB)**로 하신 말씀에 나사렛 사람이라 칭하리라 하심을 이루려 함이러라.**

헤롯이 죽은 후에 주의 사자가 애굽에서 또 요셉에게 꿈에 나타나서 "일어나 아기와 그 모친을 데리고 이스라엘 땅으로 가라. 아기의 목숨을 찾던 자들이 죽었느니라"고 말했다. 요셉은 일어나 아기와 그 모친을 데리고 이스라엘 땅으로 들어왔다. 그러나 아켈라오(헤롯 아켈라오, 주전 4년-주후 6년)가 그 부친 헤롯을 이어 유대의 임금 됨을 듣고 거기로 가기를 무서워했고 꿈에 지시하심을 받아 갈릴리 지방으로 떠나가 나사렛이란 동네에 와서 살았다. 이것은 선지자들로 하신 말씀에 나사렛 사람이라 칭하리라 하심을 이루려 함이었다.

나사렛 사람(나조라이오스 Ναζωραῖος)은 구약성경의 나실인(히브리어 나지르 נָזִיר(민 6:2), 헬라어 나지르 Ναζίρ(삿 13:5 LXX)나 나제이라이온, Ναζειραῖον '바쳐진 자, 구별된 자')이나 '가지'(히브리어 네체르 נֵצֶר)(사 11:1)와 관련이 있는 것 같다. 예수 그리스도께서는 나실인 중에 나실인이시며, 이새의 뿌리에서 난 한 '가지'이시다.

나사렛 마을은 시골 벽촌이었다. 예수님은 시골 사람이셨다. 그는 어린 시절과 청소년 시절을 시골에서 보내셨다. 거기서 그는 약 30년을 사셨다(눅 3:23). J. C. 라일의 말과 같이, "하나님 앞에서는 사람이 어디에 사느냐보다 그가 어떠한 사람이냐가 더 중요하다." 사람에게 있어서 환경보다 중요한 것은 사람의 됨됨이이다.

본문의 교훈을 정리해보자. 첫째로, 헤롯은 아기 예수님을 죽이려는 악한 일을 계획하였지만, 하나님께서는 비상하게 개입하시고 피할 길을 열어주셨다. 악인들은 악한 일들을 계획하지만 하나님께서는 자기의 종들을 위해 비상하게 개입하시고 그들을 보호하시고 위태할 때는 피할 길을 열어주신다. 하나님께서는 그의 작정하신 바를 다 이루시며 아무도 그의 뜻을 좌절시킬 수 없다. 참새 한 마리도 하나님의 허락이 없이는 땅에 떨어지지 않는다(마 10:29). 성도는 하나님의 뜻을 이룬 후에 순교도 가능하지만, 그 전에는 결코 죽지 않을 것이다. 그러므로 우리는 어떤 상황에서도 염려하거나 낙심치 말고 오직 하나님만 의지하고 기도하며 그가 이루시는 일을 바라보며 참고 기다려야 한다.

둘째로, 헤롯 왕은 유아 대학살의 큰 악을 저질렀다. 악한 사람들은 자신의 유익을 위하여 남을 짓밟고 죽이기도 한다. 그러나 예수 그리스도의 제자된 우리는 세상 사람처럼 이기적이게 악하게 살지 말고 이웃을 사랑하고 서로 사랑해야 한다. 사랑은 오래 참고 온유하며 질투하지 않고 자기의 유익을 구하지 않는다(고전 13:4-5). 참된 신자는 하나님을 경외하고 마음을 다하고 성품을 다하고 힘을 다해 그를 사랑하고, 이웃을 자기 몸같이 사랑하고 서로 사랑하고 원수까지 사랑해야 한다.

셋째로, 예수 그리스도께서는 심히 낮아지셨고 어릴 때부터 고난을 받으셨다. 영화롭고 부요하신 하나님의 아들께서 사람이 되신 것(성육신)은 그의 낮아지심이었다. 그는 우리를 위해 가난해지셨다(고후 8:9). 그는 가난한 가정에 태어나셨고 마리아는 그의 탯줄을 따뜻한 방이나 병원에서가 아니고 쌀쌀했을 마구간에서 끊었다. 얼마 후 요셉은 가난한 자가 드리는 제물인 비둘기를 하나님께 제물로 드렸다. 그는 어릴 때 애굽으로 피신하셨다. 그는 갈릴리의 한 시골 마을 나사렛에서 자라셨다. 그는 평생 집이나 나귀를 개인 소유로 갖지 않으셨다. 그는 때때로 드실 음식이 준비되어 있지 않아서 시장하셨고 유대인들의 오해와 시기와 미움을 받으셨다. 그는 마침내 십자가에 달려 죽으셨다.

우리는 그의 낮아지심과 가난해지심으로 말미암아 구원과 부요함 즉 부활과 영생을 얻었다. 죄로 인하여 허무하고 비천하고 무가치했던 우리, 벌레와 같았던 우리는 하나님의 자녀가 되었고, 기도할 줄 몰랐던 우리가 기도하는 특권을 얻었고, 하나님의 형상을 회복하는 자들이 되었고, 천국 기업을 상속받는 자들이 되었다. 우리는 예수님의 낮아지심을 본받아야 한다. 세상 사람들은 자기를 스스로 높이고 자기를 선전하지만, 하나님을 섬기는 성도는 달라야 한다. 자신을 높이는 자는 낮아지고 자기를 낮추는 자는 높아질 것이다. 우리는 하나님께서 쓰실 때까지 겸손히 자신을 낮추는 자가 되어야 한다. 우리는 예수님의 낮아지심을 본받아야 하고 하나님만 높이고 겸손히 하나님의 뜻을 행해야 한다.

3장: 세례 요한의 사역

〔1-4절〕 그때에 세례[세례주는 자] **요한이 이르러 유대 광야에서 전파하여 가로되**[말하기를] **회개하라, 천국이 가까왔느니라 하였으니 저는 선지자 이사야로 말씀하신 자라 일렀으되**[말하기를] **광야에 외치는 자의 소리가 있어 가로되**[말하기를] **너희는 주**[님]**의 길을 예비하라. 그의 첩경**[길]**을 평탄케 하라**(사 40:3) **하였느니라. 이 요한은 약대**[낙타] **털옷을 입고 허리에 가죽띠를 띠고 음식은 메뚜기와 석청**[야생꿀]**이었더라.**

유대 광야에서 전도한 세례 요한은 예수 그리스도보다 앞서 와서 그의 길을 예비한 자이었다. 그가 외친 내용은 회개하라, 천국이 가까웠느니라는 것이다. 회개는 죄를 인정하고 그것을 미워하고 그것을 청산하는 것이다. 회개는 하나님의 뜻이다. 예수께서도 회개하라고 전파하셨다(마 4:17). 천국은 하나님의 통치하는 나라를 가리킨다. 하나님께서 지으신 세상은 하나님의 나라이어야 했지만, 그렇지 못하고 무신론적 세상, 죄악된 세상이 되었다. 이제 메시아의 오심으로 다니엘 2:44에 예언된 하나님의 나라가 시작될 것이다. 그것이 신약교회이다.

세례 요한은 제사장 가정에서 태어났으므로 제사장의 귀한 의복과 생활 환경에서 살 수 있었으나, 모든 것을 버리고 광야 생활을 선택하였다. 그의 복장은 검소하였고 그의 음식은 단순하고 검소하였다.

〔5-10절〕 이때에 예루살렘과 온 유대와 요단강 사방에서 다 그에게 나아와 자기들의 죄를 자복하고 요단강에서 그에게 세례를 받더니 요한이 많은 바리새인과 사두개인이 세례 베푸는 데 오는 것을 보고 이르되[말하기를] **독사의 자식들아, 누가 너희를 가르쳐 임박한 진노를 피하라 하더냐? 그러므로 회개에 합당한 열매를 맺고 속으로 아브라함이 우리 조상이라고 생각지 말라. 내가 너희에게 이르노니**[말하노니] **하나님이**[께서] **능히 이 돌들로도 아브라함의 자손이 되게 하시리라. 이미 도끼가 나무 뿌리에 놓였으니 좋은 열매 맺지 아니하는 나무마다 찍어 불에 던지우리라.**

많은 사람들이 죄를 자복하고 요단강에서 그에게 세례를 받았다. 사람들의 회개와 구원은 하나님의 전적인 긍휼에 달려 있다.

바리새인들은 당시에 보수주의자들이었고 사두개인들은 자유주의자들이었다. 그들도 요한에게 왔으나 회개했기 때문에 온 것 같지는 않다. 요한이 그들을 '독사의 자식들'이라고 부른 것은 모든 죄인이 영적으로 다 마귀의 자식이며(요 8:44; 요일 3:10) 그들에게 남을 해치는 악한 마음이 있었기 때문일 것이다. 요한은 그들에게 하나님의 임박한 진노를 선포하였다. 또 그는 그들의 헛된 확신을 지적하였다. 그들은 아브라함의 자손이라는 자부심과 함께 헛된 소망을 가지고 있었다. 그러나 그들이 죄를 회개치 않는다면 아브라함의 자손이라는 사실은 그들에게 아무런 의미가 없고 헛된 소망에 불과할 것이다.

그러므로 세례 요한은 그들에게 회개에 합당한 열매를 맺으라고 말하였다. 회개는 죄에서 돌이키는 것이다. 참된 회개는 의지적 결단이 수반되어야 하며 현재의 죄악된 생활을 깨닫고 그것을 청산하고 그것으로부터 돌이키는 것이다. 죄 가운데 머물면서 구원을 말하는 것은 헛된 말이다. 구원은 죄로부터의 구원이기 때문이다. 그러므로 회개는 열매로 나타난다. 그것은 경건과 도덕성의 열매이다.

〔11-12절〕 나는 너희로 회개케 하기 위하여 물로 세례를 주거니와 내 뒤에 오시는 이[께서]**는 나보다 능력이 많으시니 나는 그의 신을 들기도 감당치 못하겠노라. 그는 성령과 불로**[성령님으로](전통본문의 다수) **너희에게 세례를 주실 것이요 손에 키를 들고 자기의 타작 마당을** [완전히](KJV, NASB) **정하게 하사 알곡**[낟알, 곡식]**은 모아 곡간에 들이고 쭉정이**[겨, chaff, husk]**는 꺼지지 않는 불에 태우시리라.**

세례 요한은 특히 자기 뒤에 오실 메시아에 대해 증거하였다. 그는 메시아께서 자기보다 능력이 많으시며 자기는 그의 신을 들기도 감당치 못할 것이라고 말하였다. 과연 메시아께서는 요한과 비교할 수 없이 능력이 많으시다. 그는 단순히 사람이 아니고 하나님의 아들이시다.

세례 요한은 메시아의 사역에 대해 두 가지로 증거하였다. 첫째로, 메시아께서는 성령으로 세례를 주시는 분이시다. 성령의 세례는 죄를 씻으시는 성령의 중생 사역을 가리킨다. 세례는 죄씻음을 상징한다. 요한은 죄씻음을 상징하는 물 세례를 주고 있었으나, 메시아께서는 실제로 죄씻음을 주는 성령의 세례를 주실 것이다. 오늘날 예수 그리스도를 믿은 자는 이미 성령의 세례, 즉 중생과 죄씻음을 받았다.

둘째로, 메시아께서는 불로 심판하시는 분이시다. 알곡[낟알]과 쭉정이[겨]가 나뉘듯이 마지막 심판 때에 의인과 악인이 나뉠 것이다. 의인은 천국에 들이고, 악인은 지옥에 던지울 것이다. 메시아께서는 심판자이시며 그는 악인들에게 지옥의 심판을 내리실 것이다. 지옥의 교리는 예수께서 친히 말씀하신 교리이다(마 10:28; 막 9:43-49).

〔13-17절〕 이때에 예수께서 갈릴리로서 요단강에 이르러 요한에게 세례를 받으려 하신대 요한이 말려 가로되[말하기를] **내가 당신에게 세례를 받아야 할 터인데 당신이 내게로 오시나이까? 예수께서 대답하여 가라사대**[말씀하시기를] **이제 허락하라. 우리가 이와 같이 하여 모든 의를 이루는 것이 합당하니라 하신대 이에 요한이 허락하는지라. 예수께서 세례를 받으시고 곧 물에서 올라오실새 하늘이** [그에게][2] **열리고 하나님의 성령이**[영께서] **비둘기같이 내려 자기 위에 임하심**[오심]**을 보시더니** [보라] **하늘로서 소리가 있어 말씀하시되 이는 내 사랑하는 아들이요 내 기뻐하는 자라 하시니라.**

죄가 없으신 하나님의 아들께서 요한에게 세례를 받으시는 것이 합당치 않으나, 예수께서는 모든 의를 이루기 위해 세례를 받으셨다. 모든 의를 이룬다는 말은 그가 세례 의식을 인정하심과, 모든 택함 받은 자들의 모든 죄를 담당한 자로서 죄사함의 세례를 받으심과, 또 그럼으로써 삼위 하나님의 증거를 받으심을 의미하였다고 본다.

예수께서 세례를 받으시고 곧 물에서 올라오실 때 하늘이 그에게 열리고 하나님의 성령께서 비둘기같이 내려 자기 위에 오심을 보셨

---

2) Byz C W it$^{a\ b\ d\ h}$ vg syr^{p} cop$^{meg\ bo}$ arm Irenaeus^{gr}에 있음.

다. 그때 하늘로부터 "이는 내 사랑하는 아들이요 내 기뻐하는 자라"는 소리가 있었다. 여기에 삼위 하나님의 나타나심이 있었다. 하나님의 아들께서 세례를 받으시고 성령께서 비둘기같이 내려오시고 아버지께서 하늘에서 친 음성으로 증거하셨다.

본장의 교훈을 정리해보자. 첫째로, 세례 요한은 사람들에게 회개하고 회개의 열매를 맺으라고 외쳤다. 후에 예수께서도 같은 내용을 전하셨다(마 4:17). 하나님의 뜻은 사람이 회개하는 것이다. 사도 바울도 자신의 전도 사역을 "하나님을 향한 회개와 우리 주 예수 그리스도께 대한 믿음을 증거한 것"이라고 말했다(행 20:21). 모든 사람은 회개하고 죄악된 삶을 청산해야 하고 그 회개는 실제로 변화된 인격과 삶으로 증거되어야 한다. 우리는 회개해야 하고 또 회개의 증거를 나타내어야 한다.

둘째로, 세례 요한의 복장과 음식은 검소하였다. 성경은 값진 옷이나 호화로운 단장을 금한다(딤전 2:9; 벧전 3:3). 또 성경은 검소한 식생활을 교훈한다(잠 23:20; 딤전 6:7-8). 장차 올 천국에 대한 소망이 없는 자들은 이 세상에서 먹고 마시는 것을 크게 여길 것이나, 내세의 소망을 가진 성도, 이 세상에서 전도와 구제를 큰 임무로 여기는 성도는 그렇지 않다. 천국 소망을 가진 성도들의 복장과 음식은 검소해야 한다.

셋째로, 세례 요한은 메시아께서 성령님으로 세례 주시는 자이시며 또 장차 불로 심판하실 자이심을 증거했다. 성령님의 세례는 중생(重生)의 은혜를 가리키며, 이것은 주께서 주시는 구원이다. 또 주께서는 마지막 날 의인과 악인을 나누시며 천국과 지옥으로 이끄실 심판자이시다.

넷째로, 하나님께서는 친 음성으로 예수께서 하나님의 아들이심을 증거하셨다. 예수께서 세례 요한에게 세례를 받으시고 물에서 올라오실 때 성령께서는 비둘기같이 그에게 임하셨고 아버지께서는 하늘로부터 친 음성으로 그가 하나님의 아들이심을 증거하셨다. 우리는 주 예수 그리스도를 바로 알고 그를 믿고 그를 사랑하며 그를 따라야 한다.

4장: 공적 사역을 시작하심

1-11절, 마귀에게 시험을 받으심

[1절] 그때에 예수께서 성령[님]에게 이끌리어 마귀에게 시험을 받으러 광야로 가사.

예수께서는 성령님의 이끌림을 받아 광야로 가셔서 마귀의 시험을 받으셨다. 인류 역사의 실패는 첫 사람 아담과 하와가 마귀의 시험에 넘어짐으로 시작되었다. 그러므로 이제 인류를 구원하실 메시아의 사역이 마귀의 시험을 이기심으로 시작되는 것은 합당하였다.

[2-4절] 40일을 밤낮으로 금식하신 후에 주리신지라. 시험하는 자가 예수께 나아와서 가로되[말하기를] 네가 만일 하나님의 아들이어든 명하여 이 돌들이 떡덩이가 되게 하라. 예수께서 대답하여 가라사대[말씀하시기를] 기록되었으되 사람이 떡으로만 살 것이 아니요 하나님의 입으로 나오는 모든 말씀으로 살 것이라 하였느니라 하시니.

예수께서는 밤낮 40일을 금식하신 후 주리셨는데, 그때 마귀가 그에게 와서 "네가 만일 하나님의 아들이어든 명하여 이 돌들이 떡덩이가 되게 하라"고 말하였다. 예수께서는 하나님의 아들이시므로 돌에게 명하여 그것이 떡덩이가 되게 하시는 것은 불가능하지 않으셨다. 그러나 예수께서는 "기록되었으되 사람이 떡으로만 살 것이 아니요 하나님의 입으로 나오는 모든 말씀으로 살 것이라"고 대답하셨다.

예수께서는 마귀의 시험들을 물리치실 때 성경말씀을 사용하셨다. 그는 "기록되었으되"라고 세 번 말씀하시며 구약성경을 인용하셨다. 그는 자신의 신적인 권위 대신 성경을 사용하셨다. 성경은 하나님의 말씀이며 우리의 신앙생활에 정확무오한 유일한 규칙이다. 또 에베소서 6:17의 표현대로, 하나님의 말씀은 '성령님의 검'이다. 그것은 마귀의 시험들을 물리칠 수 있는 최선의 무기이며 최선의 대책이다.

예수께서는 자신의 능력을 사용하셔서 돌로 떡을 만들지 않으셨다. 떡은 인생의 삶에 본질적 문제가 아니다. 떡이 없으면 사람이 죽지만 그것은 육신의 죽음일 뿐이며, 영혼의 생명은 또 다른 문제이다. 많은 사람이 돈에 절대 가치를 두고 살고 있지만, 주께서는 부자가 천국에 들어가기 매우 어렵다고 말씀하셨고(마 19:23-24) 사도 바울도 돈을 사랑함이 일만 악의 뿌리가 된다고 말했다(딤전 6:10). 실상, 돈보다 더 중요한 것은 죄사함과 의와 영생을 주는 하나님의 말씀이다.

〔5-7절〕 이에 마귀가 예수[님]**를 거룩한 성으로 데려다가 성전 꼭대기에 세우고 가로되**[말하기를] **네가 만일 하나님의 아들이어든 뛰어내리라. 기록하였으되 저가 너를 위하여 그 사자들을 명하시리니 저희가 손으로 너를 받들어 발이 돌에 부딪히지 않게 하리로다 하였느니라. 예수께서 이르시되**[말씀하시되] **또 기록되었으되 주 너의 하나님을 시험치 말라 하였느니라 하신대.**

마귀는 두 번째로 예수님을 거룩한 성으로 데려다가 성전 꼭대기에 세우고 "네가 만일 하나님의 아들이어든 뛰어내리라. 기록하였으되 저가 너를 위해 그 사자들을 명하시리니 저희가 손으로 너를 받들어 발이 돌에 부딪히지 않게 하리로다 하였느니라"고 말했다. 마귀도 성경을 어느 정도 알지만 바르게 해석하거나 적용하지 못한다. 오늘날도 마귀의 종된 많은 이단들과 거짓 목사들이 성경을 인용하지만, 그것을 바르게 해석하지 못하고 바르게 적용하지 못한다.

예수께서는 "또 기록되었으되 주 너의 하나님을 시험치 말라 하였느니라"고 말씀하셨다. 마귀가 성경을 잘못 인용하고 적용할 때 성경의 다른 말씀을 가지고 반박하는 것이 필요하다. 모든 성경은 하나님의 감동으로 기록되었고(딤후 3:16) 성경의 참 저자는 하나님이시므로 성경에는 통일성이 있다. 그러므로 우리는 성경의 전체적 빛 아래서 부분들을 이해해야 하고 명확한 교훈의 빛 아래서 불명확한 부분을 이해해야 한다. 그러므로 우리는 먼저 성경을 많이 통독해야 한다.

"주 너의 하나님을 시험치 말라"는 말씀은 성도가 어떤 상황에서도 성전 꼭대기에서 뛰어내리는 것같이 주님을 시험하는 일을 해서는 안 됨을 보인다. 기적을 구하는 것은 하나님을 시험하는 것이므로 옳지 않고(고전 10:9) 경계해야 한다. 정상적인 신앙생활은 사람이 할 수 있는 일들을 충실히 하는 것이다. 신앙생활은 신비적 체험을 구하는 것이 아니고(고전 1:22-23) 배고플 때에 먹고 피곤할 때에 쉬고 돈이 필요할 때에 일하는 지극히 정상적인 생활이다. 또 기적을 구하는 것은 자신의 신앙적 교만과 자랑과 명예심에서 나오기 쉽다. 기적을 행한다고 말하는 자들은 흔히 자신을 높이고 확인하기 어려운 일들을 말하며 허풍과 과장이 심하다. 우리는 기적주의를 경계해야 한다.

〔8-11절〕 마귀가 또 그를 데리고 지극히 높은 산으로 가서 천하 만국과 그 영광을 보여 가로되[말하기를] **만일 내게 엎드려 경배하면 이 모든 것을 네게 주리라. 이에 예수께서 말씀하시되 사단아,** [내 뒤로](전통본문)3) **물러가라. 기록되었으되 주 너의 하나님께 경배하고 다만 그를 섬기라 하였느니라. 이에 마귀는 예수**[님]**를 떠나고 천사들이 나아와서 수종드니라.**

마귀는 세 번째로 그에게 "만일 내게 엎드려 경배하면 천하 만국의 영광을 네게 주리라"고 말했으나, 예수께서는 "사단아, 내 뒤로 물러가라. 기록되었으되 주 너의 하나님께 경배하고 다만 그를 섬기라 하였느니라"고 대답하셨다. 천하 만국과 그 영광은 세상에서는 가치가 있으나 마지막 심판 때에 다 불타버릴 허무한 것들이다. 세상은 장망성(將亡城)이다. 마귀가 세상 권세와 영광을 누구에게 줄 권한을 받았다 할지라도, 하나님의 아들 예수께서 마귀에게 엎드려 절할 수는 없다. 우리는 어떤 상황에서도 마귀에게 절해서는 안 된다. 십계명의 제1, 2계명의 명령대로, 우리의 경배의 대상은 하나님뿐이다. 우리는 삼위일체 하나님 한 분 외에 다른 신을 섬기지 말아야 한다. 하나님 아닌 것을 하나님으로 섬기고 그에게 절하는 것은 가장 큰 죄악이다.

---

3) Byz D it$^{(a)\ b\ d\ h}$ syr$^{c\ (s)}$ cop$^{sa-mss\ bo-mss}$ arm Diatessaron^{syr} 등에 있음.

본문의 교훈을 정리해보자. 첫째로, 우리는 마귀의 존재를 인식하고 마귀의 시험을 물리쳐야 한다. 마귀는 실제로 존재한다. 그는 신화적인 존재나 상징적 표현이 아니고 실재하는 자이다. 그는 오늘도 택한 백성을 범죄케 하려 하고 하나님의 교회를 부패시키려 한다. 성도들과 교회는 지금도 마귀와 전쟁 중에 있다(엡 6:10-11; 벧전 5:8). 그러므로 우리는 마귀의 존재를 인식하고 마귀의 여러 가지 시험들을 물리쳐야 한다.

둘째로, 우리는 마귀의 시험을 물리칠 때 성경말씀을 사용하여 물리쳐야 한다. 예수께서는 마귀의 시험을 물리치실 때 세 번 성경말씀을 사용하셨다. 성경은 마귀의 시험을 물리치는 최선의 도구이며 대책이다. 우리는 성경을 많이 읽고 마음에 기억함으로써 마귀가 시험할 때 성경말씀을 검과 같이 사용하여 적절히 인용하여 물리쳐야 한다.

셋째로, 우리는 육신의 양식보다 하나님의 말씀을 더 귀히 여겨야 한다. 사람은 몸과 영혼으로 구성되었고 몸도 중요하지만 실상 영혼이 더 중요하다. 몸의 질병보다 영혼의 죄가 더 중요한 문제이다. 떡은 몸에 유익하지만, 하나님의 입에서 나오는 말씀은 영혼에 유익하다. 그것은 죄사함과 의와 영생을 주는 말씀이다. 성경은 하나님의 말씀이다. 그러므로 우리는 영혼의 양식인 성경말씀을 더 귀하게 여겨야 한다.

넷째로, 우리는 기적주의에 떨어져서는 안 된다. 기적주의란 현실의 문제를 하나님의 기적으로 해결하려는 태도를 가리킨다. 우리는 기적을 믿지만, 기적이 하나님의 일반적 섭리 방식이 아니라는 것도 알아야 한다. 우리는 기적을 구함으로 하나님을 시험하지 말아야 하고 모든 일에 있어서 겸손히, 인내하며 하나님의 계명을 충실히 지켜야 한다.

다섯째로, 우리는 하나님만 섬겨야 한다. 사람의 참 본분은 하나님을 바로 알고 하나님을 두려워하며 마음을 다하고 성품을 다하고 힘을 다하여 하나님을 사랑하고 섬기고 그 계명과 교훈을 순종하는 것이다. 우리는 어떤 상황이나 조건 아래서도 마귀와 세상에 굴복하지 말고 하나님만 높이고 섬기고 영화롭게 하며 그의 명령을 힘써 따라야 한다.

12-25절, 전도 사역을 시작하심

〔12-17절〕 예수께서 요한의 잡힘을 들으시고 갈릴리로 물러 가셨다가 나사렛을 떠나 스불론과 납달리 지경 해변에 있는 가버나움에 가서 사시니 이는 선지자 이사야로 하신 말씀을 이루려 하심이라. 일렀으되[말씀하시기를] **스불론 땅과 납달리 땅과 요단강 저편 해변 길과 이방의 갈릴리여, 흑암에 앉은 백성이 큰 빛을 보았고 사망의 땅과 그늘에 앉은 자들에게 빛이 비취었도다 하였느니라. 이때부터 예수께서 비로소 전파하여 가라사대**[말씀하시기를] **회개하라.** [이는] **천국이 가까왔느니라**[가까웠음이니라] **하시더라.**

예수께서는 세례 요한의 잡힘을 들으시고 이사야 9:1-2의 예언대로 갈릴리 지방에서 그의 전도사역을 시작하셨다. 이로써 죄와 슬픔의 흑암에 앉은 백성이 큰 빛, 참 빛(요 1:9), 예수 그리스도를 보게 되었다. 예수께서는 "회개하라. 이는 천국이 가까웠음이니라"고 말씀하셨다. 그가 전하신 말씀은 세례 요한의 전한 내용과 동일하였다.

회개는 하나님을 섬기지 않고 하나님의 뜻과 상관없이 살던 사람들, 곧 불경건하고 부도덕하던 자들이 하나님께로 돌아오는 것이다. 그것은 죄인이 불경건과 부도덕의 죄를 깨닫고 그 죄를 미워하고 그 죄로부터 돌이키기로 결심하는 것이다. 하나님 없이 사는 것이 죽음이요 불행이었고 하나님께로 돌아오는 것이 생명이요 행복이다.

천국이 가까웠다는 데에 회개의 필요성과 절박성이 있다. 죄인이 회개하고 예수 그리스도를 영접하는 것이 천국에 들어가는 길이며 회개치 않고 죄 가운데 사는 것이 천국에서 제외되는 일이기 때문이다. 모든 사람은 회개하고 천국에 들어가기를 소원해야 한다.

'가까웠다'는 말은 완료시제로서 '이미 가까이 와 있다'는 뜻이다. 천국은 이미 시작되었다는 뜻이다. 구약성경 다니엘서에는 메시아의 시대에 하나님의 영원한 나라가 건설될 것이 예언되어 있다(단 2:44). 이 나라가 예수 그리스도께서 오셔서 전도하심으로 시작된 것이다.

〔18-22절〕 갈릴리 해변에 다니시다가 두 형제 곧 베드로라 하는 시몬과

그 형제 안드레가 바다에 그물 던지는 것을 보시니 저희는 어부라. 말씀하시되 나를 따라오너라. 내가 너희로 사람을 낚는 어부가 되게 하리라 하시니 저희가 곧 그물을 버려두고 예수를[예수님을] **좇으니라. 거기서 더 가시다가 다른 두 형제 곧 세베대의** 아들 **야고보와 그 형제 요한이 그 부친 세베대와 한가지로 배에서 그물 깁는 것을 보시고 부르시니 저희가 곧 배와 부친을 버려두고 예수를**[예수님을] **좇으니라.**

예수께서는 갈릴리 해변에 다니시다가 시몬 베드로와 그의 형제 안드레, 또 세베대의 아들 야고보와 그의 형제 요한을 제자로 부르셨다. 그들은 다 어부들이었는데 그들의 일터에서 부르심을 받았다.

주께서 공적 사역을 시작하시면서 하신 첫 번째 주요한 일은 제자를 삼는 일, 곧 전도자를 부르신 일이었다. 전도는 예수 그리스도의 사명이었고 그는 자신이 전도하기 위해 왔다고 말씀하셨다(막 1:38). 그는 자신이 전도하실 뿐만 아니라 전도할 자들을 제자로 부르셨다. 전도의 일은 중요하며 전도자를 부르는 일도 중요하다.

예수께서는 전도자를 '사람을 낚는 어부'라고 표현하셨다. 그것은 그 어부들이 이해하기 쉬운 표현이었다. 사람을 낚는다는 말은 사람을 구원한다는 뜻이다. 죄인의 구원이 전도자의 임무요 목표이다.

주께서는 '나를 따르라'는 초청의 말로 전도자를 부르셨다. 전도자는 주의 부르심을 통해 세워진다. 오늘날도 그는 전도자들을 부르신다. '나를 따르라'는 말씀은 단순한 초청 이상이다. 그것은 주의 하시는 일을 보고 배우라는 뜻도 내포되어 있다. 전도자는 주님을 따르는 자, 즉 주님의 발자취를 보고 배우며 준비되고 훈련되는 자이다.

부르심을 받은 그들은 즉시 모든 것을 버리고 주를 따랐다. 20절, "저희가 곧 그물을 버려두고 예수를 좇으니라." 22절, "저희가 곧 배와 부친을 버려두고 예수를 좇으니라." 부르시는 그가 누구이신지, 또 부르신 그 일이 무엇인지 안다면 그렇게 응답하지 않을 자가 없을 것이다. 부르심을 받은 자들은 전도하는 일을 위해 그들의 몸과 마음을 바치며 시간과 재능과 돈과 자기 생명까지도 바칠 것이다.

〔23-25절〕 예수께서 온 갈릴리에 두루 다니사 저희 회당[들]에서 가르치시며 천국 복음을 전파하시며 백성 중에 모든 병과 모든 약한 것을 고치시니 그의 소문이 온 수리아에 퍼진지라. 사람들이 모든 앓는 자 곧 각색 병과 고통에 걸린 자, 귀신 들린 자, 간질하는 자, 중풍병자들을 데려오니 저희를 고치시더라. 갈릴리와 데가볼리와 예루살렘과 유대와 요단강 건너편에서 허다한 무리가 좇으니라.

예수께서는 온 갈릴리에 두루 다니시며 세 가지 일을 하셨다. 첫째로, 그는 회당들에서 하나님의 모든 진리를 가르치셨다. 둘째로, 그는 천국 복음을 전파하셨다. 그것은 그가 "회개하라. 이는 천국이 가까웠음이니라"고 전하신 것을 포함할 것이다. 셋째로, 그는 백성 중에 모든 병과 모든 약한 것을 고치셨다. 그에게는 병자들을 고치는 능력이 있으셨고 그들을 불쌍히 여기는 마음도 있으셨으므로, 그는 병자들을 그냥 지나치지 않으셨고 다 고쳐 주신 것이다. 그의 소문은 온 수리아에 퍼졌다. 갈릴리와 데가볼리 뿐만 아니라, 예루살렘과 유대와 요단강 건너편에서도 허다한 무리가 그를 따랐다. 사람들은 모든 앓는 자 곧 각색 병과 고통에 걸린 자, 귀신 들린 자, 간질하는 자, 중풍병자들을 데려왔고 그는 그들을 다 고쳐주셨다.

본문의 교훈을 정리해보자. 첫째로, 주께서는 "회개하라. 이는 천국이 가까웠음이니라"고 전파하셨다. 회개는 불경건과 죄를 버리고 하나님을 경외하고 그의 계명대로 의와 선을 행하는 것을 말한다. 그것은 하나님의 명령이다. 사도행전 17:30, "알지 못하던 시대에는 하나님이 허물치 아니하셨거니와 이제는 어디든지 사람을 다 명하사 회개하라 하셨으니." 천국은 하나님의 통치가 이루어진 나라이다. 그것은 은혜의 나라로 우리 속에 시작된다. 천국은 지금 씨앗처럼 뿌려지고 겨자씨 한 알처럼 자라며 누룩처럼 퍼져나가고 밭에 감추인 보화나 좋은 진주와 같으며 좋은 물고기와도 같다(마 13장). 사람은 중생하여 예수 그리스도를 믿음으로 하나님의 나라에 들어간다. 골로새서 1:13, "그가 우리를 흑암의 권세에서 건져내사 그의 사랑의 아들의 나라로 옮기셨으니." 또 천국은 주 예수 그리스도의 재림 때 영광의 나라로 이루어질 것이다.

둘째로, 전도자들이 필요하고 중요하다. 주 예수께서는 전도자들을 부르셨다. 사람은 전도를 통해 구원을 받는다. 로마서 10:14-15, 17, "그런즉 저희가 믿지 아니하는 이를 어찌 부르리요. 듣지도 못한 이를 어찌 믿으리요. 전파하는 자가 없이 어찌 들으리요. 보내심을 받지 아니하였으면 어찌 전파하리요. 기록된 바 아름답도다, 좋은 소식을 전하는 자들의 발이여 함과 같으니라," "그러므로 믿음은 들음에서 나며 들음은 그리스도의 말씀으로 말미암았느니라." 예수께서는 자신이 전도하기 위해 오셨다고 말씀하셨다(막 1:38). 전도는 예수님의 사명이었다. 그는 자신이 전도하실 뿐 아니라, 이 사명을 이을 전도자들을 부르셔서 제자로 삼으셨고 그들이 그를 보고 배우며 훈련을 받게 하셨다. 오늘날도 교회는 전도자들을 부르고 훈련시키고 전도하게 해야 한다.

셋째로, 교회는 예수님의 사역을 계승해야 한다. 본문에서 예수님의 사역은 세 가지로 증거되었다. 그는 각 회당에서 하나님의 말씀을 가르치셨고 천국 복음을 전하셨고 모든 병자들을 고쳐주셨다. 교회는 주님의 사역을 계승해야 한다. 첫째, 교회는 천국 복음을 전파해야 한다. 우리는 사람들에게 죄를 회개하고 예수 그리스도를 믿음으로 구원을 얻고 천국에 들어갈 준비를 하라고 전해야 한다. 이것은 교회의 첫 번째 임무이며 사명이다. 둘째, 교회는 모든 성경말씀, 즉 하나님께서 주신 모든 교리와 생활 교훈을 잘 가르쳐야 한다. 이를 위해 우리는 성경을 많이 읽고 연구함으로써 성경에 대한 바르고 풍성한 지식을 가져야 한다. 셋째, 교회는 병약하거나 가난하거나 어려운 일 당한 자를 돌아보아야 한다. 비록 우리에게 예수님처럼 병 고치는 능력은 없지만, 교회는 복음 전도와 말씀 교훈과 함께 그가 가지셨던 사랑과 긍휼의 심정으로 병환자나 가난한 자나 어려운 일 당한 자들을 돌아보아야 한다.

5장: 완전한 의의 삶

1-6절, 팔복 (1)

〔1-2절〕 예수께서 무리를 보시고 산에 올라가 앉으시니 제자들이 나아 온지라. 입을 열어 가르쳐 가라사대[말씀하시기를].

5-7장은 산상보훈(山上寶訓)이라고 불린다. 마태는 무리와 제자들을 구별하는 것 같다. '무리'는 이런 저런 동기로 예수께 나온 자들이며, '제자들'은 예수님의 말씀을 배우고 그를 본받으려는 자들을 가리킨다고 본다. 오늘날에도 교회에는 두 부류가 있을 것이다.

예수께서는 먼저 여덟 번 복된 자들을 언급하셨다. 이것은 '팔복(八福)'이라고 불린다. 처음 네 가지 복은 구원을 얻기 위한 준비이고, 나머지 네 가지 복은 구원 얻은 자들의 덕이라고 본다.

〔3절〕 심령이 가난한 자는 복이 있나니 천국이 저희 것임이요.

심령이 부유한 자는 자신이 지혜와 지식, 의와 사랑이 있다고 생각하여 하나님을 찾지 않고 구원의 필요를 느끼지 않는 교만한 자이며, 심령이 가난한 자는 자신이 지혜와 지식, 의와 사랑이 부족함을 깨달아 하나님을 찾고 구원의 필요를 느끼는 겸손한 자이다.

불신앙과 불순종은 교만과 함께 간다. 교만은 하나님 대신 자신을 높이고 신뢰하는 것이기 때문이다. 그러나 자기라는 것과, 또 자기가 의뢰하는 돈이나 세상의 것들은 환난 날에 자기를 구원하지 못하며 영생을 보장하지 못하며 지옥에서 자기를 구원해내지도 못한다.

믿음은 가난한 심령에서 시작된다. 겸손한 자만이 하나님을 두려워하고 그를 믿고 그를 따를 수 있다. 심령이 가난하지 않으면 아무도 믿음의 길에 들어설 수 없다. 가난한 심령 자체가 하나님의 은혜이며 은혜 받은 자의 모습이다. 하나님께서는 이사야 66:2에서 "무릇 마음이 가난하고 심령에 통회하며 나의 말을 인하여 떠는 자 그 사람은 내가 권고(眷顧)하리라[돌아보리라]"고 말씀하셨다.

심령이 가난한 자는 천국이 그의 소유가 될 것이다. 성경에 증거된 대로 사람은 회개하고 예수님을 믿어 구원을 얻음으로 천국에 들어간다. 그러므로 주께서 하신 말씀은 사람이 회개하고 예수님을 믿고 구원을 얻으려면 우선 자신의 빈곤을 알아야 한다는 뜻이라고 본다. 우리는 겸손하게 우리 자신이 지혜와 지식이 부족하고 의와 사랑이 부족한 존재라는 것을 깨달아야 믿음의 길에 들어설 수 있다.

또 예수님 믿고 구원 얻은 자도 계속 겸손해야 한다. 우리는 우리의 부족과 무능력을 늘 인식하고 우리의 우리된 것이 하나님의 전적 은혜임을 늘 인정하며 살아야 한다. 하나님께서는 교만한 자를 물리치시고 겸손한 자에게 은혜를 베푸신다(약 4:6; 벧전 5:5).

〔4절〕 애통하는 자는 복이 있나니 저희가 위로를 받을 것임이요.

사람에게 복이 되는 애통은 자신의 죄에 대한 회개의 애통뿐이다. 죄인은 하나님 앞에서 자신의 죄를 깨닫고 자신의 죄의 심각함, 즉 하나님께서 죄를 미워하시고 노하신다는 사실을 깨달아야 하고 자신의 부족과 죄를 인해 애통해야 한다. 그런 자가 구원을 얻을 수 있다.

다윗은, "하나님의 구하시는 제사는 상한 심령이라. 하나님이여, 상하고 통회하는 마음을 주께서 멸시치 아니하시리이다"라고 말하였다(시 51:17). 또 요엘은, "여호와의 말씀에 너희는 이제라도 금식하며 울며 애통하고 마음을 다하여 내게로 돌아오라 하셨나니 너희는 옷을 찢지 말고 마음을 찢고 너희 하나님 여호와께로 돌아올지어다"라고 말하였다(욜 2:12-13). 예수께서 한 동네에 들어가셨을 때 죄인인 한 여자가 향유 담은 옥합을 가지고 그의 뒤로 와 그 발 곁에 서서 울며 눈물로 그 발을 적시고 자기 머리털로 씻고 그 발에 입맞추고 향유를 부었다. 그것은 회개의 눈물이었다고 본다(눅 7:37-38).

자신의 죄 때문에 애통하는 자는 위로를 받을 것이다. 그것은 죄 문제의 해결을 통해, 즉 죄사함을 통해 이루어질 것이다. 앞에 말한 그 여자에 대해 예수께서 "저의 많은 죄가 사하여졌도다"라고 말씀하시고 그에게 "네 믿음이 너를 구원하였으니 평안히 가라"고 하셨듯이 (눅 7:47, 50), 애통하는 자는 위로를 받을 것이다. 죄의 용서는 지극히 크고 놀라운 하나님의 은총이다. 왜냐하면 그 무엇으로도 씻을 수 없고 하나님의 공의의 진노를 피할 수 없는 우리의 더러운 죄가 구주 예수 그리스도의 대속(代贖)의 피로 단번에 깨끗케 되기 때문이다.

〔5절〕 온유한 자는 복이 있나니 저희가 땅을 기업으로 받을 것임이요.

온유하다는 말은 겸손하다는 말과 비슷하다. 그것은 교만함, 완고함, 패역함, 목이 곧음과 반대된다. 교만한 마음은 불신앙과 불순종으로 나아가지만, 겸손하고 온유한 마음은 믿음과 순종으로 나아간다. 온유는 믿음의 성품이다. 믿는 자와 믿으려 하는 자는 심령이 온유해야 한다. 사람은 온유하고 겸손한 마음을 가져야 하나님과 주 예수님을 믿고 그의 모든 교훈을 받아들이고 거기에 순종할 수 있다.

온유한 사람은 땅을 기업으로 받는 복을 얻는다. 여기의 '땅'은 이 세상에서 땅을 얻는 것을 의미하지 않고 새 하늘과 새 땅 곧 천국에 들어가는 것을 말한다. 세상에서는 강한 자나 힘센 자가 땅을 차지하겠지만, 천국은 다르다. 천국은 온유한 자가 얻는다. 온유한 자만 주 예수 그리스도를 영접하고 믿을 것이기 때문이다. 온유하고 겸손한 사람은 주 예수 그리스도를 믿고 구원 얻어 천국에 들어갈 것이다.

구원 얻은 자들도 여전히 온유해야 한다. 온유는 예수 그리스도의 성품이다. 예수께서는, "나는 마음이 온유하고 겸손하니 나의 멍에를 메고 내게 배우라"고 말씀하셨다(마 11:29). 온유는 또한 성령의 열매이다(갈 5:23). 그러므로 사도 바울은 "모든 겸손과 온유로 하고 오래 참음으로 사랑 가운데서 서로 용납하라"고 교훈하였고(엡 4:2), 또

"너희는 하나님의 택하신 거룩하고 사랑하신 자처럼 긍휼과 자비와 겸손과 온유와 오래 참음을 옷 입으라"고 말했다(골 3:12).

〔6절〕 의에 주리고 목마른 자는 복이 있나니 저희가 배부를 것임이요.

의는 하나님의 계명에 일치하는 것 즉 그 계명대로 사는 것이다. 그것은 경건과 도덕성이다. 의에 주리고 목마른 것은 자신에게 의가 없고 죄만 많다는 것을 깨닫는 것을 말한다. 자신이 의가 없는 죄인임을 깨닫지 못하는 자는 구원을 얻을 수 없다. 고린도전서 6:9-10, "불의한 자가 하나님의 나라를 유업으로 받지 못할 줄을 알지 못하느냐? 미혹을 받지 말라. 음란하는 자나 우상숭배하는 자나 간음하는 자나 탐색하는 자나 남색하는 자나 도적이나 탐람하는 자나 술취하는 자나 후욕하는 자나 토색하는 자들은 하나님의 나라를 유업으로 받지 못하리라." 로마서 3:10-12, "기록한 바 의인은 없나니 하나도 없으며 깨닫는 자도 없고 하나님을 찾는 자도 없고 다 치우쳐 한가지로 무익하게 되고 선을 행하는 자는 없나니 하나도 없도다."

본문의 교훈을 정리해보자. 팔복(八福)의 처음 네 가지 복은 구원을 얻기 위한 준비이고, 나머지 네 가지 복은 구원 얻은 자들의 덕들이라고 본다. 사람은 자신이 지식과 믿음이 없고 의가 없음을 깨닫고 심령이 가난해야 하고, 자신의 죄 때문에 참으로 애통해야 하고, 하나님과 사람 앞에서 온유한 마음을 가져야 하고, 하나님 앞에서 의에 주리고 목마른 자가 되어야 한다. 그럴 때 그는 참으로 회개하고 구주 예수님을 믿고 구원 얻을 수 있다. 이것은 하나님의 전적인 은혜이다.

그러나 우리는 예수 그리스도를 믿고 구원 얻은 후에도 자신의 부족을 늘 깨닫고 겸손해야 하고, 자신의 실수와 부족을 늘 애통해야 하며, 온유한 마음을 품고 하나님의 은혜를 구하고 말씀을 사모하며 사람들 앞에서도 겸손하고 온유해야 하고, 오직 예수 그리스도의 의만 의지하고 성경의 교훈대로 정직하고 선하게만 살기를 힘써야 한다.

7-12절, 팔복 (2)

〔7절〕 긍휼히 여기는 자는 복이 있나니 저희가 긍휼히 여김을 받을 것임이요.

두 번째 네 가지 복은 구원 얻은 자의 덕이라고 본다. 첫째는 긍휼히 여기는 것이다. 긍휼은 우리를 구원하신 하나님의 성품이다. 사도 바울은, "긍휼에 풍성하신 하나님께서 우리를 사랑하신 그 큰 사랑을 인하여 허물로 죽은 우리를 그리스도와 함께 살리셨도다"라고 말하였다(엡 2:4-5). 예정도, 속죄(贖罪)도, 중생(重生)도 하나님의 긍휼에서 시작되고 완성된다. 우리의 우리된 것은 오직 하나님의 긍휼로 말미암은 것이다. 그러므로 남을 긍휼히 여기는 것은 구원 얻은 성도의 당연한 태도이어야 한다. 그러므로 사도 바울은 에베소서 4:32에서 "서로 인자하게 하며 불쌍히 여기며 서로 용서하기를 하나님께서 그리스도 안에서 너희를 용서하심과 같이 하라"고 권면하였다.

긍휼히 여기는 자는 긍휼히 여김을 받을 것이다. 마태복음 6:14-15에 보면, 주께서는 "너희가 사람의 과실을 용서하면 너희 천부께서도 너희 과실을 용서하시려니와 너희가 사람의 과실을 용서하지 아니하면 너희 아버지께서도 너희 과실을 용서하지 아니하시리라"고 말씀하셨다. 마지막 심판 때에 하나님께서는 긍휼히 여긴 자들을 긍휼히 여기실 것이며, 긍휼히 여기지 않은 자들을 긍휼 없이 대하실 것이다. 그러므로 야고보는 야고보서 2:13에서 "긍휼을 행하지 아니하는 자에게는 긍휼 없는 심판이 있으리라"고 말하였다. 하나님의 크신 긍휼과 은혜로 구원 얻은 우리는 남을 긍휼히 여겨야 마땅하다.

〔8절〕 마음이 청결한 자는 복이 있나니 저희가 하나님을 볼 것임이요.

아담이 범죄한 후, 사람의 마음은 태어날 때부터 매우 부패되어 있다. 그러므로 예레미야는 "만물보다 거짓되고 심히 부패한 것은 마음이라"고 말했다(렘 17:9). 주께서도 "마음에서 나오는 것은 악한 생각과 살인과 간음과 음란과 도적질과 거짓 증거와 훼방이니, 이런 것들이 사람을 더럽게 하는 것이요"라고 말씀하셨다(마 15:19-20). 사람의 마음이 더러운 것은 물욕, 정욕, 명예욕 같은 욕심 때문이다. 사람의 욕심은 사람으로 죄를 짓게 한다. 마음이 청결한 자는 모든 욕심을 다 버리고 죄씻음을 얻은 자를 가리킨다. 우리는 깨끗한 마음을 지켜야 한다. 그래야 거룩하신 하나님을 감히 섬길 수 있다.

마음이 청결한 자는 하나님을 볼 것이다. 그것은 장차 천국에서 그의 영광을 보는 것을 말할 것이다. 하나님께서는 거룩하신 영이시므로 마음이 더러운 자, 곧 죄와 탐욕으로 더러운 자는 하나님의 나라에 들어갈 수 없고 하나님의 영광을 볼 수 없다. 그러나 마음이 청결한 자는 하나님의 영광을 볼 것이다. 하나님께서는 영이시므로, 우리가 그를 우리의 육신의 눈으로 볼 수 없으나, 우리는 하나님을 알고 그의 나라에 들어갈 수 있고 그의 영광을 볼 수 있고 거기에서 그의 영광의 형상인 우리 주 예수 그리스도를 뵈올 수 있을 것이다.

〔9절〕 화평케 하는 자는 복이 있나니 저희가 하나님의 아들이라 일컬음을 받을 것임이요.

'화평케 한다'는 말은 두 가지 의미를 가진다고 본다. 첫째로, 그것은 하나님과 화목하게 한다는 뜻이라고 본다. 사람은 죄 때문에 하나님과 원수가 되었으나 우리는 예수 그리스도의 십자가 속죄사역으로 화목케 되었다. 로마서 5:10, "곧 우리가 원수 되었을 때에 그 아들의 죽으심으로 말미암아 하나님으로 더불어 화목되었은즉." 골로새서 1:20-22, "그의 십자가의 피로 화평을 이루사 만물 곧 땅에 있는 것들이나 하늘에 있는 것들을 그로 말미암아 자기와 화목케 되기를 기뻐하심이라. 전에 악한 행실로 멀리 떠나 마음으로 원수가 되었던 너희를 이제는 그의 육체의 죽음으로 말미암아 화목케 하사."

그러므로 하나님과 화목케 하는 것은 복음 전도로 영혼을 구원하는 일이다. 구원 얻지 못한 자는 하나님과 원수 관계에 있지만, 구원 얻은 자마다 하나님과 화목하게 되는 것이다. 그러므로 사도 바울은 하나님께서 그리스도로 말미암아 우리를 자기와 화목하게 하시고 또 우리에게 화목하게 하는 직무를 주셨다고 말하였다(고후 5:18).

둘째로, 화평케 한다는 말은 사람들 간의 화목도 의미한다고 본다. 하나님과 화목한 자들은 서로 간에도 화목하기를 힘쓸 것이다. 서로 화목하는 것은 구원 얻은 성도들의 마땅한 행위이다. 갈라디아서 5:19-21은, 원수를 맺는 것과 분쟁과 시기와 분냄과 당 짓는 것과 분리함과 이단과 투기와 살인[전통사본] 등 아홉 가지를 육체의 일들로 말하였고 또 이런 일들을 하는 자들은 하나님의 나라를 유업으로 받지 못할 것이라고 말한다. 로마서 12:18은, "할 수 있거든 너희로서는 모든 사람으로 더불어 평화하라"고 말한다. 또 야고보서 3:17은, "위로부터 난 지혜는 첫째 성결하고 다음에 화평하다"고 말한다.

화평케 하는 자가 하나님의 아들이라 불리는 것은, 하나님의 아들 예수 그리스도께서 하나님과 사람들 간의 불화를 제거하시고 화목하게 하셨기 때문에, 화목케 하는 성도도 하나님의 아들이라고 불리기에 합당하다는 뜻이다. 성도다운 행위, 즉 거룩하고 선한 행위는 구원의 표요 확증이다. 특히 죄인들을 하나님과 화목시키는 전도의 일과 하나님 안에서 서로를 화목시키는 일은 성도다운 선한 일이다.

〔10-12절〕 의를 위하여(헤네켄 디카이오쉬네스 ἕνεκεν δικαιοσύνης)[의 때문에] **핍박을 받은 자는 복이 있나니 천국이 저희 것임이라. 나를 인하여**(헤네켄 에무 ἕνεκεν ἐμοῦ)[나 때문에] **너희를 욕하고 핍박하고 거짓으로 너희를 거스려**[거슬러] **모든 악한 말을 할 때에는 너희에게 복이 있나니 기뻐하고 즐거워하라. 하늘에서 너희의 상이 큼이라. 너희 전에 있던 선지자들을 이같이 핍박하였느니라.**

팔복의 처음 네 번째는 의에 주리고 목마름인데, 다음 네 번째는 의 때문에 핍박을 받음이다. 사람은 심령이 가난하고 죄를 애통하고 온유하고 의에 주리고 목마름으로 하나님께로 나오고 구원을 얻지만, 구원 얻은 후 그가 남을 긍휼히 여기고 마음이 깨끗하고 화평케 하고 심지어 의 때문에 핍박까지 받는다면 그는 성도다운 사람이 될 것이다.

의 때문에 핍박을 받은 자는 복이 있다. 즉 하나님의 계명대로 살기 때문에 핍박을 받은 자는 복이 있다. 왜냐하면 천국이 그들의 것이기 때문이다. 그들은 확실히 천국 백성이다. 의를 행하는 것이 구원 얻은 천국 백성의 표라면, 의 때문에 핍박을 받는 것은 더욱 그러하다. 사람은 의를 사모하고 예수님으로 말미암아 의롭다 하심의 구원을 얻어야 하고, 구원 얻은 자는 그 의를 위해 살고 의를 전파하고 의를 위해 고난과 핍박과 순교도 당해야 한다.

예수께서는 또, "나 때문에 너희를 욕하고 핍박하고 거짓으로 너희를 거슬러 모든 악한 말을 할 때에는 너희에게 복이 있나니 기뻐하고 즐거워하라. 하늘에서 너희의 상이 큼이라. 너희 전에 있던 선지자들을 이같이 핍박하였느니라"고 말씀하셨다. 주께서는 제자들이 예수 그리스도 때문에 욕과 핍박을 받을 것을 내다보셨다.

예수 그리스도를 믿고 따르는 것은 쉬운 길이 아니다. 그것은 자기를 부정하고 자기 십자가를 지는 길이다(마 16:24-25). 그것은 핍박받을 것도 예상되는 길이다. 마귀는 예수님 믿는 자를 미워하고 세상을 충동하여 성도를 핍박케 한다. 그래서 세상 사람들은 예수님 믿는 자를 욕하고 핍박하며 거짓으로 모든 악한 말로 비난할 것이다. 그러므로 사도 바울은, 디모데후서 3:12에서, "무릇 그리스도 예수 안에서 경건하게 살고자 하는 자는 핍박을 받으리라"고 말하였다.

그러나 주의 제자들은 핍박을 받을 때 기뻐하고 즐거워해야 한다. 왜냐하면 하늘에서 그들의 상이 크기 때문이다. 주께서는 상을 말씀하시며 핍박받을 제자들을 격려하셨다. 이 구절은 또한 천국에서의 상급의 차등을 보인다. 마지막 심판 때에 사람의 죄악에 대한 형벌에 차등이 있을 것이듯이, 선행에 대한 상급에도 차등이 있을 것이다.

주께서는 또 "그들이 너희 전에 있던 선지자들을 이같이 핍박하였느니라"고 말씀하셨다. 역사상 참 선지자들은 많은 핍박을 받았다. 그 이유는 단지 그들이 바른 말을 했기 때문이고, 그 바른 말이 회개치 않는 사람들에게는 마음의 불쾌함과 고통이 되었기 때문이다. 오늘날도 회개치 않는 자들은 참된 목사를 미워하고 핍박하고 비난할 것이다. 그러나 하나님께서는 마지막 날 사람들을 공의로 보응하실 것이며 악인들의 악행에 대해 공의로 징벌하실 것이다.

예수 그리스도를 믿는 믿음 때문에, 의 때문에 핍박을 받는다는 것은 구원 얻은 성도의 삶에서 복된 일이다. 그것은 참으로 주 예수님을 믿고 따르며 섬기는 표가 되며 큰 상이 있기 때문이다. 예수 그리스도 때문에 핍박을 당하는 것은 결코 불행이 아니고 오히려 행복이다. 그러므로 우리는 의 때문에, 예수 그리스도 때문에 받는 핍박을 두려워하거나 부끄러워하지 말고, 오직 하나님의 뜻대로 바르게 살지 못한 것을 뉘우쳐야 하고 어떤 고난과 핍박이 닥쳐와도 예수 그리스도와 그의 복음을 위해, 교회를 위해 바르게, 충성되게 살아야 한다.

예수께서 말씀하신 팔복의 처음 네 가지는 구원을 위한 준비를 보이며 그 다음 네 가지는 구원 얻은 자들의 덕을 보인다고 본다. 심령의 가난함, 자신의 죄로 인해 애통함, 마음의 온유함, 의에 주리고 목마름은 사람으로 하여금 죄를 회개하고 예수 그리스도를 믿어 구원을 얻게 할 것이다. 그들은 참으로 복되다. 구원의 복은 가장 큰 복이다. 이제 구원 얻은 우리는 다른 사람의 부족과 실수와 연약을 볼 때 멸시하지 말고 그를 긍휼히 여겨야 하고, 이 죄악된 세상 속에서 죄성을 가진 우리들이지만 물욕과 정욕과 명예욕으로부터 마음을 깨끗케 해야 하고, 다른 이들에게 전도하여 그들로 하여금 하나님과 화목케 하고 또 서로 간에도 화목케 해야 하며, 또 이제 의 때문에 또 예수 그리스도 때문에 핍박받을 각오를 하며 살아야 하고 실제로 고난도 받아야 한다.

13-16절, 너희는 세상의 빛과 소금

〔13절〕 너희는 세상의 소금이니 소금이 만일 그 맛을 잃으면 무엇으로 짜게 하리요? 후에는 아무 쓸데없어 다만 밖에 버리워 사람에게 밟힐 뿐이니라.

'너희'는 예수 그리스도를 따르는 제자들을 가리킨다. 그들은 예수 그리스도를 믿고 그의 말씀들을 배우고 그를 본받고 그의 말씀대로 살려고 하는 자들이다. '세상'은 하나님을 모르고 그를 섬기지 않는 자들을 가리킨다. 그들은 예수님도 모르고 그를 믿지 않고 성경말씀도 모르고 그 말씀을 믿지 않고 행하려 하지도 않는 자들이다.

예수께서는 그의 제자들이 세상의 소금이라고 말씀하셨다. 소금의 역할은 두 가지이다. 첫째는 짠맛이고, 둘째는 부패 방지이다.

소금의 첫 번째 역할은 짠맛이다. 소금은 모든 음식에 필수적이다. 만일 소금이 없다면, 우리는 맛있는 음식을 만들지 못할 것이다. 소금은 맛있는 음식에 필수적이다. 너무 짜게 먹는 것은 건강과 피부에 안 좋지만, 소금으로 적당하게 간을 한 음식은 좋은 맛을 낸다.

영적으로도, 인생의 맛은 인생의 삶의 의미와 가치와 목적을 알고 거기에 맞게 사는 것이다. 인생의 삶의 의미와 가치와 목적을 모르는 허무한 삶은 맛없는 음식과 같다. 삶의 의미와 가치와 목적은 하나님을 경외함과 그의 뜻을 행함, 즉 경건과 도덕성에 있다.

소금의 두 번째 역할은 부패 방지이다. 이것은 짠맛의 부수적 역할이다. 냉장고가 없던 시절에 부패하기 쉬운 식품을 오랫동안 보관하는 중요한 방법은 소금으로 절이는 것이다. 그것은 오늘날에도 사용하는 중요한 방법이다. 소금은 음식물들의 부패를 방지해준다.

예수님을 믿는 자들은 사회의 부패와 악화를 억제하는 역할을 한다. 그들은 늘 개인적으로 성경을 읽고 교회에 모여 성경적 교훈을 받는다. 하나님을 경외하고 바른 교훈을 받는 자들만 악을 떠날 것이다. 그들이 성경 교훈대로 산다면 세상이 급격히 타락하지는 않을 것이다. 성도들은 죄악된 세상에서 끝까지 도덕성을 지키는 자들이다.

그러나 주 예수님의 말씀대로, 만일 그들이 짠맛 곧 경건과 도덕성을 잃어버린다면 아무 쓸데없어 다만 밖에 버리워 사람들에게 밟힐 것이다. 경건과 도덕성을 상실한 교인들은 세상에 아무 유익이 없고 세상 사람들은 도리어 그런 사람들을 무시하고 짓밟을 것이다.

〔14-16절〕 너희는 세상의 빛이라. 산 위에 있는 동네가 숨기우지 못할 것이요 사람이 등불을 켜서 말 아래 두지 아니하고 등경[등잔걸이] **위에 두나니 이러므로 집안 모든 사람에게 비취느니라. 이같이 너희 빛을 사람 앞에 비취게 하여 저희로 너희 착한 행실을 보고 하늘에 계신 너희 아버지께 영광을 돌리게 하라.**

성경에서 '빛'은 지식, 의와 진실, 기쁨과 행복, 생명을 상징한다. 그러나 반대로, 어두움은 무지, 불의와 거짓, 슬픔과 불행, 죽음을 상징한다. 세상은 어두운 세상이다. 세상에는 하나님과 사람에 대한 참된 지식이 없고 의와 진실이 없고 기쁨과 행복도 없고 죽음만 가득하다. 그런데 하나님께서는 우리에게 참된 지식과 의와 기쁨과 생명을 주셨다. 그것이 구원이다. 성도들은 이제 세상을 밝히는 빛이 되었다.

주께서는 제자들을 '산 위에 있는 동네'라고 부르셨다. 성도에게는 하나님의 백성이라는 표가 있다. 기독교는 은밀한 교훈을 주고 받는 밀교(密敎)가 아니다. 기독교회의 모임들은 공개된 모임이다. 성도들은 사도 시대로부터 교회로 모이며 하나님께 예배를 드렸고 교회의 설교들과 교훈들은 다 공개되어 있고 성도들의 삶도 공개되어 있다.

우리의 삶은 세상 앞에 예(例)가 된다. 그것은 좋은 예나 나쁜 예가 된다. 그것은 주로 인간 관계, 대인관계에서 나타난다. 물론, 사상적으로 이단적이고 심지어 적그리스도적인 자들은 기독교를 비방한다. 또 기독교를 오해해서 비방하는 자들도 있다. 또 진리의 지식의 차이 때문에 또한 기본적인 혹은 중요한 사상의 차이 때문에 부득이 상대를 비평하는 경우도 있다. 그러나 우리는 항상 정당하게, 겸손하게, 선하게, 진실하게 행해야 하고, 어떤 경우에도 기독교인들이 사랑이 없다든지 악하다든지 거짓되다든지 하는 평판을 들어서는 안 된다.

주께서는 특히 우리의 착한 행실을 강조하셨다. 우리는 사람들 앞에서 선하게 살아야 하고 우리의 선한 행실이 사람들 앞에 증거가 되게 해야 한다. 하나님께서는 우리에게 이웃을 사랑하라고 명하셨다(레 19:18). 이웃을 사랑하는 것은 가난한 자나 외로운 자나 병든 자를 돌아보는 것을 포함한다. 성경은 구제 행위를 강조한다. 굶주리는 자에게 먹을 것을 주고 헐벗은 자에게 입을 것을 주는 것은 하나님의 뜻이다. 물론, 선하고 덕스러운 말을 하는 것은 기본적인 일이다.

주께서는 서로 사랑하라는 새 계명을 주셨다. 서로 사랑함은 서로 친절히 대하고 서로 용서하는 것이다. 고린도전서 13:4-7은 사랑은 오래 참고 온유하며 자기 유익을 구하지 않으며 악한 것을 생각하지 않고 불의를 기뻐하지 않는다고 말한다. 에베소서 4:31-32는, "너희는 모든 악독과 노함과 분냄과 떠드는 것과 훼방하는 것을 모든 악의와 함께 버리고 서로 인자하게 하며 불쌍히 여기며 서로 용서하기를 하나님이 그리스도 안에서 너희를 용서하심과 같이 하라"고 말한다.

에베소서에 보면,*아내는 남편에게 복종해야 하며 남편은 아내를 사랑해야 하고, 자녀는 부모를 공경하고 순종해야 하며 부모는 자녀들을 노엽게 하지 말고 주의 교양과 훈계로 양육해야 하고, 종들은 두려운 마음을 가지고 주인들에게 순종해야 하며 주인들은 종들에게 위협하지 말아야 한다고 교훈하였다(엡 5:22, 25; 6:1-4, 5-9).

하나님을 경외하며 그와 동행했던 의인 욥은 선하게 살았다. 그는 가난한 자와 과부와 고아에게 먹을 것과 입을 것 나누기를 아까워하지 않았다. 그는 어려운 사람들에게 고기도 배부르게 먹게 했고, 우거할 곳이 없는 나그네에게 방도 제공하였다(욥 31:16-20, 31-32).

주께서는 "이같이 너희 빛을 사람 앞에 비취게 하여 저희로 너희 착한 행실을 보고 하늘에 계신 너희 아버지께 영광을 돌리게 하라"고 말씀하셨다. 우리가 잘하면 하나님께 영광이 되고 잘못하면 하나님께 욕이 돌아간다(롬 2:23-24). 사람은 부족하기 때문에 늘 조심해야 한다. 우리는 인간관계에 있어서 깨끗하고 선해야 하고 금전 관계에 있어서도 깨끗하고 선해야 한다. 마귀는 우리의 약점을 주목하며 틈을 노린다. 그러므로 성도는 항상 깨어 의와 선을 행해야 한다.

본문의 교훈을 정리해보자. 첫째로, 우리는 세상의 소금이 되어야 한다. 소금은 짠맛을 낸다. 그것은 음식을 맛있게 하는 필수 요소다. 소금이 없다면 음식은 맛이 없을 것이다. 인생의 참 맛, 삶의 참된 의미와 가치와 목적은 경건과 도덕성에 있다. 성도는 하나님과 예수 그리스도 안에서 인생의 참 의미와 가치와 목적을 알게 되었고 하나님의 뜻대로 선한 삶을 가정과 교회와 사회에서 실천함으로써 인생의 아름다움과 참 맛을 나타내어야 한다. 또 소금은 부패를 방지한다. 성도는 불의하고 악하고 거짓된 세상에서 의와 선과 진실을 지키는 자가 되어야 한다. 성도들이 그 사회의 도덕성의 마지막 수호자가 되지 못한다면 세상은 소망이 없을 것이다. 그러나 성도들이 깨어 있다면 세상은 급속히 부패하지는 못할 것이다. 그러므로 성도는 경건과 도덕성을 지켜야 한다.

둘째로, 우리는 세상의 빛이 되어야 한다. 성경에서 빛은 지식과 의와 진실, 기쁨과 행복을 상징한다. 이 비유에서 주께서는 특히 우리의 선한 삶을 강조하셨다. 우리는 어두운 세상에서 선한 삶의 본이 되어야 한다. 우리는 가정에서, 동네에서, 직장에서 이런 삶을 실천해야 한다. 우리는 이기적이게 살지 말고 남을 배려하며 살아야 한다. 사랑은 무례히 행치 않고 자기의 유익을 구하지 않는다(고전 13:5). 사랑은 남에게 손해를 끼치지 않는다. 우리는 세상 사람들에게 본이 되는 선한 삶을 삶으로써 그들이 우리 때문에 하나님께 영광을 돌리게 해야 한다.

17-20절, 구약성경을 이루려 오심

〔17절〕 내가 율법이나 선지자나 폐하러 온 줄로 생각지 말라. 폐하러 온 것이 아니요 완전케 하려 함이로라(플레로오 πληρόω)[이루려 왔노라].

'율법이나 선지자'는 구약성경을 가리킨다. 모세가 쓴 처음 다섯 권의 책들은 모세의 율법이라고 불리며 그것이 구약성경의 핵심이다. 예수님 당시에 어떤 이들은 예수 그리스도의 가르침이 구약시대의 율법을 폐지하는 것이라고 생각한 것 같다. 그러므로 예수께서는 "내가 율법이나 선지자나 폐하러 온 줄로 생각지 말라. 폐하러 온 것이 아니요 이루려 왔노라"고 말씀하셨다. 예수 그리스도께서는 모세의 율법이나 구약성경을 폐지하기 위해 오신 것이 아니고 이루기 위해 오셨다. 예수 그리스도의 가르침과 그의 십자가의 죽음으로 이루신 속죄사역은 율법을 폐지하는 것이 아니고 성취하는 것이었다.

예수 그리스도께서는 구약의 도덕법을 성취하셨다. 즉 도덕법이 요구하는 의(義)를 이루셨다. 예레미야는 장차 다윗에게서 한 의로운 아들이 일어날 것이며 그 이름은 여호와 우리의 의라고 불리리라고 예언했고(렘 23:5-6) 다니엘은 메시아의 때에 죄악이 영원히 속해지며 영원한 의가 드러날 것을 예언하였다(단 9:24). 과연 예수 그리스도께서는 오셔서 도덕법의 의를 이루셨다. 로마서 10:4, "그리스도는 모든 믿는 자에게 의를 이루기 위하여 율법의 마침이 되시니라."

예수 그리스도께서는 구약의 의식법도 성취하셨다. 그는 구약의 제사 제도, 성막 제도, 절기 등 상징적 의식들의 실체로 오셨다. 구약의 의식법들은 예수 그리스도의 속죄사역을 상징하였다. 예수 그리스도께서 오셔서 친히 십자가에 죽으심으로 속죄사역을 이루셨다. 그러므로 사도 바울은 "먹고 마시는 것과 절기나 월삭이나 안식일을 인하여 누구든지 너희를 판단하지 못하게 하라. 이것들은 장래 일의 그림자이나 몸은 그리스도의 것이니라"고 말하였고(골 2:16-17), 또 히브리서 9:11-12는, "그리스도께서 장래 좋은 일의 대제사장으로 오사 손으로 짓지 아니한 곧 이 창조에 속하지 아니한 더 크고 온전한 장막으로 말미암아 염소와 송아지의 피로 아니하고 오직 자기 피로 영원한 속죄를 이루사 단번에 성소에 들어가셨느니라"고 말했다.

초대교회의 이단자 말시온은 구약의 하나님은 무서운 공의의 하나님이시며 신약의 하나님은 사랑의 하나님으로서 서로 다른 하나님이시며, 예수 그리스도께서 구약을 폐지하기 위해 오셨고, 율법과 복음은 서로 모순된다고 생각했다. 그것은 큰 오해이었다.

역사상, 율법주의 이단은 예수 그리스도의 복음을 거절하고 사람이 율법을 지킴으로 구원 얻는다고 생각했다. 다른 한편, 반(反)율법주의 사상은 사람이 예수 그리스도의 복음을 믿음으로 의롭다 하심을 얻었으므로 신약시대에는 도덕법을 지킬 의무가 없다고 생각했다. 이 두 사상은 다 율법과 복음의 관계를 잘못 생각한 것들이다.

〔18절〕 진실로 너희에게 이르노니[말하노니] **천지가 없어지기 전에는 율법의 일점 일획이라도 반드시 없어지지 아니하고 다 이루리라.**

본문의 '율법'이라는 말은 구약성경 중의 모세 5경뿐 아니라, 구약성경 전체를 가리켰다고 보인다. 주께서는 이 말씀에서 구약성경의 신적, 절대적 권위를 증거하셨다. '율법의 일점일획이라도'라는 표현은 성경의 지극히 작은 부분까지도 신적 권위를 가짐을 증거한다. 이 말씀은 성경의 축자(逐字) 영감[단어 영감]을 증거한다. 아니, 단지 축자 영감 정도가 아니고, 축점(逐點) 영감, 축획(逐劃) 영감을 보인다. 도덕법이나 성경은 결코 폐지되지 않고 남김없이 성취되어야 할 성격의 내용이다. 예수 그리스도께서는 그것을 다 이루셨다.

〔19절〕 그러므로 누구든지 이 계명 중에 지극히 작은 것 하나라도 버리고 또 그같이 사람을 가르치는 자는 천국에서 지극히 작다 일컬음을 받을 것이요 누구든지 이를 행하며 가르치는 자는 천국에서 크다 일컬음을 받으리라.

마태복음에서 '천국'은 두 가지 뜻을 가진다. 첫째로, 천국은 신약교회를 가리킨다(마 11:11-12; 13:24, 31, 33, 44, 45, 47). 천국은 이미 신약교회로 시작되었다. 천국은 좋은 씨처럼, 겨자씨처럼, 누룩처럼 이미 뿌려졌고 심어졌다. 둘째로, 천국은 장차 영광스럽게 임할 것이다. 그 영광의 천국은 예수 그리스도의 재림으로 이루어질 것이다.

세상에서 하나님의 백성의 신앙생활의 정도는 각기 다르다. 어떤 이는 성경을 다 믿고 힘써 지키는가 하면, 다른 이는 그렇지 못하다. 그러한 차이가 내세 천국에서의 인격의 차등을 만드는지에 대해서는 분명치 않으나, 성경은 상급의 차등은 분명히 가르친다. 우리는 예수 그리스도의 대속 사역으로 인한 구원의 완전성, 즉 모든 성도로 영화에 이르게 하실 것을 믿는다. 그러나 교회에서는 성화된 정도의 차등이 있다. 하나님의 계명을 다 지키는 자는 교회 안에서 확실히 큰 자이며 다 지키지 못하는 자는 확실히 작은 자이다. 그러므로 도덕법의 온전한 순종, 작은 부분까지의 순종은 모든 신자들의 의무이다.

〔20절〕 [이는] **내가 너희에게 이르노니**[말하노니] **너희 의가 서기관과 바리새인보다 더 낫지 못하면 결단코 천국에 들어가지 못하리라** [함이니라].

서기관들과 바리새인들의 의는 상당한 수준의 의처럼 보였다. 그것은 외적으로 별로 흠 잡을 데 없어 보이는 의이었다. 그들은 안식일을 지켰고 소득의 십일조를 바치는 것 등 율법을 준수하는 것 같았다. 그러나 주께서는 그들의 마음이 하나님과 거리가 멀고 온갖 탐심과 거짓으로 차 있다고 지적하셨고 책망하셨다(마 15:8; 23:25, 28).

주께서는 천국에 들어갈 자들이 서기관과 바리새인의 의보다 더 나은 의를 가져야 한다고 말씀하셨다. '서기관과 바리새인의 의보다 더 나은 의'가 무엇인가? 주께서는 두 가지의 내용을 염두에 두셨다고 본다. 첫째는, 그가 장차 십자가 대속의 죽음으로 이루실 완전한 의를 가리켰다고 본다. 예수 그리스도께서는 우리의 의가 되셨다. 로마서 10:4, "그리스도는 모든 믿는 자에게 의를 이루기 위하여 율법의 마침이 되시니라." 우리는 예수 그리스도를 믿음으로 의롭다 하심을 얻었다. 로마서 3:24, "그리스도 예수 안에 있는 구속(救贖)으로 말미암아 하나님의 은혜로 값없이 의롭다 하심을 얻은 자 되었느니라." 예수 그리스도를 믿음으로 얻은 의만 천국에 들어갈 자격이 된다.

둘째는, 우리의 성심의 율법 준행을 가리켰다고 본다. 모세는 이스라엘 백성에게 "너는 마음을 다하고 성품을 다하고 힘을 다하여 네 하나님 여호와를 사랑하라"고 가르쳤다(신 6:5). 주께서는 서기관들과 바리새인들에게 "이 백성이 입술로는 나를 존경하되 마음은 내게서 멀도다"라는 이사야의 말씀을 인용하셨다(마 15:8). 우리가 성심으로 율법을 준행할 때 우리의 의는 서기관과 바리새인의 의보다 나을 것이다. 성도는 율법을 행하되 단지 형식적으로가 아니고 마음에서 우러나와서, 성심으로 해야 한다. 물론 이 성심의 율법 준행은 천국에 들어갈 조건이 되는 것은 아니다. 만일 이것이 조건이 된다면, 우리는 행함으로 구원 얻는다는 말이 되며 그것은 복음의 부정이 되며 사도 바울이 갈라디아서에서 경고한 대로 저주받을 이단이 된다. 단지 참 믿음의 증거로서 성심의 율법 준행이 필요할 뿐이다. 우리의 의는 이것뿐 예수님의 피밖에 없다! 그러나 예수 그리스도의 십자가 대속의 복음을 참으로 깨닫고 믿는 자들은 율법을 성심으로 행할 것이다.

본문의 교훈을 정리해보자. 첫째로, 예수 그리스도께서 오신 목적은 율법을 폐지하시기 위함이 아니고 이루려 하심이었다. 요한복음 19:30에 보면, 예수 그리스도께서는 십자가 위에서 숨을 거두시기 전에 다 이루었다고 말씀하셨다. 그는 십자가의 죽음으로 우리의 의를 이루셨다. 사도 바울은 로마서 10:4에서 "그리스도는 모든 믿는 자에게 의를 이루기 위하여 율법의 마침이 되시니라"고 말했다. 또 예수 그리스도께서는 구약의 의식법도 다 이루셨다. 사도 바울은 골로새서 2:16-17에서, "그러므로 먹고 마시는 것과 절기나 월삭이나 안식일을 인하여 누구든지 너희를 폄론[판단]하지 못하게 하라. 이것들은 장래 일의 그림자이나 몸은 그리스도의 것이니라"고 말했다. 예수 그리스도께서는 십자가에 죽으심으로 구약의 도덕법의 의와 의식법의 예표들을 다 이루셨다.

둘째로, 죄인들이 천국에 들어갈 수 있는 의는 예수 그리스도의 십자가 대속의 완전한 의뿐이다. 예수께서는 "너희 의가 서기관과 바리새인보다 더 낫지 못하면 결단코 천국에 들어가지 못하리라"고 말씀하셨다. 우리가 천국에 들어갈 수 있는 의는 예수 그리스도께서 십자가 위에서 이루신 대속의 의뿐이다. 예수 그리스도께서는 모든 믿는 자에게 의를 이루기 위하여 율법의 마침이 되셨다(롬 10:4). 사도 바울은 로마서 3:24에서 우리가 "그리스도 예수 안에 있는 구속(救贖)으로 말미암아 하나님의 은혜로 값없이 의롭다 하심을 얻은 자 되었다"고 말하였다. 히브리서 10:10, 14는 예수 그리스도께서 몸을 단번에 드리심으로써 예수님 믿는 우리가 거룩함을 얻었으며 또 영원히 온전케 되었다고 말했다.

셋째로, 구원 얻은 성도를 온전케 하시는 하나님의 뜻은 율법의 작은 것 하나라도 진심으로 순종하는 것이다. 서기관들과 바리새인들은 겉으로는 하나님의 율법을 잘 지키는 것 같았으나 진심으로 잘 순종하지는 못했다. 그러나 예수 그리스도를 믿고 구원 얻은 신약성도들은 도덕법의 작은 것 하나라도 버리지 않고 진심으로 지키고 순종해야 한다. 그것이 하나님의 뜻이다. 사도 바울은 모든 성경이 하나님의 감동으로 된 것으로 교훈과 책망과 바르게 함과 의로 교육하기에 유익하며 또한 하나님의 사람들로 온전케 하며 모든 선을 행하기에 온전케 하는 책이라고 말했다(딤후 3:16-17). 우리는 성경을 힘써 읽고 다 믿고 그 교훈을 온전히 행해야 한다. 바울은 또 빌립보서 4:8에서 "형제들아, 무엇에든지 참되며 무엇에든지 경건하며 무엇에든지 옳으며 무엇에든지 정결하라"고 말했다. 또 사도 베드로는 베드로후서 3:14에서 "주 앞에서 점도 없고 흠도 없이 평강 가운데서 나타나기를 힘쓰라"고 말했다. 우리의 성화의 목표는 도덕적 완전이다. 하나님의 뜻은 우리의 온전함이다.

21-26절, 살인에 대해

〔21절〕 옛 사람에게 말한 바 살인치 말라. 누구든지 살인하면 심판을 받게 되리라 하였다는 것을 너희가 들었으나.

하나님께서는 모세를 통해 주신 십계명의 제6계명에서 "살인하지 말지니라"고 말씀하셨다(출 20:13). 살인이라는 말은 고의적 살인을 가리킨다. 고의적 살인은 사형에 해당하는 큰 죄악이다.

살인은 실수로 남을 죽이는 행위와는 구별된다. 민수기 35:22-25나 신명기 19:4-5에 보면, 원한 없이 우연히 사람을 밀치거나 기회를 엿봄이 없이 무엇을 던지거나 보지 못하고 사람을 죽일 만한 돌을 던져서 죽인 사람, 그 이웃과 함께 벌목하러 삼림에 들어가서 손에 도끼를 들고 벌목하려고 찍을 때에 도끼가 자루에서 빠져 그 이웃을 맞춰 그로 죽게 한 사람 등 실수로 사람을 죽인 자는 도피성이라는 곳으로 피하여 생명을 보존할 수 있었다. 하나님께서는 이렇게 실수로 사람을 죽인 자를 위해 이스라엘 땅에 여섯 개의 성을 구별케 하셨다.

그러나 고의적 살인은 반드시 사형으로 징벌되어야 했다. 출애굽기 21:12, "사람을 쳐죽인 자는 반드시 죽일 것이라." 출애굽기 21:14, "사람이 그 이웃을 짐짓 모살하였으면 너는 그를 내 단에서라도 잡아내려 죽일지니라." 민수기 35:16-21은 고의적 살인의 예들로 철 연장이나 돌이나 나무 연장을 손에 들고 사람을 쳐죽이거나 이웃을 밀쳐 죽이거나 기회를 엿보아 무엇을 던져 죽이는 것 등을 들었다.

오늘날 인공중절수술 즉 낙태는 태아 살인죄이다. 여러 해 전 통계에 의하면, 낙태는 세계적으로 연간 약 5천만건이 시행되고 있다고 한다. 그것은 태아 대학살이다. 자살도 일종의 살인이다. 자살은 세계적으로 매년 100만건 이상이 행해지고 있다고 하며, 그것도 현대적 큰 죄악이다. 침략 전쟁과 대량 학살 같은 일도 무서운 살인에 해당하는 큰 죄악이다. 불법적 폭력 시위나 테러로 인한 살인이나 음주

운전으로 사람을 죽이는 행위도 살인에 해당하는 큰 죄악이다.

〔22절〕 **나는 너희에게 이르노니**[말하노니] **형제에게** [까닭 없이](전통본문)[4] **노하는 자마다 심판을 받게 되고 형제를 대하여 라가**(ῥακά, 아람어 레카 רֵיקָא)[바보, 빈 머리]**라 하는 자는 공회에 잡히게 되고 미련한 놈이라 하는 자는 지옥 불에 들어가게 되리라.**

"나는 너희에게 이르노니"라는 말씀은 예수님의 율법 해석의 권위를 나타낸다. 주께서는 우리가 형제에게 까닭 없이 화를 내거나 형제에게 욕을 하면 하나님의 심판을 받을 것이라고 말씀하셨다.

주께서는 형제에게 까닭 없이 화내지 말라고 말씀하셨다. 사람이 정당한 경우 화를 낼 수 있지만, 까닭 없이 화를 내어서는 안 된다는 뜻이다. 까닭 없이 화내는 것은 형제를 미워하는 표이며 형제를 미워하는 것은 살인하는 것과 같다. 요한일서 3:15는 "형제를 미워하는 자마다 살인하는 자라"고 말했고, 고린도전서 13:5는 사랑은 성내지 않는다고 말했다. 우리는 까닭 없이 화내지 말아야 한다.

주께서는 또 형제에게 욕하지 말라고 말씀하셨다. 우리는 형제에게 '바보, 빈 머리, 미련한 놈' 등 상대방을 경멸하는 욕을 해서는 안 된다. 사도 바울은 이웃에게 욕하는 자는 하나님의 나라를 유업으로 받지 못한다고 말했다(고전 6:10). 남을 향해 욕하는 것은 그를 무시하고 멸시하는 것이며, 그것은 사랑이 없는 행위이며 남을 미워하는 행위이다. 남을 미워하는 것은 살인하는 것과 같다.

주께서는 형제에게 까닭 없이 화내는 자나 형제에게 바보나 미련한 놈이라고 욕하는 자는 하나님의 심판을 받게 되고 공회 즉 법정에 잡혀가게 되고 지옥 불에 들어가게 되리라고 말씀하셨다. 형제에게 까닭 없이 화내거나 욕하는 것은 형제를 미워하는 살인죄이며 하나님의 심판을 받고 지옥 불에 들어갈 큰 죄이다.

---

4) Byz D it$^{a\ b\ d\ h\ k}$ vg^{mss} syr$^{p\ c\ s}$ cop$^{sa\ meg\ bo}$ Irenaeus^{lat} Cyprian 등.

〔23-24절〕 그러므로 예물을 제단에 드리다가 거기서 네 형제에게 원망 들을 만한 일이 있는 줄 생각나거든 예물을 제단 앞에 두고 먼저 가서 형제와 화목하고 그 후에 와서 예물을 드리라.

주께서는 하나님께 예배하고 헌금을 드리는 것보다 형제에게 원망 들을 만한 일을 먼저 해결하는 것이 중요하고 그 후에 하나님께 헌금을 드리라고 교훈하셨다. 사랑을 실천하고 화목하는 것이 예배보다 더 중요하다고 교훈하신 것이다. 예배 행위보다 우리의 실생활이 더 중요하다. 사무엘은 순종이 제사보다 낫다고 말했다(삼상 15:22).

우리의 형제를 미워하는 것은 그를 살인하는 것이다. 우리가 형제를 살인하는 자라면 우리는 아직 구원 얻지 못한 자일 것이다. 요한일서 3:14, "우리가 형제를 사랑함으로 사망에서 옮겨 생명으로 들어간 줄을 알거니와 사랑치 아니하는 자는 사망에 거하느니라." 구원 얻은 자의 표는 의를 행하고 서로 사랑하는 것이다. 요한일서 3:9-10, "하나님께로서 난 자마다 [계속] 죄를 짓지 아니하나니 이는 하나님의 씨가 그의 속에 거함이요 저도 범죄치 못하는 것은 하나님께로서 났음이라. 이러므로 하나님의 자녀들과 마귀의 자녀들이 나타나나니 무릇 의를 행치 않는 자나 또는 그 형제를 사랑치 않는 자는 하나님께 속하지[하나님께로서 난 자가] 아니하니라." 그러므로 로마서 12:18은, "할 수 있거든 너희로서는 모든 사람과 화목하라"고 교훈하였다. 선한 삶은 다른 사람들과 화목하는 삶이다.

〔25-26절〕 너를 송사하는 자와 함께 길에 있을 때에 급히 사화(私和)[화해]**하라. 그 송사하는 자가 너를 재판관에게 내어주고 재판관이 관예(官隸)**[교도관]**에게 내어주어 옥에 가둘까 염려하라. 진실로 네게 이르노니**[말하노니] **네가 호리라도 남김이 없이 다 갚기 전에는 결단코 거기서 나오지 못하리라.**

하나님의 마지막 심판은 엄격하고 철저할 것이다. 우리는 아직 우리를 송사하는 자와 함께 길을 가고 있는 자와 같다. 우리가 하나님의 심판대 앞에 서면 엄격하고 철저한 심판을 받게 될 것이다. 그러므로 인간 관계의 죄는 우리가 세상 살 동안 해결해야 한다.

하나님의 뜻은 서로 사랑하는 것이다. 사랑하는 자는 선한 마음을 품고 살며 남을 존중하며 서로 화목할 것이다. 선한 삶은 성도의 삶의 목표이다. 사랑은 오래 참고 사랑은 온유하며 투기하는 자가 되지 않으며 사랑은 자랑하지 않으며 교만하지 않으며 무례히 행치 않으며 자기의 유익을 구치 않으며 성내지 않으며 악한 것을 생각지 않는다(고전 13:4-5). 에베소서 4:29, 31-32, "무릇 더러운 말은 너희 입밖에도 내지 말고 오직 덕을 세우는 데 소용되는 대로 선한 말을 하여 듣는 자들에게 은혜를 끼치게 하라." "너희는 모든 악독과 노함과 분냄과 떠드는 것과 비방하는 것을 모든 악의와 함께 버리고 서로 인자하게 하며 불쌍히 여기며 서로 용서하기를 하나님께서 그리스도 안에서 너희를 용서하심과 같이 하라." 야고보서 3:17, "오직 위로부터 난 지혜는 첫째 성결하고 다음에 화평하고 관용하고 양순하며 긍휼과 선한 열매가 가득하고 편벽과 거짓이 없나니."

본문의 교훈을 정리해보자. 첫째로, 우리는 살인하지 말아야 한다. 그것은 제6계명의 내용이다. 살인은 사형에 해당하는 큰 죄악이다. 우리는 하나님의 형상인 사람의 생명을 함부로 죽이지 말고 존중해야 한다. 우리는 낙태도, 자살도, 폭력 시위나 음주 운전도 하지 말아야 한다.

둘째로, 우리는 마음으로 남을 미워하지 말고 형제에게 까닭 없이 화를 내지 말고 남을 경멸하는 욕을 하지 말아야 한다. 다른 사람을 미워하는 것은 마음으로 그를 죽이는 일이다. 우리는 믿는 형제와 이웃을 미워하지 말아야 하고 또 남을 경멸하는 욕도 하지 말아야 한다.

셋째로, 우리는 서로 사랑하고 화목해야 한다. 우리는 이웃을 우리 몸같이 사랑하고, 주께서 주신 새 계명대로 서로 사랑해야 한다. 또 할 수 있는 대로 모든 사람과 화목해야 하며 서로 사이좋게 지내야 한다.

27-37절, 간음, 이혼, 맹세에 대해

〔27-28절〕 또 간음치 말라 하였다는 것을 너희가 들었으나 나는 너희에게 이르노니[말하노니] **여자를 보고** [그에 대해] **음욕을 품는 자마다 마음에 이미** [그와] **간음하였느니라.**

'간음'(adultery)은 결혼한 사람이 자기 배우자가 아닌 자와 성관계를 가지는 것을 가리키며, '음행'(fornication)은 결혼 관계가 아닌 두 사람 사이의 성관계를 가리킨다. 간음치 말라는 계명은 간음, 음행, 근친상간, 강간, 매춘, 동성애, 수간(獸姦) 등을 다 포함한다고 본다. 레위기 18:6-18은 어머니, 계모, 자매, 손녀, 고모, 이모, 형수, 며느리 등과의 근친상간죄를 지적하고 동성애와 수간(獸姦)까지 말한다.

주께서는 "나는 너희에게 이르노니 여자를 보고 그에 대해 음욕을 품는 자마다 마음에 이미 그와 간음하였느니라"고 말씀하셨다. 사람은 보는 데서 감정적 충동을 가지고 범죄에 떨어지기 쉽다. 물론, 안 보고도 상상할 수 있고 또 보고도 충동을 억제할 수 있겠지만, 보면 충동을 받기 쉬운 것이 사람이다. 그러므로 죄에 떨어지지 않으려면 안 보는 것이 낫고 보아도 잠깐 보고 두 번 보지 않는 것이 낫다.

우리는 성도덕이 해이하고 매춘 행위도 많은 음란한 시대에 살고 있다. 또 음란 풍조를 조장하는 영화, TV 드라마, 인터넷, 스마트폰의 영상물들이 홍수처럼 밀려와 많은 사람들이 영향을 받고 있다. 과연 말세이다. 우리가 여성의 미니 스커트나 짧은 반바지, 너무 파진 옷, 짝 달라붙는 옷 등을 반대하며 또 이성간의 은밀한 교제를 금지하는 것은 상대방에게 성적 충동을 일으킬 수 있고 음란죄에 떨어질 수 있기 때문이다. 경건하고 지혜로운 성도는 그런 상황을 피해야 한다.

여자를 보고 그에 대해 음욕을 품는 자마다 마음에 이미 그와 간음하였다. 마음에 미움을 품고 까닭 없이 노하고 또 형제를 욕하는 것이 마음의 살인에 해당하는 큰 죄악이듯이, 마음에 음욕을 품는 것은 마음의 간음에 해당하는 큰 죄악이다. 사람을 죽여야만 살인이 아니고, 간음해야만 간음이 아니다. 미워하는 마음을 품는 것도 살인으로 간주되고 음란한 마음을 품는 것도 간음으로 간주되는 것이다.

〔29-30절〕 만일 네 오른눈이 너로 실족케 하거든 빼어 내버리라. 네 백체 중 하나가 없어지고 온 몸이 지옥에 던지우지 않는 것이 유익하며 또한 만일 네 오른손이 너로 실족케 하거든 찍어 내버리라. 네 백체 중 하나가 없어지고 온 몸이 지옥에 던지우지 않는 것이 유익하니라.

간음죄의 벌은 사형이다. 레위기 20:10-16, "누구든지 남의 아내와 간음하는 자 곧 그 이웃의 아내와 간음하는 자는 그 간부와 음부를 반드시 죽일지니라. 누구든지 그 계모와 동침하는 자는 그 아비의 하체를 범하였은즉 둘 다 반드시 죽일지니 . . . . 누구든지 그 자부와 동침하거든 둘 다 반드시 죽일지니 그들이 가증한 일을 행하였음이라. . . . 누구든지 여인과 교합하듯 남자와 교합하면 둘 다 가증한 일을 행함인즉 반드시 죽일지니 . . . . 누구든지 아내와 그 장모를 아울러 취하면 악행인즉 그와 그들을 함께 불사를지니 이는 너희 중에 악행이 없게 하려 함이니라. 남자가 짐승과 교합하면 반드시 죽이고 너희는 그 짐승도 죽일 것이며 여자가 짐승에게 가까이 하여 교합하거든 너는 여자와 짐승을 죽이되 이들을 반드시 죽일지니 그 피가 자기에게로 돌아가리라." 실상, 간음죄의 벌은 지옥 불못이다. 요한계시록 21:8, "믿지 아니하는 자들과 흉악한 자들과 살인자들과 행음자들과 술객들과 우상숭배자들과 모든 거짓말하는 자들은 불과 유황으로 타는 못에 참여하리니 이것이 둘째 사망이라."

범죄하는 자는 지옥에 던지울 것이다. 그러므로 불구자로 깨끗케 살 수 있다면 온전한 몸으로 범죄하며 사는 것보다 낫다. 두 눈으로 범죄한다면 한 눈으로 살며 범죄하지 않는 것이 더 낫고, 두 손으로 범죄한다면 한 손으로 살며 범죄하지 않는 것이 더 낫다. 범죄하는 건강한 몸보다 범죄치 않는 장애가 더 유익하다. 사람에게 두 눈이 건강한가, 두 손과 두 발이 튼튼한가 하는 문제보다 더 중요한 것은 그가 그 눈과 그 손과 발로 죄를 짓는가 죄를 짓지 않는가이다.

또 이 말씀은 범죄하지 않는 것이 얼마나 큰복인지를 보인다. 건강한 몸보다 더 복된 것은 거룩한 인격이다. 건강한 몸이 있어도 범죄하는 자는 영원한 지옥 형벌을 받을 것이다. 그러나 장애가 있어도 범죄하지 않는 자는 지옥에 던지우지 않고 천국에 들어갈 것이다. 그러므로 우리는 죄를 회개하며 범죄치 않기를 힘써야 한다.

우리 몸은 죄 짓는 도구가 되지 말고 하나님의 의를 행하는 도구가 되어야 한다(롬 6:13). 고린도전서 6:15, "너희 몸이 그리스도의 지체인 줄을 알지 못하느냐? 내가 그리스도의 지체를 가지고 창기의 지체를 만들겠느냐? 결코 그럴 수 없느니라." 우리의 눈은 성경을 읽는 눈이 되고, 우리의 귀는 하나님의 말씀을 듣는 귀가 되며, 우리의 입은 주를 찬송하고 기도하고 전도하는 입이 되고, 우리의 손과 우리의 발은 선한 일을 하는 손과 발이 되어야 한다.

〔31-32절〕 또 일렀으되 누구든지 아내를 버리거든 이혼 증서를 줄 것이라 하였으나 나는 너희에게 이르노니[말하노니] **누구든지 음행한 연고 없이 아내를 버리면 이는 저로 간음하게 함이요 또 누구든지 버린**[그 이혼한](NIV) **여자에게 장가드는 자도 간음함이니라.**

주께서는 이혼에 관해 "누구든지 음행한 연고 없이 아내를 버리면 이는 저로 간음하게 함이요"라고 말씀하셨다. "음행한 연고 없이"라는 말씀은 음행이 이혼의 정당한 이유가 됨을 보인다. 음행의 이유 외에도, 신앙적 이유로 상대가 헤어지기를 원하는 경우(고전 7:15)나 고의적으로 배우자를 버린 경우도 불가피한 이혼의 경우라고 보이며, 또 구타나 학대 등 심히 비인간적인 고통을 당하는 경우나 전쟁으로 인해 오랫동안 분리된 경우도 부득이한 경우라고 생각된다. 그러나 이혼은 극히 삼가야 하고 정당한 절차를 밟아야 한다. 하나님께서는 말라기 2:16에서 "나는 이혼하는 것을 미워하노라"고 말씀하셨다.

주께서는 또 "누구든지 그 이혼한 여자에게 장가드는 자도 간음함이니라"고 말씀하셨다. 부당한 이혼이 옳지 않듯이, 부당한 재혼, 특히 부당한 이혼자와의 결혼도 옳지 않다. 하나님께서는 부당한 이혼이나 부당한 재혼을 다 인정치 않으신다. 그러므로 교회도 그러해야 할 것이다. 교회는 하나님의 판단대로 교훈하고 실행해야 한다.

[33-36절] 또 옛 사람에게 말한 바 헛맹세를 하지 말고 네 맹세한 것을 주께 지키라 하였다는 것을 너희가 들었으나 나는 너희에게 이르노니[말하노니] **도무지 맹세하지 말지니 하늘로도 말라, 이는 하나님의 보좌임이요; 땅으로도 말라, 이는 하나님의 발등상임이요; 예루살렘으로도 말라, 이는 큰 임금의 성임이요; 네 머리로도 말라, 이는 네가 한 터럭도 희고 검게 할 수 없음이라.**

맹세는 하나님의 이름을 부르며 무엇을 엄숙히 증거하는 것을 말한다. 맹세는 하나님을 인정하고 경외하는 표이며 그런 자만 할 수 있다. 신명기 6:12-13, "네 하나님 여호와를 경외하며 섬기며 그 이름으로 맹세할 것이니라." 진실한 맹세는 오늘날도 가능하다.

예수께서 '도무지 맹세하지 말라'고 말씀하신 것은 하늘로나 땅으로나 예루살렘으로나 네 머리로 맹세하지 말라는 뜻이요, 모든 맹세를 다 부정하신 것은 아니다. 그는 대제사장이 "내가 너로 살아계신 하나님께 맹세하게 하노니 네가 하나님의 아들 그리스도인지 우리에게 말하라"고 할 때 "네가 말하였느니라"고 대답하셨다(마 26:63-64). 사도 바울도 고린도후서 1:23에서 "내가 내 영혼을 두고 하나님을 불러 증거하시게 하노라"고 말하였다. 웨스트민스터 신앙고백 22:2는 "중대한 일들에서 맹세는 구약 아래서 뿐만 아니라 또한 신약 아래서도 하나님의 말씀에 의해 보증되므로, 그러한 일들에서 합법적 권위에 의해 부과되는 합법적 맹세는 행해져야 한다"고 말했다.

[37절] 오직 너희 말은 옳다 옳다, 아니라 아니라 하라. 이에서 지나는 것은 악으로 좇아 나느니라.

우리는 맹세할 때 예와 아니오를 명확히 말하고 자기가 잘 알지 못하는 일을 주장하거나 증거하지 말고 또 자신의 능력 밖에 있는 일을 성급히 약속해서도 안 된다. 우리는 하나님 앞에서 옳다고 생각되는 것을 옳다고 말하고, 아니라고 생각되는 것을 아니라고 말해야 한다.

본문의 교훈을 정리해보자. 첫째로, 우리는 상대에 대해 음란한 마음을 품음으로써 마음으로 간음을 하지 말아야 한다. 상대방을 마음으로 미워하거나 까닭 없이 노하거나 욕하는 것이 마음으로 살인함이 되듯이, 마음에 음욕을 품는 것은 마음으로 간음함이 된다. 우리는 마음의 간음을 조심해야 한다. 이것은 남자에게도 여자에게도 다 적용된다.

둘째로, 우리는 우리의 몸의 지체들을 죄의 도구가 되게 하지 말고 의의 도구가 되게 해야 한다. 두 눈과 두 손을 가지고 범죄하여 지옥 가는 것보다 한 눈과 한 손을 가지고 범죄치 않고 천국 가는 것이 훨씬 더 낫다. 하나님의 공의는 매우 두렵고 엄격하고 철저하시다. 죄는 무서운 결과를 가져온다. 계명을 어기는 살인자와 간음하는 자는 지옥 형벌을 받을 것이다. 범죄하는 모든 죄인은, 만일 그들이 회개하지 않는다면, 다 지옥 형벌을 받을 것이다. 우리는 범죄치 말아야 한다. 로마서 6:12-13, "그러므로 너희는 죄로 너희 죽을 몸에 왕노릇하지 못하게 하여 몸의 사욕을 순종치 말고 또한 너희 지체를 불의의 도구로 죄에게 드리지 말고 오직 너희 자신을 죽은 자 가운데서 다시 산 자같이 하나님께 드리며 너희 지체를 의의 도구로 하나님께 드리라."

셋째로, 우리는 부당한 이혼을 하지 말아야 한다. 상대가 음행했거나 신앙 문제로 분리하기를 원하거나 고의적으로 버렸거나 심한 구타나 학대를 하는 경우 등이 아니라면, 성도는 이혼해서는 안 될 것이다.

넷째로, 우리는 오늘날도 하나님의 이름으로 무엇을 엄숙히 증거하며 약속하는 맹세를 할 수 있다. 그러나 우리는 잘 알지 못하는 일이나 우리의 능력 밖에 있는 일에 대해서는 맹세해서는 안 될 것이다.

38-48절, 보복에 대해

〔38-42절〕 또 눈은 눈으로, 이는 이로 갚으라 하였다는 것을 너희가 들었으나 나는 너희에게 이르노니[말하노니] **악한 자를 대적지 말라. 누구든지 네 오른편 뺨을 치거든 왼편도 돌려대며 또 너를 송사하여 속옷을 가지고자 하는 자에게 겉옷까지도 가지게 하며 또 누구든지 너로 억지로 5리를 가게 하거든 그 사람과 10리를 동행하고 네게 구하는 자에게 주며 네게 꾸고자 하는 자에게 거절하지 말라.**

'눈은 눈으로, 이는 이로'라는 법은 공의의 보응을 가르친 내용이다. 율법은 공의를 가르친다. 출애굽기 21:22-25, "사람이 서로 싸우다가 아이 밴 여인을 다쳐 낙태케[조산케] 하였으나 다른 해가 없으면 그 남편의 청구대로 반드시 벌금을 내되 재판장의 판결을 좇아 낼 것이니라. 그러나 다른 해가 있으면 갚되 생명은 생명으로, 눈은 눈으로, 이는 이로, 손은 손으로, 발은 발로, 데운 것은 데움으로, 상하게 한 것은 상함으로, 때린 것은 때림으로 갚을지니라." 레위기 24:19-20, "사람이 만일 그 이웃을 상하였으면 그 행한 대로 그에게 행할 것이니 파상은 파상으로, 눈은 눈으로, 이는 이로 갚을지라. 남에게 손상을 입힌 대로 그에게 그렇게 할 것이며." 신명기 19:18-21, "재판장은 자세히 사실(査實)하여[사실을 조사하여] 그 증인이 위증인(僞證人)이라, 그 형제를 거짓으로 무함[모함]한 것이 판명되거든 그가 그 형제에게 행하려고 꾀한 대로 그에게 행하여 너희 중에서 악을 제하라. 그리하면 그 남은 자들이 듣고 두려워하여 이 후부터는 이런 악을 너희 중에서 다시 행하지 아니하리라. 네 눈이 긍휼히 보지 말라. 생명은 생명으로, 눈은 눈으로, 이는 이로, 손은 손으로, 발은 발로니라."

하나님의 공의는 하나님의 마지막 심판에서 완전하게 나타날 것이다. 주께서 우리의 의가 바리새인들과 서기관들보다 더 낫지 못하면 결코 천국에 들어갈 수 없다고 말씀하셨었는데(마 5:20), 십자가에 죽으신 예수 그리스도께서는 우리의 의가 되셨고(롬 10:4), 또 그 의를 얻은 성도들은 성심으로 계명 순종의 의로운 삶을 살아야 한다.

그러나 주께서는 이제 악한 자를 대적하지 말고 우리의 오른편 빰을 치는 자에게 왼편도 돌려대며 우리를 고소하여 속옷을 가지고자 하는 자에게 겉옷까지도 가지게 하며 우리를 억지로 5리를 가게 하는 자에게 10리를 동행하고 우리에게 구하는 자에게 주고 꾸고자 하는 자에게 거절하지 말라고 교훈하셨다. 이 교훈은, 하나님께서 자기를 대적하며 대항했던 죄인들을 긍휼히 여기셨고 하나님의 아들 예수 그리스도께서 그들을 위해 죽으셨고 우리가 그를 믿음으로 죄씻음과 의롭다 하심을 얻었기 때문에, 즉 하나님께서 우리를 엄격한 공의로 벌하지 않고 선대하셨기 때문에, 우리는 우리에게 악을 행하는 자들에게 공의로 보복하지 말고 선대하라는 뜻이라고 본다.

그러나 주님의 교훈은 하나님의 공의로운 최종적 심판을 부정하는 것이 아니다. 하나님의 마지막 심판의 날이 있다. 요한계시록 21:8, "두려워하는 자들과 믿지 아니하는 자들과 흉악한 자들과 살인자들과 행음자들과 술객들과 우상숭배자들과 모든 거짓말하는 자들은 불과 유황으로 타는 못에 참여하리니 이것이 둘째 사망이라."

또 이 말씀은 세속 국가의 수사 기관과 법정, 군대와 합법적 전쟁 등을 부정하는 것으로 이해되어서도 안 될 것이다. 수사 기관과 법정, 그리고 군대와 합법적 전쟁 등은 사회 질서와 국가와 세계의 평화를 위해 불가피하다. 그런 것이 없다면 사회와 국가와 세상은 더욱 혼란스러워질 것이다. 로마서 13:4는, 위정자들이 하나님의 사자들로 악을 행하는 자들을 보응하기 위해 '칼'을 가지고 있다고 말했다.

또 세상에는 속이는 자들이 많은 것 같고 신실치 않게 행하는 자들도 많은 것 같고 그런 자들은 이 교훈을 악용할 수도 있기 때문에 우리는 그런 자들에 대해서는 지혜롭게 대처하는 것이 필요할 것이다.

[43-44절] 또 네 이웃을 사랑하고 네 원수를 미워하라 하였다는 것을 너희가 들었으나 나는 너희에게 이르노니[말하노니] **너희 원수를 사랑하며**

[너희를 저주하는 자들을 축복하며 너희를 미워하는 자들에게 선을 베풀며] (전통본문)[5] **너희를** [모욕하고](전통본문)[6] **핍박하는 자를 위하여 기도하라.**

누가복음 6:27-28도 비슷하다. "너희 듣는 자에게 내가 이르노니 너희 원수를 사랑하며 너희를 미워하는 자를 선대하며 너희를 저주하는 자를 위하여 축복하며 너희를 모욕하는 자를 위하여 기도하라." 이것은 "원수를 갚지 말라"는 레위기 19:18을 좀더 설명하며 강조하신 것이다. 사람이 원수를 갚는 것은 하나님의 공의의 법에서 보면 잘못된 일은 아니지만, 원수 같았던 우리를 사랑하신 하나님의 크신 사랑과 은혜를 생각할 때, 우리도 우리의 원수를 불쌍히 여기고 그가 회개하고 하나님께로 돌아오기를 기도해야 한다는 뜻이다. 우리는 원수를 우리 스스로 갚으려 하지 말고 보복하지 말고 그를 사랑하고 그를 축복하고 그에게 선을 베풀고 그를 위해 기도해야 한다.

[45-47절] 이같이 한즉 하늘에 계신 너희 아버지의 아들이 되리니 이는 하나님이[께서] **그 해를 악인과 선인에게 비취게 하시며 비를 의로운 자와 불의한 자에게 내리우심이니라. 너희가 너희를 사랑하는 자를 사랑하면 무슨 상이 있으리요? 세리도 이같이 아니하느냐? 또 너희가 너희 형제에게만 문안하면 남보다 더하는 것이 무엇이냐? 이방인들도 이같이 아니하느냐?**

"이같이 한즉 하늘에 계신 너희 아버지의 아들이 되리라"는 말씀은 원수 사랑의 행위로 하나님의 아들이 된다는 행위구원론을 가르치신 것이 아니고, 원수 사랑의 행위가 하나님의 자녀답고 하나님의 자녀의 표가 된다는 것을 강조하신 것이다. 우리가 그렇게 이해해야 하는 까닭은 예수님의 산상보훈의 가르치심이 사도 바울이 로마서와 갈라디아서에서 밝히 증거한 복음 진리와 충돌하지 않는다고 확신하기 때문이다. 왜냐하면 사도 바울의 복음은 예수 그리스도의 직접적 계시로 된 것이며(갈 1:11-12) 또 열두 사도들의 복음 이해와 일치했

---

5) Byz (D*) W it$^{d\ h}$ (syr^{p}) cop^{meg} arm^{mss} 등.
6) Byz (D* W) it$^{(a)\ (b)\ (d)\ (h)}$ syr$^{(p)}$ arm 등.

기 때문이다(행 15:11, 25-26; 갈 2:9).

원수를 사랑하는 행위가 하나님의 자녀다운 것은 하나님께서 먼저 죄인인 우리를 사랑하셨기 때문이다. 우리가 하나님과 원수 되었을 때 하나님의 아들 예수 그리스도께서 우리를 위해 십자가에 죽으셨다(롬 5:10). 그것은 원수 사랑의 행위이셨다. 그러므로 우리가 이제 하나님의 자녀가 되었다면 그의 사랑을 본받아야 할 것이다.

우리가 우리를 사랑하는 자를 사랑하고 친한 사람과만 인사하고 대화한다면, 우리는 세상 사람들보다 나은 것이 없다. 우리가 교회에 나온 모든 이들에게 친절하지 않다면, 우리는 세상 사람들보다 나은 것이 없다. 도둑들도 자기들끼리는 서로 친하며 서로 위하기도 할 것이다. 하나님의 자녀들은 그들보다 나아야 한다.

〔48절〕 그러므로 하늘에 계신 너희 아버지의 온전하심과 같이 너희도 온전하라.

이 말씀은 하나님처럼 완전자가 되라는 뜻은 아니다. 창조자이신 하나님께서는 무한하시고 영원하시고 완전하신 자이시고, 피조물인 우리는 유한하고 시작이 있고 불완전한 존재이다. 창조주와 피조물 간에는 혼동될 수 없고 없앨 수 없는 본질적인 차이가 있다. 피조물인 사람은 아무리 영적으로 성장해도 신이 될 수 없다.

본문의 '너희 아버지의 온전하심'은 도덕적 완전을 의미한다. 그것은 친한 사람들에게 뿐만 아니라, 친하지 않은 사람들, 심지어 원수들에게까지도 선을 베푸는 긍휼과 자비와 사랑의 성품을 가리키는 것이다. 사람은 본래 하나님의 형상대로 지음을 받았으므로(창 1:26, 27) 하나님의 도덕적 속성을 본받아야 한다. 우리는 특히 하나님께서 해와 비를 의인과 악인에게 똑같이 주시는 것과 같이 모든 사람들에 대해 선하고 친절하고 너그러운 마음을 가져야 한다.

본문의 교훈을 정리해보자. <u>첫째로, 우리는 악한 자를 대적하지 말아</u>

야 한다. 율법은 '눈은 눈으로, 이는 이로'라는 공의를 말한다. 공의의 보복 자체는 악이 아니다. 그것은 하나님의 마지막 심판에서 밝히 드러날 것이다. 우리는 예수 그리스도의 완전한 의를 힘입어 천국에 들어가며 우리는 이 세상 사는 동안 하나님의 계명에 일치하는 의로운 삶을 살아야 한다. 그러나 주께서는 우리가 우리에게 악을 행하는 자에게 보복하지 말고 보복 대신 선을 베풀며 그가 요구하는 것을 주고 그 이상의 것을 주라고 교훈하셨다. 공의의 보복 자체는 악이 아니지만, 우리가 하나님께 받은 은혜가 너무 크기 때문에 이 세상에서 악인에게도 선을 베푸는 것뿐이다. 우리가 이렇게 선을 베풀 때 하나님께서 은혜 주시면 악인도 회개하고 하나님께로 돌아올 것이다. 물론, 우리는 속이는 자들과 신실치 않은 자들을 분별하고 지혜롭게 대처해야 할 것이다.

둘째로, 우리는 우리의 원수들도 사랑해야 한다. 우리는 원수를 사랑하고 우리를 저주하는 자를 축복하고 우리를 미워하는 자에게 선을 베풀고 우리를 욕하고 핍박하는 자를 위해 기도해야 한다. 주께서는 십자가 위에서도 자기를 못박은 자들의 죄의 용서를 아버지께 구하였다(눅 23:34). 이것이 하나님의 마음이다. 하나님께서 해를 악인과 선인에게 비추시고 비를 악인과 선인에게 내려주신다. 우리는 하나님의 이런 온전함을 본받아야 하고 우리를 미워하는 원수까지도 사랑해야 한다.

우리는 악인들은 두고라도 교우들 상호간에 친절히 인사해야 한다. 교회에 오래 다닌 사람은 교회 처음 나온 자에게 친절하게 대함으로 그가 교회에서 편안함을 가지게 해야 한다. 우리는 아는 사람이나 친한 사람끼리만 인사하지 말고 낯선 얼굴들에게도 친절해야 한다. 우리는 모든 사람들에 대해 선하고 너그럽고 친절한 마음을 가져야 한다.

셋째로, 사회 정의는 필요하다. 주님의 교훈은 국가의 수사 기관과 법정, 군대와 합법적 전쟁 등의 부정으로 이해해서는 안 된다. 그런 것은 사회의 질서와 국가와 세계의 평화를 위해 불가피하다. 그런 것들이 없다면, 사회와 국가와 온 세상은 지금보다 더욱 혼란스러워질 것이다.

6장: 참된 경건의 삶

1-8절, 은밀한 구제와 기도

〔1절〕 사람에게 보이려고 그들 앞에서 너희 의[구제](전통본문)[7]**를 행치 않도록 주의하라. 그렇지 아니하면 하늘에 계신 너희 아버지께 상을 얻지 못하느니라.**

구제는 의의 행위이다. 그러나 주께서는 사람에게 보이려고 하는 외식적 구제를 경계하시고, 구제할 때 은밀하게 해야 할 것을 강조하셨다. 우리는 구제할 때 자신을 드러내지 말아야 한다. 구제는 선한 행위이지만, 자기를 드러내는 것은 자기를 자랑하는 일이며 그런 것은 하나님께서 기뻐하지 않으신다. 우리가 가진 모든 것이 하나님의 은혜이다. 우리가 구제할 수 있는 돈의 여유나 선한 마음도 하나님께서 주신 것이다. 그러므로 외식적 구제는 하나님의 영광을 드러내기보다 자신을 높이는 악한 행위이며 하나님께 받을 상급은 없다.

〔2절〕 그러므로 구제할 때에 외식하는 자가 사람에게 영광을 얻으려고 회당과 거리에서 하는 것같이 너희 앞에 나팔을 불지 말라. 진실로 너희에게 이르노니[말하노니] **저희는 자기 상을 이미 받았느니라.**

외식자는 자기의 구제 활동으로 사람들의 영광과 칭찬을 구한다. 그는 사람들이 그에 대해 '저 사람은 구제를 많이 한 좋은 사람이다' 라고 말하는 사람들의 칭찬의 상을 이미 받은 것이다. 그러므로 하나님께서 그에게 주실 상은 없다는 뜻이다.

〔3-4절〕 너는 구제할 때에 오른손의 하는 것을 왼손이 모르게 하여 네 구제함이 은밀하게 하라. 은밀한 중에 보시는 너의 아버지가[께서] [드러나게](전통본문)[8] **갚으시리라.**

---

7) Byz W it^{k} syr^{p} cop^{meg} 등이 그러함. (syr^{c} cop^{bo} 등도 뜻은 같음).

8) Byz W it$^{a\ b\ h}$ syr$^{p\ s}$ arm Diatessaron^{arm} 등에 있음.

주께서는 우리가 구제할 때 "오른손의 하는 것을 왼손이 모르게" 은밀하게 하라고 교훈하셨다. 우리가 은밀하게 구제하면 사람들에게 칭찬을 받지 않을 것이나, 하나님께서는 모든 것을 다 보시고 아시므로 그의 선한 행위를 기뻐 받으시고 복을 주실 것이다. 사람들 앞에 보이려고 한 구제와 선행은 사람들의 칭찬을 받았으므로 하나님의 상은 없을 것이지만, 은밀하게 행한 구제는 하나님 아버지께서 드러나게 갚아주실 것이다. 사람들은 사람의 드러난 행위들만 보고 칭찬하지만, 하나님께서는 사람의 은밀한 행위들을 보시고 보상하신다.

〔5-6절〕 또 너희가 기도할 때에 외식하는 자와 같이 되지 말라. 저희는 사람에게 보이려고 회당과 큰 거리 어귀에 서서 기도하기를 좋아하느니라. 내가 진실로 너희에게 이르노니[말하노니] **저희는 자기 상을 이미 받았느니라. 너는 기도할 때에 네 골방에 들어가 문을 닫고 은밀한 중에 계신 네 아버지께 기도하라. 은밀한 중에 보시는 네 아버지께서** [드러나게][9] **갚으시리라.**

기도할 때도 마찬가지이다. 주 예수께서는 바른 기도의 태도에 대해 두 가지를 교훈하셨다. 하나는 은밀한 기도이며 다른 하나는 중언부언하지 않는 기도이다. 첫째로, 주께서는 기도할 때 은밀하게 기도하라고 교훈하셨다. 외식하는 자들은 사람들에게 보이려고 회당과 큰 거리 어귀에 서서 기도하기를 좋아하였다. 사람들은 그를 보며 "저 사람은 참으로 기도를 많이 한다, 참으로 경건하다"는 칭찬을 할 것이다. 그러나 기도는 하나님을 향해 해야 하는 것이지 사람들에게 보이려고 해서는 안 된다. 그것은 외식이다. 그는 사람들의 칭찬의 상을 이미 받았다. 그러므로 그는 하나님의 상을 기대할 것이 없다.

주께서는 "너는 기도할 때에 네 골방에 들어가 문을 닫고 은밀한 중에 계신 네 아버지께 기도하라. 은밀한 중에 보시는 네 아버지께서 드러나게 갚으시리라"고 말씀하셨다. 골방 기도가 가장 이상적 기도

9) Byz W it$^{a\ b\ h}$ syr^{p} arm Diatessaron^{arm} 등에 있음.

이다. 골방 기도는 참으로 하나님과 일대일로 대면하여 드리는 기도이다. 그것은 사람들에게 '나는 기도한다'고 알리거나 보이려 하거나 또 사람들에게 말하는 기도가 아니고 오직 은밀한 중에 보시는 하나님 앞에서 하는 기도이다. 이것은 참으로 바른 기도이다. 하나님 아버지께서는 은밀한 기도를 들으시며 드러나게 응답하실 것이다. 사람들은 그가 무슨 기도를 했는지 모르겠지만, 하나님께서는 다 아시고 그의 기도에 응답하셔서 좋은 것을 드러나게 주실 것이다.

〔7-8절〕 또 기도할 때에 이방인과 같이 중언부언하지 말라. 저희는 말을 많이 하여야 들으실 줄 생각하느니라. 그러므로 저희를 본받지 말라. 구하기 전에 너희에게 있어야 할 것을 하나님 너희 아버지께서 아시느니라.

둘째로, 주께서는 우리가 기도할 때 중언부언하지 말라고 교훈하셨다. '중언부언'은 주문을 반복하듯이 말을 반복하는 것을 가리킨다. 간절한 기도를 할 때 말의 반복이 있는 것은 자연스럽고 정당하겠지만, 무조건 말을 많이 하면 하나님께서 들어주시리라는 생각은 비신이다. 하나님께서는 인격적이시기 때문에 우리는 기도할 때에 인격적인 태도를 가져야 한다. 진심에서 나온 기도가 아니라면 기도할 때 많은 말을 하는 것은 아무 의미가 없고 응답도 없을 것이다.

그러므로 우리는 기도할 때 중언부언하는 이방인의 태도를 본받지 말아야 한다. 하늘에 계신 우리 아버지께서는 우리가 구하기 전에 우리에게 있어야 할 것을 다 아신다. 사실, 그는 모든 일들이 합력하여 우리의 영적 유익이 되게 섭리하시는 하나님이시다(롬 8:28).

만일 우리가 이 사실을 인식한다면, 우리는 인격적이게, 차근차근하게 기도할 것이며, 기도하기 전에 기도할 내용을 생각하며, 중요한 기도 제목들을 묵상할 것이다. 우리가 사람을 만나 대화할 때, 대화의 주제를 먼저 생각하듯이, 우리가 하나님께 기도드릴 때 우리는 우리의 기도 제목들을 먼저 생각해야 할 것이다.

주님의 말씀은, 하나님 아버지께서 다 아시기 때문에 기도할 필요가 없다는 뜻은 아니다. 기도는 하나님의 방법이다. 물론 하나님께서는 모든 일을 다 아시지만, 하나님의 일들이 우리의 간절한 기도를 통해 이루어지게 하시는 것이 하나님의 뜻이다. 에스겔 36:37, "나 주 여호와가 말하노라. 그래도 이스라엘 족속이 이와 같이 자기들에게 이루어 주기를 내게 구하여야 할지라." 우는 아기에게 엄마가 젖을 먹이듯이, 하나님께서는 우리의 부르짖는 기도를 잘 들어주신다.

물론, 그는 우리의 구하는 것 이상을 주시며(엡 3:20) 우리가 미처 구하지 못한 것도 주시며 우리의 길을 인도하시고 우리에게 필요한 것들을 채워주실 것이다. 그러나 기도는 하나님의 방법이며 기도를 통해 우리는 하나님을 의지하고 하나님만 의지하는 법을 배우며 우리의 믿음이 자라고 견고케 되고 우리의 필요한 것들도 얻는다.

본문의 교훈을 정리해보자. 첫째로, 우리는 구제할 때 남에게 보이려고 하지 말고 은밀하게 해야 한다. 3-4절, "너는 구제할 때에 오른손의 하는 것을 왼손이 모르게 하여 네 구제함이 은밀하게 하라. 은밀한 중에 보시는 너의 아버지가 드러나게 갚으시리라." 구제는 의롭고 선한 행위의 열매이지만, 사람에게 보이려고 해서는 안 된다는 뜻이다.

둘째로, 우리는 기도할 때에도 남에게 보이려고 하지 말고 은밀하게 해야 한다. 6절, "너는 기도할 때에 네 골방에 들어가 문을 닫고 은밀한 중에 계신 네 아버지께 기도하라. 은밀한 중에 보시는 네 아버지께서 드러나게 갚으시리라." 우리는 은밀한 골방 기도를 힘써야 한다.

셋째로, 우리는 기도할 때 인격적 기도, 즉 인격적 하나님께 우리의 소원을 차근하게 아뢰는 기도를 해야 하고 주문처럼 어떤 말을 반복하는 기도를 해서는 안 된다. 주문 외우듯이 어떤 단어나 구절을 반복하는 것은 옳지 않다. 우리가 방언을 반대하는 한 이유도 그것 때문이다. 기도는 주문 외우듯이 해서는 안 된다. 우리는 우리의 감사와 고백과 간구의 내용을 또박또박, 인격적으로 하나님께 아뢰어야 한다.

9-10절, 주기도 (1)

〔9절a〕 그러므로 너희는 이렇게 기도하라. 하늘에 계신 우리 아버지[시]**여.**

'그러므로 너희는'이라는 말은 앞부분의 말씀대로(5-7절) 외식자들은 남에게 보이려고 기도하고 이방인들은 무의미한 말을 반복하여 기도하지만, 하나님 백성인 너희, 나의 제자인 너희는 바르게 기도하라는 뜻이다. 원문은 '너희는'(휘메이스 ὑμεῖς)이라는 말을 강조한다.

주께서는 기도의 대상이신 하나님을 "하늘에 계신 우리 아버지시여"라고 표현하셨다. '하늘'은 문자 그대로 하늘이라는 뜻이다. 하나님께서는 계신 곳 하늘에서 기도를 들으시며(왕상 8:30, 32, 34, 36, 39, 43, 45, 49) 엘리야와 예수님 자신께서는 하늘로 올라가셨다. 시편 115:16은 땅은 사람에게 주셨지만, 하늘은 여호와의 하늘이라고 말했다. 그러나 하늘에 계신 하나님이라는 말은 또한 하나님께서 세상을 초월해 계시며 온 우주를 다스리시는 하나님이심을 보이기도 한다.

하나님께서는 '우리 아버지'이시다. 아버지라는 말은 우리의 창조자, 보호자, 공급자이심을 나타낸다. 그의 피조물인 인류가 넓은 의미에서는 다 하나님의 자녀이지만, 하나님을 부정하고 거역하는 죄인들은 하나님의 자녀의 신분을 잃었었다. 그러므로 만세 전에 그리스도 안에서 택함을 받고 때가 되어 하나님께 돌아와 그를 경외하고 그의 아들 예수 그리스도를 믿음으로 구원 얻은 사람들만 하나님의 자녀이며(요 1:12) 하나님께서는 그들의 아버지가 되신다. 그러므로 우리는 기도할 때 하나님 아버지께 "모든 거룩한 공경과 확신을 가지고 가까이 나아가야"(소요리문답 100문답) 한다.

〔9절b〕 [주님의] **이름이 거룩히 여김을 받으시오며.**

주께서는 제자들에게 여섯 가지의 내용을 기도하라고 가르치셨다. 우리가 기도해야 할 첫 번째 내용은 "주님의 이름이 거룩히 여김을 받으시옵소서"이다. '거룩'은 구별을 나타낸다. 하나님께서는 창조주이시며 우리는 피조물이다. 창조주와 피조물 사이에는 무한한 구별이 있다. 창조주 하나님의 이름은 지극히 거룩하고 영광스런 이름이시다. 그의 이름은 우리가 큰 두려움을 가지고 불러야 할 이름이시다. 우리는 하나님을 하나님으로 인정하고 섬기며 그를 높이고 찬송하며 그가 창조자와 섭리자이심을 고백하여야 한다.

그러나 세상의 현실은 그렇지 않다. 사람들은 창조자 하나님을 알지 못하며 그를 부정하고 무시하고 경멸하며 대적하고 욕하기까지 한다. 그들은 하나님보다 물질적 부요와 영광, 세상의 권력, 육신의 쾌락을 더 크게 여기며 살고 있다. 때때로 하나님의 백성도 우상을 섬기며 음란과 거짓과 탐욕으로 행함으로 하나님의 이름이 비방을 받기도 했다. 로마서 2:24, "기록된 바와 같이 하나님의 이름이 너희로 인하여 이방인 중에서 모독을 받는도다." 그러므로 우리는 하나님의 이름이 거룩히 여김을 받으시기 위해 기도하며 힘써야 한다.

〔10절a〕 나라이[주님의 나라가] **임하옵시며.**

두 번째 내용은 "주님의 나라가 임하옵소서"이다. '나라'에는 백성과 땅과 왕과 법이 있다. 원래, 하나님의 나라의 왕은 하나님이시며 백성은 인류이며 땅은 세상이고 법은 그의 명령이었다. 인류의 시조 아담과 하와가 하나님의 명령을 잘 지켰더라면, 그 나라에서의 삶은 평안과 행복의 삶이었을 것이다. 거기는 질병도 가난도 죽음도 없었을 것이다. 그러나 인류 시조가 하나님의 명령을 어김으로 그 나라에 문제가 생겼다. 불순종은 하나님의 통치권을 부정한 것이다. 그 결과, 사람은 삶의 평안과 행복을 잃어버렸다. 그러므로 하나님의 나라가 임하옵소서라는 기도는 그의 통치권의 회복을 간구하는 것이다.

하나님의 통치권의 회복은 예수 그리스도의 복음을 통해 죄인들이 구원을 얻을 때 시작된다. 그러므로 주께서는 전도사역을 시작하실 때 "회개하라, 천국이 가까웠느니라"고 말씀하셨다. 전도는 영혼을 구원하고 교회를 세우는 것이며, 교회는 하나님의 나라의 시작이다. 골로새서 1:13, "그가 우리를 흑암의 권세에서 건져내사 그의 사랑의 아들의 나라로 옮기셨으니." 베드로전서 2:9, "너희는 택하신 족속이요 왕 같은 제사장들이요 거룩한 나라요 그의 소유된 백성이니."

소요리문답 102문답은 이미 시작된 이 나라를 '은혜의 나라'라고 표현하였다. 죄인들은 사탄의 나라로부터 구원 얻어 이 은혜의 나라에 들어왔고 그 안에서 보호함을 얻는다. 신약 성도들은 하나님 나라의 은택을 맛본다. 그들은 하나님께 순종하여 거룩의 열매를 맺으며 (롬 6:22) 항상 기뻐하고(살전 5:16) 평안하며(요 14:27; 살후 3:16) 또 물질적 공급도 받고(마 6:33) 건강도 누린다(잠 3:7-8; 약 5:14-16).

그러나 신약교회들은 요한계시록 2-3장에 증거된 아시아의 일곱 교회들에서 보듯이 아직 미완성이며 불완전하다. 성도들의 성화가 불완전한 만큼, 지상 교회들은 불완전하다. 거기에는 죄가 있고 다툼과 갈등도 있고 분열과 하나님의 징벌도 있다. 비록 지교회와 지교단이 권징을 충실히 시행해야 하지만(고전 5:13; 계 2:14, 20), 전체교회의 완전 정화(淨化)는 마지막 심판 때까지 보류되어 있다(마 13:29).

이와 같이 "주님의 나라가 임하옵소서"라는 기도는 구원의 복음이 온 세상에 널리 전파되고 택한 백성들이 죄를 회개하고 구주 예수 그리스도를 믿고 구원을 얻어 충만하게 교회 안으로 들어오기를 기도하는 것, 즉 전도와 영혼 구원과 교회의 설립을 위한 기도이다.

이 기도는 특히 교회의 말씀 전파의 사명을 위한 기도이다. 주께서는 제자들에게 "추수할 것은 많되 일꾼은 적으니 그러므로 추수하는 주인에게 청하여 추수할 일꾼들을 보내어 주소서 하라"고 말씀하셨다(마 9:37-38). 우리는 교회에 말씀의 봉사자들이 부족하지 않고 또 그들이 힘있게 말씀을 전하기를 위해 항상 기도해야 한다. 데살로니가후서 3:1, "너희는 우리를 위하여 기도하기를 주님의 말씀이 너희 가운데서와 같이 달음질하여 영광스럽게 되게 하옵소서."

또 우리는 교회가 교리적으로, 윤리적으로 깨끗케 되기를 기도해야 한다. 교회는 죄 가운데 있는 자들을 회개시키고 회개한 자들을 경건과 거룩함으로 굳게 세우며 온전케 하며 깨끗한 예배와 봉사를 늘 하나님께 드려야 한다. 우리는 하나님의 다스리심이 우리의 삶의 모든 영역에서 온전히 이루어지기를 기도해야 한다.

하나님의 나라는 또 예수 그리스도의 재림으로 영광스럽게 이루어질 것이다. 소요리문답은 장차 이루어질 이 나라를 '영광의 나라'라고 불렀다. 이것은 예수 그리스도의 재림으로 부활하고 변화될 성도들이 들어가 영생할 나라이다. 거기에는 죄도 슬픔도 질병도 죽음도 없을 것이다. 베드로후서 1:11, "이같이 하면 우리 주님 곧 구주 예수 그리스도의 영원한 나라에 들어감을 넉넉히 너희에게 주시리라."

그러므로 "주님의 나라가 임하옵소서"라는 기도는 택자들의 구원과 교회의 설립과 성도들의 온전함을 위한 기도일 뿐만 아니라, 또한 주 예수 그리스도의 재림과 영광의 나라를 대망하는 기도이다. 우리는 이 기도를 통해 그리스도의 재림의 시간을 재촉한다. 우리는 하나님의 날이 임하기를 바라보고 간절히 사모해야 한다(벧후 3:12).

〔10절b〕 [주님의] **뜻이 하늘에서 이룬 것같이 땅에서도 이루어지이다.**

주께서 가르쳐 주신 기도의 세 번째 내용은 "주님의 뜻이 하늘에서 이룬 것같이 땅에서도 이루어지이다"이다. 하나님의 뜻은 하늘에서 이루어졌다. 그것은 천사들과 죽은 성도들을 통해서이다. 하늘에 있는 악한 천사들은 땅으로 추방되었고 선한 천사들은 하나님을 찬송하며 겸손하고 민첩하게 하나님의 뜻에 순종한다. 완전케 된 죽은 성도들의 영혼들도 천국에서 늘 하나님을 찬송하며 평안을 누리고 있다.

그러나 땅이 문제이다. 땅은 마귀의 권세 아래 있다. 마귀는 '이 세상의 신'(고후 4:4)이며 '공중의 권세 잡은 자'(엡 2:2)이며 '온 천하를 꾀는 자'(계 12:9)이다. 세상은 악한 자 안에 처해 있다(요일 5:19). 우리는 '이 어두움의 세상 주관자들과 하늘에 있는 악의 영들'(엡 6:12)과 싸운다.

하나님께서는 창세 전에 뜻하신 바를 이 땅 위에서, 역사 속에서 다 이루신다. 세계사는 하나님의 섭리의 과정이다. 하나님의 뜻은 거룩하고 의롭고 선하다. 그러나 사람들은 하나님의 뜻을 거슬러 행했고 그를 대항했다. 그것이 죄이다. 그러나 이제 하나님의 뜻이 땅 위에서 이루어져야 한다. 그것이 우리의 중요한 기도 내용이 되어야 한다.

하나님의 뜻은, 첫째로, 택자들의 구원과 전도와 교회의 건립이다. 하나님의 뜻은 택자들의 구원이요(요 6:39) 만민에게 복음을 전하는 것이요(마 28:19; 막 16:16) 교회의 건립이다(마 16:18). 둘째로, 하나님의 뜻은 우리가 죄 짓지 않고 거룩하게 사는 것이며(살전 4:3), 또 선한 일을 위해 열심을 내는 것이다(딛 2:14). 그 선한 일이란 하나님과 교회를 위해 일하고 형제와 이웃을 사랑하는 것이다. 셋째로, 하나님의 뜻은 성도들의 복된 부활과 영광스런 천국과 복된 영생이다. 그것이 하나님의 구원 계획과 섭리의 목표이며 모든 성도의 소망이다.

본문의 교훈을 정리해보자. 첫째로, 우리는 하나님의 이름이 거룩히 여김을 받으시기를 기도해야 한다. 우리는 하나님을 인정하고 섬기며 높이고 찬송해야 하고 그의 뜻을 거역지 말고 그의 명령을 행해야 한다.

둘째로, 우리는 하나님의 나라가 임하기를 기도해야 한다. 하나님의 나라가 임하는 것은 복음이 전파되고 영혼들이 구원 얻고 교회가 세워지고 개인의 성화와 교회의 영적 성장과 세계 복음화가 이루어지는 것이고, 또 주 예수 그리스도의 재림과 영광의 나라의 임하는 것이다.

셋째로, 우리는 하나님의 뜻이 땅에 이루어지기를 기도해야 한다. 우리는 택자들의 구원과 교회의 건립, 온전한 성화를 위해 기도해야 하고 또 영광스런 몸의 부활과 천국과 영생의 날을 위해 기도해야 한다.

11-18절, 주기도 (2), 금식

〔11절〕 오늘날 우리에게 일용할 양식을 주옵시고.

주께서 가르쳐주신 기도의 네 번째 내용은 "오늘날 우리에게 일용할 양식을 주옵소서"이다. 그것은 날마다 필요한 육신의 양식을 구하는 매우 소박한 내용이다. 잠언 30:8도 사람의 기본적 소원의 하나로 "나로 가난하게도 마옵시고 부하게도 마옵시고 오직 필요한 양식으로 내게 먹이시옵소서"라는 소원을 말하였다.

사람은 육신을 가진 존재이다. 사람에게 있어서 먹을 것과 입을 것은 필수적인 요소이다. 하나님께서는 우리의 영혼의 구원과 마음의 위로와 평안을 주실 뿐 아니라, 우리의 육신의 일용할 양식도 주신다. 이스라엘 백성이 애굽에서 놓여나와 메마르고 거친 광야를 통과하는 동안에도 하나님께서는 그들에게 일용할 양식으로 만나를 내려주셨다. 그것은 비상한 상황에서도 하나님께서 일용할 양식을 주심을 잘 보여준다. 시편 104:14-15는, "[하나님께서] 가축을 위한 풀과 사람의 소용을 위한 채소를 자라게 하시며 땅에서 식물이 나게 하시고 사람의 마음을 기쁘게 하는 포도주와 사람의 얼굴을 윤택케 하는 기름과 사람의 마음을 힘있게 하는 양식을 주셨도다"라고 말한다.

그러므로 우리는 육신의 양식을 위해 근심할 필요가 없다. 주께서는, 공중의 새를 먹이시고 들의 백합화를 입히시는 하나님 아버지께서 우리의 몸을 위해 먹을 것과 입을 것이 필요함을 아시므로 염려하지 말라고 말씀하셨다(마 6:25-26, 31-32). 우리는 오직 하나님의 뜻대로 그의 계명에 순종하고 경건하고 의롭게 살아야 한다. 주께서는 "너희는 먼저 하나님의 나라와 그의 의를 구하라. 그리하면 이 모든 것을 너희에게 더하시리라"고 말씀하셨다(마 6:33). 우리가 경건하고 바르고 선하게 살 때, 그는 우리에게 지혜와 건강과 직장을 주시고, 또 수고의 대가를 누리게 하실 것이다. 그는 만복의 근원이시고 그가 주시는 복은 영적인 복뿐 아니라, 육신적, 물질적 복도 포함한다.

〔12절〕 **우리가 우리에게 죄 지은 자**[빚진 자들](원문, 영어성경들)**를 사하여 준 것같이 우리 죄**[우리의 빚들](원문, 영어성경들)**를 사하여 주옵시고.**

주께서 가르쳐주신 기도의 다섯 번째 내용은 "우리가 우리에게 빚진 자들을 사하여 준 것같이 우리의 빚들을 사하여 주옵소서"이다. '우리의 빚들'이라는 말은 우리가 구원 얻은 후에 하나님의 계명들을 어기며 짓는 죄들을 가리킨다. 계명 순종은 사람의 당연한 의무이므로 계명을 어기는 것은 하나님께 빚을 지는 것과 같다. 우리는 예수님 믿고 죄사함을 얻었으나 우리의 남은 죄악성 때문에 때때로 실수하고 범죄한다. 성도가 믿음으로 의롭다 하심을 얻었다고 해도, 그런 실수와 죄는 죄이다. 하나님의 계명을 어기는 모든 행위가 죄이다.

죄는 깨끗이 씻음을 받아야 한다. 죄씻음은 하나님의 용서를 통해서만 가능하다. 요한복음 13:10에 보면, 주께서는 "이미 목욕한 자는 발밖에 씻을 필요가 없느니라"고 말씀하셨다. 목욕하였다는 말씀은 우리가 처음 예수 그리스도를 믿었을 때 그의 속죄의 보혈로 죄씻음 받음을 말씀한 것이라고 본다. 그러나 목욕한 사람이라도 발이 더러워져서 발을 씻듯이, 예수님 믿고 구원 얻은 성도들도 날마다 삶의 현실에서 실수하거나 범죄한 일이 있으면 하나님께 용서함을 받아야 한다. 만일 그렇지 않으면, 그 죄 때문에 하나님과의 교제가 가로막히게 된다. 하나님께서는 근심하시고 우리 자신도 하나님을 멀리하게 될 것이다. 죄는 하나님과의 친근한 교제를 가로막는다.

그런데 주께서는 "우리가 우리에게 빚진 자들을 사하여 준 것같이 우리의 빚들을 사하여 주옵소서"라고 기도하라고 말씀하셨다. 우리의 죄의 용서를 우리가 우리에게 죄 지은 다른 이를 용서함에 결부시키신 것이다. 하나님께서는 우리가 다른 사람들의 잘못을 용서하는 자가 되기를 원하신다(엡 4:32). 그는 우리의 많은 죄들과 부족들을 용서해주셨다. 우리는 하나님의 그 사랑을 깨달을 때 형제들의 잘못을 용서할 수 있고 또 그때 하나님 앞에서 담력을 얻고 우리 자신의 잘못에 대해 하나님께 용서를 구할 수 있다.

〔13절a〕 우리를 시험에 들게 하지 마옵시고 다만 악에서 구하옵소서.

주께서 가르쳐주신 기도의 여섯 번째 내용은 "우리를 시험에 들게 하지 마옵시고 다만 악에서 구하옵소서"이다. 세상에는 마귀의 시험이 많다. 마귀는 우리로 불신앙과 낙심과 죄에 떨어지도록 시험한다. 주께서는 시몬 베드로에게 "사단이 밀 까부르듯 하려고 너희를 청구하였다"고 말씀하신 적이 있다(눅 22:31). 사도 베드로는 "너희 대적 마귀가 우는 사자같이 두루 다니며 삼킬 자를 찾는다"고 말했다(벧전 5:8). 또 사도 바울은 "분을 내어도 죄를 짓지 말며 해가 지도록 분을 품지 말고 마귀로 틈을 타지 못하게 하라"고 말했다(엡 4:26-27).

주께서는 우리가 마귀의 시험에 떨어지지 않게 하시고 떨어져도 거기에서 구원 얻도록 도우신다. 그는 베드로에게 "내가 너를 위하여 네 믿음이 떨어지지 않기를 기도하였노니 너는 돌이킨 후에 네 형제를 굳게 하라"고 말씀하셨다(눅 22:31-32). 그러나 우리도 기도해야 한다. 주께서는 제자들에게 "시험에 들지 않게 일어나 기도하라"고 말씀하셨다(눅 22:46). 사도 바울은 우리가 마귀의 궤계를 대적하기 위해 진리의 띠, 의의 흉배, 평안의 복음의 신, 믿음의 방패, 구원의 투구, 성령님의 검 곧 하나님의 말씀으로 하나님의 전신갑주를 입어야 하고 또 성령님 안에서 기도해야 한다고 교훈하였다(엡 6:10-18).

〔13절b〕 ([이는, 왜냐하면](호티 ὅτι) **나라와 권세와 영광이 아버지께 영원히 있사옵나이다**[있사옴이니이다]. **아멘.)**

주께서는 끝으로 "[이는] 나라와 권세와 영광이 아버지께 영원히 있사옴이니이다. 아멘"이라고 기도하라고 말씀하셨다. 그것은 우리가 이 기도를 드리는 것이 하나님께 나라와 권세와 영광이 있기 때문이라는 뜻이다. 하나님의 이름이 거룩히 여김을 받으시며 하나님의 나라가 임하며 하나님의 뜻이 이루어지는 것은 나라와 권세와 영광이 하나님께 영원히 있기 때문에 당연한 일이다. 또 하나님께서 우리에게 일용할 양식을 주심과 우리의 죄를 사하여주심과 우리를 시험에 들지 않게 하시고 악에서 구하여주심도 그가 하실 수 있는 일이다. 그러므로 우리는 하나님께 이런 기도의 내용들을 아뢰는 것이다.

〔14-15절〕 [이는] **너희가 사람의 과실을 용서하면 너희 천부께서도 너희 과실을 용서하시려니와 너희가 사람의 과실을 용서하지 아니하면 너희 아버지께서도 너희 과실을 용서하지 아니하시리라**[아니하심이니라].

주께서는 제자들에게 기도를 가르쳐 주신 후에 우리가 우리에게 잘못을 범한 자를 용서하라고 교훈하시며 우리가 그렇게 하지 않으면 하나님께서 우리의 잘못도 용서하지 않으실 것이라고 말씀하셨다. 주께서 이렇게 말씀하신 것은 하나님께서 우리에게 베푸신 용서가 값으로 계산할 수 없이 큰 것이기 때문이다. 하나님께서는 지옥 갈 죄인들인 우리를 구원하셔서 천국 백성이 되게 하셨다.

주께서는 하나님께서 우리에게 베푸신 용서를 일만 달란트 빚진 자가 그 빚을 탕감받은 것과 같으며, 우리가 우리에게 잘못을 범하는 자를 용서하는 것은 백 데나리온 정도의 빚을 탕감하는 것과 같다고 비유하셨었다(마 18:23-35). 한 데나리온은 노동자의 하루 품삯이며, 한 달란트는 6,000데나리온이다. 그러면 1만 달란트는 6,000만 데나리온이다. 1만 달란트와 100데나리온의 가치의 차이는 매우 매우 크다. 이처럼 우리가 큰 용서를 받았으므로 우리는 작은 용서를 해야 한다.

〔16-18절〕 **금식할 때에 너희는 외식하는 자들과 같이 슬픈 기색을 내지 말라. 저희는 금식하는 것을 사람에게 보이려고 얼굴을 흉하게 하느니라. 내가 진실로 너희에게 이르노니**[말하노니] **저희는 자기 상을 이미 받았느니라. 너는 금식할 때에 머리에 기름을 바르고 얼굴을 씻으라. 이는 금식하는 자로 사람에게 보이지 않고 오직 은밀한 중에 계신 네 아버지께 보이게 하려 함이라. 은밀한 중에 보시는 네 아버지께서 갚으시리라.**

금식은 비상한 기도의 한 방법이다. 그것은 비상하게 어려운 문제를 해결하는 효력 있는 기도의 한 방법이다. 마태복음 17:21 전통본문에 보면, 예수께서는 세 제자들을 데리고 높은 산에 올라가 그 모습이 영화롭게 변화된 사건이 있은 후에 산에서 내려와 제자들이 고치지 못했던 간질 환자를 고쳐주신 후 "이런 유의 것은 기도와 금식으로가 아니고서는 나가지 아니하느니라"고 말씀하셨다. 수리아 안디옥 교회는 선교사를 파송하려 할 때에 금식하였다. 사도행전 13:2-3, "주님을 섬겨 금식할 때 성령께서 말씀하시기를 내가 불러 시키는 일을 위하여 바나바와 사울을 따로 세우라 하시니 이에 금식하며 기도하고 두 사람에게 안수하여 보내니라." 금식은 중요한 기도의 행위이다. 그러나 우리는 금식할 때 사람에게 보이려고 금식하는 모양을 내지 말고 평상시와 같이 행함으로 은밀하게 해야 한다.

본문의 교훈을 정리해보자. 첫째로, 우리는 오늘날 우리에게 일용할 양식을 주옵소서라고 기도해야 한다. 그것은 날마다 우리에게 필요한 육신의 양식을 구하는 매우 소박한 기도이다. 하나님께서는 우리에게 마음의 위로와 평안뿐 아니라 날마다 일용할 양식과 건강도 주신다.

둘째로, 우리는 우리가 우리에게 빚진 자들을 사하여 준 것같이 우리 빚들을 사하여 주옵소서라고 기도해야 한다. 구원 얻은 성도도 범죄한 일이 있으면 하나님께 용서함을 받아야 하고 그래야 하나님과의 교제가 가로막히지 않는다. 그때 우리는 형제의 부족을 먼저 용서해야 한다.

셋째로, 우리는 우리를 시험에 들게 하지 마옵시고 다만 악에서 구하옵소서라고 기도해야 한다. 우리는 마귀의 시험에 떨어지지 않고 범죄치 않도록 조심해야 한다. 죄 짓지 않는 것이 성도에게 가장 중요하다.

넷째로, 우리는 비상할 때 금식할 수 있다. 금식은 간절한 기도의 한 방법이다. 비상한 때의 금식 기도는 우리로 하나님의 기이한 도우심을 체험하게 하는 놀라운 방법이다. 그러나 그것은 은밀히 해야 한다.

19-24절, 보물을 하늘에 쌓아두라

〔19절〕 너희를 위하여 보물을 땅에 쌓아 두지 말라. 거기는 좀과 동록(銅綠)이 해하며 도적이 구멍을 뚫고 도적질하느니라.

보물을 땅에 쌓아두는 것은 돈이나 재산을 자신을 위해 저축하고 선한 일들을 위해 쓸 줄 모르는 것을 말한다. 보물은 오늘날에 집이나 건물과 토지, 은행 예금과 적금, 주식과 펀드, 금 패물, 현금 등을 가리킬 것이다. 땅에 쌓아둔 재물은 좀이 먹거나 녹이 쓸듯이 손실이 생기기도 한다. 집값이나 땅값이 떨어지기도 하고 은행에 맡긴 예금이나 적금 이자가 낮아지고 주식값, 펀드값이 하락하고 금값이 떨어지기도 하고 또 돈 가치가 하락하기도 한다. 또 사람의 재산은 가족이나 다른 사람에 의해 도적질이나 사기나 강탈을 당하기도 한다.

〔20절〕 오직 너희를 위하여 보물을 하늘에 쌓아 두라. 거기는 좀이나 동록이 해하지 못하며 도적이 구멍을 뚫지도 못하고 도적질도 못하느니라.

보물을 하늘에 쌓아두는 것은 돈과 재물을 하나님의 기뻐하시는 선한 일, 즉 전도와 구제를 위해 쓰는 것을 말한다. 전도자들을 위한 후원은 하나님의 일이다. 주께서는 그의 제자들을 전도자로 보내실 때 여행을 위하여 주머니나 두 벌 옷을 가지지 말라고 하시며 “이는 일꾼이 저 먹을것 받는 것이 마땅함이니라”고 말씀하셨다(마 10:10). 사도 바울은 빌립보 교회가 보내준 선교헌금이 하나님께서 받으시는 향기로운 제물이라고 말했다(빌 4:18). 주께서는 하늘에 쌓아두는 돈이 ‘너희를 위한’ 것이라고 말씀하셨다. 전도를 위한 헌금은 보물을 하늘에 쌓는 것이며 그것은 장차 우리에게 상급으로 돌아올 것이다.

구제하는 일도 주머니를 만들어 하늘 나라에 보물을 쌓아두는 것이다. 누가복음 12:33, “너희 소유를 팔아 구제하여 낡아지지 아니하는 주머니를 만들라. 곧 하늘에 둔 바 다함이 없는 보물이니 거기는 도적도 가까이 하는 일이 없고 좀도 먹는 일이 없느니라.” 주께서는 마태복음 25장의 양과 염소의 비유에서 주의 형제들 중 지극히 작은 자 하나가 주릴 때 먹을 것을 주고 목마를 때 마시게 하고 나그네 되었을 때 영접하고 벗었을 때 옷을 입히고 병들었을 때 돌아보고 옥에 갇혔을 때 와서 보는 것이 곧 주님 자신께 하는 것이라고 말씀하셨다(마 25:35-40). 잠언 19:17은 "가난한 자를 불쌍히 여기는 것은 여호와께 꾸어드리는 것이니 그 선행을 갚아 주시리라"고 말하였다. 이와 같이, 우리가 구제하는 것도 우리를 위해 보물을 하늘에 쌓는 것이다.

〔21절〕 [이는] **네 보물 있는 그 곳에는 네 마음도 있느니라**[있음이니라].

우리의 보물과 우리의 마음은 같이 간다. 우리는 우리가 가치 있게 여기는 일들을 위해 마음을 쓰고 돈도 쓴다. 자식을 보물로 여기는 부모들은 자식을 위해 쓰는 돈을 아까워하지 않는다. 아내를 보물로 여기는 사람은 그를 위해 쓰는 돈을 아까워하지 않고 처갓집을 위해 쓰는 돈을 아까워하지 않을 것이다. 나는 젊었을 때 어려운 유학생활 중에, 비록 먹을 것은 많이 사지 못하였고 입을 옷은 때때로 헌옷을 사 입었지만, 사명자로서 성경과 신학을 연구하는 데 필요한 책들을 사려고 애썼고 나의 아내도 이 일에 나보다 더 긍정적이었다.

우리가 하나님을 사랑하면 하나님의 일을 위해, 전도와 교회 설립을 위해, 주님의 이름으로 하는 구제를 위해 돈을 쓰는 것을 아까워하지 않을 것이다. 주 예수 그리스도보다 귀한 것은 없다. 그는 세상의 부귀영화보다 더 귀하시다. 그는 우리의 가장 귀한 보화를 받으시기에 합당하시다. 우리를 지옥 형벌로부터 구원하시기 위해 십자가에 못 박혀 피흘려 죽으신 그의 사랑은 돈으로 환산할 수 없이 크다. 그의 십자가 죽음으로 우리가 얻은 죄사함과 의롭다 하심과 하나님의 자녀 신분의 회복과 영생과 천국 기업은 돈으로 계산할 수 없이 크다. 그러므로 우리는 하나님을 위하여, 전도를 위하여, 영혼 구원을 위하여, 교회 설립과 부흥을 위하여, 신학교 설립과 운영을 위하여,

문서 사역, 인터넷 사역을 위하여, 우리의 모든 것을 드릴 수 있다.

〔22-23절〕 눈은 몸의 등불이니 그러므로 네 눈이 성하면[맑으면(NASB), 좋으면(NIV)] **온 몸이 밝을 것이요 눈이 나쁘면 온 몸이 어두울 것이니 그러므로 네게 있는 빛이 어두우면 그 어두움이 얼마나 하겠느뇨?**

눈은 몸의 등불과 같다. 우리의 눈이 좋으면 온 몸이 밝을 것이지만, 우리의 눈이 나쁘면 온 몸이 어두울 것이다. '네게 있는 빛'은 우리의 마음의 눈, 곧 영적 지식, 진리의 지식, 깨달음, 분별력을 가리킨다고 본다. 우리의 마음의 눈이 밝으면 우리는 하나님의 영광을 위해 바르고 힘있게 살 수 있으나, 마음의 눈이 어두우면 우리는 세상의 것들을 크게 여기고 그 헛된 것들을 위해 시간과 돈과 힘을 낭비할 수밖에 없다. 마음의 눈이 어두운 자는 하나님과 하나님의 일들 대신에 이 세상의 것들과 이 세상의 일들을 가치 있게 여길 것이다.

우리는 창세기 13장에서 아브라함의 조카 롯의 잘못된 선택을 볼 수 있다. 그는 아브라함과 헤어질 때 물이 넉넉한 요단 들을 택하고 소돔과 고모라 성 가까이로 이주했다. 그러나 창세기 13:13은 "소돔 사람은 악하여 여호와 앞에 큰 죄인이었더라"고 말한다. 롯은 소돔과 고모라 성의 외적인 조건, 즉 물질적 유여함만 보고 그들의 종교적, 도덕적 상태를 중요하게 여기지 않았다. 그의 판단과 선택은 나중에 그의 재산과 아내까지 잃어버리고 자신과 딸들만 겨우 구원을 얻는 결과를 낳았다. 우리는 직장이나 직업이나 거주지를 택할 때 월급이나 직위나 외적 조건만 보지 말고 신앙생활, 교회생활을 잘할 수 있을지 여부를 먼저 생각해야 한다. 그것이 바른 생각과 태도이다.

〔24절〕 한 사람이 두 주인을 섬기지 못할 것이니 혹 이를 미워하며 저를 사랑하거나 혹 이를 중히 여기며 저를 경히 여김이라. 너희가 하나님과 재물을 겸하여 섬기지 못하느니라.

사람은 두 주인을 섬길 수 없다. 그는 한쪽을 더 위하고 다른 한쪽을 더 소홀히 할 수밖에 없기 때문이다. 이와 같이, 우리는 하나님과 재물을 둘 다 섬길 수 없고, 그 둘 중에 하나를 택해야 한다. 우리는 하나님과 재물, 즉 하나님과 세상, 그 둘 중에 하나를 택해야 한다.

주께서는 씨 뿌리는 비유에서 가시덤불에 떨어진 씨는 세상 염려와 재리의 유혹에 기운이 막혀 결실치 못하는 씨라고 말씀하셨다(마 13:22). 돈에 대한 애착은 우리의 신앙생활을 결국 실패케 할 것이다. 주께서는 자기에게 찾아온 부자 청년에게 "네가 온전하고자 할진대 가서 네 소유를 팔아 가난한 자들을 주라. 그리하면 하늘에서 보화가 네게 있으리라. 그리고 와서 나를 따르라"고 말씀하셨으나, 그 청년은 재물이 많으므로 근심하며 떠나갔다(마 19:21-22). 주께서 세우신 열두 사도 중 가룟 유다는 돈에 대한 욕심 때문에 결국 실패하였다. 그는 대제사장에게 가서 "내가 예수를 너희에게 넘겨주리니 얼마나 주려느냐?"고 말하였고 그들은 그에게 은 삼십 개(아마, 30스타테르 즉 120데나리온, 노동자의 4개월 품삯)을 달아 주었다.

사도 바울은 말세에 어려운 시대가 올 것인데, 그때 사람들은 자기를 사랑하고 돈을 사랑하고 하나님보다 육신의 쾌락을 사랑할 것이라고 경고했다(딤후 3:1-5). 사도 요한은 우리가 이 세상이나 이 세상에 있는 것들을 사랑치 말라고 교훈하며 이 세상의 것들은 다 육신의 정욕과 안목의 정욕과 이생의 자랑뿐이며 그것들은 다 지나가는 것들이며 오직 하나님과 그의 뜻을 행하는 자들만 영원하다고 교훈하였다(요일 2:15-17). 결국, 사람은 둘 중의 하나를 택한다. 하나님인가, 아니면 세상인가, 그 둘 중의 하나를 택한다.

우리가 하나님만 참 주인으로 섬긴다면 우리는 바른 길에 서 있는 것이며 하나님 앞에서 아무 문제가 없을 것이다. 돈은 언제나 하나님의 영광을 위해 쓸 수단에 불과하며, 우리는 돈에 종노릇하지 않을 것이다. 우리는 돈을 이 땅에 쌓아두는 잘못을 범하지 않을 것이다. 우리는 돈을 하나님의 영광을 위해, 그의 뜻을 이루기 위해, 전도와 구제를 위해 언제든지 기꺼이 사용할 것이다. 그러나 우리가 세상과 돈을 주인으로 섬긴다면, 우리는 잘못된 길에 서 있는 것이며 우리는 결국 실패자가 될 것이다. 세상과 돈을 사랑하는 자는 영생의 나라에 들어가지 못하고 죄인들이 들어갈 지옥을 피할 수 없을 것이다.

본문의 교훈을 정리해보자. 첫째로, 우리는 우리를 위해 보물을 땅에 쌓아두지 말아야 한다. 우리는 돈을 땅에 쌓아두는 자가 되어서는 안 된다. 그런 자는 하나님을 섬기는 자가 아니고 천국에 소망을 두는 자가 아니다. 사람이 이 세상 사는 동안 예기치 못한 일을 위해, 또 노후의 대책을 위해, 어느 정도 저축하는 것은 필요한 일이다. 그러나 돈을 땅에 쌓아두기만 하는 자가 되어서는 안 된다. 그는 그것들을 다 못쓰고 죽을 것이며 자식들을 위해 남겨두는 것도 큰 유익이 없을 것이다. 그는 하나님의 선한 일을 위해 가치 있고 의미 있게 살지 못할 것이다.

둘째로, 우리는 우리를 위해 보물을 하늘에 쌓아두어야 한다. 그것은 우리의 돈과 재산을 하나님을 위해, 전도 사업을 위해, 바른 교회들의 건립을 위해, 바른 신학교들을 위해, 바른 문서 사역과 인터넷 사역을 위해, 주의 이름으로 하는 선한 구제 사업을 위해 사용하는 것을 가리킨다. 주께서는 "네 보물이 있는 곳에 네 마음이 있다"고 말씀하셨다. 사람은 누구나 자기가 가치 있다고 생각하는 일을 위해 돈을 쓴다. 우리가 세상의 일에 가치를 두면 그런 것을 위해 돈을 쓸 것이지만, 우리가 하나님과 그의 선한 일들에 가치를 둔다면 그것들을 위해 돈을 쓸 것이다. 사람은 마음의 깨달음의 눈이 밝은 정도대로 살 것이다. 우리의 마음의 눈이 어두우면 세상의 헛된 것을 위해 살 것이지만, 우리의 눈이 밝아서 하나님의 뜻을 이해한다면, 우리는 하나님과 그의 선한 사업들을 위해 우리의 몸과 마음과, 우리의 시간과 돈과 우리 목숨까지도 드릴 것이다. 또 그것은 주의 말씀대로 참으로 우리를 위하는 일들이 될 것이다. 심판 날에 주께서는 우리의 선한 행위들을 보상하실 것이다.

25-34절, 내일 일을 염려하지 말라

〔25절〕 그러므로 내가 너희에게 이르노니 목숨을 위하여 무엇을 먹을까 무엇을 마실까 몸을 위하여 무엇을 입을까 염려하지 말라. 목숨이 음식보다 중하지 아니하며 몸이 의복보다 중하지 아니하냐?

'그러므로'라는 말은 우리가 돈을 신으로 섬기며 땅에 있는 것들이 전부인 것처럼 사는 자들이 아니고 눈에 보이지 않는 영원자존하신 여호와 하나님, 온 세상의 창조자와 섭리자이신 하나님을 섬기는 자들이기 때문에라는 뜻이다. "내가 너희에게 이르노니"라는 말은 이 말씀이 하나님의 아들 예수 그리스도의 말씀임을 보인다. 하나님의 아들 예수님의 말씀은 곧 하나님의 말씀이며 진리의 말씀이며 우리에게 유익한 교훈이다. 우리는 다 그의 교훈에 귀를 기울여야 한다.

주께서는 우리가 목숨을 위하여 무엇을 먹을까, 무엇을 마실까, 몸을 위하여 무엇을 입을까 염려하지 말라고 말씀하셨다. 그것은 우리가 먹는 음식의 내용이나 입는 옷의 종류에 너무 많은 관심을 두지 말라는 뜻이다. 우리는 더 맛있는 음식을 먹으려 하지 말고 더 좋은 옷을 입으려 하지 말고 그런 것들에서 삶의 가치와 행복을 찾으려 하지 말라는 뜻이다. 사람은 잘 먹고 잘 입어야 오래 살고 행복한 것이 아니다. 부자들이 다 장수하고 행복한 것이 아니다.

우리는 음식을 편식하지 말고 잡곡, 야채, 과일, 견과류, 계란, 생선, 육류 등 여유가 되는 대로 골고루 먹고 또 과식하지 말고 소식하는 것이 좋다. 맛있는 음식이 몸에 해로운 경우가 많다. 입에 너무 짜거나 맵거나 자극적인 음식, 흰밥 같은 탄수화물의 과도한 섭취, 동물성 기름이 많은 음식, 과자나 빵 등은 피하거나 절제할 필요가 있다.

주께서는 목숨이 음식보다 중하며 몸이 의복보다 중하다고 말씀하셨다. 사람이 음식을 위해 존재하지 않고 사람이 옷을 위해 존재하지 않는다. 음식이 사람을 위해 있고 옷이 사람을 위해 있다. 그러므로 옷도 단정하고 편한 옷이면 좋다. 물론 색깔이 아름답고 모양이 예쁜 것은 나쁘지 않지만, 너무 요란하거나 단정치 못한 것은 피해야 할 것이다. 피부에 좋고 몸에 편한 옷이 좋은 옷일 것이다.

주께서는 먹는 것과 입는 것을 염려치 말라고 말씀하셨다. 염려는 평안이 없고 근심하며 걱정하는 것이며 마음이 나뉘는 것이다. 염려하는 사람은 마음이 복잡하고 생각이 많다. 또 심하면 머리가 아프기도 한다. 염려하는 마음은 요동하는 바다와 같다. 평안은 마음이 단순한 상태이다. 마음의 단순함에서 마음의 조용함과 평안이 온다. 평안한 마음은 잔잔한 호수와 같다. 이런 평안에서 기쁨과 행복도 생긴다. 그러나 불안과 염려, 걱정과 근심은 우울함과 두려움을 만들고 그런 마음은 사람을 행복하지 못하게 만든다.

〔26절〕 공중의 새를 보라. 심지도 않고 거두지도 않고 창고에 모아 들이지도 아니하되 너희 천부(天父)[하늘 아버지]**께서 기르시나니 너희는 이것들보다 귀하지**[훨씬 더 낫지] **아니하냐?**

하나님께서는 공중의 새들도 기르시는 하늘의 아버지이시다. 그는 욥에게 "까마귀 새끼가 하나님을 향하여 부르짖으며 먹을 것이 없어서 오락가락할 때에 그것을 위하여 먹을 것을 예비하는 자가 누구냐?"고 말씀하셨다(욥 38:41). 하나님께서는 새뿐 아니라 모든 생물들을 기르신다. 시편 104:25-29는, "저기 크고 넓은 바다가 있고 그 속에 동물 곧 대소[크고 작은] 생물이 무수하니이다. 선척[배]이 거기 다니며 주의 지으신 악어가 그 속에서 노나이다. 이것들이 다 주께서 때를 따라 식물 주시기를 바라나이다. 주께서 주신즉 저희가 취하며 주께서 손을 펴신즉 저희가 좋은 것으로 만족하다가 주께서 낯을 숨기신즉 저희가 떨고 주께서 저희 호흡을 취하신즉 저희가 죽어 본흙으로 돌아가나이다"라고 말한다.

'공중의 새'는 '부지런히 날아다니는 새'를 가리킨 것 같다. 새들은 먹이를 찾고 얻기 위해 부지런한 것 같다. 하나님께서는 공중의 새들을 먹이시고 기르신다. 우리는 새들보다 훨씬 더 낫지 않은가? 그러므로 하늘에 계신 하나님 아버지께서는 우리를 도우시고 우리를 위해 먹을 것을 준비하시고 우리에게 주시고 공급하실 것이다.

〔27절〕 너희 중에 누가 염려함으로 그 키(헬리키아 ἡλικία)[나이, 수명](NASB, NIV)**를 한 자**(페퀴스 πῆχυς)**나**[조금, 한 시간] **더할 수 있느냐?**

우리가 염려해도 우리의 수명을 좀더 연장할 수 없다면, 왜 쓸데없이 염려하느냐는 뜻이다. 우리의 염려는 우리의 목숨과 몸의 건강을 위해 아무 유익이 없고 오히려 해가 된다. 마음의 평안은 몸의 건강에 유익하지만, 불안과 염려는 몸에 병이 될 뿐이다.

〔28-29절〕 또 너희가 어찌 의복을 위하여 염려하느냐? 들의 백합화가 어떻게 자라는가 생각하여 보라. 수고도 아니하고 길쌈[천 짜는 일]**도 아니하느니라. 그러나 내가 너희에게 말하노니 솔로몬의 모든 영광으로도 입은 것이**[심지어 솔로몬도 그의 모든 영광으로 입은 것이] **이 꽃 하나만 같지 못하였느니라.**

주께서는 옷에 대한 염려를 언급하시며 들의 백합화의 아름다움에 대해 말씀하신다. 모든 꽃은 다 아름답다. 색깔도 모양도 아름답다. 들판에서 자라는 작은 꽃 하나가 보잘것없어 보여도 참으로 예쁘다. 식물의 생명력은 강하고 그것의 아름다움은 놀랍고 신기하다. 이것은 다 창조주 하나님께서 하신 일이다. 들의 백합화는 심는 수고나 천을 짜거나 재단하고 바느질하는 수고를 하지 않았으나 솔로몬의 아름다운 옷보다 더 아름답다. 사람의 가장 아름다운 옷이라도 하나님의 창조물의 아름다움에 미치지 못한다. 하나님의 솜씨는 사람의 솜씨보다 비교할 수 없이 훨씬 더 뛰어나고 놀랍다.

〔30절〕 오늘 있다가 내일 아궁이에 던지우는 들풀도 하나님이[께서] **이렇게 입히시거든 하물며 너희일까보냐? 믿음이 적은 자들아.**

아름다운 백합화나 들풀들은 '오늘 있다가 내일 아궁이에 던지우는' 것들이다. 그러나 하나님께서 이렇게 일시적인 들풀들도 그처럼 아름답게 입히셨다. 그렇다면 하나님께서 사람을 어떻게 입히실지 짐작할 수 있다. 사람은 공중의 새나 들의 백합화와 비교할 수 없이 존귀한 존재, 즉 하나님의 형상대로 지음 받은 존재이다(창 1:26, 27). 하나님의 자녀된 이스라엘 백성들이나 신약교회 교인들은 더욱 존귀하다. 그러나 주께서는 우리에게 "믿음이 적은 자들아"라고 말씀하셨다. 정말 우리는 믿음이 적다. 우리의 삶에 하나님께서는 온데 간데 없고 물질세계만 우리 눈앞에 있는 것이다. 우리는 창조자 하나님은 못보고 물질세계만 보는 무지하고 믿음 없는 자들이다.

〔31-32절〕 그러므로 염려하여 이르기를 무엇을 먹을까 무엇을 마실까 무엇을 입을까 하지 말라. 이는 다 이방인들이 구하는 것이라[것임이니라]. [이는] **너희 천부**[하늘 아버지]**께서 이 모든 것이 너희에게 있어야 할 줄을 아시느니라**[아심이니라].

주께서는 염려하지 말라고 다시 말씀하시면서 그 이유를 두 가지 드셨다. 첫째로, 물질생활에 대한 염려는 하나님을 모르는 이방인들이 하는 일이기 때문이라고 말씀하셨다. 하나님 없이 사는 이방인들, 하나님을 모르는 그들, 하나님의 보호와 도우심과 공급하심을 알지도 받지도 못하는 그들은 미래에 대한 염려가 많을 수밖에 없다. 그러나 창조자, 섭리자 하나님을 아는 우리들, 하나님의 아신 바된 우리들, 또 죽는 순간까지 그의 보호와 도우심과 공급하심을 받을 우리들은 달라야 한다는 뜻이다. 둘째로, 하나님 아버지께서 이 모든 것, 즉 우리의 먹을 것과 마실 것과 입을 것이 우리에게 필요함을 아시기 때문이라고 말씀하셨다. 그는 우리의 의식주의 필요를 알고 계신다. 그는 하늘에 계신 우리의 아버지, 우리의 보호자시요 공급자이시다. 그러므로 우리는 우리의 물질적 필요에 대해 염려하지 말아야 한다.

〔33절〕 너희는 먼저 그의[하나님의](전통본문)[10] **나라와 그의 의를 구하**

---

10) Byz it$^{a\ b\ h}$ vg$^{cl\ ww}$ syr$^{p\ c}$ cop^{meg} arm Diatessaron^{syr} 등.

라. 그리하면 이 모든 것을 너희에게 더하시리라.

사람은 단순히 열심히 살면 행복할 수 있는 것이 아니다. 공중의 새나 들의 백합화를 먹이시고 입히시는 이는 주권적 섭리자 하나님이시다. 그러므로 주께서는 우리가 먼저 하나님의 나라와 그의 의를 구해야 한다고 교훈하셨다. 이 말씀은 매우 중요한 생활 지침이다.

하나님의 나라를 구하는 것은 하나님의 통치를 받는 것, 곧 하나님을 믿고 순종하는 것을 말한다. 그의 의를 구하는 것도 예수 그리스도를 믿음으로 의롭다 하심을 받고 그의 의로운 계명들을 지키는 것을 말한다. 죄 짓지 않고 의롭게 사는 것이 중요하다. 하나님과 예수 그리스도를 믿고 그의 모든 계명에 순종하는 것이 중요하다. 첫 사람 아담과 하와가 죄를 짓지 않았더라면 그들은 에덴 동산에서 의식주에 부족이 없이 영원히 죽지 않고 행복한 삶을 살았을 것이다.

물론, 하나님의 뜻대로 사는 삶은 이 세상에서는 땀 흘려 일하는 것도 포함한다. 구약성경은 우리가 엿새 동안 힘써 일하라고 가르친다(출 20:9). 성경은 우리가 개미에게 가서 근면함을 배우라고 가르친다(잠 6:6-11). 성경은 게으르지 말라고 가르치며(롬 12:11), 일하기를 힘쓰며 일하기 싫어하거든 먹지도 말게 하라고 가르친다(살전 4:11; 살후 3:10). 우리는 세상에서 자기의 일들에 부지런해야 한다.

주께서는 우리가 먼저 하나님의 나라와 그의 의를 구하면 하나님께서 '이 모든 것' 곧 의식주의 필요한 것들을 우리에게 더하여 주실 것이라고 말씀하셨다. 이것은 하나님의 약속이다. 우리가 먼저 힘쓸 것을 힘쓰면 하나님께서는 우리의 필요들을 채워주실 것이다.

〔34절〕 그러므로 내일 일을 위하여 염려하지 말라. [이는] **내일 일은 내일 염려할 것이요 한 날 괴로움은 그 날에 족하니라**[족함이니라].

"내일 일을 위하여 염려하지 말라"는 주님의 말씀도 중요한 교훈이다. 사람이 믿음이 없으면 내일 일을 염려하게 되지만, 우리는 하나님을 믿는 믿음으로 내일 일을 염려하지 말아야 한다. 주께서는 "이는 내일 일은 내일 염려할 것이고 한 날의 괴로움은 그 날에 족함이니라"고 말씀하셨다. 우리는 하루하루 고단한 삶을 살고 있다. 하루의 괴로움은 그 날 하루로 충분하다. 내일의 것을 오늘 염려할 필요는 없다. 우리가 참으로 하나님을 믿는다면, 우리는 죽음의 그 순간까지 하루하루 그가 인도하시는 대로 살면 된다. 사람은 일을 할 때 조금 염려하기도 할 것이나, 내일 일은 내일 염려하면 된다. 우리는 모든 일을 하나님께 맡겨야 하고 내일 일을 오늘 염려하지 말아야 한다. 그런 염려는 하나님을 믿지 않는 불신앙에 불과하기 때문이다.

본문의 교훈을 정리해보자. 첫째로, 우리는 의식주의 문제를 염려하지 말아야 한다. 우리는 무엇을 먹을까, 무엇을 마실까, 또 무엇을 입을까 염려하지 말아야 한다. 먹는 음식의 내용이나 입는 옷의 종류보다, 우리의 목숨과 몸이 더 중요하다. 우리는 음식을 골고루 조금 먹으면 되고 옷을 편안하고 단정하게 또 따뜻하게 입으면 된다. 우리는 특히 내일 일을 염려하지 말아야 한다. 내일 일은 내일 염려하면 되고 한 날의 괴로움은 그 날에 족한 줄 알고 살면 된다. 세상 사람들은 '예수 믿으면 누가 밥 먹여 주나?'고 신자들을 비웃지만, 우리는 살아계신 하나님께서 자기의 친 백성들에게 밥을 먹여주실 것을 믿고 확신한다.

둘째로, 우리는 먼저 하나님의 나라와 그의 의를 구해야 한다. 그것은 하나님을 하나님으로 인정하고 구주 예수 그리스도를 믿고 하나님의 모든 계명, 곧 성경 교훈에 순종하는 것이다. 이것이 하나님의 뜻이다. 우리는 창조자, 섭리자 하나님을 믿고 의지해야 한다. 우리는 공중의 새들과 들의 백합화들을 보며 하나님의 공급하심을 깨달아야 한다. 사람의 불행은 하나님의 명령을 어기고 범죄한 데서 시작되었다. 그러므로 사람이 먼저 하나님의 나라와 그의 의를 구하는 것이 바른 길이며 그러면 하나님께서 우리의 의식주의 모든 필요들을 채워주실 것이다.

7장: 행위로 열매 맺는 삶

1-12절, 비판과 기도에 대하여

〔1-5절〕 비판을 받지 아니하려거든 비판하지 말라. 너희의 비판하는 그 비판으로 너희가 비판을 받을 것이요 너희의 헤아리는 그 헤아림으로 너희가 헤아림을 받을 것이니라. 어찌하여 형제의 눈 속에 있는 티는 보고 네 눈 속에 있는 들보[통나무]는 깨닫지 못하느냐? 보라, 네 눈 속에 들보가 있는데 어찌하여 형제에게 말하기를 나로 네 눈 속에 있는 티를 빼게 하라 하겠느냐? 외식하는 자여, 먼저 네 눈 속에서 들보를 빼어라. 그 후에야 밝히 보고 형제의 눈 속에서 티를 빼리라.

주께서는 비판에 대해 말씀하셨다. 우리는 이 세상을 살아가면서 간혹 남을 비판하지만, 남을 비판하는 일을 매우 조심해야 한다. 주께서는 우리가 남을 비판하는 일을 완전히 금하신 것은 아니라고 본다. 우리는 남의 잘못된 사상과 행동을 판단하고 비판해야 그것을 따르지 않고 본받지 않을 수 있다. 주께서는 특히 교회의 질서와 거룩을 위해 교리적, 윤리적 오류를 판단하고 비평할 책임을 교회 전체, 특히 목사들과 장로들에게 주셨다. 그는 마태복음 18:18에서 “진실로 너희에게 이르노니 무엇이든지 너희가 땅에서 매면 하늘에서도 매일 것이요 무엇이든지 땅에서 풀면 하늘에서도 풀리리라”고 말씀하셨다. 그는 교회의 권징에 대해 말씀하신 것이다.

사도 바울도 로마서 16:17에서 “내가 너희를 권하노니 너희 교훈을 거스려[거슬러] 분쟁을 일으키고 거치게 하는 자들을 살피고 저희에게서 떠나라”고 말했고, 또 디도서 3:10에서는 “이단에 속한 사람을 한두 번 훈계한 후에 멀리하라”고 했다. 사도 요한도 요한일서 4:1에서 “사랑하는 자들아, 영을 다 믿지 말고 오직 영들이 하나님께 속하였나 시험하라. 많은 거짓 선지자가 세상에 나왔음이니라”고 말했다.

주께서 "비판을 받지 아니하려거든 비판하지 말라"고 말씀하신 것은 우리의 비판의 행위 자체를 정죄하신 것이 아니고 그 비판이 우리 자신에게도 적용되기 때문에 남을 비판하는 일을 매우 조심하라는 뜻이다. 우리가 남을 비판하는 일을 매우 조심해야 하는 이유는 우리도 비슷한 잘못을 범할 수 있기 때문이다. 그러므로 주께서는 "너희의 비판하는 그 비판으로 너희가 비판을 받을 것이요, 너희의 헤아리는 그 헤아림으로 너희가 헤아림을 받을 것이니라"고 말씀하셨다.

더욱이, 주께서는 "어찌하여 형제의 눈 속에 있는 티는 보고 네 눈 속에 있는 들보는 깨닫지 못하느냐?"고 말씀하셨다. '티'는 작은 결점을, '들보'는 큰 결점을 말한다. 사람은 자신의 큰 결점은 보지 못하거나 보아도 작게 여기고, 남의 작은 결점은 잘 보고 그것을 크게 여기는 경향이 있다. 그러므로 자신에게 큰 결점이 있음에도 불구하고 남의 작은 결점을 크게 여기고 그것을 비평하기 쉬운 것이다. 자신의 큰 결점을 보지 못하고 남의 작은 결점을 지적하는 것은 큰 잘못이다.

주께서는 그러한 사람을 '외식하는 자'라고 부르셨다. 사람에게는 누구나 자신이 옳고 남이 틀렸고 자신이 선하고 남이 악하다고 생각하는 기질이 있는 것 같다. 이것은 교만한 마음에서 나오는 것일 것이다. 그러나 생각해보면, 우리 자신이 더 큰 결함을 가지고 있을 수 있다. 그러므로 주께서는 "외식하는 자여, 먼저 네 눈 속에서 들보를 빼어라. 그 후에야 밝히 보고 형제의 눈 속에서 티를 빼리라"고 말씀하셨다. 그러므로 우리는 형제의 작은 결점을 비평하기 전에 자신을 살피고 자신의 큰 결점을 찾아 고치려 해야 할 것이다.

〔6절〕 거룩한 것을 개에게 주지 말며 너희 진주를 돼지 앞에 던지지 말라. 저희가 그것을 발로 밟고 돌이켜 너희를 찢어 상할까 염려하라.

거룩한 것과 진주는 하나님의 거룩하고 귀한 진리의 말씀을 가리키고, 개와 돼지는 무지하고 악한 자들을 가리킨다고 본다. 무지하고 악한 자들은 복음을 알지 못할 뿐 아니라, 고의로 하나님과 그의 종들과 그들이 전하는 하나님의 진리를 거절하고 대적한다. 그들은 하나님의 진리를 발로 밟을 뿐 아니라, 또 전도자들에게도 해를 입힌다.

하나님의 진리 속에는 죄의 지적과 정죄, 즉 하나님의 심판과 지옥 형벌의 진리가 포함되어 있다. 하나님을 두려워하고 죄를 깨닫는 자는 회개하며 구원의 진리를 감사하게 받을 것이지만, 그러나 회개치 않는 악인들에게는 하나님의 진리가 기분 나쁜 말들에 불과할 것이다. 사도행전에 많이 기록된 대로, 사도들이 두루 다니며 복음을 전할 때 악한 자들은 그들을 비방하였고 다른 이들까지 선동하여 그들을 해치려 했다(행 13:45, 50; 14:5, 19; 19:9 등). 사람이 참으로 예수 그리스도를 믿고 구원을 얻으려면, 먼저 하나님을 알고 그를 경외함이 있어야 하고 자신의 죄를 깨닫고 뉘우침이 있어야 한다. 참된 구원은 겸손히 자신의 죄와 부족을 깨닫고 뉘우치는 회개를 동반한다.

〔7-8절〕 구하라 그러면 너희에게 주실 것이요 찾으라 그러면 찾을 것이요 문을 두드리라 그러면 너희에게 열릴 것이니 구하는 이마다 얻을 것이요 찾는 이가 찾을 것이요 두드리는 이에게 열릴 것이니라.

주께서는 기도에 대해 말씀하셨다. 세상일도 이치가 비슷하겠지만, 성도는 하나님께 구해야 얻는다. '구하라,' '찾으라,' '두드리라'는 말은 더 간절해지는 기도를 나타내며, '그러면'이라는 말의 반복은 기도의 응답을 강조한다. 하나님을 향해 구하고 찾고 문을 두드리면 응답을 얻을 것이다. 그러나 구하지 않으면 아무것도 받을 수 없다.

기도는 단지 우리가 어떤 필요와 부족을 느낄 때가 아니라 하나님을 알고 의지할 때 더 잘할 수 있다. 기도는 우리의 믿음에 비례한다. 믿음이 강하면 많이 기도할 수 있고, 믿음이 적으면 조금 기도할 것이며, 믿음이 없으면 기도하지 않을 것이다. 주께서는 비록 하나님의 아들이시지만 기도의 본을 보이셨다. 그는 새벽에, 아직 어두울 때에 기도하셨고 또 밤에 기도하셨고 때로는 밤새도록 기도하셨다.

주께서는 기도 응답을 강조하시면서 기도하라고 말씀하셨다. 우리는 기도 응답에 대한 믿음을 가질 때 낙심치 않고 더욱 잘 기도할 수 있다. 기도 응답을 믿지 않는 자는 응답이 더디면 낙심할 수도 있겠으나, 응답을 믿는 자는 낙심치 않고 더욱 열심히 기도할 것이다.

〔9-11절〕 너희 중에 누가 아들이 떡을 달라 하면 돌을 주며 생선을 달라 하면 뱀을 줄 사람이 있겠느냐? 너희가 악한 자라도 좋은 것으로 자식에게 줄 줄 알거든 하물며 하늘에 계신 너희 아버지께서 구하는 자에게 좋은 것으로 주시지 않겠느냐?

주께서는 기도 응답에 대해 한 비유로 설명하셨다. 사람은 자녀가 무엇을 구하면 그에게 좋은 것을 주려고 한다. 떡을 달라는데 돌을 주거나 생선을 달라는데 뱀을 줄 부모는 없다. 악한 인생도 그러하다면, 하물며 선하신 하나님 아버지께서 그의 자녀들인 우리가 무엇을 구할 때 좋은 것을 주실 것이다. 우리는 그의 기도 응답을 믿을 뿐 아니라, 그가 좋은 것을 주실 것을 믿어야 한다. 그는 좋으신 하나님이시며 능력의 아버지이시다. 그는 온 세상을 섭리하시며 특히 참된 교회들과 성도들을 가장 선한 길로 인도하신다. 사도 바울은 "우리가 알거니와 하나님을 사랑하는 자 곧 그 뜻대로 부르심을 입은 자들에게는 모든 것이 합력하여 선을 이루느니라"고 말하였다(롬 8:28).

〔12절〕 그러므로 무엇이든지 남에게 대접을 받고자 하는 대로 너희도 남을 대접하라. 이것이 율법이요 선지자니라.

주님의 이 말씀은, 물론 인간 관계에도 적용될 수 있으나, 문맥이 보이는 바와 같이 기도의 교훈의 결론이다. 그것은, 우리가 하나님께로부터 좋은 것을 받기 원한다면, 먼저 하나님께 좋은 것을 드려야 함을 교훈하신 것이라고 본다. 만일 우리가 평소에 하나님을 위하여 살고 시간과 돈과 힘을 드린다면, 그는 우리에게 좋은 것을 주실 것이다. 그러나 만일 우리가 평소에 하나님을 위해 살지 않고 하나님을 위해 시간과 돈과 힘을 드리지 못하고 드려도 부스러기를 조금 드리고 오히려 그의 미워하시는 것들, 즉 이 세상의 죄악되고 헛된 것들을 좋아하고 그런 것들을 위해 살았다면, 우리는 그가 우리에게 좋은 것을 주시리라고 기대할 수 없을 것이다. 우리가 좋은 기도 응답을 기대한다면, 우리는 평소에 그에게 좋은 것을 드려야 할 것이다.

본문의 교훈을 정리해보자. 첫째로, 우리는 남을 비판하는 일을 매우 조심해야 한다. 우리는 먼저 자신의 연약하고 부족한 점들을 성찰하고 인식해야 한다. 우리는 자신에게 큰 결점이 있는데 남의 작은 결점을 지적하는 잘못을 범해서는 안 될 것이다. 우리가 교만하지 않고 겸손한 마음을 가지고 있다면 우리는 그렇게 할 수 있을 것이다. 우리는 교회의 교리적, 윤리적 거룩함과 유익을 위해 필요한 경우 남을 비판할 수 있겠지만, 그것도 매우 조심해야 한다. 또 남을 비평할 때에도 공개된 일이 아닌 경우는 먼저 당사자에게 개인적으로 말해야 하고, 또 공개된 일의 경우는 교회의 유익을 위해 신중하게, 덕스럽게 해야 한다.

둘째로, 우리는 구원의 거룩하고 복된 진리를 지혜롭게 전해야 한다. 우리가 그것을 무지하고 악한 자들에게 그냥 던지듯이 전하면 우리는 핍박을 받을 각오를 해야 할 것이다. 우리는 먼저 그에게 하나님께서 계심과 사람이 왜 하나님을 두려워해야 하는지를 전하고 깨우치며 또 사람은 누구나 죄인임과 그 죄의 심각함을 깨우쳐야 할 것이다. 우리는 사람이 구원을 얻을 때 필요한 이런 준비를 위해 기도해야 한다.

셋째로, 우리는 하나님께서 우리에게 좋은 것을 주실 줄 믿고 열심히 기도해야 한다. 기도는 신자의 특권이다. 하나님을 믿는 자는 하나님께 기도할 수 있고 또 기도하는 자는 하나님께 좋은 것을 받을 수 있으나, 믿음이 없는 자는 기도하지 않을 것이며 또 기도하지 않는 자는 하나님께 좋은 것을 받을 수 없다. 또 우리가 하나님께서 우리에게 복을 주시기를 원한다면 우리는 하나님께 우리의 가장 좋은 것을 드려야 한다. 우리는 날마다 성경 읽기와 기도, 믿음과 순종으로 살아야 한다.

13-14절, 좁은 문, 좁은 길

〔13-14절〕 좁은 문으로 들어가라. [이는] **멸망으로 인도하는 문은 크고 그 길이 넓어 그리로 들어가는 자가 많고 생명으로 인도하는 문은 좁고 길이 협착하여 찾는 이가 적음이니라.**

'문'은 구원의 방법을, '길'은 구원 얻은 자의 삶을 가리킨다고 본다. 우리는 좁은 문으로 들어가야 한다. 그것은 우리가 주 예수 그리스도를 유일한 구주로 믿어야 함을 말한다. 주 예수께서는 "내가 곧 길이요 진리요 생명이니 나로 말미암지 않고는 아버지께로 올 자가 없느니라"고 말씀하셨다(요 14:6). 그는 사람이 하나님께로 가는 유일한 길이시며 구원의 진리시요 영생이 되신다. 사도 바울도 "하나님께서는 한 분이시요 또 하나님과 사람 사이에 중보도 한 분이시니 곧 사람이신 그리스도 예수라"고 말하였다(딤전 2:5). 예수 그리스도께서는 하나님과 사람 사이에 유일한 중보자이시다. 사도 베드로도 "다른 이로서는 구원을 얻을 수 없나니 천하 인간에 구원을 얻을 만한 다른 이름을 우리에게 주신 일이 없음이니라"고 말했다(행 4:12). 죄인들은 오직 구주 예수 그리스도를 믿음으로 구원을 얻는다.

또 우리는 좁고 협착한 길로 가야 한다. 우리는 성경 교훈대로만 살아야 한다. 예수 그리스도를 믿고 따르는 길은 고난의 길이다. 예수께서는 고난의 길을 가셨다. 그는 십자가에 못박혀 죽으셨다. 그는 "아무든지 나를 따라 오려거든 자기를 부인하고 자기 십자가를 지고 나를 좇을 것이니라. 누구든지 제 목숨을 구원코자 하면 잃을 것이요 누구든지 나를 위하여 제 목숨을 잃으면 찾으리라"고 말씀하셨다(마 16:24-25). 주 예수님을 믿고 따르는 자들에게는 고난이 예상된다. 그들은 고난을 각오하며 그를 따라야 한다. 주께서는 또 "아버지나 어머니를 나보다 더 사랑하는 자는 내게 합당치 아니하고 아들이나 딸을 나보다 더 사랑하는 자도 내게 합당치 아니하고 또 자기 십자가를 지고 나를 좇지 않는 자도 내게 합당치 아니하니라"고 말씀하셨다(마 10:37-38). 우리는 가족보다, 우리 자신보다 그를 더 사랑해야 한다.

사도 바울은 소아시아 지방에 복음을 전하여 교회를 세운 후 그들을 방문하여 그들의 마음을 굳게 하며, "이 믿음에 거하라 권하고 또 우리가 하나님 나라에 들어가려면 많은 환난을 겪어야 할 것이라"고 말하였다(행 14:22). 또 그는 빌립보서에서 "그리스도를 위하여 너희에게 은혜를 주신 것은 다만 그를 믿을 뿐 아니라 또한 그를 위하여 고난도 받게 하심이라"고 말했고(빌 1:29), 디모데후서에서는 "무릇 그리스도 예수 안에서 경건하게 살고자 하는 자는 핍박을 받으리라"고 말했다(딤후 3:12). 주 예수님을 믿고 따르는 길은 고난의 길이다.

이와 같이, 예수 그리스도를 믿고 따르는 삶은 좁은 문으로 들어가서 좁고 협착한 길을 걷는 것이다. 그것은 참으로 좁은 문이며 좁은 길이다. 그것은 예수 그리스도만 구주로 믿어야 하고 성경의 교훈만 따르고 어려운 희생과 고난도 각오해야 하는 길이기 때문이다.

그러나 멸망으로 인도하는 문은 넓다. 그것은 다원주의의 문이다. 그것은 모든 종교를 포용하는 종교다원주의의 문이며, 모든 철학과 인생관과 가치관을 포용하는 상대주의의 문이다. 그것은 세상 사랑, 돈 사랑, 육신의 쾌락 사랑도 포용한다. 그것은 기독교 안에도 들어와 있다. 천주교회는 오래 전부터 이방종교들과 세상의 풍습들을 포용하였고, 오늘날 자유주의 신학들과 은사주의도 그런 경향을 가진다. 거기에는 오직 관용이라는 한 가지의 덕만 있고, 성경적, 역사적 기독교 같은 배타주의는 세상에 해로운 악으로 간주되고 배척받는다.

그러나 그 넓은 문과 그 넓은 길은 멸망으로 인도한다. 다원주의, 포용주의의 사상은 마귀의 사상이다. 그것은 하나님의 진리와 반대된다. 그것은 죄와 오류에 빠져 있는 자들로 하여금 회개치 못하게 만들며 그 죄와 오류 가운데 머물게 만든다. 요한계시록 18:2, "힘센 음성으로 외쳐 가로되 무너졌도다, 무너졌도다, 큰 성 바벨론이여. 귀신의 처소와 각종 더러운 영의 모이는 곳과 각종 더럽고 가증한 새의 모이는 곳이 되었도다." 세상은 각종 더러운 정신들의 집결지이다. 많은 교회들도 배교하며 다원주의적이고 포용주의적이게 되고 있다.

그러나 그리로 가는 자들이 많을 것이다. 많은 사람들, 심지어 많은 종교인들이 그리로 가고 있고 또 기독교인이라는 이름을 가진 많은 사람들도 그리로 가고 있다. 그러나 그들은 주 예수 그리스도를 믿고 따르는 참된 신자들이 아니고 구원 얻은 성도들이 아니다.

넓은 문과 넓은 길과 대조하여, 생명으로 인도하는 문은 좁고 길이 협착하여서 찾는 자가 적다. 역사적, 성경적 기독교는 배타주의이다. 예수 그리스도께서만 천국 가는 길이시며 인생의 진리이시며 영원한 생명이시다(요 14:6). 또 우리는 하나님과 예수 그리스도를 가족보다, 자기 자신보다 더 사랑해야 한다(마 10:37-38). 주의 말씀대로, 복음을 믿고 세례 받는 사람들은 구원을 얻을 것이지만, 믿지 않는 사람들은 정죄를 받을 것이다(막 16:16). 하나님께서는 예수 그리스도 외에 다른 구주를 세상에 보내주신 적이 없다(행 4:12). 하나님과 사람들 사이에 중보자는 예수 그리스도뿐이시다(딤전 2:5). 성경적 기독교는 배타주의이다. 예수 그리스도만 구주이시며 성경만 진리이다.

또 주 예수 그리스도를 믿고 따르는 길은 우리의 주관대로 사는 것이 아니고, 우리 자신을 부정하며 자신을 절제하며 성경의 교훈대로 사는 것이다. 예수님을 믿고 구원 얻은 우리에게도 죄성과 죄의 습관이 남아 있다. 그러므로 우리에게는 항상 내면적 싸움이 있다. 우리가 자신을 부정하고 절제하는 것은 결코 쉬운 일이 아니다.

더욱이, 오늘날같이 교회가 넓어져서 속화된 때에 옛신앙, 성경적 신앙, 보수신앙을 지키는 것은 좁은 길을 걷는 것이다. 많은 목사들과 교인들이 성경의 교훈대로 믿고 행하지 않는다. 그들은 세상을 사랑하면서 예수님을 믿는다고 말한다. 전통적, 정통적 교리들을 저버린 자들이 많다. 이런 배교와 타협과 혼란의 시대에 시대적 풍조를 반대하고 옛길을 붙드는 것은 편협하거나 극단적이게 보이는 외로운 길이다. 그러나 우리는 이 길이 어렵고 외롭고 힘든 길일지라도 오직 성경의 교훈대로 이 길을 걸어야 한다. 이 길만이 영생의 길이다.

그러나 좁은 문을 찾고 좁은 길을 걷는 것은 하나님의 전적인 은혜이다. 사도 바울은 "십자가의 도가 멸망하는 자들에게는 미련한 것이요 구원을 얻는 우리에게는 하나님의 능력이라"고 말했고, 또 "유대인은 표적을 구하고 헬라인은 지혜를 찾으나 우리는 십자가에 못박힌 그리스도를 전하니 유대인에게는 거리끼는 것이요 이방인에게는 미련한 것이로되 오직 부르심을 입은 자들에게는 유대인이나 헬라인이나 그리스도는 하나님의 능력이요 하나님의 지혜니라"고 말하였다 (고전 1:18, 22-24). 하나님께서 창세 전에 그리스도 안에서 택하시고 은혜로 부르신 자들만 좁은 문으로 들어가며 예수 그리스도를 믿고 따르며 자기를 부정하고 성경 교훈대로 바르고 선하게 살 것이다.

본문의 교훈은, 좁은 문으로 들어가며 좁은 길로 가라는 것이다. 우리는 세상의 많은 사람들처럼 넓은 문으로 들어가 넓은 길로 가지 말아야 한다. 우리는 오직 하나님과 예수 그리스도를 믿고 성경말씀을 믿고 성경 교훈대로 살아야 한다. 우리는 배교와 타협과 혼란의 시대에 자유주의, 교회연합운동, 복음주의, 은사주의로 가지 말아야 하고 오직 역사적 기독교 신앙을 굳게 지켜야 한다. 또 우리는 성경말씀의 바른 교훈과 성령의 도우심으로 우리의 죄성과 연약성을 극복하고 자기를 부정하고 인내하고 절제하며 영광의 천국을 바라보고 이 세상의 헛된 것들을 사랑치 말고 신구약성경의 가르침대로, 경건하고 거룩하고 의롭고 정직하게 살고, 또 구주 예수 그리스도를 본받아 항상 온유하고 겸손하게, 선하고 진실하게 살아야 한다. 그것이 영생에 이르는 길이다.

15-29절, 거짓 선지자들을 삼가라

〔15절〕 거짓 선지자들을 삼가라. 양의 옷을 입고 너희에게 나아오나 속에는 노략질하는 이리라.

선지자는 하나님의 말씀을 전하는 자이다. 이 일은 사도 시대 이후 목사들에게 맡겨져 있다. 하나님께서는 그의 모든 뜻을 성경에 기록케 하셨고 충성된 목사들을 세우셔서 그것을 전하게 하셨다. 그러므로 충성된 목사들은 성경에 근거하여 하나님의 말씀을 전한다.

그러나 세상에는 거짓된 목사들이 많다. 그들은 성경 본문을 바르게 해석하지 않고 귀신의 생각들이나 자기 생각들을 하나님의 뜻이라고 말하는 거짓말쟁이들이다. 그들은 보통 자기 자랑들을 많이 하고 허탄한 세상적인 이야기들도 잘한다. 그들은 바른 목사들을 비방하고 성도들을 그들과 멀어지게 하고(고후 12:16-17; 갈 4:17) 성경 진리들과 멀어지게 하며 결국 하나님과 멀어지게 하는 자들이다.

주께서는 그들이 양의 옷을 입고 너희에게 나아오나 속에는 노략질하는 이리라고 말씀하셨다. 그들은 겉과 속이 다르며 이중적이며 위선적이다. 그들은 겉으로 보아서는 알 수 없고 그 사상과 인격성을 살펴보아야 알 수 있다. 그들은 교리 사상이 잘못되었을 뿐 아니라(벧후 2:1; 유 4), 보통 음란하고 돈에 대한 욕심이 많다(벧후 2:2-3; 유 4). 그들은 헌금을 자신들을 위해 쓰거나 부당하게 취하고 불필요한 일들과 부당한 일들에 남용하고 세상적인 사업들에 투자하기도 한다. 그들은 결국 노략질하는 이리, 즉 하나님의 백성을 죽이는 자들이다. 성도들은 이런 거짓 목사들을 분별하고 물리쳐야 한다.

〔16-20절〕 그의 열매로 그들을 알지니 가시나무에서 포도를, 또는 엉겅퀴에서 무화과를 따겠느냐? 이와 같이 좋은 나무마다 아름다운 열매를 맺고 못된 나무가 나쁜 열매를 맺나니 좋은 나무가 나쁜 열매를 맺을 수 없고 못된 나무가 아름다운 열매를 맺을 수 없느니라. 아름다운 열매를 맺지 아니하

는 나무마다 찍혀 불에 던지우느니라. 이러므로 그의 열매로 그들을 알리라.

나무는 그 열매로 안다. 좋은 나무는 좋은 열매를 맺고 나쁜 나무는 나쁜 열매를 맺는다. 좋은 열매를 맺지 않는 나무는 찍혀 불에 던지운다. 이와 같이 참 선지자와 거짓 선지자, 참 목사와 거짓 목사는 그의 행위로 분별할 수 있다. 우리는 단순히 그의 외모의 잘 생김이나 유창한 말만 가지고 그를 판단해서는 안 된다. 사탄의 사자들도 그런 점들을 가질 수 있다. 그러나 사탄의 종들이 흉내낼 수 없는 것은 그 인격의 됨됨이와 그의 도덕성이다. 사람은 그의 행위로 판별된다. 그의 행위가 경건한가, 깨끗한가, 의롭고 정직한가, 선한가, 진실한가? 이것이 사람을 분별할 수 있는 바른 방법이다. 새 생명은 단순히 말에 있지 않고 도덕적인 인격과 삶에 있다.

하나님의 종들과 마귀의 종들, 하나님의 자녀들과 마귀의 자녀들은 명백히 구별된다. 요한일서 3:10은, "이러므로 하나님의 자녀들과 마귀의 자녀들이 나타나나니 무릇 의를 행치 아니하는 자나 또는 그 형제를 사랑치 아니하는 자는 하나님께 속하지 아니하니라"고 말한다. 거짓 목사들은 그 행위로 분별된다.

좋은 열매 맺지 아니하는 나무들이 찍혀 불에 던지우듯이, 불경건, 교만, 불의, 악, 음란, 탐심, 거짓을 행하는 목사들은 천국에서 제외되고 영원한 지옥불에 던지울 것이다. 참된 경건과 도덕성이 없는 목사들은 참으로 하나님의 엄한 심판을 받고 지옥불에 던지울 것이다.

〔21절〕 나더러 주여 주여 하는 자마다 천국에 다 들어갈 것이 아니요 다만 하늘에 계신 내 아버지의 뜻대로 행하는 자라야 들어가리라.

'주여, 주여' 하는 고백은 입술만의 고백일 수 있고 입에 발린 말에 불과할 수 있다. 진정한 고백은 마음의 고백이어야 하며, 그것은 행위로 나타나는 고백이다. 사람의 행위는 마음에서 시작되며 마음먹기에 따라 크게 좌우된다. 거짓된 목사들은 입술로는 주님을 부르지만,

그들의 고백이 진실한 마음의 고백이 아니므로 행위가 뒤따르지 않는다. 그러나 헛된 고백은 결코 구원 얻을 수 없는 고백이다.

주께서는 "다만 하늘에 계신 내 아버지의 뜻대로 행하는 자라야 [천국에] 들어가리라"고 말씀하셨다. 예수께서는 하나님을 '하늘에 계신 내 아버지'라고 부르셨다. 하나님과 예수님은 특별한 의미에서 부자(父子) 관계이시다. 하나님의 원하시는 바는 우리가 예수 그리스도를 진실히 믿는 것이고 의롭고 선하고 진실하게 사는 것이다.

선한 행위가 없는 입술만의 고백은 죽은 고백에 불과하다. 의롭고 선한 행위는 참된 믿음의 표시이다. 사람이 행위로 구원 얻는 것이 아니고 오직 믿음으로만 얻지만, 믿는 자는 반드시 의롭고 선한 행위들을 가져야 한다. 천국에 들어가는 자들은 선한 행위가 있는 자이다. 행위는 구원의 조건이 아니지만 구원의 증거가 된다. 사람이 행위로 천국 가는 것은 아니지만 행위 없이 천국 가는 것도 아니다. 생명은 반드시 인격과 행위의 변화로 나타난다. 입술의 신앙고백이 있어도 선한 행위가 없다면 그는 구원 얻은 자가 아닐 것이다. 그의 고백은 헛된 고백에 불과할 것이다(마 3:8-10; 약 2:17, 26). 사람의 행위는 마음의 표현이다. 회개한 자는 반드시 회개의 열매를 맺어야 한다.

[22-23절] 그 날에 많은 사람이 나더러 이르되 주여 주여 우리가 주[님]**의 이름으로 선지자 노릇하며 주**[님]**의 이름으로 귀신을 쫓아내며 주**[님]**의 이름으로 많은 권능**(뒤나메이스 δυνάμεις)[기적들(NASB, NIV)]**을 행치 아니하였나이까 하리니 그때에 내가 저희에게 밝히 말하되 내가 너희를 도무지 알지 못하니**[못했으니] **불법을 행하는 자들아, 내게서 떠나가라 하리라.**

그 날은 마지막 심판의 날이다. 그 날에 많은 사람들이 구원을 얻지 못할 것이다. 그 중에는 거짓 선지자들, 즉 거짓 목사들이 많을 것이다. 하나님께서 그의 일을 열심으로 하셨듯이, 사탄도 하나님의 일 방해하기를 열심으로 행하였다. 하나님께서 그의 사자들을 일으켜 일하게 하셨듯이, 사탄도 그의 사자들을 일으켜 다양한 거짓된 운동들을 일으켰다. 거짓 목사들은 주의 이름으로 선지자 노릇, 목사 노릇을 하며 주의 이름으로 심지어 귀신도 쫓아내고 많은 기적도 행하였다. 본문은 사탄도 그의 종들을 통해 기적들을 행할 것을 보인다.

그러나 거짓 목사들의 위선은 그들이 불법을 행하는 데서 드러났다. 주께서는 그들에게 "내가 너희를 도무지 알지 못했다"고 말씀하실 것이다. '도무지'라는 원어(우데포테 οὐδέποτε)는 "내가 너희를 안 적이 없다"는 뜻이다. 이 말씀은 그들이 기적을 행했던 행위들이 주님과 상관없이 행해졌음을 뜻한다. 거짓 목사들이 주님께 거절당한 까닭은 불법을 행하는 자들이었기 때문이다. 사람의 행위가 중요하다. 하나님께서는 사람이 행한 대로 심판하실 것이다.

누구든지 악을 행하면서 구원 얻은 줄로 생각하고 마지막 심판대에서 주께 인정받을 줄로 생각해서는 안 된다. 주께서는 악인을 구원하시지만, 그를 악에서 건져 선한 사람을 만드시는 것이지 악한 그대로 버려두시는 것이 아니다. 행위는 사람의 구원을 판별할 수 있는 표가 된다. 아직도 악을 떠나지 않은 자들은 구원 얻지 못한 자라고밖에 볼 수 없다. 그가 참으로 구원을 얻었다면, 그는 모든 죄를 버리고 주 앞에 복종하고 말씀의 교훈대로 사는 자가 되었을 것이다. 그는 의롭고 선한 행실로 그의 믿음의 진실함을 나타내어야 한다.

주께서는 "불법을 행하는 자들아, 내게서 떠나가라"고 말씀하셨다. 그들이 마지막 심판대에서 버림받은 이유는 불법을 행하는 데 있었다. 그들은 하나님과 상관없는 자들이었고 천국과 영생과 상관없는 자들이었고, 마귀와 상관된 자들이었고 지옥에 들어갈 자들이었다.

〔24-27절〕 그러므로 누구든지 나의 이 말을 듣고 행하는 자는 그 집을 반석 위에 지은 지혜로운 사람 같으리니 비가 내리고 창수[홍수]**가 나고 바람이 불어 그 집에 부딪히되 무너지지 아니하나니 이는 주초**[기초]**를 반석 위에 놓은 연고요 나의 이 말을 듣고 행치 아니하는 자는 그 집을 모래 위에 지은 어리석은 사람 같으리니 비가 내리고 창수가 나고 바람이 불어 그 집**

에 부딪히매 무너져 그 무너짐이 심하니라.

주께서는 그의 산상 설교의 결론으로 행위에 대한 강조를 하신다. 계명의 실천이 중요하다. '누구든지'는 모든 제자들과 모든 사람에게 해당한다. '나의 이 말'은 산상 설교 전체를 가리킨다. 주님의 말씀을 듣고 행하는 자들은 그 집을 반석 위에 지은 사람과 같다. 여기에 '집'은 사람의 인격과 삶을 가리킨다. 주님의 말씀 순종의 행위는 그의 신앙 인격과 삶을 견고하게 만든다. 그런 자들은 정말 주님을 믿고 따르는 자이다. 폭우나 폭풍은 우리가 세상에서 당하는 시험과 환난, 질병과 궁핍 등을 상징한다. 순종의 행위로 자기의 신앙을 견고케 한 자들에게는 그 어떤 시험과 환난도 큰 문제가 되지 않을 것이다. 그들은 하나님의 은혜로 모든 시험과 환난을 이기고 또 이길 것이다.

그러나 주님의 말씀을 듣고 행하지 않는 자들은 집을 모래 위에 지은 사람들과 같다. 말씀 순종의 행위가 없는 자들의 인격과 삶이라는 것은 겉모양은 살아 있으나 실상 죽은 것과 같다. 그들은 교회생활을 하고 있다 하더라도 그들의 교회생활은 형식적인 것에 불과하다. 그들은 집을 모래 위에 짓는 어리석은 자들과 같다. 이런 자들의 집은 폭우와 폭풍이 올 때에 무너지며 그 무너짐이 심할 것이다. 행함이 없는 교인들은 시험과 환난이 닥쳐올 때 크게 흔들리고 넘어질 것이다. 참 믿음은 순종하는 믿음, '사랑으로써 일하는 믿음'이다(갈 5:6).

〔28-29절〕 예수께서 이 말씀을 마치시매 무리들이 그 가르치심에 놀래니 이는 그 가르치시는 것이 권세 있는 자와 같고 저희 서기관들과 같지 아니함일러라.

예수께서 이 말씀을 마치시자, 무리들은 그의 가르치심에 놀랐다. 왜냐하면 그의 가르치시는 것은 권세 있는 자와 같고 그들의 서기관들과 같지 않았기 때문이었다. 서기관들은 아마 많은 지식과 말이나 표현의 아름다움으로 가르쳤을 것이나, 예수께서는 하나님의 권위와 권세로 하나님의 진리를 명료하고 은혜롭게 가르치셨기 때문이다.

본문의 교훈을 정리해보자. 첫째로, 우리는 거짓 목사들을 조심해야 한다. 나무는 열매로 알듯이, 참 목사와 거짓 목사를 분별하는 기준은 그의 행위이다. 바른 교리 사상은 기본이어야 하며, 특히 그의 경건성과 도덕성 즉 그가 참으로 하나님을 경외하고 섬기고 사랑하고 늘 말씀과 기도로 깨어 있는지, 또 그가 죄를 멀리하고 거룩하고 선하고 진실한 자인지는 그가 참 목사인지 여부를 판단하는 표가 된다. 그가 역사적 기독교 교리를 믿지 않는 자라면 두말할 것 없이 거짓 목사이며, 또 그에게 선하고 진실한 인격과 도덕성이 없다면 그는 확실히 거짓된 목사일 것이다. 우리는 그런 거짓 목사를 분별하고 멀리해야 한다.

둘째로, 성도의 정직하고 선한 행위는 그가 천국에 들어가는 자라는 표가 된다. 예수 그리스도를 주님이라고 부르는 입술만의 고백, 즉 입에 발린 형식적 고백만으로는 천국에 들어갈 수 없다. 주께서는 "나더러 '주여, 주여' 하는 자마다 천국에 다 들어갈 것이 아니요 다만 하늘에 계신 내 아버지의 뜻대로 행하는 자라야 들어가리라"고 말씀하셨다(21절). 우리에게는 예수 그리스도께 대한 입술의 고백뿐 아니라, 마음의 고백이 필요하고, 우리의 마음의 고백은 반드시 정직하고 선한 행위로 나타날 것이다. '내 아버지의 뜻대로 행하는 것'은 일차적으로 예수 그리스도를 주님과 구주로 영접하는 것을 가리키지만, 또한 예수 그리스도의 교훈대로 바르고 선하게 살고 서로 사랑하는 것을 가리킨다.

셋째로, 주님의 말씀을 실천하는 자는 반석 위에 집을 짓는 자와 같다. 주께서는 그의 말씀을 듣고 행하는 자는 집을 반석 위에 지은 지혜로운 자이며 홍수가 나고 폭풍이 불어도 그 집이 무너지지 않을 것이라고 말씀하셨다. 그러나 행하지 않는 자는 그 집을 모래 위에 지은 어리석은 자이며 홍수가 날 때 그 집이 무너질 것이라고 말씀하셨다(24-25절). 우리의 믿음은 주님의 모든 말씀, 즉 성경의 모든 말씀을 실천함으로써 성장하고 견고해지며, 그러면 어떤 시험과 환난이 닥쳐와도 넘어지지 않고 굳게 설 것이다. 이것이 지혜로운 참 성도의 모습이다.

8장: 주님의 능력

1-4절, 나병환자를 고치심

〔1-2절〕 **예수께서 산에서 내려오시니 허다한 무리가 좇으니라. 한 문둥병자**[나병환자]**가 나아와 절하고 가로되**[말하기를] **주여**[주님이시여], **원하시면 저를 깨끗케 하실 수 있나이다 하거늘.**

5-7장에서 사도 마태는 주 예수께서 산 위에서 하신 설교들을 성령님의 도우심으로 자세히 기록했다. 예수님의 설교는 무리들에게 큰 은혜가 되었고, 그 결과, 많은 사람들이 그를 따랐다. 이제 8-9장에서 마태는 주께서 행하신 능력의 일들을 기록한다. 주 예수께서는 능력의 일들로 자신이 하나님의 아들 그리스도이심을 증거하셨다. 마태는 먼저 예수께서 한 나병환자를 고쳐주신 사건을 증거하였다.

한 나병환자가 예수께 나아왔다. 나병[한센병]은 피부에 발진이 생기고 손가락과 발가락 끝에 감각이 없어지고 썩는 무서운 질병이다. 나병환자는 일반 사람들로부터 격리되어야 하였다(레 13:46). 좋은 조건을 가진 많은 사람들은 오히려 그 좋은 조건 때문에 예수께 나오지 않는다. 그러나 이 나병환자는 아마 그 병 때문에 겸손해졌고 자기의 자존심을 내세우지 않았고 자신의 누추한 모습 그대로 예수께 나왔다. 사람은 고난을 당할 때 하나님께 더 나오기 쉬운 것 같다. 시편 119편 저자는 "고난 당하기 전에는 내가 그릇 행하였더니 이제는 주의 말씀을 지키나이다," "고난 당한 것이 내게 유익이라. 이로 인하여 내가 주의 율례를 배우게 되었나이다"라고 고백하였다(67, 71절).

그 나병환자는 예수께 나아와 절하며 말했다. "주님이시여, 원하시면 저를 깨끗케 하실 수 있나이다." 그는 예수님께 단순히 존칭어로 말한 것 같지 않다. 그는 예수께서 원하시면 그의 나병도 고쳐주실 수 있다는 놀라운 믿음을 가지고 있었다. 그는 예수님을 하나님의 아들, 즉 신적인 구주로 믿고 있었다고 보인다. 그의 '주님이시여'라는 말은 하나님께 대한 호칭으로 보인다. 하나님께서는 세상의 주인이시며 우리의 생명의 주인이시며 우리의 삶과 죽음, 건강과 연약, 복과 재앙을 다 주관하시는 자, 곧 주권적 섭리자이시다.

하나님께서는 신명기 32:39에서 말씀하시기를, "이제는 나 곧 내가 그인 줄 알라. 나와 함께하는 신이 없도다. 내가 죽이기도 하며 살리기도 하며 상하게도 하며 낫게도 하나니 내 손에서 능히 건질 자 없도다"라고 하셨다. 선지자 사무엘의 모친 한나도 "여호와께서는 죽이기도 하시고 살리기도 하시며 무덤에 내리게도 하시고 올리기도 하시는도다. 여호와께서는 가난하게도 하시고 부하게도 하시며 낮추기도 하시고 높이기도 하시는도다"라고 고백했었다(삼상 2:6-7).

참된 믿음은 하나님의 주권과 그의 전능하심을 믿는 것이다. 참된 믿음은 하나님을 창조자와 섭리자 하나님, 곧 전능하신 주권자 하나님으로 믿고 예수님을 하나님의 아들 그리스도로 믿는 것이다. 하나님께는 능치 못하심이 없다. 예수께서 하나님의 아들, 곧 신적 구주이실진대 그에게도 능치 못하심이 없어야 한다. 놀랍게도 이 나병환자 속에는 예수께서 원하시면 자기를 깨끗케 하실 수 있다는 믿음이 있었다. 그가 어떻게 이런 지식과 믿음을 가지게 되었는지 우리는 모르나, 그의 지식과 믿음은 확실히 하나님의 큰 은혜이었다.

〔3절〕 예수께서 손을 내밀어 저에게 대시며 가라사대[말씀하시기를] **내가 원하노니 깨끗함을 받으라 하신대 즉시 그의 문둥병**[나병]**이 깨끗하여진지라.**

예수께서는 자신에게 나아와 그의 병고침을 간구한 그 나병환자의 간구를 물리치지 않으셨다. 하나님께서는 구하는 자에게 주시는 하나님이시다. 주께서는 "구하라 그러면 너희에게 주실 것이요, 찾으라 그러면 찾을 것이요, 문을 두드리라 그러면 너희에게 열릴 것이니, 구하는 이마다 얻을 것이요 찾는 이가 찾을 것이요 두드리는 이에게 열릴 것이니라"고 말씀하셨다(마 7:7-8).

예수께서는 손을 내밀어 그에게 대시며 “내가 원하노니 깨끗함을 받으라”고 말씀하셨고, 즉시 그의 나병은 깨끗해졌다. 이것은 예수께서 하나님의 아들로서 그의 신적 능력을 나타내신 일이었다. 말씀으로 나병을 치료하시는 것은 하나님만 하실 수 있는 일이었다. 하나님께서는 아무것도 없는 상태에서 말씀으로 천지만물을 창조하신 창조자이시다. 사도 바울은 로마서 4:17에서 하나님을 “죽은 자를 살리시며 없는 것을 있는 것같이 부르시는 이”라고 표현하였다.

그 환자의 나병은 즉시 깨끗해졌다. 예수님의 치료는 의학적 치료와 달랐다. 의학적 치료는 대개 점진적이고 많은 경우에 불완전하다. 심각한 질병의 경우, 부득이 수술을 하지만 그것은 완전한 치료보다 차선책일 경우가 많다. 그러나 예수 그리스도의 나병 치료는 즉각적이고 완전하였다. 그것은 그의 완전한 신적 능력의 일이었다.

〔4절〕 예수께서 이르시되[말씀하시기를] **삼가 아무에게도 이르지 말고 다만 가서 제사장에게 네 몸을 보이고 모세의 명한 예물을 드려 저희에게 증거하라 하시니라.**

예수께서 “삼가 아무에게도 이르지 말라”고 말씀하신 것은 병고침이 그가 세상에 오신 주된 임무가 아니었음을 보인다. 일차적으로, 그는 병자들을 고치기 위하여 이 세상에 오신 것이 아니었고, 죄인들을 불러 회개시키기 위하여(마 9:13; 눅 5:32) 또 사람들에게 이 구원의 복음을 널리 전하기 위하여(막 1:38; 16:15) 오신 것이었다. 그가 많은 병자들을 고쳐주셨지만, 그것은 단지 부수적인 일들이었다. 또 예수께서 그 고침 받은 자에게 “다만 가서 제사장에게 네 몸을 보이고 모세의 명한 예물을 드려 저희에게 증거하라”고 말씀하신 것은 그 사람이 자기가 병고침 받았음을 확인하고 확증하며 또 율법의 규정을 지켜야 함을 보이신 것이다. 예수께서는 율법을 폐하러 오신 것이 아니고 이루기 위해 오셨다. 마태복음 5:17, “내가 율법이나 선지자나 폐하러 온 줄로 생각지 말라. 폐하러 온 것이 아니요 이루려 왔노라.”

본문의 교훈을 정리해보자. 첫째로, 한 나병환자가 예수께 나아왔다. 많은 사람이 평안 가운데서 하나님과 예수님에 대해 무관심할 때에 그 나병환자는 예수께 나아왔다. 큰 질병이 예수께로 나오는 계기가 되었다. 고난은 사람을 겸손케 만든다. 고난의 때는 하나님께 기도할 때이며 그를 만날 수 있는 때이다. 시편 50:15, "환난 날에 나를 부르라. 내가 너를 건지리니 네가 나를 영화롭게 하리로다." 시편 119:67, "고난 당하기 전에는 내가 그릇 행하였더니 이제는 주님의 말씀을 지키나이다." 고난은 유익이 있다. 우리는 고난 중에 낙심치 말고 하나님과 주 예수 그리스도께 나아가 간구해야 하고 그를 만나는 기회로 삼아야 한다.

둘째로, 그 나병환자는 예수께 절하며 "주여, 원하시면 저를 깨끗케 하실 수 있나이다"라고 말하였다. 그는 자기의 모습 그대로를 가지고 주께 나아왔고 그에게 엎드려 절하였다. 그의 고난은 그의 어두운 마음에 깨달음을 주었고 교만한 마음을 깨뜨려 온유하고 겸손케 했다. 그런 마음이 없으면 아무도 하나님과 주 예수께로 나아오지 못한다. 더욱이, 그는 주 예수께서 자기의 병을 고쳐주실 수 있음을 믿었고 그의 병의 치료를 사모하였고 주 예수께서는 그의 병을 고쳐주셨다. 나병을 말씀으로 고쳐주신 예수님, 그는 확실히 하나님의 아들 그리스도이시다. 우리는 예수님을 하나님의 아들 그리스도로 믿고 확신해야 한다.

셋째로, 그 나병환자는 즉시 깨끗함을 얻었다. 나병 치료의 사건은 죄사함의 구원에 비교될 수 있다. 영적으로, 모든 죄인들은 나병환자와 같다. 죄는 나병보다 더 무서운 것이다. 죄는 죄인들을 영원한 지옥의 멸망으로 이끌어가고 있다. 그러나 구주 예수께서는 원하시는 모든 자들의 모든 죄를 즉시 깨끗케 하실 수 있다. 예수 그리스도께서는 이 일을 위해 친히 십자가에 달려 죽으심으로 대속 사역을 이루셨고 삼일 만에 부활하셨다. 그는 우리의 죄 때문에 십자가에 속죄의 죽음을 죽으셨고 우리를 의롭다 하시고 우리에게 새 생명을 주시기 위해 다시 살아나셨다. 우리는 그를 믿음으로 나병 치료보다 더 중요한 죄사함을 얻었다.

5-17절, 중풍병, 열병, 귀신 들린 자를 고쳐주심

〔5-13절〕 예수께서 가버나움에 들어가시니 한 백부장이 나아와 간구하여 가로되[말하기를] **주여**[주님이시여], **내 하인이 중풍병으로 집에 누워 몹시 괴로와**[워]**하나이다. 가라사대 내가 가서 고쳐 주리라. 백부장이 대답하여 가로되**[말하기를] **주여**[주님이시여], **내 집에 들어오심을 나는 감당치 못하겠사오니 다만 말씀으로만 하옵소서. 그러면 내 하인이 낫겠삽나이다. 나도 남의 수하에 있는 사람이요 내 아래도 군사가 있으니 이더러 가라 하면 가고 저더러 오라 하면 오고 내 종더러 이것을 하라 하면 하나이다. 예수께서 들으시고 기이히 여겨 좇는 자들에게 이르시되**[말씀하시기를] **내가 진실로 너희에게 이르노니**[말하노니] **이스라엘 중 아무에게서도**[이스라엘 중에서라도][11] **이만한**[이만큼 큰] **믿음을 만나보지 못하였노라. 또 너희에게 이르노니**[말하노니] **동서로부터 많은 사람이 이르러 아브라함과 이삭과 야곱과 함께 천국에 앉으려니와 나라의 본 자손들은 바깥 어두운 데 쫓겨나 거기서 울며 이를 갊이 있으리라. 예수께서 백부장에게 이르시되**[말씀하시기를] **가라, 네 믿은 대로 될지어다 하시니 그 시로**[시간에] **하인이 나으니라.**

백부장은 부하 100명을 지휘하는 장교이다. 한 백부장이 자기 종의 병 문제를 가지고 예수님께 나아왔다. 그 종은 중풍병으로 집에 누워 몹시 고통스러워하고 있었다. 그 백부장은 자기 종에 대하여 사랑과 동정심을 가지고 있었고 예수님의 존귀한 신분과 자신의 천한 영적 상태를 알고 있었다. 그래서 그는 예수께서 자기의 집에 들어오심을 감당할 수 없다고 생각했다. 그러나 그 마음에는 예수님의 신적 인격과 능력을 믿는 믿음이 있었다. 그래서 그는 예수께서 단지 말씀만 해주셔도 자기 종의 질병을 고치실 수 있음을 안다고 말했다. 참으로 놀라운 지식과 믿음이다! 하나님께서는 우리에게도 예수 그리스도의 신성(神性)의 영광을 아는 지식과 작은 믿음을 주셨다(고후 4:6).

이 백부장은 이스라엘 사람이 아니고 이방인이었으나, 그의 믿음

11) Byz ℵ C it$^{b\ h}$ vg syr$^{p\ s}$ cop^{meg} arm Diatessaron^{syr} Origen^{lat} 등.

은 이스라엘 중에서라도 찾아볼 수 없는 큰 믿음이었다. 예수께서는 동서로부터 많은 이방인들이 구원 얻을 것이지만 이스라엘 자손들은 천국에서 제외되고 바깥 어두운 곳에 쫓겨나 거기서 울며 이를 가는 처지가 될 것을 예언하셨다. 사람의 믿음은 반드시 그의 부모가 가진 믿음에 비례하지 않는다. 우리의 믿음은 하나님의 전적인 은혜이다.

예수께서는 백부장에게 "가라. 네 믿은 대로 될지어다"라고 말씀하셨다. 그는 그 믿음의 간구를 들어주셨다. 보통 그의 치료는 치료받는 자의 믿음에 근거했으나, 때로는 그와 관계된 이의 믿음에 근거하기도 했다. 예수님의 치료의 말씀은 즉시 효력을 나타내었다. 바로 그 시간 그 백부장의 하인은 나았다. 주 예수님의 말씀은 능력이 있었다. 그것은 치료의 능력을 포함하였고, 그의 치료는 완전하였다. 단순히 말씀하심으로 중풍병을 고쳐주신 예수, 그는 확실히 하나님의 아들 그리스도이시다! 우리는 그를 믿고 확신하고 그를 따라야 한다.

〔14-15절〕 예수께서 베드로의 집에 들어가사 그의 장모가 열병으로 앓아 누운 것을 보시고 그의 손을 만지시니 열병이 떠나가고 여인이 일어나서 예수께 수종들더라.

예수께서는 베드로의 집에 들어가셨다. 마가복음은 그가 야고보와 요한과 함께 시몬과 안드레의 집에 들어가셨다고 기록했다(막 1:29). 예수께서는 그를 따르는 많은 무리들 중 특히 몇 명의 제자들을 그와 함께 늘 있게 하셨다. 그는 베드로의 집에서 그의 장모가 열병으로 앓아 누워 있는 것을 보셨다. 누가복음은 그의 장모가 중한 열병에 붙들렸다고 말했다. 열병은 높은 열로 고생하는 무서운 병이다.

예수께서는 그 여자를 보시고 그의 손을 만지셨다. 마가복음이나 누가복음은 사람들이 그를 위해 예수께 요청했다고 말한다. 이번에는 그 환자와 직접 관계된 자의 요청이 아닌 것 같다. 이와 같이, 환자 본인이든지, 그의 주인이든지, 혹은 그와 좀 멀리 관계된 자일지라도 치료를 간청할 때 주께서는 치료해 주셨다. 주께서 그의 손을 만지시자 그의 열병은 떠나갔다. 마가는 예수께서 그의 손을 잡아 일으키시니 열병이 떠났다고 말하고, 누가는 그가 가까이 서서 열병을 꾸짖으시자 병이 떠났다고 증거하였다. 그 열병은 즉시 치료되었다. 베드로의 장모는 즉시 일어나 예수께 수종들었다(눅 4:39).

주 예수 그리스도의 신적 능력은 이와 같이 나병(8:1-4), 중풍병, 열병 등 다양한 병의 치료에서 나타났고, 치료를 요청한 자도 환자 자신, 혹은 환자의 주인, 혹은 환자의 이웃 등 환자와 다양한 관계의 사람이었다. 어떤 때는 주께서 환자에게 손을 대셨고 어떤 때는 단지 말씀으로만 하셨고 어떤 때는 그 병을 꾸짖으셨다. 그러나 모든 경우에 동일하게, 주 예수님의 치료는 즉각적이며 완전하였다.

예수께서 병들을 고치신 사건들은 그의 신적 능력과 신적 인격을 증거한다. 아직 예수 그리스도를 알지 못하는 자들은 이런 증거들을 읽고 듣고 그가 누구이신지 깨닫고 그를 믿어야 할 것이다. 우리에게는 놀라운 신적 구주가 계시다. 그는 죽은 지 삼일 만에 부활하셔서 지금도 살아계신 구주이시며, 하나님 우편에 계시지만 성령님으로 우리 속에서 일하시는 주님이시다. 그는 우리를 죄에서 건지신 구주이시요, 또 우리의 육신의 문제까지도 도우실 수 있는 주님이시다.

〔16절〕 저물매 사람들이 귀신 들린 자를 많이 데리고 예수께 오거늘 예수께서 말씀으로 귀신들을 쫓아내시고 병든 자를 다 고치시니.

날이 저물었을 때, 사람들은 귀신 들린 자를 많이 데리고 예수께 왔다. 귀신들은 타락한 천사들이다. 그들의 왕은 사탄이다. 귀신들은 모든 불경건하고 부도덕한 일들 배후에 활동하고 있고 또 많은 질병들, 재난들, 불행한 일들을 일으킨다. 특히 귀신이 들어와 그를 주장하기 때문에, 자신의 마음과 의지를 자신이 통제하지 못하는 자들이 있다. 이들이 귀신 들린 자들이다. 이들은 정신 이상자들과 비슷하다. 사람들이 귀신 들린 자들을 많이 데리고 예수께 왔을 때, 예수께서는 말씀으로 귀신들을 쫓아내시고 모든 병자들을 고쳐주셨다.

주님의 말씀에는 능력이 있었다. 하나님께서는 말씀으로 천지만물을 창조하셨다(창 1장). 오늘날에도 하나님의 말씀에 능력이 있다. 히브리서 4:12는, "하나님의 말씀은 살았고 운동력이 있어 좌우에 날선 어떤 검보다도 예리하여 혼과 영과 및 관절과 골수를 찔러 쪼개기까지 한다"고 말한다. 신구약성경은 살아계신 하나님의 말씀이다. 그 말씀에 하나님의 능력이 있다. 그러므로 성경을 열심히 읽고 규칙적으로 읽는 성도는 하나님께서 주시는 힘과 능력을 얻을 것이다. 그는 자신의 죄성과 세상의 악과 마귀의 시험을 이길 능력을 얻을 것이다.

〔17절〕 이는 선지자 이사야로 하신 말씀에 우리 연약한 것을 친히 담당하시고 병을 짊어지셨도다(사 53:4) **함을 이루려 하심이더라.**

주께서는 우리의 죄뿐 아니라, 죄의 결과인 모든 질병과 슬픈 일들도 담당하셨다. 우리는 아직 모든 질병과 슬픈 일들이 성도들에게서 완전히 제거됨을 보지 못한다. 그러나 죄사함은 그것들을 제거할 것이지만, 아직 남은 것은 우리의 영적 유익을 위함이라고 본다. 우리가 천국에 들어가면 죄와 그 결과들은 완전히 사라질 것이다.

본문의 교훈을 정리해보자. 첫째로, 예수 그리스도께서는 중풍병과 열병을 치료하셨고 귀신 들린 자들도 고쳐주셨다. 그것은 사람으로서 할 수 있는 일이 아니었다. 예수께서는 병들을 다스리는 신적 능력을 가지고 계셨다. 본문의 기적들은 예수께서 하나님의 아들 그리스도이심을 밝히 증거한다! 사복음서는 예수님의 신적 인격을 증거한다!

둘째로, 우리는 어려운 문제가 있을 때 주 예수께로 나아와야 한다. 믿는 자는 예수께 무엇을 간구했고 그의 간구한 바를 얻었다. 기도는 믿음의 표현이며 증거이다. 믿음이 없는 자는 하나님께 기도할 수 없으나, 믿는 자는 하나님께 기도하며 하나님의 도움을 체험할 것이다. 비록 오늘날 기적으로는 아닐지라도, 우리는 그의 도움을 체험할 것이다.

18-34절, 제자들의 길, 주님의 능력

〔18-20절〕 예수께서 무리가 자기를 에워쌈을 보시고 저 편으로 건너가기를 명하시니라. 한 서기관이 나아와 예수께 말씀하되 선생님이[시]**여, 어디로 가시든지 저는 좇으리이다. 예수께서 이르시되**[말씀하시되] **여우도 굴이 있고 공중의 새도 거처가 있으되 오직 인자(人子)는 머리 둘 곳이 없다 하시더라.**

이 서기관은 예수님의 말씀과 기적 행하심에 큰 감동을 받았음에 틀림없다. 어디든지 따르겠다는 결심은 놀라웠다. 그러나 주께서는 그에게 "여우도 굴이 있고 공중의 새도 거처가 있으되 오직 인자(人子)는 머리 둘 곳이 없노라"고 말씀하셨다. 주님의 말씀은 그를 믿고 따르는 제자들의 길이 어떠할 것을 암시한다. 주께서는 개인 소유의 집을 가지지 않으셨다. 주님의 제자의 길은 경제적 불안정과 심지어 고난과 핍박을 각오하며 따라야 하는 길이다. 사도 바울은 "우리가 하나님 나라에 들어가려면 많은 환난을 겪어야 할 것이라"고 말했고, 또 "무릇 그리스도 예수 안에서 경건하게 살고자 하는 자는 핍박을 받으리라"고 말했다(행 14:22; 딤후 3:12). 오늘날 교회들이 고난 없는 기독교를 전파함으로 교인수만 늘이고 있다면, 그것은 큰 잘못이다. 예수 그리스도의 제자된 우리는 가난과 고난의 삶을 각오해야 한다.

〔21-22절〕 제자 중에 또 하나가 가로되[말하기를] **주**[님이시]**여, 나로 먼저 가서 내 부친을 장사하게 허락하옵소서. 예수께서 가라사대**[말씀하시기를] **죽은 자들로 저희 죽은 자를 장사하게 하고 너는 나를 좇으라 하시니라.**

누가복음에 보면, 주께서는 이 사람에게 "나를 따르라"는 말씀을 먼저 하셨다(눅 9:59). 하나님의 아들께서 개인적으로 그를 부르셨으니 얼마나 놀라운 일인지! 그러나 그는 먼저 자기 부친을 장사하도록 허락해 주시기를 요청했다. 그때 주께서는 "죽은 자들로 저희 죽은 자를 장사하게 하고 너는 나를 좇으라"고 말씀하셨다. '죽은 자들'은 영적으로 죽은 자들을 가리킨다. 주님의 말씀의 뜻은 세상일 때문에 하나님의 일이 중단되거나 지연되어서는 안 된다는 뜻이라고 본다.

구약시대에 대제사장은 부모의 죽음을 인해서도 자신을 더럽히지 말라는 명령을 받았었다(레 21:11). 사도 바울은 디모데에게 군사로 모집된 자들은 자기의 생활에 얽매이지 않아야 한다고 말했다(딤후 2:4). 하나님의 일은 이 세상의 그 어떤 일들보다 중요하다. 그러므로 세상의 일들 때문에 하나님의 일이 중단되거나 지연되어서는 안 된다. 사람들에 대한 어떤 사랑과 의무의 일도 우리가 우리의 첫 번째 순종을 드려야 할 하나님께 대한 우리의 의무보다 우선 되어서는 안 된다고 매튜 풀은 말했다. 장례식, 결혼식 등의 방문이 신자의 시간을 빼앗고 신자로 하여금 어떤 분명한 종교적 의무를 못하게 할 때, 그것들은 신자의 영혼에 올무가 된다고 J. C. 라일은 말했다. 우리는 첫 번째의 순종을 하나님을 위해 또 하나님의 일을 위해 드려야 한다.

[23-27절] 배에 오르시매 제자들이 좇았더니 바다에 큰 놀[풍랑]**이 일어나 물결이 배에 덮이게 되었으되 예수**[께서]**는 주무시는지라. 그 제자들이 나아와 깨우며 가로되**[말하기를] **주여**[주님이시여], [우리를][12] **구원하소서. 우리가 죽겠나이다. 예수께서 이르시되**[말씀하시기를] **어찌하여 무서워하느냐? 믿음이 적은 자들아 하시고 곧 일어나사 바람과 바다를 꾸짖으신대 아주 잔잔하게 되거늘 그 사람들이 기이히 여겨 가로되**[말하기를] **이 어떠한 사람이기에 바람과 바다도 순종하는고 하더라.**

예수께서는 나병환자, 중풍병자, 열병 걸린 자, 귀신 들린 자 등을 고치셨을 뿐 아니라, 또한 바람과 파도도 꾸짖어 잔잔케 하셨다. 그는 단순히 사람이 아니시고 신성(神性)을 가지신 사람이셨다. 어떤 사람이 그런 불치의 병들을 고치고 바람과 풍랑을 꾸짖어 잔잔케 할 수 있겠는가? 오직 하나님께서만 또한 하나님의 영원하신 아들께서만 그런 일들을 하실 수 있다. 우리를 죄와 지옥 형벌로부터 구원하시기 위해 세상에 오신 예수 그리스도께서는 신적 구주이시다.

---

12) Byz W it[a b h k] vg syr[p s] cop[sa meg bo] arm 등.

이 세상은 종종 풍랑이 이는 바다와 같다. 주님을 믿고 따르는 길도 예외는 아니다. 그러나 하나님과 예수 그리스도께서는 우리의 삶의 온갖 풍랑을 제거해 주실 수 있고 모든 문제들을 해결하시고 우리에게 평안을 주실 수 있다. 세상에 고난은 있지만, 하나님 안에 구원과 평안이 있다. 바울은 고린도후서 1장에서 아시아에서 많은 환난을 당하였고 죽을 지경에 있었으나 하나님만 의지함으로 구원을 얻었음을 간증했다(고후 1:8-10). 환난 많은 세상에서 우리는 현실을 두려워하지 말아야 하고 주 하나님만 믿고 의지하며 기도해야 한다.

〔28-34절〕 또 예수께서 건너편 가다라[겔게세네](갈릴리 호수 동쪽 해변)(전통사본)[13] **지방에 가시매 귀신 들린 자 둘이 무덤 사이에서 나와 예수**[님]**를 만나니 저희는 심히 사나와 아무도 그 길로 지나갈 수 없을 만하더라. 이에 저희가 소리질러 가로되 하나님의 아들** [예수님][14]**이**[시]**여, 우리와 당신과 무슨 상관이 있나이까? 때가 이르기 전에 우리를 괴롭게 하려고 여기 오셨나이까 하더니 마침 멀리서 많은 돼지 떼가 먹고 있는지라. 귀신들이 예수께 간구하여 가로되**[말하기를] **만일 우리를 쫓아내실진대 돼지떼에 들여보내소서 한대 저희더러 가라 하시니 귀신들이 나와서 돼지에게로 들어가는지라. 온 떼가 비탈로 내리달아 바다에 들어가서 물에서 몰사하거늘 치던 자들이 달아나 시내에 들어가 이 모든 일과 귀신들린 자의 일을 고하니 온 시내가 예수**[님]**를 만나려고 나가서 보고 그 지방에서 떠나시기를 간구하더라.**

마가복음 5:1-20과 누가복음 8:26-40은 이 사건을 더 자세히 증거하지만, 귀신 들린 자가 두 명이라는 말은 마태복음에만 나온다. 복음서들은 서로 보충적이다. 마가복음 5:13은 돼지떼가 거의 2천 마리가 되었다고 말한다. 돼지를 치던 자들은 달아나 시내에 들어가 이 모든 일과 귀신 들린 자의 일을 고하였으나, 온 성의 사람들은 예수님을 만나려고 나가서 보고 그 지방에서 떠나시기를 간구하였다.

본문은 귀신이 실제 존재하며 그 수가 많음을 증거한다. 마가복음

---

13) Byz cop^{bo} arm Origen Diatessaron^{arm} Lect 등이 그러함.

14) Byz W 0242^{vid}(4세기) it vg^{cl} syr^{p} cop$^{sa\ bo-pt}$ 등에 있음.

과 누가복음은 그 귀신의 이름을 '군대'라 했다. 귀신은 타락한 천사 즉 악한 영이다(엡 6:12). 온 세상에서 활동하는 귀신들의 수는 많을 것이다. 또 귀신들은 상당한 지식을 가지고 있었다. 그들은 예수님을 하나님의 아들로 알아보았고 또 자신들의 멸망할 운명을 알고 있었다. 또 귀신은 매우 사나웠다. 마가복음은 그 귀신 들린 자들을 더러운 영을 가진 자라고 표현했다. 귀신들은 불경건하고 악하고 부도덕한 세상의 풍조들 배후에 활동하고 있는 영들이다.

본문은 또 사람의 가치가 참으로 큼을 보인다. 귀신 들린 영혼들의 가치는 돼지 2천 마리보다 더 귀하였다. 그러나 겔게세네 사람들은 그 귀신 들린 자들의 회복이 얼마나 귀한 일임을 깨닫고 감사하고 기뻐하기보다 예수께 그 지방에서 떠나시기를 간구하였다. 예수께서는 사람들에게 항상 환영을 받는 자가 아니셨다. 주님을 믿고 따르는 길은 항상 사람들의 환영을 받는 길이 아닐 것이다.

본문은 무엇보다 예수께서 귀신들도 주관하는 분이심을 증거한다. 예수께서는 귀신들에게 그 사람들에게서 나가 돼지떼에 들어가라고 명하셨다. 그는 귀신들에게 명령할 수 있는 분이시다. 귀신들은 때가 되면 그들이 멸망을 당할 것을 알고 있었다. 그들은 "때가 이르기 전에 우리를 괴롭게 하려고 여기 오셨나이까?"라고 말하였다. 누가복음 8:31은 귀신들이 자기들을 무저갱[지옥]으로 들어가라 하지 마시기를 간구하였다고 증거한다. 예수께서는 장차 귀신들을 지옥에 던져넣으실 수 있는 심판의 권세를 가진 분이시다(마 25:41).

예수 그리스도께서는 단순히 사람이 아니시다. 그는 천상천하에 유일하신 신인(神人), 즉 사람이신 하나님 또는 하나님이신 사람이시다. 그는 자연계와 영계를 주관하시는 신성(神性)을 가지신 분이시다. 우리가 믿는 구주 예수께서는 바로 참된 신성을 가진 분이시다. 피조물인 사람은 하나님같이 전지하거나 전능할 수 없다. 전지와 전능은 오직 하나님께만 있는 속성이다. 예수께서 온갖 종류의 질병을 치료하시며 자연계를 명령하시며 또 귀신들을 쫓아내실 수 있다는 것은 곧 그가 하나님이심을 증거한다. 우리에게는 놀라운 구주, 신적 인격이신 구주 예수께서 계신다. 그는 능력자이시기 때문에 우리를 능히 도우실 수 있고 그러므로 그에게 기도하는 자는 복되다. 세상의 모든 것은 의지할 만하지 못하나, 그는 우리가 참으로 의지할 자가 되시며 가장 가치 있는 분이시며 우리의 힘과 기쁨이 되신다.

본문의 교훈을 정리해보자. 첫째로, 주님을 믿고 따르는 길은 물질적 안정이 없는 길이다. 우리는 물질적 안정과 부요를 바라고 주님을 따르지 말고 그가 진리의 주님이시기 때문에 고난을 각오하며 그를 따라야 한다. 그러나 섭리자 하나님께서는 주의 종들과 주의 백성들에게 심령의 평안과 몸의 건강과 의식주의 필요를 항상 공급해 주실 것이다.

둘째로, 우리는 주님을 믿고 따를 때 우선순위를 주께 두고 따라야 한다. 가족에 대한 의무는 당연한 일이며 이웃에 대한 선한 일도 해야 하지만, 만일 그 일이 하나님께 대한 의무와 충돌한다면, 우리는 언제나 하나님의 일을 먼저 생각하고 우선순위를 거기에 두어야 한다.

셋째로, 주님을 믿고 따르는 길은 풍랑도 있고 사람들의 배척도 있지만, 하나님의 능력을 체험하는 길이다. 주님을 믿고 따르는 길은 평탄한 길이 아니고 고난의 길이지만, 능력의 주님과 동행하는 길이다. 그 길은 주님의 능력을 체험하는 길이며 주님의 도우심을 경험하는 길이다.

넷째로, 큰 풍랑을 잔잔케 하시고 귀신 들린 자를 고쳐주신 예수께서는 하나님의 아들 그리스도이시다. 그가 하나님의 아들 곧 신적 구주가 아니시라면 그는 큰 풍랑을 잔잔케 하실 수 없었을 것이며 귀신 들린 자를 고쳐주실 수 없었을 것이다. 그러므로 우리는 능력의 주 예수께서 하나님의 아들 그리스도이심을 믿고 확신해야 하고, 그를 알지 못하는 자는 그가 하나님의 아들 그리스도이심을 믿고 구원을 얻어야 한다.

9장: 죄인을 부르러 오심

1-17절, 죄인을 부르러 오심

〔1-3절〕 예수께서 배에 오르사 건너가 본 동네에 이르시니 침상에 누운 중풍병자를 사람들이 데리고 오거늘 예수께서 저희의 믿음을 보시고 중풍병자에게 이르시되[말씀하시기를] **소자야, 안심하라. 네 죄사함을 받았느니라. 어떤 서기관들이 속으로 이르되**[말하기를] **이 사람이 참람하도다.**

마가복음은 이 사건이 예수께서 가버나움에 계실 때에 있었다고 증거한다(막 2:1). 마가복음에 보면, 중풍병자를 데리고 온 사람들은 네 명이었고, 또 사람들이 많아서 예수께 접근할 수 없었기 때문에 지붕에 올라가 지붕을 뜯어 구멍을 내고 중풍병자의 누운 상을 달아 내렸다. 그들에게는 예수님의 신적 인격과 능력에 대한 믿음이 있었다. 그들의 믿음은 의심하는 약한 믿음이 아니고, 끈질긴 열심을 가진 확고한 믿음이었다. 예수께서는 그들의 믿음을 보시고 그 중풍병자에게 "소자야, 안심하라. 네 죄사함을 받았느니라"고 말씀하셨다. 그 말씀을 들은 어떤 서기관들은 속으로 "이 사람이 참람하도다"라고 말했다. 마가복음과 누가복음에 보면, 그들이 그렇게 말한 것은 하나님 한 분만 사람의 죄를 사하실 수 있다고 생각하였기 때문이었다.

〔4-6절〕 예수께서 그 생각을 아시고[보시고][15] **가라사대**[말씀하시기를] **너희가 어찌하여 마음에 악한 생각을 하느냐? 네 죄사함을 받았느니라 하는 말과 일어나 걸어가라 하는 말이 어느 것이 쉽겠느냐? 그러나 인자(人子)가 세상에서 죄를 사하는 권세가 있는 줄을 너희로 알게 하려 하노라 하시고 중풍병자에게 말씀하시되 일어나 네 침상을 가지고 집으로 가라 하시니.**

예수께서는 그들의 생각을 보셨다. 그는 사람들의 숨은 생각을 다 보신다. 그는 신적 지혜와 지식을 가지고 계신다. 그는 "너희가 어찌

---

15) Byz ℵ C D W it$^{a\ b\ d\ k}$ vg cop^{bo} 등.

하여 마음에 악한 생각을 하느냐?"고 말씀하셨다. 그것은 그들이 그의 신적 인격의 증거를 진지하게 생각지 않고 그를 참람하다고 정죄하였기 때문이다. 선지자 이사야는 장차 오실 메시아께서 '전능하신 하나님, 영존하신 아버지'로 불릴 신적 존재라고 예언했었다(사 9:6).

예수께서는 또 "네 죄사함을 받았느니라 하는 말과 일어나 걸어가라 하는 말이 어느 것이 쉽겠느냐? 그러나 인자(人子)가 죄를 사하는 권세가 있는 줄을 너희로 알게 하려 하노라"고 말씀하셨다. "일어나 걸어가라"는 말은 쉬운 말이지만, 그는 "네 죄사함을 받았느니라"는 어려운 말씀을 하셨다. 그것은 병의 근원이 죄임을 알게 하시고 또 자신이 죄를 사하는 권세를 가지고 있음을 증거하시기 위함이었다.

그 중풍병은 죄와 관련이 있었다. 성경은 죄와 질병의 인과관계를 말한다. 신명기 28장에는, 사람이 하나님의 율법을 어기면 하나님께서 폐병, 열병, 학질, 종기, 치질, 괴혈병, 개창 등으로 치실 것이라고 말했다(22, 27-28절). 죄가 질병의 주요한 원인이므로 죄사함은 그 병의 치료와 회복의 첫걸음이 된다. 주께서는 마지막 유월절 식탁에서 제자들에게 포도즙을 주시면서 "이것은 죄사함을 얻게 하려고 많은 사람을 위하여 흘리는 바 나의 피"라고 말씀하셨다(마 26:28). 죄가 사람의 근본 문제이므로 죄사함은 사람의 모든 문제의 해결이 된다.

예수께서는 온갖 질병을 고치시는 능력뿐 아니라, 죄를 사하시는 권세를 가지고 계셨다. 이것이 실상 그의 가장 중요한 일이었다. 그러므로 주님의 관심은 단지 병의 치료나 경제적 안정 정도가 아니고, 사람들의 죄 문제에 관한 것이다. 죄인의 구원과 변화가 예수 그리스도의 주관심이시다. 이를 위해 그가 사람으로 이 세상에 오셨고 속죄의 죽음을 죽으실 것이다. 죄사함은 그의 중심적 사역이다.

그는 그 중풍병자에게 "일어나 네 침상을 가지고 집으로 가라"고 말씀하셨다. 그는 죄사함만 주지 않으시고 죄의 결과로 온 육신의 병도 고쳐주셨다. 주께서는 우리의 몸의 연약과 물질적 부족도 동정하신다. 그는 세상의 온갖 종류의 불행에서 우리를 건져내시고 우리에게 복을 주시기를 원하시고, 또 그러하실 수 있는 분이시다.

〔7-8절〕 그가 일어나 집으로 돌아가거늘 무리가 보고 두려워하며 이런 권세를 사람에게 주신 하나님께 영광을 돌리니라.

그 중풍병자는 일어나 집으로 돌아갔다. 얼마나 놀라운 순간들인지! 무리들은 그 일들을 목격하였다. 그들은 그를 보고 두려워하며 이런 권세를 사람에게 주신 하나님께 영광을 돌렸다. 사람이 되신 하나님의 아들 예수 그리스도께서는 우리의 죄를 사하시고 우리의 모든 문제를 해결해주시는 신적 구주이시다. 그는 지금도 살아계신다.

〔9-11절〕 예수께서 거기서 떠나 지나가시다가 마태라 하는 사람이 세관에 앉은 것을 보시고 이르시되[말씀하시되] **나를 좇으라 하시니 일어나 좇으니라. 예수께서 마태의 집에서 앉아 음식을 잡수실 때에 많은 세리와 죄인들이 와서 예수**[님]**와 그 제자들과 함께 앉았더니 바리새인들이 보고 그 제자들에게 이르되 어찌하여 너희 선생은 세리와 죄인들과 함께 잡수시느냐?**

마태복음의 저자 마태가 자신의 이름을 밝힌 것은 자신의 부끄러운 과거와 변화된 현재를 간증하기 위함이었을 것이다. 세관에 앉아 있던 그에게 주께서는 "나를 좇으라"고 말씀하셨다. 당시 세무 공무원들은 불의한 이익으로 물질적 부를 얻는 자들로 여겨졌다. 그러나 마태에게는 회개하고 믿는 마음이 있었던 것 같다. 그는 주 예수님의 부르심에 응답해 일어나 그를 따랐다. 마태는 자신의 유여한 그러나 아마 더러워진 생활을 포기하고 주님을 따르는 귀한 결단을 내렸다.

마태는 자기 집을 방문하신 예수님께 식사 대접을 하였다. 그때 그는 그의 친구들도 다 청했다. 예수께서는 마태의 집에 앉아 음식을 잡수셨다. 많은 세리와 죄인들이 와서 예수님과 그의 제자들과 함께 앉았다. 교제는 목적과 동기가 중요하다. 예수께서는 그들을 구원하시려고 그들과 함께하셨다. 그러나 바리새인들은 이런 광경을 보고 예수께서 죄인들과 함께 음식을 먹는다고 비난하였다.

〔12-13절〕 예수께서 들으시고 이르시되[말씀하시되] **건강한 자에게는 의원이 쓸데 없고 병든 자에게라야 쓸데 있느니라. 너희는 가서 내가 긍휼을 원하고 제사를 원치 아니하노라 하신 뜻이 무엇인지 배우라. 내가 의인을 부르러 온 것이 아니요 죄인을 부르러**[불러 회개시키러][16] **왔노라 하시니라.**

병자들에게 의사가 필요하듯이, 죄인들에게는 구주가 필요하다. 또 하나님께서는 우리가 단지 형식적 예배를 드리는 것보다 우리가 남에게 긍휼 베푸는 것을 더 기뻐하신다. 예수께서는 의인들을 부르러 오지 않으셨고 죄인들을 불러 회개시키러 오셨다. 회개는 하나님의 계명을 거역하던 자들이 돌이켜 그의 계명에 순종하는 것이다. 회개는 해도 되고 안 해도 되는 것이 아니고, 구원을 위해 반드시 해야 하는 것이다. 예수께서 하늘의 영광의 처소를 버리고 이 누추하고 죄 많은 세상에 오신 목적은 이 일을 위해서이었다. 이것이 그의 사명이었다. 디모데전서 1:15, “미쁘다, 모든 사람이 받을 만한 이 말이여, 그리스도 예수께서 죄인을 구원하시려고 세상에 임하셨다 하였도다.” 그러므로 죄인을 불러 회개시키는 일은 교회의 최대의 사명이다.

그런데 우리가 죄인들을 회개시키려면 죄인들과 접촉해야 한다. 세상 사람들과 격리된 삶은 바람직하지 않다. 죄인들을 구원하려면 죄인들의 세계 속에 들어가 그들과 만나야 한다. 사람들을 구원하기 위한 교회의 전도적 접촉은 어떤 대상에게도 개방되어야 할 것이다. 또 우리가 죄인들을 접촉하려면, 우리는 하나님의 크신 긍휼을 본받아야 한다. 우리는 모든 사람에게 긍휼하고 친절한 마음으로 대하며 복음을 전함으로써 한 명이라도 구원하려고 힘써야 한다.

〔14-15절〕 그때에 요한의 제자들이 예수께 나아와 가로되[말하기를] **우리와 바리새인들은** [자주][17] **금식하는데 어찌하여 당신의 제자들은 금식하**

---

16) Byz C syr^{s} cop^{sa} 등.

17) Byz C D W $it^{a\ b\ d\ (k)\ h}$ vg syr^{p} $cop^{sa-mss\ meg\ bo}$ arm에 있음.

지 아니하나이까? 예수께서 저희에게 이르시되[말씀하시기를] **혼인집 손님들이 신랑과 함께 있을 동안에 슬퍼할 수 있느뇨? 그러나 신랑을 빼앗길 날이 이르리니 그때에는 금식할 것이니라.**

요한의 제자들은 예수께 나아와 "우리와 바리새인들은 자주 금식하는데 어찌하여 당신의 제자들은 금식하지 아니하나이까?"라고 물었다. 구약의 율법에 의하면, 7월 10일 속죄일은 자기 영혼을 괴롭게 하는 금식일이었다. 또 바리새인들 중에는 한 주간에 이틀씩 금식하는 자들도 있었다(눅 18:12). 예수께서는 그들의 질문에 대하여 결혼 비유로 대답하셨다. 그는 자신을 신랑에 비유하시고 제자들을 혼인집의 손님들에 비유하셨다. 제자들이 신랑 되신 예수님을 모시고 있는 동안 기뻐하는 것은 당연하며 그러므로 지금은 금식할 때가 아니고 기뻐할 때라는 뜻을 담고 있었다. 그렇지만 신랑을 빼앗길 날이 올 것이다. 신랑을 빼앗길 날은 예수께서 정죄되어 십자가에 못박히게 내어준 바 되실 날을 가리킨다. 그때 주님의 제자들은 금식할 것이다. 금식은 특별한 때, 비상한 때에 하는 것이지, 아무 때나 형식적으로 하는 것이 아니다. 특히 신약시대에는 더욱 그러하다.

〔16-17절〕 생베 조각을 낡은 옷에 붙이는 자가 없나니 이는 기운 것이 그 옷을 당기어 해어짐이 더하게 됨이요 새 포도주를 낡은 가죽 부대에 넣지 아니하나니 그렇게 하면 부대가 터져 포도주도 쏟아지고 부대도 버리게 됨이라. 새 포도주는 새 부대에 넣어야 둘이 다 보전되느니라.

주께서는 금식을 폐하신 것이 아니고, 단지 율법 규정이나 관습대로 할 것이 아니라고 말씀하셨다고 본다. 생베 조각과 새 포도주에 비유된 복음은 율법 형식에 얽매일 수 없고 새 형식을 필요로 했다. 금식도 복음의 자유 안에서 행해져야 할 것이다. 사도 바울은 "그리스도께서 우리로 자유케 하려고 자유를 주셨으니 그러므로 굳세게 서서 다시는 종의 멍에를 메지 말라"고 말하였다(갈 5:1). 야고보는 복음을 '자유하게 하는 온전한 율법'이라고 표현했다(약 1:25).

본문의 교훈을 정리해보자. 첫째로, 예수께서는 친히 죄사함의 권세를 가지고 계시고 죄인들을 불러 회개시키기 위해 이 세상에 오셨다. 죄는 세상과 인류의 모든 불행의 근본 원인이었고 그러므로 죄사함은 세상과 인류의 모든 문제의 해결이 된다. 예수 그리스도께서는 바로 그 일을 위해 세상에 오셨다. 요한복음 1:29, "[요한이 가로되] 보라 세상 죄를 지고 가는 하나님의 어린양이로다." 예수 그리스도께서는 십자가에 죽으심으로 죄인들의 대속(代贖)을 이루셨고 지금도 죄인을 부르신다. 마태복음 20:28, "[인자가 온 것은] 자기 목숨을 많은 사람의 대속물로 주려 함이니라." 예수 그리스도께서는 오늘도 이 사명을 행하신다.

둘째로, 죄인들은 다 예수 그리스도께로 나와 그를 믿음으로 죄사함을 받아야 한다. 이것이 구원의 복음이다. 하나님의 섭리의 중심 내용이 바로 이것이다. 첫 사람 아담과 하와가 범죄함으로 인류는 불행과 사망의 길을 걷게 되었다. 그러나 죄를 회개하고 예수 그리스도를 믿는 자는 구원을 얻는다. 사도행전 13:38-39, "너희가 알 것은 이 사람을 힘입어 죄사함을 너희에게 전하는 이것이며 또 모세의 율법으로 너희가 의롭다 하심을 얻지 못하던 모든 일에도 이 사람을 힘입어 믿는 자마다 의롭다 하심을 얻는 이것이라." 이미 믿는 자는 하나님께 감사하며 아직 믿지 않는 자는 예수 그리스도를 믿음으로 죄사함을 받아야 한다.

셋째로, 새 포도주는 새 부대에 넣어야 한다. 신약 성도들은 복음의 자유와 참된 평안과 기쁨 안에서 살아야 하고 이제는 죄를 멀리하고 의와 선만 행해야 한다. 예수 그리스도께서는 대속 사역으로 우리를 죄의 공포와 형벌과 속박으로부터 자유케 하셨다. 사도 바울은 "그리스도께서 우리로 자유케 하려고 자유를 주셨으니 그러므로 굳세게 서서 다시는 종의 멍에를 메지 말라"고 말하였다(갈 5:1). 야고보는 예수 그리스도의 복음을 "자유하게 하는 온전한 율법"이라고 표현했다(약 1:25). 우리는 구주 예수 그리스도를 믿음으로 죄사함과 의롭다 하심을 얻었고 그 은혜 안에서 자유와 평안과 기쁨을 누리며 의와 선을 행해야 한다.

18-38절, 주께서 하신 일들

[18-19절] 예수께서 이 말씀을 하실 때에 한 직원이 와서 절하고 가로되[말하기를] **내 딸이 방장**[방금] **죽었사오나 오셔서 그 몸에 손을 얹으소서. 그러면 살겠나이다 하니 예수께서 일어나 따라 가시매 제자들도 가더니.**

마가복음에 보면, 그는 회당장 야이로이었다. 누가복음에 보면, 이 딸은 열두 살 난 외동딸이었다. 본문에는 "내 딸이 방금 죽었사오나"라고 말했지만, 마가복음과 누가복음에 보면, 처음에 회당장이 예수께 와서 간구할 때는 그 딸이 아파서 죽어가려고 할 때이었고 예수께서 고쳐주려 가시다가 다시 집에서 통지가 오기를 딸이 죽었다고 하였다. 마가와 누가는 비교적 자세하게 기록하였고, 마태는 간략하게 증거하였다. 이 직원은 예수님을 하나님의 아들 그리스도로 확신했다. 자기 딸이 죽으려 할 때에도 예수께서 자기 딸을 고쳐주실 수 있다고 믿었고, 딸이 죽었다는 통지를 받고서도 여전히 예수께서 그를 살리실 수 있다고 믿었다. 그는 이런 확신을 가지고 예수께 나아와 간구했다. 믿는 자는 기도하고 믿음의 기도는 응답을 받을 것이다.

[20-21절] 열두 해를 혈루증으로 앓는 여자가 예수[님]**의 뒤로 와서 그 겉옷 가를 만지니 이는 제 마음에 그 겉옷만 만져도 구원을 받겠다 함이라.**

혈루증은 피가 멈추지 않고 흐르는 출혈병이다. 이 병을 열두 해나 앓았으니 얼마나 고생이 심했겠는지! 마가복음에는 "많은 의원에게 많은 괴로움을 받았고 있던 것도 다 허비하였으되 아무 효험이 없고 도리어 더 중하여졌던 차에"라고 기록되어 있다(막 5:26). 그는 예수님의 소문을 듣고 그의 뒤로 와서 그 겉옷 가를 만졌다. 그것은 그의 마음에 그 겉옷만 만져도 구원 곧 병고침을 받겠다고 믿었기 때문이다. 그에게 이런 믿음이 생긴 것은 참으로 하나님의 은혜이었다.

[22절] 예수께서 돌이켜 그를 보시며 가라사대[말씀하시기를] **딸아, 안심하라. 네 믿음이 너를 구원하였다 하시니 여자가 그 시로 구원을 받으니라.**

본절의 '구원'도 육신의 질병으로부터의 구원 즉 병의 치료를 의미한다. 예수께서는 그의 믿음을 보시고 그를 치료하셨고, 그의 치료는 즉각적이었다. 이것은 의학적으로는 설명할 수 없는 초자연적 행위이었다. "네 믿음이 너를 구원하였다"는 주의 말씀은 죄인이 믿음으로 구원 얻는 이치를 보인다(행 16:31). 열두 해 혈루증으로 고생하던 여인을 고쳐주신 예수님은 확실히 하나님의 아들 그리스도이시다!

〔23-26절〕 예수께서 그 직원의 집에 가사 피리 부는 자들과 훤화하는 [시끄럽게 떠드는] **무리를 보시고 가라사대**[말씀하시기를] **물러가라. 이 소녀가 죽은 것이 아니라 잔다 하시니 저들이 비웃더라. 무리를 내어보낸 후에 예수께서 들어가사 소녀의 손을 잡으시매 일어나는지라. 그 소문이 그 온 땅에 퍼지더라.**

예수께서는 자기 딸을 위해 간구한 직원의 집에 가셨다. 그는 시끄럽게 떠드는 무리에게 이 소녀가 잔다고 말씀하셨다. 마가복음은 그가 "달리다 쿰"(소녀야, 일어나라)이라고 말씀하셨다고 증거한다. 그러자 그 소녀는 일어났다. 그것은 놀라운 기적이었다. 예수께서 죽은 자를 살리신 것은 그의 신적 인격과 능력을 증거한다. 예수님은 분명히 사람이셨지만, 하나님의 본질을 가지고 계신 사람이셨다.

〔27-28절〕 예수께서 거기서 떠나가실새 두 소경이 따라오며 소리질러 가로되[말하기를] **다윗의 자손이**[시]**여, 우리를 불쌍히 여기소서 하더니 예수께서 집에 들어가시매 소경들이 나아오거늘 예수께서 이르시되**[말씀하시기를] **내가 능히 이 일 할 줄을 믿느냐? 대답하되 주여, 그러하오이다 하니.**

예수께서 거기서 떠나가실 때 불쌍한 두 소경들이 그를 따라오며 외쳤다. 그런데 놀랍게도 그들 속에 예수께서 '다윗의 자손' 즉 메시아시라는 지식과 믿음이 있었다. 많은 건강한 자들이 교만하여 예수님을 알지 못했을 때, 이 소경들에게는 겸손한 마음과 깨닫는 마음이 있었다. 또 그들은 예수께서 자신들을 고쳐주실 수 있음을 믿고 간청하였다. 주님께 구하는 자가 무엇을 얻는다. 그러나 예수 그리스도를 바로 알고 바로 믿지 않는다면, 아무도 그에게 구할 수 없을 것이다.

〔29-31절〕 이에 예수께서 저희 눈을 만지시며 가라사대[말씀하시기를] **너희 믿음대로 되라 하신대 그 눈들이 밝아진지라. 예수께서 엄히 경계하시되 삼가 아무에게도 알게 하지 말라 하셨으나 저희가 나가서 예수**[님]**의 소문을 그 온 땅에 전파하니라.**

예수께서는 그들의 눈을 만지셨다. 예수께서는 병자들을 고쳐주실 때 종종 병자들을 만지시면서 고쳐주셨다(눅 4:40). 그것은 병자들에 대한 그의 관심과 긍휼과 사랑을 나타낸다. 그는 또 그들에게 "너희 믿음대로 되라"고 말씀하셨다. 그러자 그들의 눈들이 밝아졌다. 이것은 놀라운 기적이었다. 그는 엘리야나 엘리사처럼 하나님께 간구하지 않으셨다. 여기에 예수 그리스도의 신적 인격과 능력이 있다. 참으로 그는, 문제가 많은 죄인들을 긍휼히 여기시고 구원하시고 도우시는 하나님의 아들 그리스도이시다! 예수께서 "삼가 아무에게도 알게 하지 말라"고 엄히 경계하신 것은 사람들이 단지 그를 병 고치는 자로 오해하지 않게 하시기 위함이었을 것이다. 그는 병자들을 고치기 위해 이 세상에 오지 않으셨고 죄인들을 구원하기 위해 오셨다.

〔32-34절〕 저희가 나갈 때에 귀신 들려 벙어리된 자를 예수께 데려오니 귀신이 쫓겨나고 벙어리가 말하거늘 무리가 기이히 여겨 가로되[말하기를] **이스라엘 가운데서 이런 일을 본 때가 없다 하되 바리새인들은 가로되**[말하기를] **저가 귀신의 왕을 빙자하여 귀신을 쫓아낸다 하더라.**

그들이 나갈 때 귀신 들려 벙어리된 자를 예수께 데려왔다. 자기의 생각과 마음과 뜻을 자유로이 표현할 수 없는 그 벙어리는 답답한 삶을 살아왔을 것이다. 그러나 그가 주 예수께 왔을 때 귀신이 쫓겨났고 그는 입이 열려 말을 했다. 무리들은 기이히 여겨 말했다. "이스라엘 가운데서 이런 일을 본 때가 없도다." 예수님의 기적 행하심은 이렇게 특별했다. 구약시대의 선지자들과 달리, 그는 모든 종류의 병들을 즉각적으로(한번의 예외 외에)(막 8:25) 또 완전하게 치료하셨다.

그러나 바리새인들은 저가 귀신의 왕을 의지하여 귀신을 쫓아낸다고 말했다. 그들은 하나님의 영의 하신 일을 마귀의 일로 돌렸다. 그들은 무지하고 악하였다. 그러나 감사하게도, 하나님께서는 우리에게 예수 그리스도의 신적 영광을 바로 아는 지식을 주셨고(고후 4:6), 그에게 합당한 찬송과 존귀와 영광을 그에게 돌리게 하셨다.

하나님의 아들 예수 앞에서는 못 고칠 병이 없었다. 나병도, 중풍병도, 열병도, 소경도, 귀머거리도, 벙어리도 다 고침을 받았다. 귀신 들린 것도 고침을 받았다. 심지어 죽은 자들도 살아났다. 우리는 오늘날 기적을 구하거나 기대하지 않으나 어떤 어려운 일을 만나든지 낙망치 않고 주 예수께 나아가 우리의 어려운 문제를 아뢰어야 한다.

〔35-38절〕 예수께서 모든 성과 촌에 두루 다니사 저희 회당에서 가르치시며 천국 복음을 전파하시며 모든 병과 모든 약한 것을 고치시니라. 무리를 보시고 민망히 여기시니 이는 저희가 목자 없는 양과 같이 고생하며 유리함이라. 이에 제자들에게 이르시되[말씀하시기를] **추수할 것은 많되 일꾼은 적으니 그러므로 추수하는 주인에게 청하여 추수할 일꾼들을 보내어 주소서 하라 하시니라.**

사도 마태는 4:23에 이어 본문에서 다시 주 예수께서 하신 일들을 세 가지로 요약하여 말했다. 첫째는 모든 성과 촌에 두루 다니시며 그들의 회당에서 가르치신 것이고, 둘째는 천국 복음을 전파하신 것이고, 셋째는 사람들의 모든 병과 모든 약한 것을 고쳐주신 것이다.

또 예수께서는 무리들이 목자 없는 양같이 고생하며 방황함을 보시고 동정하시며 말씀하셨다. "추수할 것은 많되 일꾼은 적으니, 그러므로 추수하는 주인에게 청하여 추수할 일꾼들을 보내어 주소서 하라." 영혼 구원의 전도는 추수와 같다(요 4:35). 주께서는 추수할 것이 많으나 일꾼이 적다고 말씀하셨다. 교인들은 많은 것 같으나, 열심 있고 헌신적인 전도자들과 직분자들은 많지 않고(빌 2:21-22) 바른 지식과 인격을 갖춘 봉사자들은 더욱 더 적다. 주께서는 "그러므로 추수하는 주인에게 청하여 추수할 일꾼들을 보내어 주소서 하라"고 말씀하셨다. 하나님께서는 친히 추수할 일꾼들을 일으키시고 세우신다. 우리는 전도를 위해 또 전도자들을 위해 하나님께 기도해야 한다.

본문의 교훈을 정리해보자. 첫째로, 예수께서는 죽은 소녀를 살려주셨고 열두 해 동안 혈루증으로 고생하던 한 여인을 고쳐주셨고 두 소경을 고쳐주셨고 귀신 들려 벙어리된 자를 고쳐주셨고 또 그 외에도 많은 병자들을 고쳐주셨다. 이런 기적의 일들은 그가 하나님의 아들 그리스도가 아니고서는 결코 이루어질 수 없는 일들이다. 그의 행하신 기적들은 그가 하나님의 아들 그리스도이시라는 부인할 수 없는 증거들이다. 우리는 예수께서 하나님의 아들 그리스도이심을 믿고 확신해야 한다.

둘째로, 혈루병 여인이나 두 소경들은 믿음으로 병고침을 받았다. 이 사건들은 구원의 이치를 보인다. 죄인들은 예수 그리스도를 믿음으로 죄사함을 얻는다. 어떤 큰 죄인이라도 예수께서 하나님의 아들 그리스도이심을 믿고 의지하면 즉시 죄사함과 의롭다 하심을 얻을 수 있다. 그것은 주께서 그의 속죄사역으로 우리를 구원하시기 때문이다. 물론, 사람은 하나님의 은혜로만 구주 예수 그리스도를 알고 믿을 수 있다.

셋째로, 우리는 하나님께서 복음의 일꾼들을 보내어주시기를 기도해야 하고 교회는 성경강해와 전도와 심방의 일을 힘써야 한다. 오늘날에도 하나님을 위해 헌신한 신실하고 충성된 일꾼들, 구원의 복음과 성경의 바른 교리와 생활 교훈을 담대하게, 충실히 전하고 가르칠 자들이 많이 필요하다. 교회는 주 예수 그리스도께서 세상에 계실 때 하신 일들을 이어받아 하나님의 진리를 가르치고 천국 복음을 전파하고 병약한 자들을 심방하고 돌아보아야 한다. 신실한 목사들은 성경에 정통하여 성경에 계시된 하나님의 모든 진리를 가르쳐야 하고 자주 예수 그리스도의 십자가 속죄의 복음을 전해야 하고 또 믿는 무리들 중 병약한 자들을 심방하고 돌보아야 한다. 교인들은 이 세 가지 일들에 협력하고 하나님께서 좋은 일꾼들을 많이 보내어 주시기를 기도해야 한다.

10장: 열두 제자를 보내심

1-23절, 열두 제자를 전도자로 보내심

〔1절〕 예수께서 그 열두 제자를 부르사 더러운 귀신을 쫓아내며 모든 병과 모든 약한 것을 고치는 권능을 주시니라.

주 예수께서는 열두 제자들을 부르셨다. 마가복음에 의하면, 그는 자기의 원하는 자들을 부르셨고(막 3:13), 누가복음에 의하면, 그는 밤새도록 기도하신 후 그들을 세우셨다(눅 6:12-13). 후에, 주께서는 제자들에게 그들이 그를 택한 것이 아니요 그가 그들을 택해 세웠다고 말씀하셨다(요 15:16). 교회 직분자들은 하나님께서 은사를 주셔서 세우신다(롬 12:5-8; 고전 12:4-6; 27-28; 엡 4:11). 물론, 자격 요건을 갖춘 그들은 회중의 선택을 받을 것이다(행 1:21-26; 6:2-6; 14:23).

주 예수께서는 열두 제자들에게 더러운 귀신을 쫓아내며 모든 병과 모든 약한 것을 고치는 권능을 주셨다. 물론, 그들의 더 중요한 일은 그와 함께 있으면서 그에게 진리를 듣고 배우며 또 나가서 전도하는 것이었다. 그러나 그는 그들에게 병 고치는 권능을 신분증과 같이 주신 것이다. 그들은 많은 기적을 행하였다(행 2:43; 5:12). 열두 제자들 즉 사도들의 표는 기적들을 행하는 것이었다(고후 12:12).

〔2-4절〕 열두 사도의 이름은 이러하니 [첫째는] **베드로라 하는 시몬을 비롯하여**[시몬과] **그의 형제 안드레와 세베대의** 아들 **야고보와 그의 형제 요한, 빌립과 바돌로매, 도마와 세리 마태, 알패오의** 아들 **야고보와 다대오**[다대오라 하는 렙바이오](전통본문, KJV)[18]**, 가나안인 시몬과 및 가룟 유다 곧 예수**[님]**를 판 자라.**

마대는 열두 제자들의 이름을 기록했다. 마태는 그들을 '사도'라고

---

18) Byz C^{*vid} (D) W it^{d} $^{(k)}$ syr^{p} (arm) $Origen^{lat}$ 등이 그러함.

불렀다. '사도'는 '보내심을 받은 자'라는 뜻이다. 바돌로매는 아마 나다나엘(요 1:45)을 가리키고, 다대오는 누가복음과 사도행전에 언급된 야고보의 아들 유다를, 또 가나안인 시몬은 셀롯인 시몬을 가리키는 것 같다(눅 6:15-16; 행 1:13). 가룟 유다는 열두 사도들의 명단에 들어 있지만, '예수님을 판 자'라는 부끄러운 이름을 가지게 되었다.

〔5-6절〕 예수께서 이 열둘을 내어보내시며 명하여 가라사대[말씀하시기를] **이방인의 길로도 가지 말고 사마리아인의 고을에도 들어가지 말고 차라리 이스라엘 집의 잃어버린 양에게로 가라.**

주 예수께서는 열두 제자들을 친히 부르시고 세우시고 능력을 주시고 사명을 주셔서 내어보내시며 전도하라고 명하셨다. 그는 오늘날도 친히 교회의 직분자들을 부르시고 세우시고 능력 주시고 사명 주셔서 내보내실 것이다. 그는 열두 제자들에게 이스라엘 집의 잃어버린 양들에게 복음을 전파하라고 명하셨다. 아직 사마리아나 이방세계에 복음을 전할 때가 아니었다. 하나님의 뜻 가운데 전도에 순서가 있었다. 오늘날도 우리는 교회에 다닌 적이 있었던 자들, 교회에 다니다가 시험에 들었거나 낙심하여 교회를 얼마 동안 떠났던 자들을 먼저 돌아보고 그 후에 다른 사람들을 돌아보아야 할 것이다.

〔7-8절〕 가면서 전파하여 말하되 천국이 가까왔다 하고 병든 자를 고치며 죽은 자를 살리며 문둥이[나병환자]**를 깨끗하게 하며 귀신을 쫓아내되 너희가 거저 받았으니 거저 주어라.**

주 예수께서는 열두 제자들에게, 가면서 "천국이 가까웠다고 전파하라"고 말씀하셨다. 천국은 하나님의 통치하시는 나라이다. 사람이 성령으로 거듭나 하나님과 주 예수 그리스도를 인정하고 믿었다면 하나님의 나라가 이미 그의 심령에 임한 것이다. 그는 마귀가 다스리던 나라에서 벗어나 하나님의 통치에 복종하는 나라로 들어왔다.

주께서는 사도들에게 병고침의 능력을 주셨다. 그것은 하나님께서 그들에게 주신 일종의 신임장이었다. 사도들의 주된 임무는 복음을 전하는 것이었고 병 고치는 일이 아니었지만, 그들이 전하는 복음에 대한 하나님의 보증의 표로 그들은 병 고치는 능력을 얻었던 것이다. 그러나 그들의 능력의 일들은 하나님께서 거저 주신 은혜이었으므로 그들은 대가를 구하지 말고 다른 이들에게 거저 주어야 했다. .

〔9-11절〕 너희 전대에 금이나 은이나 동이나 가지지 말고 여행을 위하여 주머니나 두 벌 옷이나 신[들]**이나 지팡이**[들]**를 가지지 말라. 이는 일군**[일꾼]**이 저 먹을 것 받는 것이 마땅함이니라. 아무 성이나 촌에 들어가든지 그 중에 합당한 자를 찾아내어 너희 떠나기까지 거기서 머물라.**

열두 제자들 곧 사도들은 여비나 옷이나 신이나 먹고 마시는 것의 문제로 염려하지 말고 오직 주께서 맡기신 일에 전념해야 했다. 일꾼들이 일용할 양식을 얻는 것은 마땅하며 하나님께서는 그들의 필요를 채워주실 것이다. 주께서는 또, "아무 성이나 촌에 들어가든지 그 중에 합당한 자를 찾아내어 너희 떠나기까지 거기서 머물라"고 말씀하셨다. 합당한 자란 신앙적으로, 경제적으로 합당한 자라는 뜻일 것이다. "너희 떠나기까지"라는 말씀은 땅의 것을 구하는 자처럼 자기에게 더 유리하게 보이는 곳으로 옮겨다니지 말라는 뜻을 포함한다. 주께서 보내신 곳이라면 그가 떠나라고 하시기 전까지 그 곳에 머물러 있어야 했다. 또 성도들은 그들에게 필요한 것들을 제공할 의무가 있었다.

〔12-15절〕 또 그 집에 들어가면서 평안하기를 빌라. 그 집이 이에 합당하면 너희 빈 평안이 거기 임할 것이요 만일 합당치 아니하면 그 평안이 너희에게 돌아올 것이니라. 누구든지 너희를 영접도 아니하고 너희 말을 듣지도 아니하거든 그 집이나 성에서 나가 너희 발의 먼지를 떨어 버리라. 내가 진실로 너희에게 이르노니[말하노니] **심판날에 소돔과 고모라 땅이 그 성보다 견디기 쉬우리라.**

열두 제자들은 그들이 머무는 집을 위해 평안을 기원해야 했다. 그들을 영접하는 그 집이 이 평안을 받기에 합당하면 그들의 빈 평안은 그 집에 임할 것이다. 그러나 그들을 영접하지도 않고 그들의 말을 듣지도 않으면 그 집이나 성에서 나가 그들의 발의 먼지를 떨어버려야 했다. 그것은 관계의 단절을 상징한다. 어떤 성의 사람들이 사도들의 전도와, 기적들을 통한 확증을 보고도 그들을 영접하지 않고 그들의 말을 듣지 않는다면, 그들은 소돔 사람들보다 더 큰 죄를 범하는 자들이다. 소돔 사람들은 그런 기적들을 보지 못했기 때문이다.

오늘 우리는 예수님과 사도들의 기적의 일들을 직접 보지 못했다. 그러나 우리는 사도들과 제자들의 증언들의 책인 신약성경을 갖고 있다. 그러므로 오늘날 누가 신약성경의 내용을 믿지 않는다면, 그의 죄악은 결코 작은 것이 아닐 것이다. 우리는 신약성경에 기록된 예수 그리스도에 관한 모든 증거들을 믿음으로 받아들여야 한다.

또한 오늘날도 전도자들은 물질적인 것들에 얽매이지 말고 주께서 명하신 대로 천국 복음, 속죄의 복음을 담대히, 가감 없이 널리 전해야 하고, 성도들은 전도자들의 필요한 것들을 제공해야 할 것이다.

〔16절〕 보라, 내가 너희를 보냄이 양을 이리 가운데 보냄과 같도다. 그러므로 너희는 뱀같이 지혜롭고 비둘기같이 순결하라.

전도자들은 순진한 양들이며 그들을 세상에 내보내는 것은 마치 양들을 이리 떼 속에 보내는 것과 같다. 전도자들은 모든 사람에게 환영을 받을 것이라고 기대해서는 안 된다. 그들은 세상에서 고난을 당하고 죽임도 당할 것이다. 그러므로 주께서는 그들이 뱀같이 지혜로워야 한다고 말씀하셨다. 전도자들은 세상에서 지혜롭게, 신중하고 사려 깊게 처신해야 한다. 그러나 주께서는 또한 그들이 비둘기같이 순결해야 한다고 말씀하셨다. 참 지혜는 순결한 지혜이다. 야고보서 3:17은, "위로부터 난 지혜는 첫째 성결하다"고 말하였다. 그러므로 바른 사상과 거룩한 인격은 전도자의 첫 번째 덕목이어야 한다.

〔17-18절〕 사람들을 삼가라. 저희가 너희를 공회에 넘겨주겠고 저희 회당에서 채찍질하리라. 또 너희가 나를 인하여 총독들과 임금들 앞에 끌려가리니 이는 저희와 이방인들에게 증거가 되게 하려 하심이라.

열두 제자들은 특히 사람들을 조심해야 하였다. 사람들은 그들을 공회에 넘겨주며 그들의 회당에서 채찍질할 것이다. 공회와 회당이 주의 제자들을 핍박하는 기관이 될 것이다. 그들은 심지어 총독들과 임금들 앞에 끌려갈 것이다. 그러나 그것은 그들에게 구주 예수 그리스도의 구원의 복음을 증거할 기회가 될 것이다.

〔19-20절〕 너희를 넘겨줄 때에 어떻게 또는 무엇을 말할까 염려치 말라. 그때에 무슨 말할 것을 주시리니 말하는 이는 너희가 아니라. 너희 속에서 말씀하시는 자 곧 너희 아버지의 성령[영]**이시니라.**

열두 제자들은 총독들과 임금들 앞에 설 때에 무엇을, 어떻게 말할지 염려할 필요가 없다. 왜냐하면 하나님의 영, 곧 성령께서 그들 속에 계셔서 그들이 전할 말씀을 주실 것이기 때문이다. 오늘날도 성령께서는 모든 전도자들에게 전할 말씀과 지혜와 능력을 주실 것이다.

〔21-22절〕 장차 형제가 형제를, 아비가 자식을 죽는 데 내어주며 자식들이 부모를 대적하여 죽게 하리라. 또 너희가 내 이름을 인하여 모든 사람에게 미움을 받을 것이나 나중까지 견디는 자는 구원을 얻으리라.

전도 사역을 방해하는 마귀의 활동은 강할 것이다. 전도자가 경건과 의에 굳게 서서 악과 타협치 않고자 한다면, 마귀는 심지어 가족들과 이웃들을 통해 그를 대적하고 방해하려 할 것이다. 전도자들은 주 예수 그리스도의 이름 때문에 많은 사람들에게 미움과 어려움을 당할 것이다. 그러나 끝까지 견디는 자는 구원을 얻을 것이다.

〔23절〕 이 동네에서 너희를 핍박하거든 저 동네로 피하라. 내가 진실로 너희에게 이르노니[말하노니] **이스라엘의 모든 동네를 다 다니지 못하여서 인자(人子)가 오리라.**

핍박으로 인한 피신은 정당하고 지혜에 속하는 일이다. 피할 수 있는 데도 피하지 않고 죽는 것이 충성은 아니다. 전도자는 할 수 있는 대로 많은 사람들에게 복음을 전해야 한다. 순교의 때가 오면 순교할 수 있다. 그러나 피신하여 다른 곳에서 전도할 수 있는 데도 피신하지 않고 잡혀 죽으려 해서는 안 된다. "이스라엘의 모든 동네를 다 다니지 못하여서 인자(人子)가 오리라"는 말씀은, 오순절 성령강림을 가리키든지, 혹은 '이스라엘의 모든 동네'가 온 세상에 흩어져 있는 하나님의 선택된 모든 사람들이 사는 곳들을 비유한다면, 그가 오실 것이라는 주의 말씀은 그의 재림을 가리킬 것이다.

본문의 교훈을 정리해보자. 첫째로, 주께서는 열두 제자들에게 전도의 사명을 주셨다. 전도는 하나님의 택하신 자들을 구원하는 방법이다. 전도의 사명은 넓게는 구원 얻은 모든 성도에게 주어졌다. 베드로전서 2:9, "너희는 택하신 족속이요 왕 같은 제사장들이요 거룩한 나라요 그의 소유된 백성이니 이는 너희를 어두운 데서 불러내어 그의 기이한 빛에 들어가게 하신 자의 아름다운 덕을 선전하게 하려 하심이라."

둘째로, 전도자는 물질을 초월하며 살아야 한다. 그것은 모든 성도들에게 모범이 된다. 주께서는 "거저 받았으니 거저 주라"고 말씀하셨다. 주께서는 우리들에게 "너희 중에 누구든지 자기의 모든 소유를 버리지 아니하면 능히 내 제자가 되지 못하리라"고 말씀하셨다(눅 14:33). 사도 바울은 디모데에게 교훈하기를, "우리가 세상에 아무것도 가지고 온 것이 없으매 또한 아무것도 가지고 가지 못하리니 우리가 먹을 것과 입을 것이 있은즉 족한 줄로 알 것이니라"고 말하였다(딤전 6:7-8).

셋째로, 전도자는 핍박을 각오해야 한다. 주 예수께서는 사도들이 옥에 갇히고 채찍에 맞고 핍박을 당할 것이라고 말씀하셨다. 사도 바울은 소아시아의 제자들의 마음을 굳게 하여 믿음에 거하라 권하며 "우리가 하나님 나라에 들어가려면 많은 환난을 겪어야 할 것이라"고 말했다(행 14:22). 또 그는 빌립보서에서 "그리스도를 위하여 너희에게 은혜를 주신 것은 다만 그를 믿을 뿐 아니라 또한 그를 위하여 고난도 받게 하심이라"고 말했다(빌 1:29). 우리는 천국 복음을 널리 전하는 자가 되고, 물질을 초월하며 자족하고, 고난과 핍박을 각오하며 살아야 한다.

24-42절, 주 예수님을 가장 사랑하라

〔24-27절〕 제자가 그 선생보다, 또는 종이 그 상전보다 높지 못하나니 제자가 그 선생 같고 종이 그 상전 같으면 족하도다. 집 주인을 바알세불(‘오물(汚物)의 주(主)’라는 뜻)**이라 하였거든 하물며 그 집 사람들이랴. 그런즉 저희를 두려워하지 말라. 감추인 것이 드러나지 않을 것이 없고 숨은 것이 알려지지 않을 것이 없느니라. 내가 너희에게 어두운 데서 이르는 것을 광명한 데서 말하며 너희가 귓속으로 듣는 것을 집 위에서 전파하라.**

바알세불은 ‘귀신들의 왕’ 곧 사탄을 가리킨다(마 12:24). 악한 사람들이 주 예수님을 바알세불이라고 불렀다면 그의 제자들에게 어떤 비난을 할지 짐작할 수 있을 것이다. 그러므로 전도자들은 사람들에게 악한 비난을 받을 각오를 해야 한다. 복음 전도자들과 설교자들은 사람들을 두려워하지 말아야 한다. 하나님의 감추인 진리들은 밝히 전파되어야 하고, 그들이 집안에서 은밀하게 배운 진리들은 집밖에서 공공연히 전파되어야 한다. 오늘날에도 설교자들은 골방에서 성경을 묵상하고 연구한 후에 강단에서 담대히 선포해야 한다.

〔28-31절〕 몸은 죽여도 영혼은 능히 죽이지 못하는 자들을 두려워하지 말고 오직 몸과 영혼을 능히 지옥에 멸하시는 자를 두려워하라. 참새 두 마리가 한 앗사리온에 팔리는 것이 아니냐? 그러나 너희 아버지께서 허락지 아니하시면 그 하나라도 땅에 떨어지지 아니하리라. 너희에게는 머리털까지 다 세신 바 되었나니 두려워하지 말라. 너희는 많은 참새보다 귀하니라.

몸의 죽음은 사람의 끝이 아니다. 사람에게는 불멸적 영혼이 있고, 그 영혼은 하나님의 마지막 심판을 기다린다. 사람은 남의 몸은 죽여도 그 영혼은 죽일 수 없다. 그러나 하나님께서는 사람의 몸과 영혼을 함께 지옥에 멸하실 수 있다. 그러므로 우리는 사람을 두려워하지 말고 오직 지옥 형벌을 내리실 수 있는 하나님을 두려워해야 한다.

세상의 모든 일들은 하나님의 섭리 속에서 이루어진다. 앗사리온은 약 16분의 1 데나리온인 로마 동전이었다(BDAG, NBD). 보잘것없어 보이는 참새 한 마리도 하나님께서 허락지 않으시면 땅에 떨어지지 않는다. 하물며 참새보다 귀한 존재인 사람은 하나님의 허락 없이는 죽지 않을 것이다. 전도자들은 그 머리털까지도 다 세신 바 되었다. 그러므로 그들은 사람들을 두려워할 필요가 없다.

〔32-33절〕 누구든지 사람 앞에서 나를 시인하면 나도 하늘에 계신 내 아버지 앞에서 저를 시인할 것이요 누구든지 사람 앞에서 나를 부인하면 나도 하늘에 계신 내 아버지 앞에서 저를 부인하리라.

하나님의 아들 예수 그리스도를 믿는 사람들은 사람들 앞에서 그를 시인해야 한다. 사람들을 두려워하여 그를 부인한다면 그를 믿는 것이 아니다. 정말 그를 믿었다면 사람들 앞에서 그를 시인해야 한다. 그러므로 전도자들은 사람들의 핍박과 죽음의 위협을 두려워하거나 겁내지 말고 비굴하게 예수 그리스도를 부인하지 말고, 사람들 앞에서 예수 그리스도를 시인하고 하나님의 복음을 담대히 전해야 한다.

〔34-36절〕 내가 세상에 화평을 주러 온 줄로 생각지 말라. 화평이 아니요 검을 주러 왔노라. 내가 온 것은 사람이 그 아비와, 딸이 어미와, 며느리가 시어미와 불화하게 하려 함이니 사람의 원수가 자기 집안 식구리라.

예수 그리스도께서는 세상에 화평을 주러 오신 것이 아니고 검을 주러 오셨다. 그가 오셔서 우리에게 참 평안을 주신 것이 사실이지만(마 11:28), 그것은 구원 얻은 자들의 심령 속에와 믿는 자들의 교제 가운데 있는 평안이며 화평이다. 그것은 세상 모든 사람들에게 차별 없이 주시는 평안이 아니고, 또 진리와 비진리, 혹은 선과 악의 화해가 아니다. 복음의 복은 막연한 평화가 아니다. 성도들의 신앙생활은 오히려 죄와 마귀와 세상의 악과 싸우는 영적 전쟁이다.

모든 성도의 삶이 그렇지만, 특히 전도자들의 삶이 그렇다. 하나님의 진리는 우리에게 그에 대한 최고의 헌신과 사랑과 복종을 요구한다. 하나님께서는 우리의 사랑과 순종의 최고의 대상이시다. 주 예수 그리스도를 위한 절대적 헌신과 사랑과 복종은 때때로 집안 식구들로부터 미움과 핍박을 일으킬 것이다. 또 미워하고 핍박하던 식구들과 여러 번 싸움과 갈등을 치룬 후 하나님의 은혜로 그들이 회개하고 주께로 돌이킨 후에야 가정의 참된 평화가 찾아올 것이다.

그러므로 예수 그리스도를 믿기 때문에나 전도자의 사명의 걸음을 시작했기 때문에 가정에 불화가 생긴다면, 그것은 이상한 일이 아니고 정상적인 과정이다. 그러나 참고 행하면 하나님의 은혜로 모든 것이 합력하여 유익이 될 것이다. 하나님께서는 우리편에 계시고 하나님의 위로와 평안이 그의 종들과 백성들에게 있을 것이다.

〔37절〕 아비나 어미를 나보다 더 사랑하는 자는 내게 합당치 아니하고 아들이나 딸을 나보다 더 사랑하는 자도 내게 합당치 아니하고.

모든 성도들에게 그러하지만, 특히 전도자들에게 있어서, 부모님께 대한 사랑과 효도와 순종은 하나님께 대한 의무보다 우선 될 수 없다. 부모에 대한 의무 때문에 주의 부르심을 거부한다든지 주의 계명을 어겨서는 안 된다. 작은 예로, 부모님을 위한 생신 잔치 때문에, 친척들의 결혼식 때문에, 주일 예배를 소홀히 하는 것은 옳지 않다.

자녀에 대한 사랑에 있어서도 마찬가지다. 자녀 사랑, 자녀 교육, 자녀 후원이 하나님보다 앞서서는 안 된다. 자녀들 때문에 경건생활이나 사명의 걸음이 지장되어서는 안 된다. 자녀들을 돌보는 것보다, 또 남편이나 아내를 위하는 것보다 더 중요한 것은 하나님을 섬기는 것이다. 그러므로 전도자도 자기 가족들을 돌보고 사랑해야 하지만, 하나님과 주 예수 그리스도를 사랑함보다 더 할 수는 없다.

모든 성도는 아무리 피곤하고 바쁜 일상생활일지라도 하루에 30분 정도라도 하나님께 기도하고 성경 읽는 시간을 우선적으로 구별해야 한다. 또 우리는 자녀들이 먼저 하나님을 경외하고 신앙적으로 교회 안에서 성장하도록 힘써야 한다. 세상에서 아무리 좋은 교육을 받게 한다 할지라도 그들의 영혼이 죽었거나 병들었다면 어찌 기뻐할 수 있겠는가! 오히려 통곡해야 할 것이다. 하나님께서는 그런 세상적인 교육을 기뻐하지 않으신다. 하나님께서는 우리 자녀가 먼저 하나님을 알고 그를 경외하고 참 믿음과 의 안에서 살기를 원하신다. 세상 공부보다 훨씬 더 중요한 것이 성경 읽기와 성경공부이다.

〔38-39절〕 또 자기 십자가를 지고 나를 좇지 않는 자도 내게 합당치 아니하니라. 자기 목숨을 얻는 자는 잃을 것이요 나를 위하여 자기 목숨을 잃는 자는 얻으리라.

성도는 심지어 자기 자신을 부정해야 한다. 자기 사랑은 곧 세상 사랑이요, 하나님 사랑과 반대된다. 돈을 사랑하는 것도 마찬가지다. 그러므로 성도는 돈 사랑인지 하나님 사랑인지, 또 100년 간의 삶을 위할 것인지 영생을 위할 것인지 둘 중 하나를 택해야 한다. 이 세상의 것을 위해 사는 자는 주님을 따를 수 없다. 그러나 주를 위해 자기 목숨을 버릴 수 있는 자는 확실히 영생의 복을 받을 것이다.

〔40절〕 너희를 영접하는 자는 나를 영접하는 것이요 나를 영접하는 자는 나 보내신 이를 영접하는 것이니라.

전도자들은 주 예수님의 이름과 권위로 파송된다. 그러므로 그들을 영접하는 것은 주 예수님을 영접하는 것과 같고 궁극적으로 하나님을 영접하는 것과 같다. 주의 제자는 세상에서 고난이 많을 것이나 주의 제자라는 존귀한 신분을 가진다. 이것은 그에게 큰 영예이다.

〔41-42절〕 선지자의 이름으로 선지자를 영접하는 자는 선지자의 상을 받을 것이요 의인의 이름으로 의인을 영접하는 자는 의인의 상을 받을 것이요 또 누구든지 제자의 이름으로 이 소자 중 하나에게 냉수 한 그릇이라도 주는 자는 내가 진실로 너희에게 이르노니[말하노니' **그 사람이 결단코 상을 잃지 아니하리라 하시니라.**

선지자를 선지자로 알아보고 영접하는 자는 선지자의 상을 받을 것이며, 의인을 의인으로 알아보고 영접하는 자는 의인의 상을 받을 것이다. 또 주의 젊은 종 하나에게 냉수 한 그릇이라도 대접하는 자는 결단코 상을 잃지 않을 것이다. 이 말씀은 전도자들에게 적지 않은 위로가 된다. 우리의 선행이 그 자체로는 상 받을 가치가 없지만 주께서는 그것에 대해 상을 약속하셨다. 선행의 첫 번째 동기는 예수님의 십자가 대속의 은혜이지만, 상급의 약속도 부수적인 동기가 될 수 있다. 주께서는 우리의 선행에 대해 상을 주실 것이다.

본문의 교훈을 정리해보자. 첫째로, 우리는 사람을 두려워하지 말아야 한다. 사람의 위협 중 가장 큰 것은 죽인다는 위협이다. 그러나 사람은 남의 몸만 죽일 수 있고 그의 영혼은 죽이지 못한다. 하나님께서만 사람의 영혼을 영원한 지옥 불못에 던지실 수 있다. 보잘것없는 참새 한 마리도 하나님의 허락이 없이는 땅에 떨어지지 않는다. 우리의 목숨은 하나님의 허락이 없이는 죽지 않는다. 그러나 하나님께서 작정하시고 허락하시는 죽음이라면 우리는 그것을 피할 수 없고 또 피하지 말아야 한다. 그러므로 우리는 사람을 두려워하지 말고 오직 하나님만 두려워해야 한다. 우리의 목숨은 오직 하나님의 손 안에 있기 때문이다.

둘째로, 우리는 사람들 앞에서 예수 그리스도를 시인해야 한다. 주 예수 그리스도를 증거하는 일에 무엇을 두려워하고 주저할 것인가? 우리가 사람들 앞에서 주 예수님을 안다고 말하지 않는다면, 주 예수께서는 하나님 아버지 앞에서 어떻게 우리를 안다고 말씀하실 수 있겠는가?

셋째로, 우리는 우리의 가족보다, 우리 자신보다 하나님과 주 예수 그리스도를 더 사랑해야 한다. 이것은 마땅한 일이다. 세상에는 하나님보다, 주 예수 그리스도보다 더 귀한 것이 없다. 하나님과 예수 그리스도께서는 온 세상에서, 우리에게서 가장 사랑을 받으셔야 할 분이시다.

넷째로, 예수 그리스도로 구원 얻은 모든 성도들은 복음을 위해 헌신한 하나님의 참된 종들과 전도자들을 영접해야 하고 주께서는 그들의 선행에 대해 상을 약속하셨다. 성도들이 하나님의 종들과 전도자들을 영접하는 것은 예수 그리스도를 영접하는 것이요 하나님을 영접하는 것이다. 하나님께서는 그들의 선한 섬김에 대해 상을 주실 것이다.

11장: 믿음 없는 세상

〔1-6절〕 예수께서 열두 제자에게 명하시기를 마치시고 이에 저희 여러 동네에서 가르치시며 전도하시려고 거기를 떠나가시니라. 요한이 옥에서 그리스도의 하신 일을 듣고 제자들을 보내어 예수께 여짜오되 오실 그이가 당신이오니이까? 우리가 다른 이를 기다리오리이까? 예수께서 대답하여 가라사대[말씀하시기를] **너희가 가서 듣고 보는 것을 요한에게 고하되 소경이 보며 앉은뱅이가 걸으며 문둥이**[나병환자]**가 깨끗함을 받으며 귀머거리가 들으며 죽은 자가 살아나며 가난한 자에게 복음이 전파된다 하라. 누구든지 나를 인하여 실족하지 아니하는 자는 복이 있도다 하시니라.**

'오실 그이'는 메시아를 가리킨다. 예수님을 메시아로 증거하였던 세례 요한이었지만(마 3:11-12; 요 1:29-34), 옥중에서 그에 대하여 의심이 생긴 듯하다. 그는 제자들을 보내어 과연 예수께서 오실 메시아이신지, 아니면 우리가 다른 이를 기다려야 할지 물었다.

예수께서 행하신 병고침의 기적들은 그가 메시아이시라는 확실한 증거이었다. 예수께서는 요한의 제자들에게 그들이 본 대로 그들의 선생에게 전하라고 말씀하셨다. 네 권의 복음서들에 증거된 예수님의 기적 행하심들은 그가 하나님의 아들 그리스도이심을 밝히 증거한다. 우리는 하나님께서 주신 성경의 증거들을 무시하거나 부정하고 예수님을 믿지 않고 의심하는 자리에 떨어지지 말아야 한다.

〔7-11절〕 저희가 떠나매 예수께서 무리에게 요한에 대하여 말씀하시되 너희가 무엇을 보려고 광야에 나갔더냐? 바람에 흔들리는 갈대냐? 그러면 너희가 무엇을 보려고 나갔더냐? 부드러운 옷 입은 사람이냐? 부드러운 옷을 입은 자들은 왕궁에 있느니라. 그러면 너희가 어찌하여 나갔더냐? 선지자를 보려더냐? 옳다, 내가 너희에게 이르노니[말하노니] **선지자보다도 나은 자니라. 기록된 바 보라, 내가 내 사자를 네 앞에 보내노니 저가 네 길을 네 앞에 예비하리라 하신 것이 이 사람에 대한 말씀이니라. 내가 진실로 너희에게 말하노니 여자가 낳은 자 중에 세례 요한보다 큰 이가 일어남이 없**

도다. 그러나 천국에서는 극히 작은 자라도 저보다 크니라.

그들이 떠나자, 예수께서는 무리에게 세례 요한에 대하여 말씀하셨다. '바람에 흔들리는 갈대'는 문자 그대로 갈대풀을 가리킬 수 있지만, 의심하는 사람을 표현할 수 있다. 주께서는 요한을 선지자보다 나은 자라고 부르시며 "보라, 내가 내 사자를 네 앞에 보내노니 저가 네 길을 네 앞에 예비하리라"는 말라기 3:1의 예언을 성취한 사람이라고 말씀하셨다. 또 그는 "여자가 낳은 자 중에 세례 요한보다 큰 이가 일어남이 없도다. 그러나 천국에서는 극히 작은 자라도 저보다 크니라"고 말씀하셨다. 요한은 메시아보다 앞에 와서 그의 길을 예비하리라고 예언된 하나님의 사자이었다. 선지자들 중 메시아를 직접 보고 그를 소개한 자는 요한밖에 없었고 많은 사람을 회개시켜 메시아를 맞이하도록 길을 준비하였으므로 그는 선지자들 중 가장 큰 자라고 여겨졌다. 그러나 그는 아직 구약교회에 속해 있었다. 본문의 '천국'은 신약교회를 가리킨다. 신약교회는 예수님을 하나님의 아들 그리스도로 믿는 자들의 모임이다. 신약교회의 교인들은 세례 요한보다 예수님에 대해 더 나은 지식과 굳건한 믿음을 가질 것이다.

〔12-15절〕 세례 요한의 때부터 지금까지 천국은 침노를 당하나니 침노하는 자는 빼앗느니라. 모든 선지자와 및 율법의 예언한 것이 요한까지니 만일 너희가 즐겨 받을진대 오리라 한 엘리야가 곧 이 사람이니라. [들을](전통본문)[19]**귀 있는 자는 들을지어다.**

세례 요한의 때로부터 천국은 침노를 당하고 있다. 하나님의 은혜로 남녀노소, 빈부귀천의 차별 없이, 회개하고 믿는 모든 이들이 담대히 천국으로 들어감으로 이것을 '침노'라고 표현하셨다. 세례 요한은 구약시대의 끝이다. 구약의 마지막 책 말라기 4:5에 예언된 엘리야는 세례 요한이었다. 세례 요한이 예수님을 소개한 후부터 많은 사람들

---

19) Byz ℵ C W it$^{a\ b\ h}$ vg syr$^{p\ c}$ cop$^{s\ meg\ bo}$ arm Justin Diatessaron 등.

은 회개하고 예수 그리스도를 믿음으로 천국에 들어오고 있다.

〔16-19절〕 이 세대를 무엇으로 비유할꼬? 비유컨대 아이들이 장터에 앉아 제 동무[친구]**를 불러 가로되**[말하기를] **우리가 너희를 향하여 피리를 불어도 너희가 춤추지 않고 우리가 애곡하여도 너희가 가슴을 치지 아니하였다 함과 같도다. 요한이 와서 먹지도 않고 마시지도 아니하매 저희가 말하기를 귀신이 들렸다 하더니 인자(人子)는 와서 먹고 마시매 말하기를 보라, 먹기를 탐하고 포도주를 즐기는 사람이요 세리와 죄인의 친구로다 하니 지혜는 그 행한 일로**[그의 자녀들로][20] **인하여 옳다 함을 얻느니라.**

당시의 유대인들은 믿음이 없고 주 예수님에 대해 또 하나님의 일에 대해 바른 생각과 판단을 하지 못하고 있었다. 그들은 예수님에 대해 심히 자기 중심적 판단과 비난을 했다. 그러나 예수께서는 먹기를 탐하고 포도주를 즐기는 사람이 아니시고, 세리와 죄인의 친구가 되어 악을 행하거나 즐기는 자도 아니시다. 지혜의 주님께서는 자기의 자녀들에게는 의로우시다는 인정을 받으실 것이다.

〔20-24절〕 예수께서 권능을 가장 많이 베푸신 고을들이 회개치 아니하므로 그때에 책망하시되 화가 있을진저 고라신아, 화가 있을진저 벳새다야, 너희에게서 행한 모든 권능을 두로와 시돈에서 행하였더면 저희가 벌써 베옷을 입고 재에 앉아 회개하였으리라. 내가 너희에게 이르노니[말하노니] **심판날에 두로와 시돈이 너희보다 견디기 쉬우리라. 가버나움아, 네가 하늘에까지 높아지겠느냐? 음부**(하데스 ᾅδης)[지옥]**에까지 낮아지리라. 네게서 행한 모든 권능을 소돔에서 행하였더면 그 성이 오늘날까지 있었으리라. 내가 너희에게 이르노니**[말하노니] **심판날에 소돔 땅이 너보다 견디기 쉬우리라 하시니라.**

주 예수께서는 그의 권능의 일들을 가장 많이 베푸셨던 고라신, 벳새다, 가버나움 등의 마을들의 사람들이 회개치 않음을 책망하셨다. 외형적 기적이 내면적 회개를 항상 동반하지는 않는다. 인생의 마음은 얼마나 어둡고 둔하고 완고한지 모른다. 사람은 하나님의 은혜가

---

20) Byz C D $\text{it}^{a\ d\ h}$ vg $\text{syr}^{s\ c}$ $\text{cop}^{\text{sa-mss meg}}$ arm Origen 등.

아니고서는 스스로 자신의 죄를 깨닫고 회개하고 예수 그리스도를 믿을 수 없다. 기독교는 기적이나 초자연적 은사를 전하거나 추구하는 은사주의적 종교가 아니고 불경건과 우상숭배와 부도덕의 죄를 깨닫고 버리고 떠나는 회개 운동이며 거룩한 인격과 삶의 운동이다.

마지막 심판날이 있을 것이다. 그 날에는 산 자들과 죽은 자들이 다 하나님의 심판대 앞에 서서 자신의 모든 행위, 즉 옳고 그른 행위와 선하고 악한 행위에 대해 공의로운 심판을 받을 것이다. 사람들이 받을 형벌은 차등할 것이다. 큰 죄인은 큰 벌을, 작은 죄인은 작은 벌을 받을 것이다. 모든 사람들은 그 행한 대로 보응을 받을 것이다. 또 기적을 보고도 회개치 않는 완고한 마음은 심판날에 큰 벌을 받을 것이다. 그러나 기적을 체험하지 못했어도 회개하고 예수 그리스도를 믿는 것은 하나님의 은혜이며 복이다. 그러므로 우리는 기적을 구할 것이 아니고, 참된 회개와 믿음, 바른 인격과 삶을 구해야 한다.

〔25-27절〕 그때에 예수께서 대답하여 가라사대[말씀하시기를] **천지의 주재이신 아버지여, 이것을 지혜롭고 슬기 있는 자들에게는 숨기시고 어린 아이들에게는 나타내심을 감사하나이다. 옳소이다, 이렇게 된 것이 아버지의 뜻이니이다. 내 아버지께서 모든 것을 내게 주셨으니 아버지 외에는 아들을 아는 자가 없고 아들과 또 아들의 소원대로 계시를 받는 자**[아들이 그를 계시하기를 원하는 자](KJV, NASB) **외에는 아버지를 아는 자가 없느니라.**

천지를 주관하시는 하나님께서는 예수 그리스도의 복음을 지혜롭고 슬기 있는 자들, 세상적으로 똑똑하고 유식한 자들에게 숨기시고 어린아이들, 즉 세상 지식이 적고 비교적 순진한 자들에게 나타내셨다. 이것이 하나님의 뜻이다. 구원은 오직 하나님의 전적인 은혜이다. 그러므로 어떤 사람도 하나님 앞에서 자신을 자랑하지 못하게 하셨고, 오직 하나님의 긍휼과 은혜의 영광만 감사하며 찬송하게 하셨다.

하나님께서는 아들 예수 그리스도께 인류의 구원에 관한 모든 것들을 맡겨주셨다. 사람들 중에는 예수 그리스도의 이 직분과 권세와 영광을 아는 자가 아무도 없다. 오직 하나님만 예수 그리스도를 아시고, 또 사람이 오직 하나님의 은혜로만 예수 그리스도를 알 수 있다. 그러므로 주께서는 "나를 보내신 아버지께서 이끌지 아니하면 아무라도 내게 올 수 없다"고 말씀하셨고(요 6:44), 또 자기에 대한 바른 신앙고백을 한 베드로에게, "바요나 시몬아, 네가 복이 있도다. 이를 네게 알게 한 이는 혈육이 아니요 하늘에 계신 내 아버지시니라"고 말씀하셨다(마 16:17). 또 본문에 "아들과 또 아들이 그를 계시하기를 원하는 자"라는 표현은 예수님의 신성(神性)을 보인다. 예수께서만 하나님을 아시고 또 우리로 하나님을 알게 해주신다.

〔28절〕 수고하고(코피온테스 κοπιῶντες)[수고하여 지치고] **무거운 짐 진 자들아, 다 내게로 오라. 내가 너희를 쉬게 하리라.**

무지와 불신앙과 죄악에 빠져 있는 고라신과 벳새다와 가버나움 마을들과 온 세상의 사람들에게 예수께서는 놀라운 구원의 초청을 하셨다. '수고하여 지치고 무거운 짐 진 자들'은 육체적으로나 정신적으로 수고하여 지치고 무거운 짐 진 인류를 가리킨다. 모든 사람은 죄로 인해 영육으로 수고하여 지치고 무거운 짐 진 삶을 살고 있다. 그러나 이런 인생들에게 그는 편히 쉬게 하시겠다는 초청을 하신 것이다. 이 초청은 초청자 예수 그리스도께서 신적 인격이심을 보인다. 세상에서 누가 이런 초청을 할 수 있겠는가! 누가 수고하여 지치고 무거운 짐 진 자들에게 참된 평안을 줄 수 있겠는가! 그러나 신적인 구주 예수 그리스도께서는 "[내게 오면] 내가 너희를 쉬게 하리라"고 말씀하셨고, 그에게 오는 모든 사람에게 참 평안을 주실 것이다.

〔29-30절〕 나는 마음이 온유하고 겸손하니 나의 멍에를 메고 내게 배우라. 그러면 너희 마음이 쉼을 얻으리니 이는 내 멍에는 쉽고 내 짐은 가벼움이라 하시니라.

예수께서는 마음이 온유하고 겸손하시며 스스로 낮아지셨고 우리를 위하여 십자가를 지셨고 죽기까지 하나님 아버지께 순종하셨다.

예수님 믿는 자들은 자기 십자가를 지고 그를 따르며 그를 본받는다. 예수님을 믿는 길은, 온유하고 겸손한 마음으로 그가 명하신 멍에를 메고 그에게 배우는 제자의 길이다. 그의 멍에는 성도의 직분과 봉사자의 직분을 가리킬 것이다. 그것은 짐처럼 보일 수 있다. 그러나 그의 멍에를 메고 그를 따르는 제자들은 마음의 평안을 얻을 것이다. 믿음 안에 들어와 보면, 그의 멍에는 무거운 것이 아니고 가벼움을 알게 된다. 우리는 하나님께서 은혜로 주시는 지식과 믿음을 얻었고 구주께서 주신 구원과 평안을 얻었으므로, 겸손한 마음으로 주 예수 그리스도를 믿고 의지하고 사랑하고 섬기며 따르며 배워야 한다.

본장의 교훈을 정리해보자. 첫째로, 우리는 주 예수 그리스도에 대한 바른 지식과 믿음을 가지게 된 것을 감사해야 한다. 우리는 무지하고 완고한 마음으로 불평하거나 대적하는 자가 되지 않고 이해하고 사모하며 협력하는 자가 되었음을 감사해야 한다. 그러나 아직 예수 그리스도를 알지 못하는 자는 하나님과 예수님을 바로 알고 의심치 말고 믿어야 한다. 우리는 우리 자신이 천국 백성인지, 참으로 회개하였는지 자신에게 묻고 대답해야 한다. 기독교는 단지 기적주의나 종교 의식이 아니고, 회개 운동이며 거룩한 삶의 길이다. 우리는 우리의 신앙고백과 모든 말과 행위에 대해 마지막 날에 하나님의 공의의 심판을 받을 것이다.

둘째로, 주께서는 자기의 죄를 회개하고 하나님을 알고 예수 그리스도를 믿은 자들에게 참 평안을 주신다. 수고하며 지치고 무거운 짐 진 자들은 다 주 안에서 평안을 얻을 것이다. 그것은 세상이 줄 수 없는 참된 평안이다. 우리는 예수 그리스도 안에서 참 평안을 누려야 한다.

셋째로, 우리는 예수님의 온유와 겸손을 배워야 한다. 주께서는 "나는 마음이 온유하고 겸손하니 나의 멍에를 메고 내게 배우라"고 말씀하셨다. 예수 그리스도를 믿고 따르는 길은 그를 믿고 그의 온유와 겸손을 배우는 길이다. 성화는 그의 온유하고 겸손한 품성을 본받는 것이다.

12장: 바리새인들과 변론하심

1-21절, 안식일 문제

〔1-2절〕 그때에 예수께서 안식일에 밀밭 사이로 가실새 제자들이 시장하여[배가 고파서] **이삭을 잘라 먹으니 바리새인들이 보고 예수께 고하되 보시오, 당신의 제자들이 안식일에 하지 못할 일을 하나이다.**

예수님의 전도 사역은 물질적으로 유여한 사역이 아니었다. 주를 따르는 길은 물질적 유여함을 기대하지 말고 가난도 각오해야 하는 길이다. 바리새인들은 주님의 제자들이 이삭을 잘라먹는 것을 보고 당신의 제자들이 안식일에 하지 못할 일을 한다고 말하였다. 그러나 율법에 의하면, 이웃의 곡식밭에 들어갈 때 이삭을 따먹는 것은 가능했다(신 23:25). 특히 예수님의 제자들의 행위는 노동 행위가 아니고 배가 고파서 얼마큼 따먹은 것뿐이므로 안식일에 하지 못할 일을 한 것도 아니었다. 그러나 바리새인들은 주님의 제자들이 안식일에 하지 못할 일을 하였다고 비난한 것이다.

〔3-8절〕 예수께서 가라사대[말씀하시기를] **다윗이 자기와 그 함께한 자들이 시장할**[배가 고팠을] **때에 한 일을 읽지 못하였느냐? 그가 하나님의 전에 들어가서 제사장 외에는 자기나 그 함께한 자들이 먹지 못하는 진설병**[성별된 떡]**을 먹지 아니하였느냐? 또 안식일에 제사장들이 성전 안에서 안식을 범하여도 죄가 없음을 너희가 율법에서 읽지 못하였느냐? 내가 너희에게 이르노니**[말하노니] **성전보다 더 큰 이가 여기 있느니라. 나는 자비를 원하고 제사를 원치 아니하노라 하신 뜻을 너희가 알았더면 무죄한 자를 죄로 정치 아니하였으리라. 인자는 안식일의 주인이니라 하시니라.**

성소의 떡상의 떡은 제사장들이 먹는 떡이지만(레 25:9), 사무엘상 21:1-6에 보면, 다윗의 일행이 몹시 배가 고팠을 때, 그들에게 제공되었다. 또 제사장들은 안식일에도 쉬지 않고 율법에 규정된 제사들을 드려야 하였다(민 28:9-10). 그것은 예외적인 일들이었다.

예수께서는 성전보다 더 크신 분이시다. 성전은 하나님의 백성들이 하나님께 예배드리는 곳이며 하나님께서 친히 거기에 거하시는 거룩한 장소이다. 사람으로서 자신이 하나님의 성전보다 더 크다고 말할 수 있는 자는 세상에 아무도 없으나, 예수께서는 하나님의 아들이시다. 실상, 구약시대의 성막이나 성전은 하나님의 아들 예수 그리스도를 예표한 것이었다. 하나님의 아들이신 예수께서 자신이 성전보다 더 크다고 말씀하신 것은 참되고 정당한 말씀이었다.

또 예수께서는 "나는 자비를 원하고 제사를 원치 아니하노라"는 호세아 6:6에 기록된 하나님의 말씀을 친히 인용하시면서, 그들이 그 말씀의 뜻을 알았더라면 무죄한 자를 정죄하지 아니했을 것이라고 말씀하셨다. 성전보다 더 크신 하나님의 아들 예수 그리스도 안에는 자유함이 있다. 이 자유는 방종을 위한 자유가 아니고, 다윗의 경우나 제사장들의 경우와 같이 부득이한 일들에서의 자유이다. 또 하나님께서는 우리에게 단지 예배의식보다 자비한 마음을 원하신다. 안식일 문제에 대하여, 남을 비난하고 정죄하는 태도보다 남을 이해하고 긍휼히 여기는 마음, 즉 이 경우 제자들의 배고픈 형편을 이해하는 마음이 필요하다. 마가복음 2:27에 보면, 예수께서는 안식일이 사람을 위해 있는 것이요 사람이 안식일을 위해 있는 것이 아니라고 말씀하셨다. 하나님의 규례들은 사람의 유익을 위해 주신 것이다. 모세는 신명기 10:13에서 "내가 오늘날 네 행복을 위해 네게 명하는 여호와의 명령과 규례를 지킬 것이 아니냐?"고 말하였다.

예수께서는 또 "나는 안식일의 주인이니라"고 말씀하셨다. 이것은 놀라운 말씀이다. 구약의 안식일은 여호와의 안식일이다. 출애굽기 20:10, "제7일은 너의 하나님 여호와의 안식일인즉." 출애굽기 31:13, "너희는 나의 안식일을 지키라." 그러므로 예수께서 "나는 안식일의 주인이니라"고 말씀하신 것은 그가 바로 여호와 하나님이시라는 뜻이다. 그것은 삼위일체의 신비를 보인다. 예수께서는 단순히 사람이 아니시고 하나님의 아들, 곧 참된 신성을 가진 하나님이시다.

또 구약의 안식일은 장차 오실 메시아를 통해 주실 참 안식의 예표이었다. 예수 그리스도께서는 오셔서 그 일을 이루셨다. 사도 바울은 골로새서 2:16-17에서, "그러므로 먹고 마시는 것과 절기나 월삭이나 안식일을 인하여 누구든지 너희를 폄론[판단]하지 못하게 하라. 이것들은 장래 일의 그림자이나 몸은 그리스도의 것이니라"고 말하였다. 사람은 범죄한 이후 안식을 잃어버렸다. 죄로 인해 저주받은 세상에는 안식이 없다. 그러나 메시아 곧 예수 그리스도께서 오셔서 우리의 죄를 대속(代贖)하심으로써 우리는 참 안식을 얻게 된 것이다.

죄는 안식을 잃어버리게 했으나, 죄사함은 참 안식을 회복시킨 것이다. 그러므로 예수께서는 "수고하여 지치고 무거운 짐 진 자들아, 다 내게로 오라. 내가 너희를 쉬게 하리라"고 말씀하셨고(마 11:28) 또 요한복음 14:27에서 "평안을 너희에게 끼치노니 곧 나의 평안을 너희에게 주노라. 내가 너희에게 주는 것은 세상이 주는 것 같지 아니하니라. 너희는 마음에 근심도 말고 두려워하지도 말라"고 말씀하셨다. 예수 그리스도를 믿음으로 죄사함 받은 자들은 이 세상에서도 참된 평안을 누리며 또 장차 천국에서 충만한 안식을 누릴 것이다.

〔9-14절〕 거기를 떠나 저희 회당에 들어가시니 한편 손 마른 사람이 있는지라. 사람들이 예수를 송사하려 하여 물어 가로되[말하기를] **안식일에 병 고치는 것이 옳으니이까**(엑세스티 ἔξεστιν)[합당하니이까](KJV, NASB)**? 예수께서 가라사대**[말씀하시기를] **너희 중에 어느 사람이 양 한 마리가 있어 안식일에 구덩이에 빠졌으면 붙잡아내지 않겠느냐? 사람이 양보다 얼마나 더 귀하냐? 그러므로 안식일에 선을 행하는 것이 옳으니라**[합당하니라] **하시고 이에 그 사람에게 이르시되**[말씀하시기를] **손을 내밀라 하시니 저가 내밀매 다른 손과 같이 회복되어 성하더라. 바리새인들이 나가서 어떻게 하여 예수를 죽일꼬**(아폴레소신 ἀπολέσωσιν)[멸할까] **의논하거늘.**

예수님을 비난하려는 자들은 그에게서 비난거리를 찾으려 애썼고 그것을 안식일 문제에서 찾았다. 그러나 예수께서는 그들이 안식일에도 양이 구덩이에 빠지면 그것을 붙잡아내는 것을 예로 들며 안식일에 대한 그들의 잘못된 생각을 지적하고 교정하기를 원하셨다. 또 그는 사람이 양보다 훨씬 더 귀하므로 안식일에 병 고치는 것이 합당함을 깨우치셨다. 그런 후 예수께서는 그 사람에게 "손을 내밀라"고 말씀하셨다. 그 한편 손 마른 사람이 그 마른 손을 내밀자 그 손은 다른 손과 같이 회복되어 건강하게 되었다. 또 하나의 기적이었다. 어떻게 마른 손이 그렇게 회복될 수 있는가! 그것은 하나님의 능력이었다. 그것은 예수님의 신적 능력과 인격을 증거하였다. 말씀으로 마른 손을 고쳐주신 예수님, 그는 확실히 하나님의 아들 그리스도이시다!

그러나 그 날 바리새인들은 예수님을 믿기는커녕 나가서 어떻게 예수를 멸할까 의논했다. 실상 안식일을 범한 자들은 그 날 예수님을 죽이려고 의논한 바리새인들이었다. 자신들은 안식일을 잘 지키며 예수는 안식일을 범하고 있다고 생각한 그들은 그 날 예수님을 송사할 꼬투리나 찾았고 그를 죽이려 공모하는 악한 일을 하였던 것이다. 예수께서는 안식일에 선한 일을 하신 것이지만, 바리새인들은 안식일에 심히 악한 일을 하고 있었던 것이다.

〔15-21절〕 **예수께서 아시고 거기를 떠나가시니 사람이 많이 좇는지라. 예수께서 저희 병을 다 고치시고 자기를 나타내지 말라 경계하셨으니 이는 선지자 이사야로 말씀하신 바 보라, 나의 택한 종 곧 내 마음에 기뻐하는 바 나의 사랑하는 자로다. 내가 내 성령을 줄 터이니 그가 심판**[공의]**을 이방에 알게 하리라. 그가 다투지도 아니하며 들레지도**[외치지도] **아니하리니 아무도 길에서 그 소리를 듣지 못하리라. 상한 갈대를 꺾지 아니하며 꺼져가는 심지를 끄지 아니하기를 심판하여 이길 때까지**[공의로 이기게 할 때까지] **하리니 또한 이방들이 그 이름을 바라리라 함을 이루려 하심이니라.**

예수께서는 아시고 거기를 떠나가시자 많은 사람들이 그를 좇았다.

그는 그들의 병을 다 고쳐주셨다. 이와 같이 예수께서는 성경에 자세히 기록되지 않은 많은 병자들을 고쳐주셨다. 성경에 기록된 대표적인 예들 외에도, 예수께서는 많은 병자들을 고쳐주셨다. 예수 그리스도의 병 고침의 일들은 그가 하나님의 아들 그리스도이심을 증거한다. 우리는 성경의 진실한 증거들에 근거해 예수님을 하나님의 아들 그리스도로 믿고 확신하고 그를 따르며 그에게 복종해야 한다.

또 주께서는 병 고침 받은 자들에게 자기를 나타내지 말라고 경계하셨다. 사도 마태는 주께서 이렇게 경계하신 것은, 이사야 42:1-3에 기록된 바와 같이, "보라, 나의 택한 종 곧 내 마음에 기뻐하는 바 나의 사랑하는 자로다. 내가 내 성령을 줄 터이니 . . . . 그가 다투지도 아니하며 외치지도 아니하리니 아무도 길에서 그 소리를 듣지 못하리라. 상한 갈대를 꺾지 아니하며 꺼져 가는 심지를 끄지 아니하기를 공의로 이기게 할 때까지 하리니 또한 이방들이 그 이름을 바라리라"고 말씀하신 하나님 말씀을 이루려 하심이었다고 말했다. 마태는 본문에서 히브리어 성경이 아니고 헬라어 70인역을 인용했다고 보인다.

주께서는 오늘날 어떤 전도자들과 같이 세속적인 상품판매 방법을 사용해 자기를 선전하며 떠들썩하게 활동하지 않으셨다. 주께서는 조용한, 그러나 내용 있는 사역을 하셨다. 겸손한 자는 자신을 감추지만, 교만한 자는 자기를 과시하며 자기를 자랑한다. 주께서는 겸손하셨고 자신을 나타내지 말라고 경계하셨다. 그러나 그는 상한 갈대를 꺾지 않고 꺼져 가는 심지를 끄지 않듯이 연약한 자들을 오래 참으시고 마침내 아버지께서 택하신 죄인들을 다 구원하실 것이다.

본문의 교훈을 정리해보자. 첫째로, 예수께서는 자신을 성전보다 더 큰 자이며 안식일의 주인이라고 말씀하셨다. 그것은 사람으로서 감히 말할 수 없는 말이다. 사람으로서 누가 자신이 성전보다 더 크다고 말할 수 있겠는가! 또 안식일은 여호와의 안식일이며 하나님의 날로 구별된 날인데, 하나님이 아닌 사람인 누가 감히 내가 안식일의 주인이라고 말할 수 있겠는가! 본문은 예수님 그가 하나님의 아들 그리스도이심을 증거한다. 예수께서 참된 신성 즉 참된 신적 본질을 가지신 하나님의 아들이 아니시라면 그는 바른 인격자가 아닐 것이다. 그는 거짓말쟁이이든지 미친 사람일 것이다. 그러나 그는 그가 주장하신 대로 성전보다 더 큰 자요 안식일의 주인이시다. 그는 한편 손 마른 사람의 손을 고쳐주셨고 그 외에도 많은 병자들을 고쳐주셨다. 그는 말로만 자신을 선전하는 허풍쟁이가 아니고 많은 병고침들을 통해 자신이 그리스도임을 증거하셨다. 예수께서는 하나님의 유일한 아들 그리스도이시다. 그러므로 우리는 예수님만 주님으로 믿고 확신하고 그에게 복종해야 한다.

둘째로, 구약시대의 안식일은 예수 그리스도 안에 있는 참된 안식을 상징하였다. 우리는 안식일의 예표적 의미를 알아야 한다. 우리는 예수 그리스도를 믿고 죄사함과 의롭다 하심을 얻음으로 참된 안식과 평안을 얻었다. 또 우리는 오늘날 주일을 그리스도인의 안식일로 지킬 때 단순히 예배 의식을 중시하는 데 머물지 말고 참된 경건과 사랑의 교제 가운데서 심령의 평안을 누려야 한다. 우리는 하나님의 말씀을 배우기 위해 사모함으로 모이고 서로 문안하고 새 얼굴들을 기쁨으로 영접해야 한다. 우리는 경솔하게 교회를 비방하거나 교우들을 비방하지 말고, 서로 사랑하고 존중하며, 참된 교회를 파괴하는 자가 되지 말고 참된 교회를 건설하는 자가 되어야 한다. 또 거기에 성도의 참 평안이 있다.

셋째로, 우리는 예수 그리스도의 조용한 사역을 본받아야 한다. 교회가 온갖 떠들썩한 행사들을 하는 것은 그 본래의 순수함을 잃어버리는 것 같다. 교회는 충실한 성경 강해가 있는 예배의 모임이 되어야 한다(행 2:42; 고전 14:26). 교회의 임무는 성경에 가르친 대로 참된 예배를 하나님께 드리고 예수 그리스도의 십자가 속죄의 복음을 지역 사회와 온 세상에 전하고 성경을 충실히 강해하며 배우고 사랑으로 서로 교제하며 또 힘있는 대로 어려운 교우들과 이웃들을 구제하는 것이다.

22-37절, 바리새인들의 비난

〔22-23절〕 그때에 귀신들려 눈멀고 벙어리된 자를 데리고 왔거늘 예수께서 고쳐주시매 그 벙어리[눈멀고 벙어리된 자](전통본문)[21]**가 말하며 보게 된지라. 무리가 다 놀라 가로되**[말하기를] **이는 다윗의 자손이 아니냐 하니.**

아마 안식일 문제로 변론이 있었던 그 날에, 사람들은 귀신들려 눈멀고 벙어리된 자를 예수께 데리고 왔다. 귀신은 사람들에게 정신적 연약을 일으키는 악한 영이다. 그는 사람에게 건전한 생각과 감정과 의지 대신에 연약한 생각과 감정과 의지를 가지게 하며 부정적 생각을 하게 하고, 남을 미워하는 생각이나 감정을 가지게 하고, 음란한 생각이나 감정을 가지게 하고, 또 거짓말도 하게 한다. 귀신은 육체적 질병도 일으킨다. 귀신들려 눈멀고 벙어리가 된 이 사람도 그러했다. 그는 시력을 잃었고 아마 청력도 잃었고 벙어리가 되었다.

예수께서는 불쌍한 그 사람을 고쳐주셨다. 눈멀고 벙어리된 그는 말하며 보게 되었다. 그러자 사람들은 다 놀라 "이 분은 다윗의 자손이 아니냐?"라고 말했다. '다윗의 자손'이라는 표현은 메시아를 가리킨다. 구약의 선지자들은 메시아 시대를 예언하였다. 선지자 이사야는, "광야와 메마른 땅이 기뻐하며 사막이 백합화같이 피어 즐거워하며 무성하게 피어 기쁜 노래로 즐거워하며 . . . . 그것들이 여호와의 영광 곧 우리 하나님의 아름다움을 보리로다," "그때에 소경의 눈이 밝을 것이며 귀머거리의 귀가 열릴 것이며 그때에 저는 자는 사슴같이 뛸 것이며 벙어리의 혀는 노래하리니 이는 광야에서 물이 솟겠고 사막에서 시내가 흐를 것임이라"고 말했다(사 35:1-2, 5-6). 사람들은 예수님의 행위들이 이런 메시아 예언을 성취하는 것이라고 느꼈다.

〔24-28절〕 바리새인들은 듣고 가로되[말하기를] **이가 귀신의 왕 바알세불**(Βεελζεβοὺλ)('오물(汚物)의 주'라는 뜻임)**을 힘입지 않고는 귀신을 쫓아**

---

21) Byz C (W syr^{p}) 등.

내지 못하느니라 하거늘 예수께서 저희 생각을 아시고 가라사대[말씀하시기를] **스스로 분쟁하는 나라마다 황폐하여질 것이요 스스로 분쟁하는 동네나 집마다 서지 못하리라. 사단이 만일 사단을 쫓아내면 스스로 분쟁하는 것이니 그리하고야 저의 나라가 어떻게 서겠느냐? 또 내가 바알세불을 힘입어 귀신을 쫓아내면 너희 아들들은 누구를 힘입어 쫓아내느냐? 그러므로 저희가 너희 재판관이 되리라. 그러나 내가 하나님의 성령**[영]**을 힘입어 귀신을 쫓아내는 것이면 하나님의 나라가 이미 너희에게 임하였느니라.**

보수신앙을 가진 사람들같이 보였던 바리새인들은 예수님에 대한 바른 지식을 가지지 못했고 도리어 그를 귀신의 왕의 힘을 입은 자로 비난하였다. 사람들의 모든 생각을 아시는 주께서는 그들의 생각을 아시고 말씀하셨다. "스스로 분쟁하는 나라마다 황폐하여질 것이요 스스로 분쟁하는 동네나 집마다 서지 못하리라. 사탄이 만일 사탄을 쫓아내면 스스로 분쟁하는 것이니 그리하고야 저의 나라가 어떻게 서겠느냐?" 사탄이 사탄을 쫓아내지 않을 것이라는 사실은 자명했다. 예수께서는 또 "내가 바알세불을 힘입어 귀신을 쫓아내면 너희 아들들은 누구를 힘입어 쫓아내느냐? 그러므로 저희가 너희 재판관이 되리라"고 말씀하셨다. '너희의 아들들'은 당시에 자칭 귀신을 쫓아낸다고 말하는 자들을 가리켰다고 보인다.

예수께서는 귀신의 왕 바알세불의 힘으로 귀신을 쫓아내신 것이 아니었다. 그는 하나님의 영을 힘입어, 좀더 정확하게 말하자면, 인성(人性)과 결합된 그의 본래의 신성(神性)의 영으로 귀신을 쫓아내신 것이다. 예수 그리스도께서는 참 하나님이시며(요일 5:20) 크신 하나님이시다(딛 2:13). 세상은 마귀와 악령들이 활개치는 곳인데, 예수께서 귀신들린 자 속에 활동하는 귀신을 쫓아내신 것은 하나님의 나라가 그 속에 임한 증거이었다. 그 병자는 영육의 회복을 얻었다. 그는 바른 생각과 감정과 의지를 가지게 되었을 것이고 눈멀고 벙어리된 그의 몸도 고침을 받았다. 하나님의 나라가 그에게 임하였다.

〔29-30절〕 사람이 먼저 강한 자를 결박하지 않고야 어떻게 그 강한 자의 집에 들어가 그 세간[소유물]**을 늑탈**[강탈]**하겠느냐? 결박한 후에야 그 집을 늑탈**[강탈]**하리라. 나와 함께 아니하는 자는 나를 반대하는 자요 나와 함께 모으지 아니하는 자는 헤치는**[흩어지게 하는] **자니라.**

예수께서 말씀하신 강한 자는 마귀를 가리키고 마귀를 결박한 자는 사람으로 오신 하나님의 아들 그리스도 자신을 가리켰다. 그는 또 "나와 함께 아니하는 자는 나를 반대하는 자요 나와 함께 모으지 아니하는 자는 흩어지게 하는 자니라"고 말씀하셨는데, '나와 함께한다'는 것은 생각과 뜻과 입장을 그와 함께한다는 뜻이다. 우리가 예수 그리스도를 섬기고 그의 교회를 세우려면, 우리는 생각과 뜻과 입장을 그의 생각과 뜻과 입장에 일치시켜야 한다. 그렇지 않다면, 우리는 그의 교회를 세우는 자들이 아니고 허무는 자들이 되고 말 것이다.

〔31-32절〕 그러므로 내가 너희에게 이르노니[말하노니] **사람의 모든 죄와 훼방**[비방]**은 사하심을 얻되 성령을 훼방**[비방]**하는 것은 사하심을 얻지 못하겠고 또 누구든지 말로 인자(人子)를 거역하면 사하심을 얻되 누구든지 말로 성령을 거역하면 이 세상과 오는 세상에도 사하심을 얻지 못하리라.**

주께서는 모든 죄와 악한 비방은 사하심을 얻을 수 있다고 말씀하셨다. 하나님 앞에 용서받지 못할 죄는 없다. 살인과 간음의 죄가 큰 죄이지만 그런 죄도, 또 우상숭배의 죄나 하나님을 비방한 죄가 큰 죄이지만 그런 죄라도 참으로, 진심으로 회개하면 용서받을 수 있다. 그러나 성령님을 비방하는 죄는 사하심을 얻지 못할 것이다. 왜냐하면 사람이 성령님을 비방하면 성령님의 감동으로 이루어지는 회개를 할 수 없기 때문일 것이다. 바리새인들은 그 죄의 경계선을 넘고 있다고 보인다. 그들은 예수께서 성령님의 능력으로 귀신을 쫓아내시는 그의 신적 영광을 보고도 그가 귀신의 왕 바알세불을 힘입어 한다고 비난하기 때문이다. 그것은 다른 곳에 말씀한 '짐짓(고의적으로) 범하는 죄'(히 10:26)나 '사망에 이르는 죄'(요일 5:16)와 비슷하다.

오늘날 은사운동이나 거짓된 신비주의는 예수께서 보이신 증표를 가지지 않는다고 본다. 그 운동은 교리적, 교훈적 건전함이 없고 하나님과 주 예수 그리스도 대신 사람을 높이고 거룩함과 절제가 없다. 주 예수께서는 이런 말씀을 하실 때에도 자신을 높이지 않으셨다. 그는 오늘날 자신들을 높이는 세속적 은사주의자들과 완전히 다르셨다.

성경은 거짓된 은사주의에 대해서 조심하라고 교훈한다. 마태복음 7:22-23, "그 날에 많은 사람이 나더러 이르되 주여 주여 우리가 주님의 이름으로 선지자 노릇하며 주님의 이름으로 귀신을 쫓아내며 주님의 이름으로 많은 권능을 행치 아니하였나이까 하리니 그때에 내가 저희에게 밝히 말하되 내가 너희를 도무지 알지 못했으니 불법을 행하는 자들아, 내게서 떠나가라 하리라." 마태복음 24:24, "거짓 그리스도들과 거짓 선지자들이 일어나 큰 표적과 기사를 보이어 할 수만 있으면 택하신 자들도 미혹하게 하리라." 데살로니가후서 2:9-10, "악한 자의 임함은 사단의 역사를 따라 모든 능력과 표적과 거짓 기적과 불의의 모든 속임으로 멸망하는 자들에게 임하리니 이는 저희가 진리의 사랑을 받지 아니하여 구원함을 얻지 못함이니라."

〔33-35절〕 나무도 좋고 실과도 좋다 하든지 나무도 좋지 않고 실과도 좋지 않다 하든지 하라. 그 실과로 나무를 아느니라. 독사의 자식들아, 너희는 악하니 어떻게 선한 말을 할 수 있느냐? 이는 마음에 가득한 것을 입으로 말함이라. 선한 사람은 그 쌓은 선에서 선한 것을 내고 악한 사람은 그 쌓은 악에서 악한 것을 내느니라.

나무와 그 열매는 같이 간다. 좋은 나무에서 좋은 열매가 맺히고 나쁜 나무에서 나쁜 열매가 맺힌다. 우리는 그 열매를 보고 그 나무를 안다. 사람도 그렇다. 우리는 사람의 행위를 보고 그 사람이 좋은 사람인지 나쁜 사람인지 알 수 있다. 말은 사람의 인격의 표현이다. 우리는 사람의 말을 보고 그가 좋은 사람인지 나쁜 사람인지 짐작할 수 있다. 바리새인들이 예수님에 대해 악한 비난을 내뱉는 것은 그들이 좋은 사람들이 아니고 나쁜 사람들이라는 것을 보일 뿐이다.

예수께서는 그들을 '독사의 자식들'이라고 부르셨다. '독사의 자식들'이라는 말은 영적 의미이다. 사탄은 죄의 근원자이다. 독사의 자식들은 사탄의 죄성을 받은 자들이라는 뜻이다. 그것은 마귀의 자녀들이라는 뜻이다. 세례 요한도 자기에게 왔던 바리새인들과 사두개인들을 '독사의 자식들'이라고 불렀었다(마 3:7). 예수께서는 유대인들에게 "너희는 너희 아비 마귀에게서 났다"고 말씀하셨고(요 8:44), 또 외식하는 서기관들과 바리새인들에게 "뱀들아, 독사의 새끼들아, 너희가 어떻게 지옥의 판결을 피하겠느냐?"고 책망하셨다(마 23:33).

사람은 마음에 가득한 것을 입으로 말한다. 선한 사람은 그 쌓은 선에서 선한 것을 내고 악한 사람은 그 쌓은 악에서 악한 것을 낸다. 사람은 죄악된 본성을 가지고 있으므로 하나님의 은혜가 아니고서는 선한 말을 할 수 없고 악한 말이 나오는 것은 자연스러운 일이다.

[36-37절] 내가 너희에게 이르노니[말하노니] **사람이 무슨 무익한**(아르고스 ἀργός)[부주의한(NASB), 쓸데없는] **말을 하든지 심판 날에 이에 대하여 심문을 받으리니 네 말로 의롭다 함을 받고 네 말로 정죄함을 받으리라.**

사람의 말은 그 인격의 표현이다. 주의 말씀은, 우리가 부주의하게 던진 한 마디 말이라도 심판 날에 그 말에 대해 심판을 받는다는 뜻이다. 우리의 말은 매우 중요하다. 우리는 우리의 말로 의롭다 하심을 얻기도 하고 우리의 말로 정죄를 받기도 할 것이다. 그러므로 우리는 어느 때든지 바르고 참되고 선한 말을 하도록 힘써야 한다.

물론, 우리가 선한 말을 하려면 우리는 먼저 물과 성령으로 거듭나야 한다(요 3:5). 거듭난 생명을 얻은 자들만 선한 말과 행실을 나타낼 수 있다. 성도는 하나님의 은혜로 중생(重生)의 씻음과 성령의 새롭게 하심을 얻었다(딛 3:4-5). 거듭난 자들은 평소에 선을 쌓는 인격 훈련을 해야 한다. 특히 우리는 언어생활의 훈련을 해야 한다. 야고보서 3:2는, "우리가 다 실수가 많으니 만일 말에 실수가 없는 자면 곧 온전한 사람이라"고 말했다. 말에 온전한 자가 온전한 자이다.

본문의 교훈을 정리해보자. 첫째로, 주 예수께서는 귀신들려 눈멀고 벙어리된 자를 고쳐주셨다. 귀신들려 눈멀고 벙어리된 자를 고쳐주신 그는 확실히 하나님의 아들 그리스도이시다. 예수께서 불치의 병자들을 많이 고쳐주신 일들은 그가 하나님의 아들 그리스도이심을 증거한다. 우리는 예수께서 많은 병자들을 고쳐주신 일들을 통해 그가 하나님의 아들 그리스도이심을 믿고 확신해야 한다. 그는 죄로 인해 멸망할 인류를 구원하기 위해 하나님께서 보내신 하나님의 아들 구주이시다. 그는 죄가 없으셨으나 정죄를 당하시고 십자가에 달려 죽으심으로 우리의 죄를 대속(代贖)하셨다. 하나님께서는 만세 전에 그리스도 안에서 택하신 자들에게 참된 회개와 믿음을 주셔서 구원과 영생을 얻게 하신다. 우리는 예수님을 하나님의 아들 그리스도로 믿고 확신해야 한다.

둘째로, 죄를 회개하고 예수님을 주님과 구주로 영접한 자는 하나님의 나라 안에 들어온 자가 되었고 성령께서 그 안에 거하신다. 하나님의 나라는 하나님의 통치가 있는 곳이며 그것은 사람이 회개하고 예수 그리스도를 믿음으로 시작된다. 구원은 하나님의 나라 즉 하나님의 통치권의 회복이다. 다니엘 2:44, "이 열왕의 때에 하늘의 하나님께서 한 나라를 세우시리니." 그러므로 성도들은 자신이 하나님의 나라에 들어왔음을 알고 이제 성령님의 인도하심을 따르며 하나님의 말씀인 성경에 기록된 모든 교훈을 믿고 온전히 순종해야 한다.

셋째로, 참된 믿음이 없고 외식적이었던 바리새인들은 예수님에 대해 악한 비난을 쏟아내었다. 사람의 말은 그의 인품을, 즉 그의 경건과 도덕성을 나타낸다. 경건하고 선한 사람은 믿음 있는 말과 선한 말을 하고, 불경건하고 악한 사람은 불신앙적인 말과 악한 말을 한다. 그러나 사람은 무슨 부주의한 말을 하든지 마지막 심판 날에 심판을 받을 것이다. 그러므로 우리는 믿음의 말을 하고 남을 함부로 비방치 말고 모든 사람에게 유익이 되도록 선하고 은혜롭고 덕스러운 말을 해야 한다.

38-50절, 가장 큰 표적

〔38-42절〕 그때에 서기관과 바리새인 중 몇 사람이 말하되 선생님이여, 우리에게 표적 보여주시기를 원하나이다. 예수께서 대답하여 가라사대[말씀하시기를] **악하고 음란한 세대가 표적을 구하나 선지자 요나의 표적 밖에는 보일 표적이 없느니라. 요나가 밤낮 사흘을 큰 물고기 뱃속에 있었던 것 같이 인자(人子)도 밤낮 사흘을 땅속에 있으리라. 심판 때에 니느웨 사람들이 일어나 이 세대 사람을 정죄하리니 이는 그들이 요나의 전도를 듣고 회개하였음이어니와 요나보다 더 큰 이가 여기 있으며 심판 때에 남방 여왕이 일어나 이 세대 사람을 정죄하리니 이는 그가 솔로몬의 지혜로운 말을 들으려고 땅끝에서 왔음이어니와 솔로몬보다 더 큰 이가 여기 있느니라.**

그때에 서기관과 바리새인 중 몇 사람이 예수께 "선생님이여, 우리에게 표적 보여주시기를 원하나이다"라고 말하였다. 그들은 예수님의 표적에 관심을 가졌다. 그러나 실상, 그들은 예수께서 행하신 많은 기적들을 이미 들었으나 그것들을 믿지 않았던 것 같다. 예수께서는 "악하고 음란한 세대가 표적을 구하나 선지자 요나의 표적밖에는 보일 표적이 없느니라. 요나가 밤낮 사흘을 큰 물고기 뱃속에 있었던 것같이 인자(人子)도 밤낮 사흘을 땅 속에 있으리라"고 대답하셨다.

예수께서는 세상을 "악하고 음란한 세대"라고 말씀하셨다. 세상은 항상 악하고 음란하다. '악하다'는 말은 남을 미워하고 속이고 해치는 것을 뜻한다. 하나님의 뜻은 서로 사랑하는 것이지만, 세상은 그렇지 못하다. 또 '음란하다'는 말은 결혼과 부부의 윤리를 지키지 않고 배우자가 아닌 이성이나 동성과 성적 친밀한 관계를 갖는 것을 뜻한다. 오늘날은 결혼과 부부의 성도덕이 해이해진 시대인 것 같다. 또 음란을 조장하는 문화나 풍조가 많은 것 같다. 매춘(賣春) 행위도 성행하고 있는 것 같다. 그러나 그리스도인들은 이런 세상의 음란한 풍조를 대항해야 하고 경건하고 거룩한 삶을 소원하며 지켜야 한다.

예수께 나온 서기관들과 바리새인들은 심령에 변화를 받아 예수님을 믿고자 한 것 같지는 않고 단지 기적을 보려는 흥미를 가진 것 같다. 그러나 기독교는 기적을 보이거나 기적을 추구하는 기적주의적 종교가 아니다. 주께서는 악하고 음란한 세대가 표적을 구하나 요나의 표적밖에는 보일 표적이 없다고 말씀하셨다. 사도 바울도 "유대인은 표적을 구하고 헬라인은 지혜를 찾으나 우리는 십자가에 못박힌 그리스도를 전하니 유대인에게는 거리끼는 것이요 이방인에게는 미련한 것이라"고 말했다(고전 1:22-23). 기독교는 기적주의가 아니고 예수 그리스도의 십자가 속죄의 복음을 전함으로 그를 믿어 구원을 얻고 거룩하고 선하고 진실한 새 삶을 살게 하는 교훈이다.

예수께서 말씀하신 '요나의 표적'이라는 말씀은 자신의 십자가 위에서의 죽음과 3일 만의 부활을 가리켰다. 예수께서는 "요나가 밤낮 사흘을 큰 물고기 뱃속에 있었던 것같이 인자(人子)도 밤낮 사흘을 땅속에 있으리라"고 말씀하셨다. 그것은 자신이 무덤에 묻힌 지 3일 만에 부활할 것을 암시한다. '밤낮 사흘'이라는 말은 3일을 가리키는 대략적 표현이라고 보인다. 예수께서 무덤에 계셨던 시간은 금요일 저녁부터 주일 새벽까지 하루 반쯤이었다고 보이지만, 성경은 그가 3일 만에 부활하셨다고 말한다(마 16:21; 고전 15:4).

하나님의 아들 예수께서는 선지자 요나보다, 솔로몬 왕보다 더 큰 분이시나 많은 사람들은 그를 알지 못하고 있었다. 니느웨 사람들은 요나의 설교를 듣고 회개함으로 하나님의 심판을 면하였으나, 예수님 당시의 유대인들은 예수님의 설교를 듣고도 회개치 않았다. 또 남방 스바(약 2천 킬로미터 거리)의 여왕은 솔로몬 왕의 지혜의 소문을 듣고 그의 지혜로운 말을 들으려고 심히 먼 곳에서 많은 수행원을 이끌고 방문하였으나, 예수님 당시 유대인들은 예수님의 말씀에 관심이 없고 물질적 차원의 기적에만 관심을 두었던 것이다. 예수님을 알지 못한 사람들은 니느웨 사람들보다 못하고 남방 여왕보다 못하다. 그러므로 마지막 심판의 날에 그들은 이 세대 사람들을 정죄할 것이다.

〔43-45절〕 더러운 귀신이 사람에게서 나갔을 때에 물 없는 곳으로 다니며 쉬기를 구하되 얻지 못하고 이에 가로되[말하기를] **내가 나온 내 집으로 돌아가리라 하고 와 보니 그 집이 비고 소제**[청소]**되고 수리되었거늘 이에 가서 저보다 더 악한 귀신 일곱을 데리고 들어가서 거하니 그 사람의 나중 형편이 전보다 더욱 심하게 되느니라. 이 악한 세대가 또한 이렇게 되리라.**

예수님 당시의 사람들은 예수 그리스도의 많은 기적들을 보았지만, 그를 영접하지 않았고 그를 믿지 않았다. 예수께서는 많은 귀신들도 내쫓아주셨다. 그러나 당시의 사람들은 마치 빈집과 같이 참된 주인이신 예수 그리스도를 영접하지 않았다. 그러므로 쫓겨났던 귀신이 악한 귀신 일곱을 더 데리고, 자기가 나왔던 그 집에 들어가 거하듯이, 이 악한 세대의 나중 형편은 더욱 나빠질 것이다. 그 세대가 하나님과 그의 아들 예수 그리스도를 참된 주인으로 영접하지 않는다면, 귀신이 그 세대의 주인 노릇을 할 것이며 더 악한 다른 귀신들과 더불어 그 세대를 더 악화시킬 것이다. 믿다가 타락한 자들, 즉 종교적 배교자들과 이단들은 세상 사람들보다 더 악하게 될 것이다.

〔46-50절〕 예수께서 무리에게 말씀하실 때에 그 모친과 동생들이 예수께 말하려고 밖에 섰더니 한 사람이 예수께 여짜오되 보소서, 당신의 모친과 동생들이 당신께 말하려고 밖에 섰나이다 하니 말하던 사람에게 대답하여 가라사대 누가 내 모친이며 내 동생들이냐 하시고 손을 내밀어 제자들을 가리켜 가라사대[말씀하시기를] **나의 모친과 나의 동생들을 보라. 누구든지 하늘에 계신 내 아버지의 뜻대로 하는 자가 내 형제요 자매요 모친이니라 하시더라.**

예수께서 무리에게 말씀하실 때 그 모친과 동생들이 예수께 말하려고 밖에 서 있었다. 천주교회는 마리아가 죄 없이 출생했고 평생 처녀이었고 승천했고 우리의 기도의 대상이며 하늘의 여왕이라고 가르치는데, 이것은 비성경적, 우상숭배적 교리이다. 예수께는 야고보, 요셉, 시몬, 유다 등의 남동생들과 누이들이 있으셨다(마 13:55-56;

막 6:3). 예수께서는 맏아들이셨다(마 1:25 전통본문;[22] 눅 2:7).

예수께서는, "당신의 모친과 동생들이 당신께 말하려고 밖에 섰나이다"라는 한 사람의 말에 대해 "누가 내 모친이며 내 동생들이냐?"고 하시며 손을 내밀어 제자들을 가리켜 "나의 모친과 나의 동생들을 보라. 누구든지 하늘에 계신 내 아버지의 뜻대로 하는 자가 내 형제요 자매요 모친이니라"고 말씀하셨다. 그는 육신적인 가족 관계보다 영적 가족 관계를 더 중요하게 여기셨다. 그는 그의 제자들을 "나의 동생들"이라고 부르셨다. 그는 부활하신 후에도 제자들을 "내 형제들"이라고 부르셨다(마 28:10). 사도 바울은 로마서 8:29에서 "하나님께서 미리 아신 자들로 또한 그 아들의 형상을 본받게 하기 위하여 미리 정하셨으니 이는 그로 많은 형제들 중에 맏아들이 되게 하려 하심이니라"고 말했다. 예수께서는 하나님의 가족의 맏아들이셨다.

본문에서 예수께서는 "누구든지 하늘에 계신 내 아버지의 뜻대로 하는 자가 내 형제요 자매요 모친이니라"고 말씀하셨다. 하늘에 계신 아버지의 뜻은 죄를 회개하고 하나님께로 돌아오는 것과 예수 그리스도를 믿는 것과 성경말씀을 순종하는 것이다.

예수께서는 전도사역을 하기 시작하실 때 "회개하라, 천국이 가까웠느니라"(마 4:17), "때가 찼고 하나님 나라가 가까웠으니 회개하고 복음을 믿으라"(막 1:15)고 말씀하셨다. 사도 바울은 "알지 못하던 시대에는 하나님께서 허물치 아니하셨거니와 이제는 어디든지 사람을 다 명하사 회개하라 하셨다"고 말하였고(행 17:30), 또 자신이 전한 내용을 요약하기를 "유대인과 헬라인들에게 하나님께 대한 회개와 우리 주 예수 그리스도께 대한 믿음을 증거한 것"이라고 말하였다(행 20:21). 또 예수께서는 마태복음 7:21에서 "나더러 주여 주여 하는 자마다 천국에 나 들어갈 것이 아니요 다만 하늘에 계신 내 아버지의

22) Byz C D* W it(d) vg syr^p arm Diatessaron 등.

뜻대로 행하는 자라야 들어가리라"고 말씀하셨고, 사도 바울도 로마서 6:22에서 "이제는 너희가 죄에게서 해방되고 하나님께 종이 되어 거룩함에 이르는 열매를 얻었으니 이 마지막은 영생이라"고 말했다. 사도 요한도 요한일서 3:23에서 "[하나님의] 계명은 이것이니 곧 그의 아들 예수 그리스도의 이름을 믿고 그가 우리에게 주신 계명대로 서로 사랑할 것이니라"고 말했다. 이 모든 말씀들은 하나님의 뜻이, 죄악된 삶으로부터 돌이키는 회개와 예수 그리스도에 대한 믿음, 그리고 하나님의 말씀 곧 성경말씀에 대한 순종임을 밝히 보인다.

본문의 교훈을 정리해보자. 첫째로, 우리는 성경에 기록된 예수님의 기적들과 부활을 통하여 예수께서 하나님의 아들 그리스도이심을 믿고 확신해야 한다. 특히 '요나의 기적' 즉 그의 죽음과 부활은 우리의 믿음의 견고한 기초가 된다. 사도행전 17:31, "이는 정하신 사람으로 하여금 천하를 공의로 심판할 날을 작정하시고 이에 저를 죽은 자 가운데서 다시 살리신 것으로 모든 사람에게 믿을 만한 증거를 주셨음이니라."

둘째로, 우리는 예수께서 요나보다 큰 자이시며 솔로몬보다 큰 자이심을 알아야 한다. 우리는 믿음 없는 사람들처럼 되지 말고 예수 그리스도를 영접하고 니느웨 사람들처럼 우리의 모든 죄를 회개하고 스바여왕처럼 그의 말씀을 듣기를 사모해야 한다. 우리는 하나님의 아들의 말씀을 사모함으로 듣고 배우고 믿고 실천하기를 힘써야 한다.

셋째로, 우리는 하나님의 뜻대로 행하는 자가 되어야 한다. 하나님의 뜻은 사람이 모든 죄를 회개하고 하나님께로 돌아오는 것과, 주 예수 그리스도를 믿는 것과, 하나님의 말씀에 순종하는 것이다. 주 예수께서는 하나님의 뜻대로 행하는 자가 하나님의 한 가족이라고 말씀하셨다. 그것은 육신의 가족 관계보다 더 중요한 영적 가족 관계이다. 우리는 이미 죄를 회개하고 예수님을 믿고 구원 얻은 자들이다. 이제 우리는 성경에 가르친 모든 선한 교훈을 믿고 확신하고 힘써 실천해야 한다.

13장: 천국 비유들

본장에서 예수께서는 천국에 대해 일곱 가지 비유로 말씀하셨다.

1-23절, 씨 뿌리는 자의 비유

〔1-9절〕 그 날에 예수께서 집에서 나가사 바닷가에 앉으시매 큰 무리가 그에게로 모여들거늘 예수께서 배에 올라가 앉으시고 온 무리는 해변에 섰더니 예수께서 비유로 여러 가지를 저희에게 말씀하여 가라사대[말씀하시기를] **씨를 뿌리는 자가 뿌리러 나가서 뿌릴새 더러는 길가에 떨어지매 새들이 와서 먹어버렸고 더러는 흙이 얇은 돌밭에 떨어지매 흙이 깊지 아니하므로 곧 싹이 나오나 해가 돋은 후에 타져서 뿌리가 없으므로 말랐고 더러는 가시떨기 위에 떨어지매 가시가 자라서 기운을 막았고 더러는 좋은 땅에 떨어지매 혹 백 배, 혹 육십 배, 혹 삼십 배의 결실을 하였느니라.** [들을](전통본문)23) **귀 있는 자는 들으라 하시니라.**

예수께서는 갈릴리 바닷가에서 말씀을 전하셨다. 그는 배에 올라가 앉으셔서 말씀하셨고, 많은 사람들은 해변에 서서 그 말씀을 들었다. 큰 야외 집회이었다. 그는 무리에게 씨 뿌리는 자의 비유를 말씀하셨다. 이것은 본장의 일곱 가지 비유들 중 첫 번째 비유이다.

〔10-13절〕 제자들이 예수께 나아와 가로되[말하기를] **어찌하여 저희에게 비유로 말씀하시나이까? 대답하여 가라사대**[말씀하시기를] [이는] **천국의 비밀을 아는 것이 너희에게는 허락되었으나 저희에게는 아니되었나니**[아니되었음이니 이는] **무릇 있는 자는 받아 넉넉하게 되되 무릇 없는 자는 그 있는 것도 빼앗기리라**[빼앗길 것임이니라]. **그러므로 내가 저희에게 비유로 말하기는 저희가 보아도 보지 못하며 들어도 듣지 못하며 깨닫지 못함이니라.**

제자들이 예수님께 "왜 비유로 말씀하시나이까?"라고 묻자, 그는 "천국의 비밀을 아는 것이 너희에게는 허락되었으나 저희에게는 아

---

23) Byz C D W it$^{b\ ff2\ h}$ vg syr$^{p\ c}$ cop$^{sa\ bo}$ Diatessaron^{arm} 등.

니 되었기 때문이라"고 말씀하셨다. 천국의 지식이 모든 사람에게 다 허락된 것이 아니라는 뜻에서 천국은 비밀이다. 천국의 지식은 하나님께서 허락하신 자들만 얻게 될 것이다. '있는 자' 곧 하나님의 은혜를 받은 자는 하나님의 진리를 더 알게 되지만, '없는 자' 곧 하나님의 은혜를 받지 못한 자는 그의 아는 지식도 잃어버리게 될 것이다.

〔14-17절〕 **이사야의 예언이 저희에게 이루었으니 일렀으되**[말하기를] **너희가 듣기는 들어도 깨닫지 못할 것이요 보기는 보아도 알지 못하리라.** [이는] **이 백성들의 마음이 완악하여져서 그 귀는 듣기에 둔하고 눈은 감았으니 이는 눈으로 보고 귀로 듣고 마음으로 깨달아 돌이켜 내게 고침을 받을까 두려워함이라 하였느니라**[하였음이니라](사 6:9, 10). **그러나 너희 눈은 봄으로, 너희 귀는 들음으로 복이 있도다. 내가 진실로 너희에게 이르노니**[말하노니] **많은 선지자**[들]**와 의인**[들]**이 너희 보는 것들을 보고자 하여도 보지 못하였고 너희 듣는 것들을 듣고자 하여도 듣지 못하였느니라.**

예수님의 사역은 이사야의 예언의 성취이었다. 하나님께서는 이사야를 통해 이스라엘 백성이 마음의 완악함으로 하나님의 복음 진리를 깨닫지 못할 것을 예언하셨었다. 하나님의 선택은 복음 진리에 대한 관심과 이해와 믿음과 순종으로 나타나지만, 하나님의 버리심은 진리에 대해 관심 없음, 깨달음 없음, 믿음 없음, 순종 없음으로 나타난다. 그들의 마음은 무지하고 완고했다. 그러나 천국 복음을 깨닫고 믿는 자는 복되다. 옛날부터 선지자들과 의인들이 보기를 원하였고 듣기를 원하였던 주 예수 그리스도를 보고 그의 친 음성을 듣고 그 말씀을 깨닫고 믿는 자들은 하나님의 은혜를 받은, 복 받은 자들이다.

〔18-23절〕 **그런즉 씨 뿌리는 비유를 들으라. 아무나 천국 말씀을 듣고 깨닫지 못할 때는 악한 자가 와서 그 마음에 뿌리운 것을 빼앗나니 이는 곧 길가에 뿌리운 자요, 돌밭에 뿌리웠다는 것은 말씀을 듣고 즉시 기쁨으로 받되 그 속에 뿌리가 없어 잠시 견디다가 말씀을 인하여 환난이나 핍박이 일어나는 때에는 곧 넘어지는 자요, 가시떨기에 뿌리웠다는 것은 말씀을 들으나 세상의 염려와 재리**[재물, 부]**의 유혹**[속임]**에 말씀이 막혀 결실치 못하**

는 자요, 좋은 땅에 뿌리웠다는 것은 말씀을 듣고 깨닫는 자니 결실하여 혹 백 배, 혹 육십.배, 혹 삼십 배가 되느니라 하시더라.

주께서는 씨 뿌리는 자의 비유를 설명해주셨다. 씨는 천국 말씀을 가리켰다. 씨 속에 생명이 있듯이, 천국 말씀 속에는 구원의 생명이 있다(벧전 1:23). 길가에 떨어진 씨는 말씀을 들을 때 깨달음이 없는 자인데, 마귀가 와서 그가 들은 말씀을 빼앗아 간다. 돌밭에 떨어진 씨는 천국 말씀을 즉시 기쁨으로 받으나 뿌리가 없어 잠시 견디다가 환난과 박해가 일어날 때 곧 넘어지는 자를 가리켰다. 그의 믿음은 감정적이고 확신이 없다. 가시떨기에 떨어진 씨는 말씀을 받으나 이 세상 염려와 재물의 유혹 등의 장애물에 말씀이 막혀 결실하지 못하는 자를 가리켰다. 육신의 쾌락도 그 장애물에 포함된다(눅 8:14).

마지막으로, 좋은 땅에 떨어진 씨는 천국 말씀을 듣고 깨닫고 인내하며 열매 맺는 자를 가리켰다. 좋은 땅에 뿌리운 경우 외에 세 경우들은 다 실패한 경우들이다. 그들은 참으로 구원 얻은 자들이 아니다. 구원 얻은 자들은 사람 편에서 말씀을 기쁨으로 받고 뿌리를 내리며, 세상 염려나 재물의 유혹을 이기며, 하나님 말씀대로 살아 열매를 맺는 자들이다. 그 열매의 분량 즉 성화의 정도는 사람에 따라 다르다. 물론, 이 모든 일들은 오직 하나님의 은혜로 된다(고전 15:10).

이 비유는 천국이 현재 땅 위에서 시작됨을 말한다. 천국은 장차 영광스럽게 이루어질 것이지만, 현재 씨앗처럼 세상에 널리 뿌려지고 있고, 택한 자들의 마음 속에 심겨져 성장하고 열매를 맺는다. 천국의 현재적 단계가 바로 신약교회이다. 교회는 천국의 시작이다. 그러나 이 천국의 현재적 단계는 아직 불완전한 상태에 있다. 외형적으로, 신약교회 속에 중생하지 못한 자들도 들어올 수 있고 또 중생한 자라도 성화의 정도가 다 달라서 어떤 이들은 아직 중생하지 못한 자처럼 옛사람의 성질, 곧 무지하고 죄악된 성질이 남아 있고 그 성질 때문에 그의 삶에 부족함이 많고 선한 열매들이 보이지 않기도 한다.

본문의 교훈을 정리해보자. 첫째로, 구약시대에 선지자들과 의인들은 하나님의 아들 예수 그리스도의 오심을 보기를 원하였고 그의 말씀을 듣기를 원하였으나, 오늘날 우리는 신약성경을 통해 우리 주 예수 그리스도를 알고 그의 기록된 말씀을 통해 그의 교훈을 받고 그의 영 곧 우리 안에 거하시는 성령님을 통해 그의 임재를 느끼며 그의 위로와 격려를 받는다. 우리는 주 예수 그리스도를 알고 믿게 된 것이 하나님의 크신 은혜임을 깨닫고 늘 하나님께 감사와 영광을 돌려야 한다.

둘째로, 우리는 천국 복음을 들을 때 그것을 깨닫고 믿고 확신해야 한다. 골로새서 1:6, "이 복음이 이미 너희에게 이르매 너희가 듣고 참으로 하나님의 은혜를 깨달은 날부터 너희 중에서와 같이 또한 온 천하에서도 열매를 맺어 자라는도다." 로마서 10:17, "믿음은 들음에서 나며 들음은 그리스도의[하나님의](전통본문) 말씀으로 말미암았느니라." 누가복음 1:4, "이는 각하로 그 배운 바의 확실함을 알게 하려 함이로라."

셋째로, 우리는 바른 믿음의 성장을 가로막는 세상의 염려나 돈 사랑, 육신의 쾌락 사랑 등의 장애물들을 제거해야 한다. 누가복음 8:14, "이 생의 염려와 재리와 일락에 기운이 막혀 온전히 결실치 못하는 자요." 디모데전서 6:9-10, "부하려 하는 자들은 시험과 올무와 여러 가지 어리석고 해로운 정욕에 떨어지나니 곧 사람으로 침륜과 멸망에 빠지게 하는 것이라. 돈을 사랑함이 일만 악의 뿌리가 되나니 이것을 사모하는 자들이 미혹을 받아 믿음에서 떠나 많은 근심으로써 자기를 찔렀도다."

넷째로, 우리는 천국 복음을 듣고 깨닫고 믿고 확신하고 행할 바를 행하여 선한 열매를 많이 맺어야 한다. 하나님의 나라의 복음은 하나님의 통치의 회복이며 그것이 구원이다. 하나님의 뜻은 죄인이 구원 얻어 의와 선을 행하는 자가 되는 것이다. 하나님의 말씀을 믿고 행하려면 인내가 필요하다. 누가복음 8:15, "좋은 땅에 있다는 것은 착하고 좋은 마음으로 말씀을 듣고 지키어 인내로 결실하는 자니라." 우리는 믿고 인내하며 실천하여 30배, 60배, 100배의 열매를 맺는 자가 되어야 한다.

24-43절, 곡식과 가라지, 겨자씨, 누룩 비유

〔24-30절〕 **예수께서 그들 앞에 또 비유를 베풀어 가라사대**[말씀하시기를] **천국은 좋은 씨를 제 밭에 뿌린 사람과 같으니 사람들이 잘 때에 그 원수가 와서 곡식 가운데 가라지**(지자니온 ζιζάνιον)[살갈퀴(tare)(KJV, NASB), 잡초(NIV), 독보리(darnel)(Thayer, BDAG)]**를 덧뿌리고 갔더니 싹이 나고 결실할 때에 가라지도 보이거늘 집 주인의 종들이 와서 말하되 주여, 밭에 좋은 씨를 심지 아니하였나이까? 그러면 가라지가 어디서 생겼나이까? 주인이 가로되**[말하기를] **원수가 이렇게 하였구나. 종들이 말하되 그러면 우리가 가서 이것을 뽑기를 원하시나이까? 주인이 가로되**[말하기를] **가만 두어라. 가라지를 뽑다가 곡식까지 뽑을까 염려하노라. 둘 다 추수 때까지 함께 자라게 두어라. 추수 때에 내가 추숫군**[추수꾼]**들에게 말하기를 가라지는 먼저 거두어 불사르게 단으로 묶고 곡식은 모아 내 곳간에 넣으라 하리라.**

예수께서는 제자들에게 또 곡식과 가라지[독보리]의 비유를 하셨다. 어떤 사람이 좋은 씨를 자기 밭에 뿌렸는데, 사람들이 자는 동안 그 원수가 와서 곡식 가운데 가라지를 덧뿌리고 갔다. 싹이 자라고 열매를 맺을 때에 곡식뿐 아니라, 가라지도 보였다. 집 주인의 종들이 말했다. "주여, 밭에 좋은 씨를 심지 아니하였나이까? 그러면 가라지가 어디서 생겼나이까?" 집 주인은 "원수가 이렇게 하였구나"라고 말했다. 종들은 말했다. "그러면 우리가 가서 이것을 뽑기를 원하시나이까?" 그때 주인은 말하였다. "가만 두어라. 가라지를 뽑다가 곡식까지 뽑을까 염려하노라. 둘 다 추수 때까지 함께 자라게 두어라. 추수 때에 내가 추수꾼들에게 말하기를 가라지는 먼저 거두어 불사르게 단으로 묶고 곡식은 모아 내 곳간에 넣으라 하리라."

주인은 가라지를 뽑다가 곡식까지 뽑을까 염려했고 가라지 뽑는 일을 추수 때까지 보류하게 하셨다. 물론, 교회에서 드러난 오류들은 지적되고 교정되어야 한다. 마태복음 18:15-18, "네 형제가 죄를 범하거든 가서 너와 그 사람과만 상대하여 권고하라. 만일 들으면 네가 네 형제를 얻은 것이요 만일 듣지 않거든 한두 사람을 데리고 가서 두세 증인의 입으로 말마다 증참(證參)케 하라. 만일 그들의 말도 듣지 않거든 교회에 말하고 교회의 말도 듣지 않거든 이방인과 세리와 같이 여기라. . . . 무엇이든지 너희가 땅에서 매면 하늘에서도 매일 것이요 무엇이든지 땅에서 풀면 하늘에서도 풀리리라." 고린도전서 5:12-13, "외인(外人)들을 판단하는 데 내게 무슨 상관이 있으리요마는 교중(教中) 사람들이야 너희가 판단치 아니하랴. 외인들은 하나님께서 판단하시려니와 이 악한 사람은 너희 중에서 내어 쫓으라." 그러나 전체 교회의 완전한 정화는 마지막 심판 때까지 유보되었다.

〔31-33절〕 **또 비유를 베풀어 가라사대**[말씀하시기를] **천국은 마치 사람이 자기 밭에 갖다 심은 겨자씨 한 알 같으니 이는 모든 씨보다 작은 것이로되 자란 후에는 나물**(라카논 λάχανον)[채소]**보다 커서 나무가 되매 공중의 새들이 와서 그 가지에 깃들이느니라. 또 비유로 말씀하시되 천국은 마치 여자가 가루 서말 속에 갖다 넣어 전부 부풀게 한 누룩과 같으니라.**

예수께서는 또 겨자씨 비유와 누룩 비유를 하셨다. 이 두 비유는 천국의 확장성(擴張性)을 보인다. 천국은 겨자씨 한 알과 같이 작고 보잘것없는 모습으로 시작되지만, 싹이 나고 점점 자라서 큰 나무가 되듯이 커질 것이다. 예수께서는 제자들을 "적은 무리"라고 부르셨다(눅 12:32). 주님의 제자들은 적은 무리로 시작되었으나, 그들로부터 시작된 구원의 확장은 예루살렘과 온 유대와 사마리아와 땅끝까지 퍼져나갈 것이다. 이것이 사도행전의 역사이었다(행 1:8). 또 천국은 가루 서 말의 밀가루 반죽을 전부 부풀게 한 누룩 같을 것이다. 그것은 비록 가장 작은 것이지만 장차 온 세상에 널리 퍼질 것이다. 이것이 신약교회이다. 과연 신약교회는 2천년의 역사를 지나오면서 심히 커졌고 온 세계 방방곡곡에 널리 세워졌다.

겨자씨 비유에서, 자란 후에는 나무가 되매 공중의 새들이 와서 그 가지에 깃들인다는 말씀은 교회의 부패와 사탄과 악령들의 침입을 암시하는 것 같다. 이것은 교회의 역사와 현실을 볼 때 그렇다. 요한계시록 18:2는 큰 성 바벨론이 각종 더럽고 가증한 새의 모이는 곳이 되었다고 말하는데, 그것은 말세에 배교한 교회의 모습을 보인다.

〔34-35절〕 **예수께서 이 모든 것을 무리에게 비유로 말씀하시고 비유가 아니면 아무것도 말씀하지 아니하셨으니, 이는 선지자로 말씀하신 바 내가 입을 열어 비유로 말하고 창세부터 감추인 것들을 드러내리라 함을 이루려 하심이니라**(시 78:2).

〔36-43절〕 **이에 예수께서 무리를 떠나사 집에 들어가시니 제자들이 나아와 가로되**[말하기를] **밭의 가라지의 비유를 우리에게 설명하여 주소서. 「대답하여 가라사대**[말씀하시기를] **좋은 씨를 뿌리는 이는 인자(人子)요 밭은 세상이요 좋은 씨는 천국의 아들들이요 가라지는 악한 자의 아들들이요 가라지를 심은 원수는 마귀요 추수 때는 세상 끝이요 추숫군**[추수꾼]**은 천사들이니 그런즉 가라지를 거두어 불에 사르는 것같이 세상 끝에도 그러하리라. 인자가 그 천사들을 보내리니 저희가 그 나라에서 모든 넘어지게 하는 것과 또 불법을 행하는 자들을 거두어 내어 풀무 불에 던져 넣으리니 거기서 울며 이를 갊이 있으리라. 그때에 의인들은 자기 아버지 나라에서 해와 같이 빛나리라.** [들을](전통본문)24) **귀 있는 자는 들으라.**

좋은 씨를 뿌리는 자는 인자(人子) 곧 예수 그리스도이시다. 그는 지금도 하나님 보좌 오른편에 계시며 성령으로 전도자들을 통하여 계속 좋은 씨를 뿌리신다. 밭은 세상이다. 좋은 씨는 천국의 아들들이다. 씨 뿌리는 자의 비유에서 씨는 천국 말씀이었지만, 곡식과 가라지 비유에서 씨는 천국의 아들들이다. 그들은 자신들의 죄를 회개하고 예수 그리스도를 믿은 자들이다. 그들이 모여 교회를 이룬다.

가라지는 악한 자의 아들들 즉 마귀의 자녀들을 가리켰다. 가라지를 심은 원수는 마귀이다. 원수가 가라지를 뿌렸다는 것을 보면, 이 가라지는 이단자들과 거짓 신자들을 가리킨다고 본다. 그들은 교회

---

24) Byz C D W it$^{d\ ff2\ h}$ vg^{cl} syr$^{p\ c\ s}$ cop$^{sa\ meg\ bo}$ arm Diatessaron^{arm} Origen 등.

안에 있으나 중생하지 못한 자들이다. 41절 말씀대로, 그들은 교회에서 다른 사람들을 넘어지게 하는 자들이며 불법을 행하는 자들이다.

그러나 추수 때가 있다. 그것은 하나님께서 온 세상을 심판하시는 마지막 심판 때이다. 추수꾼들은 천사들이다. 이 세상의 끝날에 심판 때에 천사들은 하나님의 나라 곧 신약교회에서 모든 넘어지게 하는 자들과 불법을 행하는 자들을 제거하여 풀무불 곧 지옥불에 던질 것이다. 그러나 의인들은 하나님의 나라에서 해와 같이 빛날 것이다.

본문의 교훈을 정리해보자. 첫째로, 하나님의 나라는 작은 데서부터 시작되어 성장하여 세계적인 교회가 될 것이다. 그러므로 우리는 자기가 속한 교회가 비록 작을지라도 낙심해서는 안 된다. 우리는 하나님의 뜻과 명령이 세계복음화임을 알고 오늘날 세계교회의 성장과 확장을 바라보고 감사하고 또 노력해야 한다(마 24:14; 눅 24:47; 행 1:8; 계 7:9).

둘째로, 신약교회는 영적 전쟁터이다. 마귀는 예수 그리스도의 구원 사역을 방해하며 교회들을 부패시킨다. 배교 활동의 중심에는 마귀가 있다. 그러나 하나님의 구원의 계획은 다 이루어질 것이다. 교회 안에서 다른 사람들을 넘어지게 하고 불법을 행하던 악한 자들은 세상 끝날 곧 마지막 심판 때에 영원한 지옥 불못에 던지울 것이다. 그러나 의인들은 하나님의 나라에서 해와 같이 빛나며 기쁨과 행복을 누릴 것이다.

셋째로, 우리는 현실 교회의 불완전함을 보고 낙심해서는 안 된다. 우리는 교회의 순결성 지키기를 힘써야 하고 지교회와 교단은 권징을 충실히 시행해야 하지만, 현실 교회는 불완전하다. 교회에는 구원 얻은 곡식도 있고 중생치 못한 가라지도 있다. 우리는 교회의 온전함을 위해 노력해야 하지만, 또한 교회의 연약을 보고 낙심하지 말아야 한다.

넷째로, 우리는 종교적 형식으로 만족하지 말고 내면적 은혜, 곧 참된 믿음과 소망과 사랑을 갖추어야 한다. 우리가 가라지가 아니고 참된 곡식일진대, 우리는 경건과 의와 거룩과 선과 진실을 나타내야 한다.

44-58절, 보화, 진주 장사, 그물 비유

〔44-46절〕 천국은 마치 밭에 감추인 보화와 같으니 사람이 이를 발견한 후 숨겨 두고 기뻐하여 돌아가서 자기의 소유를 다 팔아 그 밭을 샀느니라. 또 천국은 마치 좋은 진주를 구하는 장사와 같으니 극히 값진 진주 하나를 만나매 가서 자기의 소유를 다 팔아 그 진주를 샀느니라.

예수께서는 또 보화의 비유와 진주 장사의 비유를 하셨다. 이 두 비유는 천국의 존귀성을 보인다. 천국의 존귀성은 영생과 예수 그리스도의 존귀성일 뿐만 아니라, 또한 천국의 백성된 자들의 존귀성이다. 천국과 영생은 우리가 모든 소유를 다 팔아도 살 수 없을 정도의 가치를 가진 나라요 생명이다. 그러나 예수께서는 이 비유에서 천국 백성의 존귀성을 강조하신 것 같다. 하나님께서 선택하신 천국 백성은 밭에 감추인 보화와 같고, 극히 값진 진주와 같다. 출애굽기 28:9, 12, "호마노 두 개를 취하여 그 위에 이스라엘 아들들의 이름을 새기되," "그 두 보석을 [대제사장의 의복인] 에봇 두 견대에 붙여 이스라엘 아들들의 기념 보석을 삼되 아론이 여호와 앞에서 그들의 이름을 그 두 어깨에 메어서 기념이 되게 할지며." 28:21, "[대제사장의 의복인 판결흉패에 붙이는] 이 보석들은 이스라엘 아들들의 이름대로 열둘이라. 매 보석에 열두 지파의 한 이름씩 인을 새기는 법으로 새기고." 예수께서는 밭에 감추인 보화를 얻기 위해 또 극히 값진 진주를 얻기 위해, 자기 소유를 다 팔아 그 밭과 그 진주를 사듯이 자기 목숨을 바쳐 그 영혼들을 사셨다. 이것은 구원 얻은 우리에게 감당할 수 없는 은혜이다. 주께서는, 짐승처럼 무지하고 벌레같이 무가치한 우리들을 귀한 보화같이, 극히 값진 진주같이 존귀하게 여기셨다.

〔47-50절〕 또 천국은 마치 바다에 치고 각종 물고기를 모는 그물과 같으니 그물에 가득하매 물가로 끌어내고 앉아서 좋은 것은 그릇에 담고 못된 것은 내어버리느니라. 세상 끝에도 이러하리라. 천사들이 와서 의인 중에서 악인을 갈라내어 풀무불에 던져 넣으리니 거기서 울며 이를 갊이 있으리라.

주께서는 또 그물 비유를 하셨다. 이 비유는 천국의 현재적 단계인 신약교회가 각종 물고기를 모으는 그물과 같음을 보인다. 그물에는 좋은 고기와 나쁜 고기가 다 들어 있듯이, 현재의 신약교회에는 의인과 악인이 세상 끝날까지 섞여 있을 것이다. 지상의 교회는 불완전할 것이다. 그러나 마지막 심판 때에 교회 안에 있는 의인들과 악인들은 완전히 분리될 것이다. 악인들은 분리되어 영원한 지옥불에 던지울 것이며 거기서 고통 중에 부르짖을 것이다. 천국은 온전한 의인들의 나라, 곧 진선미(眞善美)의 영광스런 세계가 될 것이다.

〔51-52절〕 이 모든 것을 깨달았느냐 하시니 대답하되 [주님이시여](Byz) **그러하오이다. 예수께서 가라사대**[말씀하시기를] **그러므로 천국의 제자된 서기관마다 마치 새것과 옛것을 그 곳간에서 내어오는 집주인과 같으니라.**

천국의 제자된 서기관은 신약교회의 말씀의 사역자들을 가리키며 '새것'과 '옛것'은 신약성경과 구약성경을 가리킨다고 본다. 신약교회의 말씀의 사역자들은 하나님의 백성에게 신구약성경에서 영의 양식을 공급한다. 우리에게는 성경이라는 풍부한 말씀 곳간이 있다. 하나님의 백성들은 이 곳간을 두고 영적으로 굶주리는 일이 없어야 한다.

그러므로 우리는 개인적으로 늘 성경을 읽고 묵상하고 또 교회적으로 늘 성경을 강해하고 그것을 듣고 배우고 복습함으로 영의 양식의 부족함이 없어야 한다. 시편 1:1-3, "복 있는 사람은 악인의 꾀를 좇지 아니하며 죄인의 길에 서지 아니하며 오만한 자의 자리에 앉지 아니하고 오직 여호와의 율법을 즐거워하여 그 율법을 주야로 묵상하는 자로다. 저는 시냇가에 심은 나무가 시절을 좇아 과실을 맺으며 그 잎사귀가 마르지 아니함 같으니 그 행사가 다 형통하리로다." 시편 119:165, "주의 법을 사랑하는 자에게는 큰 평안이 있으니 저희에게 장애물이 없으리이다." 마태복음 28:19-20, "그러므로 너희는 가서 모든 족속으로 제자를 삼아 아버지와 아들과 성령의 이름으로 세례를 주고 내가 너희에게 분부한 모든 것을 가르쳐 지키게 하라." 데살로니가후서 2:15, "굳게 서서 말로나 우리 편지로 가르침을 받은 유전을 지키라." 요한계시록 1:3, "이 예언의 말씀을 읽는 자와 듣는 자들과 그 가운데 기록한 것을 지키는 자들이 복이 있나니." 성경말씀을 읽고 듣고 받고 믿고 행하는 것은 참된 성도들의 표가 될 것이다.

〔53-58절〕 예수께서 이 모든 비유를 마치신 후에 거기를 떠나서 고향으로 돌아가사 저희 회당에서 가르치시니 저희가 놀라 가로되[말하기를] **이 사람의 이 지혜와 이런 능력이 어디서 났느뇨? 이는 그 목수의 아들이 아니냐? 그 모친은 마리아, 그 형제들은 야고보, 요셉**[요세스]**, 시몬, 유다라 하지 않느냐? 그 누이들은 다 우리와 함께 있지 아니하냐? 그런즉 이 사람의 이 모든 것이 어디서 났느뇨 하고 예수를 배척한지라. 예수께서 저희에게 말씀하시되 선지자가 자기 고향과 자기 집 외에서는 존경을 받지 않음이 없느니라 하시고 저희의 믿지 않음을 인하여 거기서 많은 능력을 행치 아니하시니라.**

예수께서는 이 모든 비유들을 마치신 후 거기를 떠나서 고향으로 돌아가 그들의 회당에서 가르치셨다. 그러나 고향 사람들은 놀라며 "이 사람의 이 지혜와 이런 능력이 어디서 났느뇨? 이는 그 목수의 아들이 아니냐? 그 모친은 마리아, 그 형제들은 야고보, 요셉, 시몬, 유다라 하지 않느냐? 그 누이들은 다 우리와 함께 있지 아니하냐?"라고 말했다. 마가복음 6:3은 "이 사람이 마리아의 아들 목수가 아니냐? 야고보와 요셉과 유다와 시몬의 형제가 아니냐?"라고 말하며 그들이 그를 배척했다고 증거한다. 천주교는 예수님의 모친 마리아가 평생 처녀로 살았다고 주장하나 신약성경은 예수님을 마리아의 맏아들이라고 증거했고(마 1:25 전통사본; 눅 2:7) 그의 동생들의 이름을 열거하는 것이다. 마리아는 보통 여자와 똑같은 여자이었다.

나사렛 사람들은 예수님을 목수의 아들인 평범한 사람으로 간주하였다. 그들은 그의 어린 시절이나 그의 남동생들과 누이들에 대해 잘 알고 있었다. 그들은 그를 낮추어 보았고 배척했다. 그의 어린 시절에는 그의 신적 영광이 감춰어 있었던 것 같고, 그는 30세가 되어 메시아로서 전도 사역을 시작하시고 많은 기적들을 행하심으로 그 신성(神性)의 영광을 나타내셨으나, 그들에게는 아직 그의 신적 영광을 보는 눈이 열리지 않았다. 예수께서는 그들에게 "선지자가 자기 고향과 자기 집 외에서는 존경을 받지 않음이 없느니라"고 말씀하셨고, 또 그들의 믿지 않음을 인하여 거기서 많은 능력을 행하지 않으셨다.

본문의 교훈을 정리해보자. 첫째로, 예수 그리스도께서는, 하나님을 알지 못하고 죄 가운데 낙을 누리던 우리들, 벌레같이 무가치한 우리를 귀한 보화와 극히 값진 진주같이 여기셨고 우리를 위해 자기의 모든 것, 곧 자기의 목숨을 희생하셨다. 예수님 믿는 우리는 하나님의 아들의 핏값으로 사신 바된 존귀한 자들이다. 하나님께서는 우리를 보화와 진주같이 여기셨다. 우리는 그 은혜를 감사하며 그를 위해 살아야 한다.

둘째로, 우리는 늘 성경을 읽고 묵상하고 또 교회에서 함께 성경을 읽고 강해하고 듣고 배우고 복습하고 믿고 행함으로써 양식의 부족이 없어야 한다. 성경을 사랑하는 자는 큰 평안이 있다. 성경을 읽고 듣고 믿고 행하는 것은 참 성도의 표가 될 것이다. 성경을 주야로 묵상하는 자는 시냇가의 나무처럼 복되고 형통할 것이며(시 1:2-3), 성경을 사랑하는 자에게는 큰 평안이 있고 장애물이 없을 것이다(시 119:165).

셋째로, 우리는 예수께서 하나님의 아들이심을 알고 그 신성(神性)의 영광을 알고 그를 믿고 섬겨야 한다. 예수께서는 하나님의 아들 그리스도이시며 영광의 주님이시다(요 20:31; 고전 2:8). 고린도후서 4:6, "어두운 데서 빛이 비취리라 하시던 그 하나님께서 예수 그리스도의 얼굴에 있는 하나님의 영광을 아는 빛을 우리 마음에 비취셨느니라."

넷째로, 우리는 예수 그리스도를 믿는 다른 성도도 귀히 여겨야 한다. 우리는 그의 외모, 재산, 학력, 사회적 신분 등의 외적 조건을 보지 말고 하나님께서 주신 믿음과 인격을 보고 귀히 여기고 사랑해야 한다. 그를 영접하는 것은 곧 예수 그리스도를 영접하는 것이다(마 18:5; 25:40).

14장: 떡의 기적

1-21절, 세례 요한의 죽음, 5병 2어의 기적

〔1-5절〕 그때에 분봉 왕(영토를 나누어 통치하는 왕) **헤롯이 예수**[님]**의 소문을 듣고 그 신하들에게 이르되**[말하기를] **이는 세례 요한이라. 저가 죽은 자 가운데서 살아났으니 그러므로 이런 권능이 그 속에서 운동하는도다 하더라. 전에 헤롯이 그 동생 빌립의 아내 헤로디아의 일로 요한을 잡아 결박하여 옥에 가두었으니 이는 요한이 헤롯에게 말하되 당신이 그 여자를 취한 것이 옳지 않다 하였음이라. 헤롯이 요한을 죽이려 하되 빈숭**(오클로스 ὄχλος)[군중, 사람들]**이 저를 선지자로 여기므로 민중**[군중]**을 두려워하더니.**

이 헤롯은 헤롯 대왕의 아들들 중 하나인 헤롯 안디바이다. 그는 갈릴리 지방과 요단강 동쪽의 베뢰아 지방을 다스렸다. 다른 아들들로는 팔레스틴 북동쪽의 이두래와 드라고닛을 다스렸던 헤롯 빌립과, 남쪽의 유다와 사마리아를 다스렸던 헤롯 아켈라오가 있었다. 전에 헤롯 안디바는 그의 동생 빌립의 아내 헤로디아의 일로 요한을 잡아 결박하여 옥에 가두었었다. 이는 요한이 헤롯에게 당신이 그 여자를 취한 것이 옳지 않다고 말하였기 때문이었다. 헤롯 안디바는 자신의 첫째 아내인 아라비아의 아레타스 왕의 딸을 버리고 자기의 동생의 아내를 취했었다. 하나님의 사람 요한은 헤롯의 그 잘못을 용감하게 바로 지적하였고 그 지적 때문에 그는 옥에 갇히게 된 것이었다.

헤롯은 요한을 죽이려 하였으나 군중이 그를 선지자로 여기므로 그들을 두려워했다. 마가복음에 보면, 실상 헤로디아가 요한을 원수로 여겨 죽이고자 했고 헤롯은 요한을 의롭고 거룩한 사람으로 알고 두려워하여 보호했다(막 6:19-20). 악인들은 양심에 비추어 옳은 일을 하기보다는 단지 사람들의 눈을 의식하고 그들의 말을 두려워할 뿐이다. 군중이 하나님의 선지자로 인정하는 자를 그 나라의 왕과 왕후가 정당한 이유 없이 죽이려 했다는 것은 매우 나쁜 일이었다.

〔6-8절〕 마침 헤롯의 생일을 당하여 헤로디아의 딸이 연석[연회석, 잔치자리] **가운데서 춤을 추어 헤롯을 기쁘게 하니 헤롯이 맹세로 그에게 무엇이든지 달라는 대로 주겠다 허락하거늘 그가 제 어미의 시킴을 듣고 가로되**[말하기를] **세례 요한의 머리를 소반에 담아 여기서 내게 주소서 하니.**

헤롯은 생일을 맞아 잔치를 했다. 사람들은 생일을 축하하며 잔치를 연다. 그러나 하나님을 경외하며 그에게 감사함이 없는 생일 축하는 무의미하다. 불경건한 자의 생일은 복이 아니고 지옥을 향한 걸음일 뿐이다. 육신의 생일이 영원한 천국의 삶으로 이어지는 경우가 아니라면 사람의 생일 축하에 대단한 의미와 가치는 없다.

헤롯의 생일 잔치에서 헤로디아의 딸은 춤을 추어 헤롯을 기쁘게 했다. 헤롯은 그 소녀에게 무엇이든지 달라는 대로 주겠다고 맹세하며 말했다. 헤로디아의 딸은 자기 어머니의 시킴을 듣고 "세례 요한의 머리를 소반에 담아 여기서 내게 주소서"라고 요청했다. 헤로디아는 자기의 잘못을 뉘우치려 하지 않고 오히려 선지자 요한을 미워해 옥에 가두게 했을 뿐 아니라, 또한 이제 그를 죽이려 한 것이다.

〔9-12절〕 왕이 근심하나 자기의 맹세한 것과 그 함께 앉은 사람들을 인하여 주라 명하고 사람을 보내어 요한을 옥에서 목베어 그 머리를 소반에 담아다가 그 여아에게 주니 그가 제 어미에게 가져가니라. 요한의 제자들이 와서 시체를 가져다가 장사하고 가서 예수께 고하니라[고하였더라].

왕은 허세(虛勢)로 한 자기의 맹세와 약속에 자기 자신이걸렸다. 그가 근심한 것은 양심의 거리낌과 백성에 대한 두려움 때문이었을 것이다. 그러나 그는 자기의 맹세한 것 때문에 주라고 명하고 사람을 보내어 요한을 옥에서 목베어 그 머리를 소반에 담아다가 그 소녀에게 주었고 그 소녀는 그것을 그 어머니에게 가져갔다.

헤롯은 공의의 판단과 처리보다 자기의 명예와 체면을 더 중시했다. 그래서 그는 자기 권력을 남용하여 하나님의 사람 요한을 죽이도록 명령했던 것이다. 요한의 목은 잘리웠고 그의 머리는 소반에 담겨 왔다. 사람의 악한 미움과 복수심은 기어코 이런 끔찍한 일을 만들고 말았다. 사람은 만물보다 더 악하고 부패한 존재이다.

세례 요한은 이렇게 옥중에서 목베임으로 그 생을 마쳤다. 이것이 하나님께서 요한을 위해 작정하신 생애의 끝이었다. 그러나 이것은 그에게 결코 수치가 아니고 영광이었다. 사람은 누구나 한번 죽을 것이며, 의로운 순교자의 죽음 후에는 영광과 큰 상급이 따른다.

세례 요한이 죽기까지 그를 따른 제자들이 있었다. 메시아가 오셨으나 그들은 아직 메시아에게 속하지 않았다. 세례 요한의 시대와 예수 그리스도의 시대는 얼마 동안 중첩되었다. 요한 자신이나 그의 제자들은 아직 예수님의 제자가 되지 않았다. 그러나 세례 요한이 죽은 후 그의 제자들은 예수님의 제자가 되었을 것이다. 이제 한 시대는 갔고 한 시대가 왔다. 세례 요한의 시대가 끝났고 메시아의 시대가 왔다.

〔13-14절〕 예수께서 들으시고 배를 타고 떠나사 따로 빈들에 가시니 무리[군중, 사람들]**가 듣고 여러 고을로부터 걸어서 좇아간지라. 예수께서 나오사 큰 무리를 보시고 불쌍히 여기사 그 중에 있는 병인을 고쳐 주시니라.**

예수께서는 세례 요한이 옥에서 목베임을 당했다는 소식을 들으셨고 헤롯이 자기를 세례 요한이 다시 살아난 것이 아닌가라고 말한다는 소문도 들으셨을 것이다. 그는 들으시고 배를 타고 떠나셔서 따로 빈들에 가셨다. 사람들은 그가 어디 계신다는 말을 듣고 여러 고을로부터 걸어서 그를 좇아갔다. 예수께서는 나오셔서 큰 무리를 보시고 그들을 불쌍히 여기셨다. 구약교회는 부패되어 있었고 그 지도자들은 하나님을 진심으로 경외치 않았다. 사람들은 목자 없는 양들같이 방황하고 있었다. 예수께서는 그 중에 있는 병자들을 고쳐주셨다. 그는 그의 신적 능력으로 그 병자들을 고쳐주신 것이다.

〔15-18절〕 저녁이 되매 제자들이 나아와 가로되[말하기를] **이 곳은 빈들이요 때도 이미 저물었으니 무리를 보내어 마을에 들어가 먹을 것을 사**

먹게 하소서. 예수께서 가라사대[말씀하시기를] **갈 것 없다. 너희가 먹을 것을 주어라. 제자들이 가로되**[말하기를] **여기 우리에게 있는 것은 떡 다섯 개와 물고기 두 마리뿐이니이다. 가라사대**[말씀하시기를] **그것을 내게 가져오라 하시고.**

저녁 시간이 이미 지났지만 사람들은 돌아갈 생각을 하지 않았다. 그들은, 예배가 끝나자마자 바삐 집으로 돌아가는 오늘날 교인들과 달랐다. 제자들도 그들을 돌려보내자고 제안하지 않았고, 단지 식사 시간이니까 마을에 들어가 음식을 사먹게 하자고 말했다. 그 방황하며 갈망하는 무리를 위해 주께서는 자리를 피하거나 그들을 강제로 해산시키려 하지 않으셨다. 그는 오히려 그들의 육신적 양식에 관심을 가지셨다. 그는, "갈 것 없다. 너희가 먹을 것을 주어라"고 말씀하셨다. 제자들은 "여기 우리에게 있는 것은 떡 다섯 개와 물고기 두 마리뿐이니이다"라고 말했다. 요한복음에 보면, 그것들은 한 아이가 예수님께 드린 것이었다(요 6:8-9). 그 떡 다섯 개는 너무 부족한 것이었지만, 하나님의 아들 예수께서는 그 보잘것없는 것을 가지고 그 많은 무리들을 배부르게 먹이실 수 있고 그렇게 하실 것이다.

〔19-21절〕 무리를 명하여 잔디 위에 앉히시고 떡 다섯 개와 물고기 두 마리를 가지사 하늘을 우러러 축사하시고 떡을 떼어 제자들에게 주시매 제자들이 무리에게 주니 다 배불리 먹고 남은 조각을 열두 바구니[광주리]**에 차게 거두었으며 먹은 사람은 여자와 아이 외에** [약](호세이 ὡσεὶ)(KJV, NASB) **5천명이나 되었더라.**

주께서는 무리를 잔디 위에 앉히시고 떡 다섯 개와 물고기 두 마리를 가지고 하늘을 우러러 축사하셨다. '축사한다'는 원어(율로게오 εὐλογέω)는 '감사한다'는 뜻이다. 주께서는 보잘것없어 보이는 음식물을 하나님께 감사하셨다. 그는 떡을 떼어 제자들에게 주셨고 제자들은 그것을 무리에게 주었다. 그런데 놀랍게도 무리들은 다 배불리 먹었고 남은 조각을 열두 바구니에 차게 거두었다. 주님의 떡 기적은 겨우 배고픔을 면하는 정도가 아니고 무리에게 배부름을 주는 것이었다. 떡을 먹은 사람들은 여자와 아이 외에 약 5천명이 되었다. 즉 장년 남자만 약 5천명이었다. 오늘날처럼, 그 당시에도 많은 여자들과 아이들이 함께 있었을 것이다. 그렇다면, 그 무리들은 만 명이 족히 넘었을 것이다. 이것은 대단한 숫자이었다. 그 많은 무리들이 그 저녁에 놀라운 떡 기적에 참여하였다. 그들은 다 이 일에 증인들이었다.

본문의 교훈을 정리해보자. 첫째로, 헤롯과 헤로디아는 세례 요한의 목을 베었다. 음행하거나 악을 행하는 자는 천국에 들어갈 수 없다. 우리는 모든 죄를 버리고 예수님의 의만 의지하고 작은 실수라도 행치 않도록 힘쓰고 하나님의 말씀과 양심에 따라 의와 선만 행해야 한다.

둘째로, 세례 요한은 옥에서 순교하였다. 모두가 다 순교자가 되는 것은 아니지만, 순교로 생을 마치는 자도 있다. 우리는 사람의 생애가 하나님이 작정대로 됨을 알아야 한다. 하나님께서 우리를 위해 무슨 일을 작정하셨든지 간에, 우리는 우리의 목숨을 하나님께 맡기며 하나님의 영광스런 나라를 소망하며 오직 믿음과 계명 순종으로 살아야 한다.

셋째로, 떡 다섯 개와 물고기 두 마리로 5천명 이상 먹이신 예수께서는 확실히 하나님의 아들이시다. 한 알의 씨가 썩어 수천 혹은 수만 개의 낟알을 만들어 내는 것은 창조주 하나님만 아시는 신비한 법칙이다. 하나님께서는 전능하신 신이시다(욥 42:2). 예수께서 행하신 떡 기적은 그의 신성(神性), 즉 그가 하나님의 아들 그리스도이심을 증거한다.

넷째로, 떡 기적은 하나님께서 자기 백성들에게 일용할 양식을 풍성히 공급해주실 수 있음도 증거한다. 창조주 하나님께서는 모든 생물들을 기르시고 먹이시는 섭리자이시다(시 104:25-29). 그는 자기 백성들에게도 날마다 일용할 양식을 주신다(마 6:11). 그러므로 우리는 의식주의 문제를 염려하지 말고, 오직 먼저 하나님의 나라와 그의 의를 구해야 하며(마 6:33) 하나님을 믿고 그의 뜻과 교훈에 순종하며 살아야 한다.

22-36절, 바다 위로 걸어오심

〔22-24절〕 예수께서 즉시 제자들을 재촉하사 자기가 무리를 보내는 동안에 배를 타고 앞서 건너편으로 가게 하시고 무리를 보내신 후에 기도하러 따로 산에 올라가시다. 저물매 거기 혼자 계시더니 배가 이미 육지에서 수리나 떠나서[바다 가운데 있어](전통본문, KJV)[25] **바람이 거슬리므로**[거슬르므로] **물결을 인하여 고난을 당하더라.**

예수께서는 즉시 제자들을 재촉하사 자기가 무리를 보내는 동안에 배를 타고 앞서 건너편으로 가게 하셨다. 그는 무리를 보내신 후에 육신적으로는 피곤하셨을 것이지만 기도하러 따로 산에 올라가셨다. 날이 저물었고 그는 산에 여러 시간 머무셨다. 하나님의 아들이신 그는 기도가 필요하지 않으셨다고 보이지만, 밤 4경 즉 새벽까지(25절) 산에 계신 것을 보면, 그는 밤새도록 아버지께 기도하셨다고 보인다. 신성(神性)을 가진 그는 친히 기도의 본을 보이셨다. 연약한 인생인 우리는 기도가 필요하다. 기도는 살아계신 하나님을 체험하는 길이며 어려울 때 하나님의 위로와 힘을 얻는 길이다.

제자들이 탄 배는 육지에서 멀리 떠나 바다 가운데 있었다. 갈릴리 바다는 사방이 육지로 둘러싸인 타원형 바다인데, 남북의 직경은 약 21킬로미터, 대략 합정동에서 안양까지의 거리이며, 동서의 직경은 약 11킬로미터, 대략 합정동에서 동대문까지의 거리인 큰 바다이다.

제자들이 탄 배는 바다 가운데서 거센 바람과 흉흉한 물결로 인해 어려움을 당하고 있었다. 전날 떡 다섯 개와 물고기 두 마리로 여자와 아이들 외에 5천명이나 먹게 하셨던 예수님의 놀라운 떡 기적을 체험했던 제자들은 그 기적의 감격이 아직 생생히 남아 있었던 때에 어려운 일을 당했다. 바다는 항상 안정이 없다. 이 세상은 바다와 같이 항상 안정이 없고 평안과 환난이 번갈아 찾아온다. 전도서 7:14,

---

25) Byz ℵ C (D) W it[a b (d e) ff2 h] vg cop[meg?] Origen 등.

"형통한 날에는 기뻐하고 곤고한 날에는 생각하라. 하나님께서 이 두 가지를 병행하게 하사 사람으로 그 장래 일을 능히 헤아려 알지 못하게 하셨느니라." 세상의 불안정은 하나님의 섭리적 훈련 과정이다.

〔25-27절〕 밤 사경에 예수께서 바다 위로 걸어서 제자들에게 오시니 제자들이 그 바다 위로 걸어오심을 보고 놀라 유령이라 하며 무서워하여 소리 지르거늘 예수께서 즉시 일러 가라사대[말씀하시기를] **안심하라. 내니 두려워 말라.**

밤 사경(四更) 즉 대략 새벽 3시부터 6시 즈음 예수께서는 바다 위로 걸어서 제자들에게 오셨다. 그는 밤새도록 산에서 기도하며 계셨고 새벽녘에 제자들에게 오셨다. 그것은 어려움 당한 제자들을 위해, 그들을 도우시기 위해 그가 급히 바다 위로 걸어서 오신 것이었다. 하나님의 아들이신 예수께서는 풍랑 이는 바다 위로 걸어오실 수 있었다. 피조물인 사람도 무거운 비행기를 하늘에 날게 하고 큰 배를 바다에 띄우기도 한다. 사람은 꽤 지혜와 능력이 있는 존재이다. 하물며 천지만물을 창조하신 하나님께는 불가능한 일들이 없다. 예수께서 바다 위로 걸어오신 것은 그가 하나님의 아들이심을 증거한다.

제자들은 그가 바다 위로 걸어오심을 보고 놀라 유령이라고 말하며 무서워하여 소리질렀다. 그러나 예수께서는 즉시, "안심하라. 내니 두려워 말라"고 말씀하셨다. 그는 단지 그들을 놀라게 하려고 오신 것이 아니었다. 그는 그 캄캄한 밤에 바다에서 거센 바람과 물결로 인해 큰 고난을 당하는 제자들을 도우시려고 오신 것이었다.

〔28-32절〕 베드로가 대답하여 가로되[말하기를] **주**[님이시]**여, 만일 주**[님]**시어든 나를 명하사 물 위로 오라 하소서 한대 오라 하시니 베드로가 배에서 내려 물 위로 걸어서 예수께로 가되** [거센][26] **바람을 보고 무서워 빠져 가는지라. 소리질러 가로되**[말하기를] **주**[님이시]**여, 나를 구원하소서 하니 예수께서 즉시 손을 내밀어 저를 붙잡으시며 가라사대**[말씀하시기를] **믿음이**

---

26) Byz C D it[a b d e ff2 h] vg syr[p c s] arm Origen 등.

적은 자여, 왜 의심하였느냐 하시고 배에 함께 오르매 바람이 그치는지라.

베드로는 예수님의 신적 인격과 능력을 믿었다. 그는 잠시 바다 위로 걸었다. 그는 사람들 중에서 유일하게 물 위로 걸은 자이었다. 그러나 베드로는 얼마 걷지 못해 거센 바람을 보고 무서워 빠져 갔고 "주님이시여, 나를 구원하소서"라고 외쳤다. 예수께서는 즉시 손을 내밀어 그를 붙잡아주시며 그에게 "믿음이 적은 자여, 왜 의심하였느냐?"고 말씀하셨다. 성도는 세상의 어려운 현실만 보고 하나님을 의심하고 낙망하지 말고 더욱 굳게 하나님을 믿고 의지해야 한다. 예수께서 배에 오르시자 바람은 그쳤다. 그는 제자들을 도우셨고 바람을 잔잔케 하셨다. 그는 그 일을 위해 급히 바다 위로 걸어오신 것이었다.

〔33-36절〕 배에 있는 사람들이 예수께 절하며(프로스퀴네오 προσκυνέω) [경배하며](KJV, NASB) **가로되 진실로 하나님의 아들이로소이다 하더라. 저희가 건너가 게네사렛 땅에 이르니 그 곳 사람들이 예수신 줄을 알고 그 근방에 두루 통지하여 모든 병든 자를 예수께 데리고 와서 다만 예수**[님]**의 옷가에라도 손을 대게 하시기를 간구하니 손을 대는 자는 다 나음을 얻으니라.**

배에 있는 사람들은 예수님께 엎드려 절하며 경배했다. 또 그들은 그에게 "진실로 하나님의 아들이로소이다"라고 고백하였다. 그것은 바른 고백이었다. 바다 위로 걸어오신 예수님은 단지 사람이 아니셨다. 그는 신성(神性)을 가진 하나님의 아들께서 사람이 되신 분, 즉 하나님께서 사람이 되신 분이시다. 예수 그리스도께서는 하나님이시며 사람이신 독특한 인격이시다. 기독교인들은 단지 예수님을 한 위대한 인물로 믿는 것이 아니고, 사람이 되신 하나님의 아들로 믿는다.

예수께서는 죄인들의 영혼을 구원하러 오셨지만, 몸에 병든 자들도 많이 고쳐주셨다. 사람들은 예수님의 옷가에라도 손을 대게 하시기를 간구하였고 손을 대는 사람들은 다 고침을 받았다. 마태복음 4:23, "[예수께서] 백성 중에 모든 병과 모든 약한 것을 고치시니라." 예수 그리스도께서는 사람들의 모든 문제들의 해결자이시다. 그는 그에게 간구하는 모든 병자들의 간구를 다 들어주셨다. 그들은 다 병 고침을 받았다. 그것은 기도의 체험이었다. 마태복음 7:7, "구하라 그러면 너희에게 주실 것이요 찾으라 그러면 찾을 것이요 문을 두드리라 그러면 너희에게 열릴 것이니." 시편 50:15, "환난 날에 나를 부르라. 내가 너를 건지리니 네가 나를 영화롭게 하리로다."

본문의 교훈을 정리해보자. 첫째로, 우리는 예수님을 하나님의 아들 그리스도로 믿어야 한다. 예수께서는 풍랑 이는 바다 위로 걸어오셨고 많은 병자들를 고쳐주셨다. 이런 일들은 그가 하나님의 아들 그리스도이심늘 증거한다. 예수님은 하나님의 아들께서 사람이 되신 분이시다. 신약성경 특히 네 권의 복음서에 기록된 그의 기적들과 죽은 지 3일 만의 부활은 그것을 증거한다. 그는 사람이시며 하나님이신 독특한 인격이시다. 우리는 예수께서 하나님의 아들 그리스도이심을 믿어야 한다.

둘째로, 예수께서는 우리를 죄에서 건져주시는 구주이실 뿐 아니라, 세상에서 당하는 모든 어려운 일들에서 우리를 도와주실 주님이시다. 바다 위로 걸어와 제자들을 도우시고 믿음 적은 베드로의 손을 잡아주셨고 많은 병자들을 고쳐주셨다. 그는 오늘도 그를 믿는 자들을 도와주실 것이다. 이사야 41:10, "두려워 말라. 내가 너와 함께함이니라. 놀라지 말라. 나는 네 하나님이 됨이니라. 내가 너를 굳세게 하리라. 참으로 너를 도와주리라. 참으로 나의 의로운 오른손으로 너를 붙들리라."

셋째로, 우리는 하나님께 기도하기를 힘써야 한다. 예수께서는 육신의 피곤에도 불구하고 밤새도록 산에서 기도하셨다. 하나님의 아들이신 그가 기도하기를 힘쓰셨다면, 육신의 연약성과 죄성을 가진 우리들은 더욱 기도하기를 힘써야 한다. 병고침을 간구한 사람들은 다 고침을 받았다. 우리는 하나님의 기도 응답을 믿는다. 시편 65:2, "기도를 들으시는 주님이시여, 모든 육체가 주님께 나아오리이다." 우리는 마음의 평안, 몸의 건강, 환경적 평안을 위해서도 하나님께 기도해야 한다.

15장: 마음의 더러움

1-20절, 사람을 더럽히는 것

〔1-2절〕 그때에 바리새인과 서기관들이 예루살렘으로부터 예수께 나아와 가로되[말하기를] **당신의 제자들이 어찌하여 장로들의 유전(遺傳)을 범하나이까? 떡 먹을 때에 손을 씻지 아니하나이다.**

떡 먹을 때 손을 씻는 것은 위생적으로 좋은 일이다. 또 장로들의 교훈이나 교회의 전통은 그것이 성경에 어긋나지 않는다면 따르는 것이 덕스러운 일이다. 그러나 떡 먹을 때 손을 씻지 않은 것이 비난할 만큼 큰 문제는 아니다. 그러나 사람들은 자기들의 생각과 전통에 맞지 않으면 무슨 큰 잘못이라도 한 것처럼 남을 비난하기 쉽다.

〔3-9절〕 대답하여 가라사대[말씀하시기를] **너희는 어찌하여 너희 유전(遺傳)으로 하나님의 계명을 범하느뇨?** [이는] **하나님이**[께서] [명하여](Byz ℵ* C W 등) **이르셨으되 네 부모를 공경하라 하시고 또 아비나 어미를 훼방하는 자는 반드시 죽으리라 하셨거늘 너희는 가로되**[말하기를] **누구든지 아비에게나 어미에게 말하기를 내가 드려 유익하게 할 것이** 하나님께 **드림**[헌물]**이 되었다고 하기만 하면 그 부모를 공경할 것이 없다 하여 너희 유전(遺傳)으로 하나님의 말씀**[계명]**을 폐하는도다. 외식하는 자들아, 이사야가 너희에게 대하여 잘 예언하였도다. 일렀으되**[말하기를] **이 백성이 입술로는 나를 존경하되 마음은 내게서 멀도다. 사람의 계명으로 교훈을 삼아 가르치니 나를 헛되이 경배하는도다 하였느니라 하시고.**

예수께서는 그들의 문제점을 지적하시면서 그들에게 대답하셨다. 바리새인들과 서기관들은 하나님께 무엇을 드리면 부모에게는 안 드려도 괜찮다고 가르쳤던 것 같다. 그러나 그것은 잘못이었다. 하나님께 대한 의무 때문에 사람에 대한 의무를 안 해도 되는 것은 아니다. 오히려 하나님의 뜻은 부모를 공경하고 서로 사랑하는 것이다. 사람의 교훈이나 심지어 교회의 교훈도 그들처럼 잘못을 범할 수 있다.

주께서는 이 지적과 말씀을 통해 우리의 신앙생활에서 기준이 무엇이어야 하는지를 분명하게 보이셨다. 우리의 신앙생활의 기준은 성경뿐이다. 우리는 성경이 명하는 것은 하고 금하는 것은 하지 말고 성경이 침묵하는 문제는 독단적이지 않아야 한다. 성경만 우리의 신앙과 행위의 기준이며 사람의 전통으로 하나님 계명을 폐해서는 안 된다. 우리는 하나님의 말씀인 성경을 신앙과 행위의 유일의 규칙으로 삼아야 한다.

바리새인들과 서기관들은 입술로는 하나님을 공경하고 섬겼지만, 마음은 하나님으로부터 멀었다. 그 증거는 그들이 만든 규칙이 하나님의 계명을 폐한 것이었다. 이것이 외식자들의 헛된 종교생활이었다. 성경의 교훈을 저버린 종교생활은 어리석고 헛된 일이었다.

〔10-14절〕 무리를 불러 이르시되[말씀하시기를] **듣고 깨달으라. 입에 들어가는 것이 사람을 더럽게 하는 것이 아니라. 입에서 나오는 그것이 사람을 더럽게 하는 것이니라. 이에 제자들이 나아와 가로되**[말하기를] **바리새인들이 이 말씀을 듣고 걸림이 된 줄 아시나이까? 예수께서 대답하여 가라사대**[말씀하시기를] **심은 것마다 내 천부(天父)께서 심으시지 않은 것은 뽑힐 것이니 그냥 두어라. 저희는 소경이 되어 소경을 인도하는 자로다. 만일 소경이 소경을 인도하면 둘이 다 구덩이에 빠지리라 하신대.**

사람을 참으로 더럽게 하는 것은 도덕적 문제이다. 위생적 문제는 죄 문제와는 다르다. 더러운 손으로 먹는 것은 위생적으로는 좋지 못하나 죄가 되는 것은 아니다. 바리새인들은 주의 말씀을 듣고 마음과 기분이 상하였다. 그러나 주께서는 "심은 것마다 내 천부(天父)께서 심으시지 않은 것은 뽑힐 것이니 그냥 두어라"고 말씀하셨다.

세상에는 또 교회 안에도 두 종류의 씨 뿌림과 심음이 있다. 하나는 하나님께서 심으신 것이고, 하나는 마귀가 심은 것이다. 하나님께서 심으신 것은 중생(重生)의 새 생명을 얻은 자 곧 구원 얻은 자이지만, 마귀가 심은 것은 중생치 못한 자 곧 구원 얻지 못한 자이다.

하나님께서 심지 않으신 것은 결국 뽑힐 것이다. 그는 바른 진리의 교훈 앞에서 또는 환난과 시험의 때에 뽑힐 것이다. 그렇지 않으면 마지막 심판 때에 뽑힐 것이다. 그러므로 하나님의 바른 말씀의 교훈 앞에 실족하는 자는 그냥 내버려두어야 한다. 그러나 구원 얻은 자들은 하나님의 바른 말씀을 믿고 행하며 시험을 이길 것이다.

농부들은 가을이 되면 추수를 한다. 각종 곡식과 나무의 열매들은 감사히 추수되고 저장된다. 그것들은 귀하고 가치 있는 수확이다. 그러나 인생의 참된 추수는 구원이다. 구원은 중생(重生)과 성화(聖化)이다. 그것은 중생 즉 영원한 새 생명을 얻는 것이며 그런 후 성화 즉 거룩하고 선한 행위의 열매를 맺다가 천국에 들어가는 것이다.

〔15-20절〕 베드로가 대답하여 가로되[말하기를] **이 비유를 우리에게 설명하여 주옵소서. 예수께서 가라사대**[말씀하시기를] **너희도 아직까지 깨달음이 없느냐? 입으로 들어가는 모든 것은 배로 들어가서 뒤로 내어버려지는 줄을 알지 못하느냐?** [그러나] **입에서 나오는 것들은 마음에서 나오나니 이 것이야말로 사람을 더럽게 하느니라.** [이는] **마음에서 나오는 것은 악한 생각과 살인과 간음과 음란과 도적질과 거짓 증거와 훼방**[비방]**이니 이런 것들이 사람을 더럽게 하는 것이요 씻지 않은 손으로 먹는 것은 사람을 더럽게 하지 못하느니라**[못함이니라].

베드로는 예수께 이 비유를 설명해주시기를 청했다. 주께서는 그들의 깨달음 없음을 지적하며 말씀하셨다. "입으로 들어가는 모든 것은 배로 들어가서 뒤로 내어버려지는 줄을 알지 못하느냐? 그러나 입에서 나오는 것들은 마음에서 나오나니 이것이야말로 사람을 더럽게 하느니라." 마음(카르디아 καρδία heart)은 사람의 영혼의 활동이며 사람의 인격의 중심이다. 우리는 마음을 다해 하나님을 사랑해야 한다. 신명기 6:5, "너는 마음을 다하고 성품을 다하고 힘을 다하여 네 하나님 여호와를 사랑하라." 그러나 아담의 범죄로 모든 인류의 마음이 심히 부패했다. 만물보다 거짓되고 심히 부패한 것이 사람의 마음이다. 예레미야 17:9, "만물보다 거짓되고 심히 부패한 것은 마음이라.

누가 능히 이를 알리요마는." 이 부패된 마음에서 나오는 것들이 악한 생각과 살인과 간음과 음란과 도적질과 거짓 증거와 비방 등이다.

예수 그리스도를 믿음으로 얻는 구원의 새 생명은 마음의 변화를 수반한다. 구원은 마음의 변화로 나타난다. 에스겔 36:26, "또 새 영을 너희 속에 두고 새 마음을 너희에게 주되 너희 육신에서 굳은 마음을 제하고 부드러운 마음을 줄 것이며." 믿음은 마음의 순종이다. 로마서 6:17, "하나님께 감사하리로다. 너희가 본래 죄의 종이더니 너희에게 전하여 준 바 교훈의 본을 마음으로 순종하여."

마음(heart)의 변화는 무엇보다 생각(누스 νοῦς mind)의 변화를 포함한다. 구원 얻은 자는 그 생각이 변한다. 전에는 사람이 그 생각에 하나님 두기를 싫어했었다. 로마서 1:28, "저희가 마음에 하나님 두기를 싫어하매 하나님께서 저희를 그 상실한 마음대로 내어 버려 두사." 에베소서 4:17-18, "내가 이것을 말하며 주 안에서 증거하노니 이제부터는 이방인이 그 마음의 허망한 것으로 행함같이 너희는 행하지 말라. 저희 총명이 어두워지고 저희 가운데 있는 무지함과 저희 마음이 굳어짐으로 말미암아 하나님의 생명에서 떠나 있도다."

그러나 구원 얻은 후에는 우리에게 생각의 변화가 일어났다. 그러므로 생각을 날마다 새롭게 가져야 한다. 우리의 생각이 경건과 도덕성이 있는 생각으로 변화되어야 한다. 그러므로 사도 바울은 로마서 12:2에서, "너희는 이 세대를 본받지 말고 오직 마음[생각]을 새롭게 함으로 변화를 받아 하나님의 선하시고 기뻐하시고 온전하신 뜻이 무엇인지 분별하도록 하라"고 말하였고, 에베소서 4:23-24에서는, "오직 심령[생각의 영]으로 새롭게 되어 하나님을 따라 의와 진리의 거룩함으로 지으심을 받은 새 사람을 입으라"고 하였다. 구원 얻은 성도의 생각은 경건하고 거룩한 것을 추구한다. 그는 하나님을 경외하고 그의 계명대로 살고 죄악되고 불결한 것을 멀리하기를 원한다.

즉 경건과 도덕성이 있는 생각과 마음을 가지게 되는 것이다.

본문의 교훈은 정리해보자. 첫째로, 성경은 우리의 신앙생활에 기준이 된다. 예수께서는 장로들의 유전 즉 교회의 전통과 성경 중 어느 것이 우리의 신앙생활에 기준이 되는가라는 문제에 대해 성경이 기준이 됨을 밝히 증거하셨다. 왜냐하면 성경은 하나님께서 주신 말씀의 기록이기 때문이다. 이사야 8:20, "마땅히 율법과 증거의 말씀[성경]을 좇을지니 그들의 말하는 바가 이 말씀에 맞지 아니하면 그들 속에 빛이 없기 때문이라." 누가복음 16:29, "저희에게 모세와 선지자들[성경]이 있으니 그들에게 들을지니라." 디모데후서 3:16, 17, "모든 성경은 하나님의 감동으로 된 것으로 교훈과 책망과 바르게 함과 의로 교육하기에 유익하니 이는 하나님의 사람으로 온전케 하며." 우리는 성경이 신앙생활에 기준임을 알고 오직 성경을 읽고 듣고 묵상하고 믿고 실천해야 한다.

둘째로, 우리는 우리 자신이 하나님께서 심으신 자인지 스스로 묻고 대답해야 한다. 하나님께서 심으신 자들은 중생(重生)한 자들이다. 중생은 참된 회개와 예수 그리스도께 대한 믿음으로 증거된다. 하나님께서 심으신 자들은 예수 그리스도께 대한 참된 믿음의 고백과 회개의 열매를 맺는다. 또 그들은 시험과 환난이 와도 쉽게 뽑히지 않는다. 그러나 하나님께서 심지 않으신 자들은 시험과 환난이 올 때 뽑힐 것이다.

셋째로, 우리는 내면적 성결을 소원하고 실천해야 한다. 더러운 손으로 음식을 먹는 것은 단지 위생상 불결일 뿐이지, 사람을 종교적으로, 도덕적으로 더럽히지는 못한다. 사람의 더러움은 마음 속에서 나오는 악들 때문에 생기는 것이다. 그러므로 우리는 외적인 성결보다 내면적 성결, 마음의 성결을 사모하고 그것을 지키기를 힘써야 한다. 그 성결은 구원을 통해 이루어지며 그 구원은 중생과 성화로 나타난다. 하나님께서 심으신 중생한 자들은 거룩하고 선한 열매를 맺다가 영생에 이를 것이다. 로마서 6:22, "이제는 너희가 죄에게서 해방되고 하나님께 종이 되어 거룩함에 이르는 열매를 얻었으니 이 마지막은 영생이라."

21-39절, 가나안 여자의 딸을 고쳐주심, 두 번째의 떡 기적

〔21-22절〕 예수께서 거기서 나가사 두로와 시돈 지방으로 들어가시니 가나안 여자 하나가 그 지경에서 나와서 소리질러 가로되[말하기를] **주 다윗의 자손이**[시]**여, 나를 불쌍히 여기소서. 내 딸이 흉악히 귀신들렸나이다 하되.**

두로와 시돈 지방은 이스라엘 북서쪽 국경지역으로 원래 이스라엘 백성에게 주시기로 약속된 땅이었다(수 13:6). 주께 나아와 귀신 들린 자기 딸을 불쌍히 여겨 달라고 소리친 가나안 여자는, 마가복음 7:26에 보면, 헬라인이었고 수로보니게 족속이었다. 그 여인은 예수님을 메시아로 믿었다고 보인다. 그는 예수님을 "주 다윗의 자손이시여"라고 불렀고 두 번 더 그를 '주님이시여'라고 불렀다(25, 27절). '주님'이라는 호칭은 신적 호칭이며 '다윗의 자손'은 메시아라는 뜻이다. 그의 딸은 귀신으로 인한 질병으로 심한 고통을 당하고 있었다. 그는 자신을 부족한 자로 여기며 예수께서 불쌍히 여겨주시기를 간구했다.

〔23-26절〕 예수는[께서는] **한 말씀도 대답지 아니하시니 제자들이 와서 청하여 말하되 그 여자가 우리 뒤에서 소리를 지르오니 보내소서. 예수께서 대답하여 가라사대**[말씀하시기를] **나는 이스라엘 집의 잃어버린 양 외에는 다른 데로 보내심을 받지 아니하였노라 하신대 여자가 와서 예수께 절하며 가로되**[말하기를] **주여**[주님이시여]**, 저를 도우소서. 대답하여 가라사대**[말씀하시기를] **자녀의 떡을 취하여 개들에게 던짐이 마땅치 아니하니라.**

예수께서는 자신이 이스라엘 집의 잃어버린 양 외에는 다른 데로 보내심을 받지 않았다고 말씀하셨다. 그러나 그 여자는 와서 예수께 절하며 "주여, 저를 도우소서"라고 말했다. 그 여자는 예수님을, 자기를 도우실 수 있는 능력 있는 자로 여겼다. 예수님은 우리를 도우실 수 있는 분이시다. 예수께서는 자녀의 떡을 취하여 개들에게 던짐이 마땅치 않다고 말씀하시며 이스라엘 백성을 하나님의 자녀들에, 이방인들을 개들에 비유하셨다. 그것은 영적 특권에 있어서 사실이었다.

〔27-28절〕 여자가 가로되[말하기를] **주여**[주님이시여]**, 옳소이다마는 개**

들도 제 주인의 상에서 떨어지는 부스러기를 먹나이다 하니 이에 예수께서 대답하여 가라사대[말씀하시기를] 여자야, 네 믿음이 크도다. 네 소원대로 되리라 하시니 그 시로부터 그의 딸이 나으니라.

그 여자는 자존심이 상할 만도 한대 자신이 이방 죄인임을 겸손히 인정하고 주인의 상에서 떨어지는 부스러기 같은 은혜라도 주시기를 간구했다. 그 여자는 마침내 응답을 얻었다. 주께서 "여자야, 네 믿음이 크도다. 네 소원대로 되리라"고 말씀하시자, 바로 그 시각 그의 딸이 고침을 받았고 건강의 회복을 얻었다. 기적이 일어났고 예수께서 하나님의 아들이심이 한번 더 증거되었다. 예수께서는 각종 병자들, 즉 사람의 영육의 질병들, 곧 심신의 문제들을 고쳐주셨다.

〔29-31절〕 예수께서 거기서 떠나사 갈릴리 호숫가에 이르러 산에 올라가 거기 앉으시니 큰 무리가 절뚝발이와 불구자와 소경과 벙어리와 기타 여럿을 데리고 와서 예수[님]의 발 앞에 두매 고쳐주시니 벙어리가 말하고 불구자가 건전하고 절뚝발이가 걸으며 소경이 보는 것을 무리가 보고 기이히 여겨 이스라엘의 하나님께 영광을 돌리니라.

예수님의 사역은 사람들의 회개와 죄사함의 영혼 구원에 있었지만, 사람들은 육신적 질병들에 더 관심이 있었다. 그들은 절뚝발이, 소경, 벙어리, 불구자 등 각종 병자들을 데려와 예수님의 발 앞에 두었고, 예수께서는 그 병자들도 다 고쳐주셨다. 벙어리는 말하고 불구자는 건전하게 되고 절뚝발이는 걸으며 소경은 보게 되었다.

예수께서는 중풍병, 나병, 열병, 귀신들림, 간질, 혈루병, 소경, 벙어리, 손 마름, 절뚝발이 등 오늘날 병원의 신경외과, 피부과, 내과, 신경정신과, 비뇨기과, 안과, 이비인후과, 정형외과 등에 해당하는 다양한 병자들을 고쳐주셨다. 예수님의 치료는 즉각적이고 완전하였다.

병 치료의 기적들은 그의 신성(神性), 즉 그가 하나님의 아들이심의 증거와 표이었다. 예수님을 모르는 사람들은 복음서들의 증거를 통해 예수께서 하나님의 아들 그리스도이심을 믿고 확신해야 하며 그를 믿음으로 죄사함과 의롭다 하심과 영생의 구원을 얻어야 한다.

〔32-36절〕 예수께서 제자들을 불러 가라사대[말씀하시기를] **내가 무리를 불쌍히 여기노라. 저희가 나와 함께 있은 지 이미 사흘이매 먹을 것이 없도다. 길에서 기진할까 하여 굶겨 보내지 못하겠노라. 제자들이 가로되**[말하기를] **광야에 있어 우리가 어디서 이런 무리의 배부를 만큼 떡을 얻으리이까? 예수께서 가라사대**[말씀하시기를] **너희에게 떡이 몇 개나 있느냐? 가로되**[말하기를] **일곱 개와 작은 생선 두어 마리가 있나이다 하거늘 예수께서 무리를 명하사 땅에 앉게 하시고 떡 일곱 개와 그 생선을 가지사 축사하시고 떼어 제자들에게 주시니 제자들이 무리에게 주매.**

무리들은 이미 사흘 동안이나 예수님과 함께 있었다. 그들은 예수님의 말씀에 심취해 있었던 것 같다. 어떻게 사흘 동안이나 그 광야에 거할 수 있었는지 놀랍다. 먹을 것은 다 떨어지고 육신의 힘도 다 떨어졌을 것이다. 그냥 해산하면 길에서 기진할 자들이 있을 정도이었다. 이때 예수께서 그 무리를 불쌍히 여기셨다. 그는 단순히 가난하고 배고픈 자들을 위해 이 두 번째 떡 기적을 행하신 것이 아니고, 주와 함께 사흘이나 있었던 무리들을 위해 행하셨던 것이다.

이와 같이, 예수께서는 단지 사람의 영적 문제에 대해서만 관심을 가지지 않으셨고, 또한 육신적 문제, 즉 떡의 문제에 대해서도 관심을 가지셨다. 주님은 오늘 우리들에 대해서도 그러하시다. 하나님께서는 그의 긍휼의 섭리 가운데 우리에게 일용할 양식을 주신다. 그는 우리의 영혼뿐 아니라 육신도 돌보시고 필요한 것을 주시는 목자이시다.

주의 제자들은 얼마 전에 경험한 떡 기적은 잊었던 것 같다. 그들은 "광야에 있어 우리가 어디서 이런 무리의 배부를 만큼 떡을 얻으리이까?"라고 말했다. 그들은 잠잠히 주의 능력을 의지하고 기대했어야 했지만, 그들은 이성적인 계산에만 빨랐다. 만일 그들이 예수님을 하나님의 아들이라고 믿었다면, 만일 그들이 첫 번째 떡 기적을 기억하였었다면, 그들은 주님께 어떤 해결책을 요청할 수 있었을 것이다.

그러나 그들은 어려운 현실에서 믿음 없음을 드러낼 뿐이었다.

제자들이 가지고 있었던 떡 일곱 개와 생선 두어 마리는 많은 무리들을 위해 지극히 부족한 음식이었다. 그러나 하나님께는 불가능한 일이 없으셨고 모든 것이 가능하셨다. 예수께서는 무리로 땅에 앉게 하셨고 그 보잘것없는 음식을 가지고 축사하셨다. 그리고는 제자들에게 떼어주기 시작하셨고 제자들은 주님께 그것을 받아 무리에게 주었다. 그런데 그 보잘것없는 음식은 그의 손에서 신기하게 늘어났다. 주께서 떼어주시는 행위는 수없이 반복되었고 온 무리가 배불리 먹을 때까지 계속되었다. 사람들의 육신적 필요에 대한 그의 기적적 행위는 그 필요가 충족되고 남을 때까지 계속되었다.

구약성경 열왕기하 4장에 보면, 흥미로운 기적의 사건이 기록되어 있다. 선지자 엘리사 때의 일이었다. 선지자의 생도들 중에 빚을 많이 지고 살다가 죽은 생도가 있었다. 그가 죽은 후 그의 아내와 두 아이는 채주에게 종이 될 위기에 처해 있었다. 그 아내가 엘리사 선지자에게 와서 그 어려운 사정을 호소하였다. 그때 엘리사는 그의 집에 무엇이 있느냐고 물었고 기름 한 병뿐이라고 하자, 가서 빈 그릇을 많이 빌려오고 문을 닫고 방에 들어가 그 모든 그릇에 기름을 부으라고 말했다. 그 아내는 아이들과 함께 그렇게 하였다. 그런데 놀랍게도 기름을 부어도 부어도 자꾸 기름이 나와서 그 모든 빈 그릇들에 다 채우게 되었다. 모든 그릇에 다 차자 기름이 그쳤다. 그 아내는 선지자에게 가서 그 사실을 다 말했다. 선지자는 그에게 기름을 팔아 빚을 갚고 그 남은 것으로 먹고살라고 말했다. 놀라운 기적이었다.

〔37-39절〕 다 배불리 먹고 남은 조각을 일곱 광주리[바구니]**에 차게 거두었으며 먹은 자는 여자와 아이 외에 사천 명이었더라. 예수께서 무리를 흩어 보내시고 배에 오르사 마가단**[막달라](전통본문)[27] **지경에 가시니라.**

---

27) Byz (C W $cop^{meg\ bo}$) arm 등.

본문의 교훈을 정리해보자. 첫째로, 예수께서는 가나안 여인의 딸에게서 귀신을 쫓아주셨고 각종 질병에 걸린 자들을 고쳐주셨고, 떡 일곱 개와 작은 생선 두어 마리로 4천명 이상을 먹이셨다. 요한복음 20:30-31, "예수께서 제자들 앞에서 이 책에 기록되지 아니한 다른 표적도 많이 행하셨으나 오직 이것을 기록함은 너희로 예수께서 하나님의 아들 그리스도이심을 믿게 하려 함이요 또 너희로 믿고 그 이름을 힘입어 생명을 얻게 하려 함이니라." 우리는 성경말씀을 통해 예수께서 하나님의 아들 그리스도이심을 믿고 확신하고 구원을 얻어야 한다.

둘째로, 가나안 여인은 자존심을 버리고 겸손히 주께 나아와 간구함으로 딸의 병을 고침 받았다. 무슨 문제든지 겸손히, 간절히 주께 구하는 자는 도우심을 얻을 것이다. 기도는 성도의 특권이며 문제의 해답이다. 우리는 무슨 일이나 자존심을 버리고 겸손히 주께 간구해야 한다. 누가복음 11:5-8, "너희 중에 누가 벗이 있는데 밤중에 그에게 가서 말하기를 벗이여 떡 세 덩이를 내게 빌리라. 내 벗이 여행 중에 내게 왔으나 내가 먹일 것이 없노라 하면 저가 안에서 대답하여 이르되 나를 괴롭게 하지 말라. 문이 이미 닫혔고 아이들이 나와 함께 침소에 누웠으니 일어나 네게 줄 수가 없노라 하겠느냐? 내가 너희에게 말하노니 비록 벗됨을 인하여서는 일어나 주지 아니할지라도 그 강청함을 인하여 일어나 그 소용대로 주리라." 우리는 겸손한 강청의 기도를 해야 한다.

셋째로, 하나님의 뜻은 택자들의 구원 곧 중생(重生)과 성화(聖化)이며 그것은 외적 기적보다 더 중요하다. 마태복음 20:28, "인자가 온 것은 섬김을 받으려 함이 아니라 도리어 섬기려 하고 자기 목숨을 많은 사람의 대속물로 주려 함이니라." 요한복음 3:16, "하나님이 세상을 이처럼 사랑하사 독생자를 주셨으니 이는 저를 믿는 자마다 멸망치 않고 영생을 얻게 하려 하심이니라." 2천년 기독교 역사는 구원의 일이 기적을 통해서가 아니고 성경말씀을 통해 이루어졌음을 증거한다. 그러므로 우리는 기적을 구하지 말고 회개와 믿음과 구원과 성화를 구해야 한다.

16장: 베드로의 신앙고백

1-12절, 잘못된 교훈들을 주의하라

〔1-3절〕 바리새인과 사두개인들이 와서 예수[님]를 시험하여 하늘로서 오는 표적 보이기를 청하니 예수께서 대답하여 가라사대[말씀하시기를] 너희가 저녁에 하늘이 붉으면 날이 좋겠다 하고 아침에 하늘이 붉고 흐리면 오늘은 날이 궂겠다 하나니 너희가 천기(天氣)는 분별할 줄 알면서 시대의 표적은 분별할 수 없느냐?

바리새인들과 사두개인들은 신앙 사상이 서로 달랐다. 바리새인들은 보수적인 신앙을 가졌으나 형식적이며 위선적이었고 사두개인들은 자유적인 신앙을 가졌고 세속적인 관심이 많았던 것 같다. 그러나 그 이질적 사상을 가진 두 부류의 사람들은 예수님을 반대하는 데는 연합하였다. 세상 사람들은 자기들끼리 불화할지라도 진리를 대적하는 데는 연합하는 것 같다. 그들은 예수께 와서 하늘로서 오는 표적을 보여주기를 청했다. 그러나 그 요청은 그들의 믿음을 위해 한 것이 아니고 예수님을 시험하기 위해 한 것이었다. 그러나 예수께서는 단지 사람들의 호기심의 만족을 위해 기적을 행하지는 않으셨다.

믿으려 하는 자는 이미 그가 행하신 기적들을 확인함으로써 충분히 믿을 수 있을 것이다. 이미 주신 기적들을 확인해 보려 하지 않고 또 다른 하나의 기적을 구하는 것은 확실히 불신앙적이다. 오늘 우리도 성경에 기록된 기적들을 충분하다고 여기지 않고 추가적 기적을 구한다면, 그것은 믿음의 부족함과 마음의 완고함을 나타낼 것이다.

중생치 못한 자들은 세상의 지식과 판단력은 있어도 진리의 지식과 영적 판단력은 없다. 메시아께서 오셨다는 증거들은 많았다. 구약 예언들은 성취되고 있었다. 예수께서 베들레헴에서 탄생하심, 다윗의 자손으로 오심, 나병, 중풍병, 소경, 벙어리, 앉은뱅이 등 많은 불치(不

治)의 병자들을 치료하심, 죽은 자들을 살리심 등은 메시아 시대가 시작되었음을 알려주는 표들이었다. 메시아께서는 확실히 오셨다. 그러나 소경된 유대 지도자들은 시대의 표적들을 분별치 못하였다.

〔4절〕 악하고 음란한 세대가 표적을 구하나 요나의 표적밖에는 보여줄 표적이 없느니라 하시고 저희를 떠나가시다.

경건한 사람들은 예수 그리스도를 영접하였으나, 악하고 음란한 세대는 표적을 구하였다. 예수께서는 이 세대를 악하고 음란한 세대라고 말씀하셨다. 악하고 음란한 자들, 내면적 성결과 변화보다 기적 같은 것에 관심을 가졌던 이런 자들은 참 교회에 속하지 않고 교회 밖에 있다. 그러나 주께서 이런 자들의 불신앙과 호기심을 만족시키기 위해 행하실 표적은 없으셨다. 주님의 기적들은, 주로 그를 따르며 그를 믿는 믿음을 가진 혹은 믿고자 하는 자들 가운데서 일어났다.

그러나 요나의 표적이라고 표현되는 한 가지 표적은 남아 있었다. 요나가 삼일 밤낮을 물고기 뱃속에 있었던 것같이 예수 그리스도께서는 삼일 간 무덤에 있으실 것이다. 물론 이 삼일은 대략적 표현이라고 보인다. 요나 사건은 예수 그리스도의 사건의 모형이었다. 예수 그리스도께서 십자가에 못박혀 죽으심과 삼일 만에 다시 살아나심은 불신앙적 세상을 위해 주시는 마지막 표적(sign)이다. 이 표적 앞에 사람들은 가부간 결단을 내려야 한다. 예수님을 믿을 것인가, 아니면 그를 거부할 것인가? 실상 다른 표적은 필요하지 않았다.

〔5-10절〕 제자들이 건너편으로 갈재 떡 가져가기를 잊었더니 예수께서 이르시되[말씀하시기를] **삼가 바리새인과 사두개인들의 누룩을 주의하라 하신대 제자들이 서로 의논하여 가로되**[말하기를] **우리가 떡을 가져오지 아니하였도다 하거늘 예수께서 아시고 가라사대**[말씀하시기를] **믿음이 적은 자들아, 이찌 떡이 없음으로 서로 의논하느냐? 너희가 아직도 깨닫지 못하느냐? 떡 다섯 개로 5천명을 먹이고 주운 것이 몇 바구니**(코피노스 κόφινος)[광주리]**며 떡 일곱 개로 4천명을 먹이고 주운 것이 몇 광주리**(스퓌리스 σπυρίς)[바구니]**이던 것을 기억지 못하느냐?**

제자들이 바다 건너편으로 갈 때 떡 가져가기를 잊었다. 예수께서 "삼가 바리새인과 사두개인들의 누룩을 주의하라"고 말씀하시자, 그들은 서로 의논하기를 "우리가 떡을 가져오지 아니하였도다"라고 하였다. 그들은 때때로 주님의 비유적 표현을 이해하지 못하였다.

예수께서는 아시고 말씀하셨다. "믿음이 적은 자들아, 어찌 떡이 없음으로 서로 의논하느냐? 너희가 아직도 깨닫지 못하느냐? 떡 다섯 개로 5천명을 먹이고 주운 것이 몇 광주리이며 떡 일곱 개로 4천명을 먹이고 주운 것이 몇 바구니이던 것을 기억지 못하느냐?"

주께서 제자들과 하신 이 대화는 앞에 기록된 두 차례의 떡 기적을 재확인하는 의미를 가진다. 떡 다섯 개로 5천명을 먹이시고, 떡 일곱 개로 4천명을 먹이신 이 두 차례의 떡 기적들은 지어낸 신화가 아니고 역사적 사건임을 주께서 다시 확증해주신 것이다.

이처럼 성경의 사건들은 이중 삼중적으로 증거되었다. 불신앙자들은 그 어떤 증거를 보고 들어도 믿지 않겠지만, 믿으려 하는 자들은 믿을 만한 증거가 한두 가지가 아니다. 하나님께서는 결코 믿지 못할 어떤 것, 불확실한 어떤 것을 믿으라고 강요하지 않으시고, 믿을 만한 많은 증거들을 성경에 제시해 주시면서 믿으라고 권하시며 믿음 없는 자가 되지 말고 믿는 자가 되라고 하시는 것이다.

〔11-12절〕 어찌 내 말한 것이 떡에 관함이 아닌 줄을 깨닫지 못하느냐? 오직 바리새인과 사두개인들의 누룩을 주의하라 하시니 그제야 제자들이 떡의 누룩이 아니요 바리새인과 사두개인들의 교훈을 삼가라고 말씀하신 줄을 깨달으니라.

바리새인들은 당시에 보수주의자들이었다. 그들에게는 보수 신앙이 있었다. 그러나 그들은 사람의 전적 부패성과 무능력을 바로 알지 못하였고 자기 의(義)를 의지하고 자랑했다. 그들은 영적으로 교만한 자들이었다. 그들은 종교적 지식도 많았고 상당한 열심도 있었으나 종교의 외적 규례들만 중시하였고 더 중요한 그 내면성을 무시했다.

그러나 실상 하나님 앞에 중요한 것은 겉모습보다 마음이다. 마음의 할례는 경건의 시작이다. 그러나 그들은 형식주의에 떨어져 있었다.

다른 한편, 사두개인들은 그 당시의 자유주의자들이었다. 그들은 모세오경을 존중했으나 다른 성경들은 무시했다. 그들은 구약성경의 많은 부분을 믿지 않았다. 그들은 천사도 영도 몸의 부활도 믿지 않았다(행 23:8). 그들은 사람의 이성과 경험을 중시하는 인본주의자들이었고, 또 세상의 권력과 금력과 결탁한 세속주의자들이었다. 그들은 현실에 잘 적응하였고 잘 타협하였다. 당시에 사회적 신분이 있고 물질적으로 부유했다고 보이는 제사장들은 이 파에 속하였다.

주께서는 "바리새인들과 사두개인들의 누룩, 곧 교훈을 주의하라"고 말씀하셨다. 교훈은 누룩같이 퍼져나가는 힘이 있다. 좋은 교훈은 좋은 영향을 끼치지만, 잘못된 교훈은 나쁜 영향을 끼친다. 바리새인들은 율법주의, 형식주의에 떨어져 있었고 사두개인들은 자유주의, 인본주의, 세속주의에 떨어져 있었다. 그러므로 우리는 잘못된 교훈들을 분별하고 조심해야 한다. 그렇지 않으면 큰 해를 당할 것이다.

본문의 교훈을 정리해보자. 첫째로, 예수 그리스도께서 십자가에 못 박혀 죽으심과 삼일 만에 부활하심은 악하고 음란한 세상을 위해 주시는 마지막 표적이다. 그의 많은 기적 행하심의 일들과 그의 십자가에 죽으심과 삼일 만에 부활하심은 그가 하나님의 아들 그리스도이시라는 표적이다. 이 표적 앞에서 사람들은 예수님을 믿을 것인가 아니면 그를 거부할 것인가 가부간 결단을 내려야 한다. 다른 표적은 필요치 않다.

둘째로, 우리는 사람들의 잘못된 교훈들을 분별하며 조심해야 한다. 그렇지 않으면 큰 해를 당할 것이다. 잘못된 교훈은 누룩과 같고(6절) 칭질과 같다(딤후 2:17). 그것은 자신뿐 아니라 다른 사람들을 망친다. 그러므로 우리는 성경의 바른 교훈들을 붙들고 잘못된 교훈들을 분별하고 멀리해야 한다. 여기에 성경 읽기와 성경 연구의 중요성이 있다.

13-20절, 베드로의 신앙고백

〔13-16절〕 예수께서 가이사랴 빌립보 지방에 이르러 제자들에게 물어 가라사대[말씀하시기를] **사람들이 인자(人子)**[인자인 나를](전통본문)**를 누구라 하느냐? 가로되**[말하기를] **더러는 세례 요한, 더러는 엘리야, 어떤 이는 예레미야나 선지자 중의 하나라 하나이다. 가라사대**[말씀하시기를] **너희는 나를 누구라 하느냐? 시몬 베드로가 대답하여 가로되**[말하기를] **주는**(당신은) **그리스도시요 살아계신 하나님의 아들이시니이다.**

어느 날 예수께서는 제자들과 함께 가이사랴 빌립보 지역을 방문하셨다. 그 곳은 이스라엘 땅의 가장 북쪽 헤르몬 산 기슭 요단강의 발원지 부근에 있다. 그는 제자들에게 "사람들이 인자(人子)인 나를 누구라 하느냐?"고 물으셨다. '인자'(人子, 사람의 아들)는 메시아의 인성(人性)을 나타낸다. 하나님의 영원하신 아들께서 사람이 되셨다. 요한복음 1:14, "말씀이 육신이 되어 우리 가운데 거하시매." 예수께서는 자신을 자주 인자(人子)라고 부르셨다. 인자(人子)라는 명칭은 마태복음에 48회, 마가복음에 19회, 누가복음에 34회, 요한복음에 15회 사용되었다.

"사람들이 인자(人子)인 나를 누구라 하느냐?"는 예수님의 질문에 그의 제자들은 대답하였다. "더러는 세례 요한, 더러는 엘리야, 어떤 이는 예레미야나 선지자 중의 하나라 하나이다." 그는 다시 물으셨다. "너희는 나를 누구라 하느냐?" 그때 베드로가 대답했다. "주는(당신은) 그리스도시요 살아계신 하나님의 아들이시니이다." 이것은 예수님에 대한 간략한 그러나 바른 지식이었다.

'그리스도'는 '기름 부음을 받은 자'라는 뜻의 히브리어 단어 '메시아'의 헬라어 번역인데, 구약성경에 예언된 인물로서 선지자, 제사장, 왕 등 세 가지 직분을 완성할 자를 가리켰다. 예수 그리스도께서는 하나님의 뜻과 죄인들의 구원의 길을 전하시는 참 선지자이셨다. 하나님께서는 일찍이 모세에게 "내가 그들의 형제 중에 너와 같은 선지자 하나를 그들을 위하여 일으키고 내 말을 그 입에 두리니 내가 그에게 명하는 것을 그가 무리에게 다 고하리라"고 말씀하셨다(신 18:18). 요한복음 7:16에서 예수께서는 "내 교훈은 내 것이 아니요 나를 보내신 이의 것이니라"고 말씀하셨고, 또 요한복음 12:49-50에서는 "내가 내 자의(自意)로[내 스스로] 말한 것이 아니요 나를 보내신 아버지께서 나의 말할 것과 이를 것을 친히 명령하여 주셨으니 나는 그의 명령이 영생인 줄 아노라. 그러므로 나의 이르는 것은 내 아버지께서 내게 말씀하신 그대로 이르노라"고 하셨다. 예수님은 참 선지자이시다.

또 예수께서는 참 제사장이시다. 히브리서는 그를 대제사장이라고 불렀다(히 2:17; 3:1; 4:15; 7:26; 8:1; 9:11). 히브리서 9:11-12, "그리스도께서 장래 좋은 일의 대제사장으로 오사 손으로 짓지 아니한 곧 이 창조에 속하지 아니한 더 크고 온전한 장막으로 말미암아 염소와 송아지의 피로 아니하고 오직 자기 피로 영원한 속죄를 이루사 단번에 성소에 들어가셨느니라." 히브리서 10:12, "그리스도께서는 죄를 위하여 한 영원한 제사를 드리시고 하나님 우편에 앉으사." 에베소서 5:2, "그는 우리를 위하여 자신을 버리사 향기로운 제물과 생축으로 [예물과 제물로] 하나님께 드리셨느니라." 예수님은 참 제사장이시다.

또 예수께서는 참 왕이시다. 구약성경은 메시아를 다윗의 자손 왕으로 예언하였다. 예레미야 23:5-6, "보라 때가 이르리니 내가 다윗에게 한 의로운 가지를 일으킬 것이라. 그가 왕이 되어 형통하여 세상에서 공평과 정의를 행할 것이며 그의 날에 유다는 구원을 얻겠고 이스라엘은 평안히 거할 것이며 그 이름은 여호와 우리의 의라 일컬음을 받으리라." 에스겔 34:23-24, "내가 한 목자를 그들의 위에 세워 먹이게 하리니 그는 내 종 다윗이라. 그가 그들을 먹이고 그들의 목자가 될지라. 나 여호와는 그들의 하나님이 되고 내 종 다윗은 그들 중에 왕이 되리라." 예수님은 교회와 온 세상의 왕이시다.

또 예수께서는 살아계신 하나님의 아들이시다. 이 세상의 창조자와 섭리자이신 하나님께는 외아들이 계시다. 요한복음 1:18, “본래 하나님을 본 사람이 없으되 아버지 품속에 있는 독생하신 하나님이[아들께서](전통본문) 나타내셨느니라.” 요한복음 17:2-3, 5, “아버지께서 아들에게 주신 모든 자에게 영생을 주게 하시려고 만민을 다스리는 권세를 아들에게 주셨음이로소이다. 영생은 곧 유일하신 참 하나님과 그의 보내신 자 예수 그리스도를 아는 것이니이다,” “아버지여, 창세 전에 내가 아버지와 함께 가졌던 영화로써 지금도 아버지와 함께 나를 영화롭게 하옵소서.” 아버지와 아들과 성령께서는 구별되신 세 인격이시다. 이것은 삼위일체의 신비이다. 그러나 성경에 계시(啓示)된 만큼이 이러하다. 예수께서는 하나님의 아들이시다. 사복음서는 예수께서 하나님의 아들 그리스도이심을 증거한다(요 20:30-31).

〔17-18절〕 **예수께서 대답하여 가라사대**[말씀하시기를] **바요나**(요나의 아들) **시몬아, 네가 복이 있도다. 이를 네게 알게 한 이는 혈육이 아니요 하늘에 계신 내 아버지시니라. 또 내가 네게 이르노니**[말하노니] **너는 베드로라. 내가 이 반석 위에 내 교회를 세우리니 음부(陰府)**[지옥]**의 권세**[문들]**가 이기지 못하리라.**

예수께서는 하나님을 ‘내 아버지’라고 친근히 부르시면서 베드로가 자기에 대해 한 고백이 복되며 그의 깨달음과 지식과 믿음이 사람에게서 난 것이 아니고 하늘에 계신 그의 아버지께서 알게 하신 것이라고 말씀하셨다. 마태복음 11:27, “아버지 외에는 아들을 아는 자가 없고 아들과 또 아들의 소원대로 계시를 받는 자 외에는 아버지를 아는 자가 없느니라.” 사람이 예수 그리스도를 아는 것은 하나님의 은혜요 그가 우리의 눈을 여시고 귀를 여심으로써만 가능하다(행 16:14).

예수께서는 베드로에게 또, “너는 베드로라. 내가 이 반석 위에 내 교회를 세우리니 음부의 권세가 이기지 못하리라”고 말씀하셨다. ‘베드로’는 ‘반석’이라는 뜻이다. 그러나 원어에서 베드로는 남성명사인데, "이 반석 위에"라는 구절에서 '반석'은 여성명사이다. 그러므로 "내가 이 반석 위에 내 교회를 세우리라"는 구절에서 '반석'은 베드로 자신을 가리키지 않고 베드로의 신앙고백을 가리킨다고 본다. 사도 바울은 고린도전서 3:11에서 교회의 기초가 예수 그리스도뿐이라고 말했다. 또 그는 에베소서 2:20에서 "너희는 사도들과 선지자들의 터 위에 세우심을 입은 자라"고 말했는데, 그것은 교회의 기초가 사도들과 선지자들이 증거한 예수 그리스도의 진리임을 말한다.

예수께서는 또 "내가 내 교회를 세우리라"고 말씀하셨다. 교회의 소속은 예수 그리스도이다. 교회는 예수 그리스도께 속한다. 또 그가 친히 그의 교회를 세우신다. 스가랴 4:6에 보면, 하나님께서는 성전의 건립이 사람의 힘으로 되지 않고 하나님의 영으로 됨을 말씀하셨다. 하나님의 아들 예수 그리스도께서는 성경의 바른 진리와 성령으로 그의 교회를 온 세계에 세우셨고 오늘도 계속하여 세우고 계신다.

예수께서는 또 "음부의 권세가 이기지 못하리라"고 말씀하셨다. '음부'(陰府, 하데스 ᾅδης)는 '무덤' 혹은 '지옥'을 가리킨다. 죽음은 죄 때문에 왔다. 모든 사람은 죄인이요 모든 사람은 죽는다. 무덤은 죽은 자들의 집이며, 지옥은 죄인들이 죽은 후에 들어가는 집이다. 그러나 주께서 대속 제물이 되심으로 그의 십자가의 보혈로 우리의 죄가 깨끗케 되었다. 죄가 제거됨으로 죽음도, 무덤도, 지옥도 극복되었다. 무덤과 지옥의 권세는 구원 얻은 성도들을 이기지 못한다.

〔19-20절〕 내가 천국 열쇠를 네게 주리니 네가 땅에서 무엇이든지 매면 하늘에서도 매일 것이요 네가 땅에서 무엇이든지 풀면 하늘에서도 풀리리라 하시고 이에 제자들을 경계하사 자기가 그리스도 [예수](전통본문)**인 것을 아무에게도 이르지 말라 하시니라.**

천국 열쇠는 하나님의 복음을 전하는 자들에게 주신 권세를 가리킨다. 하나님의 복음 진리는 영생과 멸망, 천국과 지옥을 나눈다. 그러므로 부활하신 주께서는 "하늘과 땅의 모든 권세를 내게 주셨으니 그러므로 너희는 가서 모든 족속으로 제자를 삼아 아버지와 아들과 성령의 이름으로 세례를 주라"고 말씀하셨고(마 28:18-19) 또 "너희는 온 천하에 다니며 만민에게 복음을 전파하라. 믿고 세례를 받는 사람은 구원을 얻을 것이요 믿지 않는 사람은 정죄를 받으리라"고 하셨다(막 16:15-16). 예수 그리스도를 믿는 자는 죄사함과 의롭다 하심의 구원을 얻어 천국에 들어가지만, 예수 그리스도를 믿지 않는 자는 정죄를 받고 천국에 들어가지 못하고 지옥 형벌을 받을 것이다.

예수께서는 또, "제자들을 경계하사 자기가 그리스도 예수인 것을 아무에게도 이르지 말라"고 말씀하셨다. 당시에 유대인들은 메시아를 로마 제국으로부터의 정치적 자유와 질병과 가난으로부터의 구원의 복을 주시는 자로 이해했던 것 같다. 예수께서 죄인들의 죄사함과 의롭다 하심을 위해 오신 사실은 잘 이해되지 않았다. 그러므로 예수께서는 자기의 십자가 죽음과 삼일 만의 부활이 있을 때까지 자기가 그리스도인 것을 말하지 말라고 하셨다. 그는 재림하심으로 완전한 의(義), 신체적 건강, 물질적 부요, 환경적 평안을 주실 것이다.

본문의 교훈을 정리해보자. 첫째로, 우리는 예수 그리스도의 교회인 우리들이 예수 그리스도의 속죄의 복음 진리의 반석 위에 굳게 세워져 있음을 감사하고 더욱 견고해야 한다. 목사들은 그 복음 진리를 바르게 선포해야 하고 성도들은 그 복음 진리를 믿고 확신하며 순종해야 한다.

둘째로, 우리는 하나님께서 우리에게 주신 구원의 은혜, 즉 무덤과 지옥의 권세가 이기지 못하는 죄사함과 의롭다 하심과 영생과 하나님의 자녀 됨과 천국의 복을 항상 감사하며 그 은혜 안에 거해야 한다.

셋째로, 우리는 하나님께서 주신 전도라는 천국 열쇠를 힘써 사용하여 예수 그리스도의 속죄의 구원의 복음을 널리 전해야 한다. 전도는 사람들을 구원하는 하나님의 방법이며 전도자들은 그 도구이다. 믿는 자는 천국에 들어가며 믿지 않는 자는 천국에 들어가지 못할 것이다.

21-28절, 예수님을 따르는 길

〔21절〕 이때로부터 예수 그리스도께서 자기가 예루살렘에 올라가 장로들과 대제사장들과 서기관들에게 많은 고난을 받고 죽임을 당하고 제3일에 살아나야 할 것을 제자들에게 비로소 가르치시니.

시간이 어느 정도 흘렀고 제자들의 믿음이 어느 정도 분명해졌을 때, 주께서는 자신이 예루살렘에 올라가 장로들과 대제사장들과 서기관들에게 많은 고난을 받고 죽임을 당하고 제3일에 살아날 것을 비로소 말씀하셨다. 마태복음은 그가 예루살렘에 올라가시기 전에 자신의 죽음과 부활에 대해 본문 외에 두 번 더 말씀하셨다고 증거하였다. 17:22-23, "갈릴리에 모일 때에 예수께서 제자들에게 이르시되 인자(人子)가 장차 사람들의 손에 넘기워 죽임을 당하고 제3일에 살아나리라 하시니 제자들이 심히 근심하더라." 20:18-19, "보라, 우리가 예루살렘으로 올라가노니 인자(人子)가 대제사장들과 서기관들에게 넘기우매 저희가 죽이기로 결안하고 이방인들에게 넘겨주어 그를 능욕하며 채찍질하며 십자가에 못박게 하리니 제3일에 살아나리라."

〔22-23절〕 베드로가 예수[님]**를 붙들고 간(諫)하여**[책망하여] **가로되**[말하기를] **주여**[주님이시여]**, 그리 마옵소서. 이 일이 결코 주에게 미치지 아니하리이다. 예수께서 돌이키시며 베드로에게 이르시되**[말씀하시되] **사단아, 내 뒤로 물러가라. 너는 나를 넘어지게 하는 자로다. 네가 하나님의 일을 생각지 아니하고 도리어 사람의 일을 생각하는도다 하시고.**

예수께서 자신의 죽음에 대해 말씀하실 때 베드로는 그를 붙들고 책망하며 말했다. "주님이시여, 그리 마옵소서. 이 일이 결코 주에게 미치지 아니하리이다." 그는 예수님을 메시아로 생각하였으나 그가 죽으실 것에 대해 생각하지 못했고 그를 영광의 왕으로만 생각했던 것 같다. 그는 죄인들의 구원이 메시아의 죽음을 통해서만 가능하다는 것을 아직 알지 못하고 있었다고 보인다.

베드로의 책망의 말을 들은 예수께서는 돌이키며 그에게 말씀하셨다. “사탄아, 내 뒤로 물러가라. 너는 내게 걸림돌이로다. 네가 하나님의 일을 생각지 아니하고 도리어 사람의 일을 생각하는도다.” 베드로는 방금 전 17절에 기록된 대로 바른 신앙고백으로 칭찬을 들었지만, 지금 심한 책망을 듣고 있다. 성도가 하나님의 뜻을 생각지 않고 도리어 그것을 방해한다면 사탄의 도구가 될 수 있다. 베드로의 말은 주님을 넘어지게 하는 것이었다. 하나님의 뜻은 메시아께서 죽는 것인데 베드로는 그것을 가로막았다. 죽는 것을 싫어하는 것은 사람의 생각이며 하나님의 아들께서 택자들을 위해 죽으시는 것은 하나님 아버지의 뜻이었다. 이사야 55:8-9, “여호와의 말씀에 내 생각은 너희 생각과 다르며 내 길은 너희 길과 달라서 하늘이 땅보다 높음같이 내 길은 너희 길보다 높으며 내 생각은 너희 생각보다 높으니라.”

〔24-25절〕 이에 예수께서 제자들에게 이르시되[말씀하시기를] **아무든지 나를 따라 오려거든 자기를 부인하고 자기 십자가를 지고 나를 좇을 것이니라.** [이는] **누구든지 제 목숨을 구원코자 하면** [그것을] **잃을 것이요 누구든지 나를 위하여**[나 때문에] **제 목숨을 잃으면** [그것을] **찾으리라**[찾을 것임이니라].

주 예수 그리스도를 따르는 길, 즉 제자의 길은 자기를 부인하고 날마다 자기 십자가를 지고 따르는 길이다(눅 9:23). 자기를 부인하는 것은 자기의 생각, 이전의 가치관, 자기의 명예, 자기의 자존심, 세상적 부귀와 영광을 다 버리고 그 대신 하나님의 생각과 성경적 가치관, 하나님의 영광, 천국의 영광만 구하라는 뜻이다. 또 날마다 자기 십자가를 지라는 것은 날마다 죽을 각오를 하라는 뜻이다. 사형수는 자기가 달릴 십자가를 지고 사형장으로 가서 자기 십자가에 달려 죽는다. 예수께서도 자기 십자가를 지고 골고다라는 곳으로 나오셨고 거기서 죽으셨다(요 19:17). 자기를 부인하는 자는 날마다 죽음을 각오할 수 있다. 또 “나를 좇으라”는 말씀은 주의 말씀을 배우고 그 말씀을 순종하며 그의 행위를 본받으라는 뜻이다. 주 예수께서는 친히 십자가의 길을 가졌다. 그의 제자된 우리는 그의 길을 뒤따라가야 한다.

이 말씀은 자기 희생의 행위로 영생을 얻는다는 뜻이 아니고, 단지 자기 희생의 행위가 영생 얻는 자의 당연한 삶임을 보인다. 성도의 자기 희생적 삶은 그가 영생의 길을 가고 있다는 확실한 증거이다.

주께서는 두 가지 목숨에 대해 말씀하신다. 하나는 육신의 목숨이고 다른 하나는 영혼의 목숨이다. '목숨'이라는 원어(프쉬케 ψυχή)는 '육신의 생명'이라는 뜻도 되지만, '영혼'이라는 뜻도 된다. 본문은, "누구든지 자기 육신의 목숨을 구원하고자 하면 자기 영혼을 잃을 것이요 누구든지 자기 육신의 목숨을 잃으면 자기 영혼을 찾으리라"고 번역할 수 있다. 사람의 영혼은 하나님의 생명을 소유할 때 영생할 수 있지만 그 생명을 소유하지 못할 때 영생할 수 없고 도리어 둘째 사망(계 21:8) 즉 영원한 지옥 형벌을 받는다. 그러므로 사람에게 있어서 육신의 목숨보다 훨씬 더 중요한 것이 영혼의 목숨이다.

[26절] 사람이 만일 온 천하를 얻고도 제 목숨[자기 영혼](KJV, NASB)**을 잃으면 무엇이 유익하리요? 사람이 무엇을 주고 제 목숨을 바꾸겠느냐?**

본절은 물론 육신의 목숨에 적용될 수 있다. 육신적인 차원에서는 육신의 목숨보다 귀한 것이 없다. 누가복음 12장에 나오는 어리석은 부자는 물질적 풍요를 얻었지만, 그 밤에 목숨이 죽으면 그것들이 다 아무 유익이 없어질 것이다. 그러나 본절의 말씀은 더욱 의미심장하게 우리의 영혼에 적용된다. 사람이 세상의 돈과 재물과 영광을 얻기 위해 믿음을 버리고 죄를 짓는다면, 그는 비록 세상의 모든 좋은 것을 누린다 할지라도 죽어 지옥에 던지울 것이다. 그는 누가복음 16장에 기록된 부자처럼 죽어 지옥에 떨어져 불 가운데서 고통을 당할 것이다. 그러므로 이 세상 사는 동안의 행복을 위하여 영원한 불행을 택하는 것은 결코 유익하거나 지혜로운 삶이 아니다. 영생은 세상에서 가장 귀한 보화이다. 세상에서 영생보다 귀한 것은 없다. 그러므로 주께서는 "만일 네 손이 너를 범죄케 하거든 찍어버리라. 불구자로 영생에 들어가는 것이 두 손을 가지고 지옥 꺼지지 않는 불에 들어가는 것보다 나으니라"고 말씀하셨다(막 9:43).

〔27-28절〕 [이는] **인자(人子)가 아버지의 영광으로 그 천사들과 함께 오리니 그때에 각 사람의 행한 대로 갚으리라**[갚을 것임이니라]. **진실로 너희에게 이르노니**[말하노니] **여기 섰는 사람 중에 죽기 전에 인자가 그 왕권을 가지고 오는 것을 볼 자들도 있느니라.**

주 예수께서 아버지의 영광으로 그의 천사들과 함께 오는 날은 그의 재림 때이다(마 24:30; 살전 4:16). 그때 그는 각 사람에게 그 행한 대로 갚으실 것이다. 그 날은 그의 공의로운 심판의 날이다(롬 2:6-7). 재림의 주께서는 믿음 없이 죄만 짓고 사는 자들과 믿음과 순종으로 사는 자들을 구별하시고 보응하실 것이다. 28절에 "진실로 너희에게 이르노니 여기 섰는 사람들 중에 죽기 전에 인자(人子)가 그 왕권을 가지고 오는 것을 볼 자들도 있느니라"고 하신 말씀은 다음장에 기록된 대로 세 제자들이 경험한 변화산 사건을 가리킨 말씀이라고 본다.

본문의 교훈을 정리해보자. 첫째로, 우리는 우리 자신도 하나님의 뜻을 거스르면 베드로처럼 잠시 사탄의 도구가 될 수 있음을 알아야 한다. 그러므로 우리는 늘 하나님의 뜻을 바로 알고 그 뜻에 순종해야 한다.

둘째로, 예수님을 따르는 자는 자기를 부정하고 자기 십자가를 지고 그를 따라야 한다. 우리는 자신의 생각, 가치관, 명예, 자존심, 영광을 버리고 하나님의 생각과 가치관을 품고 그의 영광을 위해 살아야 한다.

셋째로, 우리는 육신의 목숨을 위해 살지 말고 영혼의 목숨 즉 영생을 위해 살아야 한다. 사람의 육신의 목숨도 귀하지만, 천국에서 영원히 누릴, 영광스런 부활의 생명은 비교할 수 없이 더 귀하다. 예수께서는 이 영원한 생명을 주시기 위해 십자가에 죽으셨고 삼일 만에 부활하셨다. 우리는 그를 믿음으로 이 영생을 얻었다. 그러므로 우리는 육신의 목숨을 위해 살지 말고 천국에서 누릴 영생을 위해 살아야 한다.

17장: 변화산 사건

1-13절, 변화산 사건

〔1-2절〕 엿새 후에 예수께서 베드로와 야고보와 그 형제 요한을 데리시고 따로 높은 산에 올라가셨더니 저희 앞에서 변형되사 그 얼굴이 해같이 빛나며 옷이 빛과 같이 희어졌더라.

엿새 후라고 날짜를 꼽은 이유는 바로 앞부분의 예언대로 세 제자들이 주께서 그의 나라에 임하시는 영광을 미리 보았음을 증거하는 것일 것이다. 예수께서는 그들 앞에서 변형되셔서 그 얼굴이 해같이 빛나며 옷이 빛과 같이 희어졌다. 그것은 그의 본래의 영광, 곧 그의 신성(神性)의 영광을 보이신 것이었다. 영광의 주이신 하나님의 아들께서 사람의 본질을 취하셨고 그것도 연약하고 낮은 모습을 취하셨다. 이사야 53:2에 보면, 선지자 이사야는 "그는 주 앞에서 자라나기를 연한 순 같고 마른 땅에서 나온 줄기 같아서 고운 모양도 없고 풍채도 없은즉 우리의 보기에 흠모할 만한 아름다운 것이 없도다"라고 예언했었다. 사도 바울은 그에 대해 이 세상의 관원들이 그를 알지 못하여 영광의 주를 십자가에 못박았다고 말했다(고전 2:8).

〔3-5절〕 때에 모세와 엘리야가 예수[님]**로 더불어 말씀하는 것이 저희에게 보이거늘 베드로가 예수께 여짜와 가로되**[말하기를] **주여**[주님이시여]**, 우리가 여기 있는 것이 좋사오니 주께서 만일 원하시면 내가**[우리가](전통본문)[28] **여기서 초막 셋을 짓되 하나는 주**[님]**를 위하여, 하나는 모세를 위하여, 하나는 엘리야를 위하여 하리이다. 말할 때에 홀연히 빛난 구름이 저희를 덮으며 구름 속에서 소리가 나서 가로되**[말하기를] **이는 내 사랑하는 아들이요 내 기뻐하는 자니 너희는 저의 말을 들으라 하는지라.**

---

28) Byz D W it$^{a\ d\ (e)}$ syr$^{p\ c}$ vg cop$^{sa\ meg\ bo}$ (arm) Origen$^{gr\ lat}$ (Diatessaron) 등.

그때 모세와 엘리야가 예수님과 함께 말하는 것이 그들에게 보였다. 모세와 엘리야는 구약시대를 대표하는 인물들이다. 모세는 하나님의 율법을 받았고(요 1:17) 하나님께서 그와 대면하여 명백히 말씀하신 자이었다(민 12:7-8). 엘리야는 선지자들 중에 산 채로 하늘로 올리운 특별한 인물이었다. 그 둘이 나타나 예수님과 함께 말씀하는 것은 예수께서 구약성경에 예언된 메시아이심을 증거하였다고 보인다.

베드로는 예수께 만일 그가 원하시면 우리가 여기 초막 셋을 짓되 하나는 주님을 위해, 하나는 모세를 위해, 하나는 엘리야를 위해 하겠다고 말했다. 그가 말할 때 홀연히 빛난 구름이 그들을 덮으며 구름 속에서 "이는 내 사랑하는 아들이요 내 기뻐하는 자니 너희는 저의 말을 들으라"는 소리가 났다. 이것은 하나님 아버지의 친 음성이었다. 하나님께서는 친 음성으로 아들 예수님에 대해 증거하여 주셨다.

베드로는 후에 그의 두 번째 서신에서 이 사건을 회고하면서 예수님의 신성(神性)의 영광을 눈으로 보았고 귀로 들었으며 하나님께서 친 음성으로 주신 증거를 들었다고 말하였다. 베드로후서 1:16-18, "우리 주 예수 그리스도의 능력과 강림하심을 너희에게 알게 한 것이 공교히 만든 이야기를 좇은 것이 아니요 우리는 그의 크신 위엄을 친히 본 자라. 지극히 큰 영광 중에서 이러한 소리가 그에게 나기를 이는 내 사랑하는 아들이요 내 기뻐하는 자라 하실 때에 저가 하나님 아버지께 존귀와 영광을 받으셨느니라. 이 소리는 우리가 저와 함께 거룩한 산에 있을 때에 하늘로서 나옴을 들은 것이라."

〔6-8절〕 제자들이 듣고 엎드리어 심히 두려워하니 예수께서 나아와 저희에게 손을 대시며 가라사대[말씀하시기를] **일어나라. 두려워 말라 하신대 제자들이 눈을 들고 보매 오직 예수 외에는 아무도 보이지 아니하더라.**

그의 신성(神性)의 영광은 잠시 동안 나타났다. 제자들에게 필요한 것은 예수님을 하나님의 아들 그리스도, 영광의 주로 확실히 알고 그를 믿고 그의 계명에 순종하며 그를 위해 사는 것이다.

〔9절〕 저희가 산에서 내려올 때에 예수께서 명하여 가라사대[말씀하시기를] **인자가 죽은 자 가운데서 살아나기 전에는 본 것을 아무에게도 이르지 말라 하시니.**

예수 그리스도의 신성(神性)의 영광은 참된 믿음을 위해서만 알려질 필요가 있었던 것 같다. 그러므로 자신의 영광을 오용치 않도록 주께서는 그가 십자가에 죽으시고 부활하시기까지 자신이 알려지지 않게 하라고 제자들에게 명하셨다. 그의 신적 영광과 기적들은 단순한 호기심의 만족이나 지상 왕국 건립을 위해 사용되어서는 안 되고, 죄사함으로 말미암은 영혼의 구원을 위해서만 사용되어야 할 것이다. 믿는 자들에게는 또 믿으려 하는 자들에게는 성경에 증거되고 기록된 이런 일들은 그가 하나님의 아들 그리스도이신 확실한 표들이다.

〔10-13절〕 제자들이 묻자와 가로되[말하기를] **그러면 어찌하여 서기관들이 엘리야가 먼저 와야 하리라 하나이까? 예수께서 대답하여 가라사대** [말씀하시기를] **엘리야가 과연 먼저 와서 모든 일을 회복하리라. 내가 너희에게 말하노니 엘리야가 이미 왔으되 사람들이 알지 못하고 임의로 대우하였도다. 인자(人子)도 이와 같이 그들에게 고난을 받으리라 하시니 그제야 제자들이 예수**[님]**의 말씀하신 것이 세례 요한인 줄을 깨달으니라.**

말라기 4:5-6은 "보라, 여호와의 크고 두려운 날이 이르기 전에 내가 선지 엘리야를 너희에게 보내리니 그가 아비의 마음을 자녀에게로 돌이키게 하고 자녀들의 마음을 그들의 아비에게로 돌이키게 하리라"고 예언하였다. 당시 성경학자들인 서기관들은 이 예언이 메시아께서 나타나시기 전에 엘리야 같은 한 선지자가 나와서 대중들을 회개시킬 것을 예언한 것이라고 이해하고 있었다고 보인다.

엘리야가 먼저 왔다는 것은 사람의 환생(還生)를 가리키는 것이 아니다. 승천한 엘리야가 다시 어린 아기로 출생하거나 하늘로부터 강림할 수는 없다. 이 예언은 한 선지자가 엘리야의 심령으로 나타나 엘리야 당시와 같이 배교적인 시대의 상황을 거슬러 외로이 그러나 능력 있고 충성되게 사역할 것을 의미한 것이다. 그 선지자가 왔다. 그가 세례 요한이었다. 누가복음 1:17에 증거한 대로, 그의 출생을 예언했던 천사는, "저가 또 엘리야의 심령과 능력으로 주 앞에서 앞서 가서 아비의 마음을 자식에게, 거스르는 자를 의인의 슬기에 돌아오게 하고 주를 위하여 세운 백성을 예비하리라"고 말하였다.

그가 예언대로 왔으나, 사람들은 그를 알지 못해 임의로 대우했다. 많은 사람들이 그를 인정하고 그의 가르침대로 회개의 세례를 받았으나, 백성의 지도자들은 그렇지 못했다. 이와 비슷하게, 메시아께서 오셨음에도 불구하고 사람들은 그에게도 합당한 대우를 하지 않을 것이다. 예수께서는 유대의 종교지도자들에 의해 많은 고난과 죽임을 당하실 것이다. 무지한 사람들은 그를 핍박하는 일에 동참할 것이다. 그러나 하나님의 택함 받은 자들은 하나님의 은혜로 눈과 귀가 열려 예수 그리스도를 알아보고 그를 공경하고 따를 것이다. 동일한 인물에 대해 또 동일한 환경과 상황에서, 그 두 부류는 나뉠 것이다.

본문의 교훈을 정리해보자. 첫째로, 예수께서는 세 제자와 함께 높은 산에 올라가셨을 때 얼굴이 해같이 빛나며 옷이 빛같이 희어졌었다. 그는 신성(神性)을 가진 하나님의 아들이시며 영광의 주님이시다. 우리는 예수 그리스도의 본래의 영광, 즉 그의 신성의 영광을 알아야 한다.

둘째로, 하나님께서는 친 음성으로 예수님에 대해 "이는 내 사랑하는 아들이요 내 기뻐하는 자니 너희는 저의 말을 들으라"고 증거하셨다. 그것은 주님의 제자들과 오늘 우리들을 위해 주신 복된 증거이었다. 우리는 하나님의 친 음성으로 주신 이 증거를 믿고 그를 순종해야 한다.

셋째로, 영광의 주께서는 사람들에게 고난을 받으실 것이다. 12절, "인자도 이와 같이 그들에게 고난을 받으리라." 그는 비천한 사람의 몸으로 오셨고 고난을 당하셨고 우리 죄를 위해 십자가에 죽으셨다. 우리는 고난과 죽임을 당하신 낮아지신 주님을 믿고 또 본받아야 한다.

14-27절, 간질병 치료, 반 세겔 세금

〔14-16절〕 저희가 무리에게 이르매 한 사람이 예수께 와서 꿇어 엎드리어 가로되[말하기를] **주여**[주님이시여], **내 아들을 불쌍히 여기소서. 저가 간질로 심히 고생하여 자주 불에도 넘어지며 물에도 넘어지는지라. 내가 주**[님]**의 제자들에게 데리고 왔으나 능히 고치지 못하더이다.**

예수께 와서 꿇어 엎드린 사람은 예수님의 신성(神性)과 신적 능력을 인정하였고 예수께서 자기 아들의 불치의 병을 고쳐주실 수 있다고 믿었던 것 같다. 그의 아들의 병은 간질병이었다.[29] 그 아들은 그 병으로 심히 고생하고 있었고 자주 불에도 넘어지고 물에도 넘어졌다. 몸이 상했고 여러 번 죽을 위험도 겪었다. 그 아버지는 그의 아들을 예수님의 제자들에게 데리고 왔지만, 그들은 그를 고치지 못하였다.

〔17-18절〕 예수께서 대답하여 가라사대[말씀하시기를] **믿음이 없고 패역한 세대여, 내가 얼마나 너희와 함께 있으며 얼마나 너희를 참으리요. 그를 이리로 데려오라 하시니라. 이에 예수께서 꾸짖으시니 귀신이 나가고 아이가 그때부터 나으니라.**

제자들이 그 병을 고치지 못한 것은 믿음이 없었기 때문이었다. 병을 고치려는 제자들도, 병 고침을 받으려는 당사자도 믿음이 없었다. 믿음이 없으면 병을 고칠 수 없었고 또 병 고침을 받을 수도 없었다. 그러므로 주께서는 20절에서 믿음을 강조하셨다. 그는 고향 나사렛에서도 사람들이 그를 믿지 않고 배척하므로 아무 권능도 행하지 못하시고 소수의 병자들에게만 안수하여 고치셨었다(막 6:3-5).

예수께서는 간질로 고생하는 그 아들을 데려오라고 말씀하신 후, 그 병을 꾸짖으셨고 그러자 귀신이 그에게서 나갔고 그 아이는 그때부터 나았다. 그 아이가 미친 것같이 자주 발작을 한 것은 단지 신체

---

29) '간질을 앓다'는 원어(셀레니아조마이 σεληνιάζομαι)는 '간질을 앓다'(ASV, BDAG), '미치다'(KJV, NASB), '발작을 일으키다'(NIV)는 뜻이다.

적 이상이 아니고 귀신으로 인해 일어난 현상이었다. 성경은 모든 병이 다 귀신으로 인한 것이라고 말하지 않지만, 본문의 사건처럼 어떤 병이 귀신으로 인한 것임을 증거한다(눅 13:11의 경우도).

〔19-20절〕 **이때에 제자들이 종용히**[조용히] **예수께 나아와 가로되**[말하기를] **우리는 어찌하여 쫓아내지 못하였나이까? 가라사대**[말씀하시기를] **너희 믿음이 적은 연고니라**[믿음이 없기 때문이라].[30] **진실로 너희에게 이르노니**[말하노니] **너희가 만일 믿음이 한 겨자씨만큼만 있으면 이 산을 명하여 여기서 저기로 옮기라 하여도 옮길 것이요 또 너희가 못할 것이 없으리라.**

겨자씨는 매우 작은 씨이다. 주께서는 제자들이 겨자씨 같은 작은 믿음도 없음을 말씀하셨다. 우리는 믿음이 없는 자들이다. 주께서는 그들이 겨자씨(1-2밀리미터)만한 믿음이 있으면 이 산을 명하여 저기로 옮길 수 있다고 말씀하셨다. 주님의 말씀은 우리가 무슨 일이나 어떤 동기나 의도를 가지고서든지 믿음을 가지고 명령하면 기적을 경험할 수 있다는 뜻이 아니다. 성경은 기적주의를 가르치지 않는다. 주님의 말씀은, 우리가 하나님의 뜻에 맞고 하나님의 영광을 위해 꼭 필요한 일을 하나님께 구하면 얻을 수 있고 이룰 수 있다는 뜻으로 이해해야 할 것이다. 그것이 성경의 일반적 교훈에 맞다.

〔**21절**〕 [그러나 이런 유는 기도와 금식으로가 아니고서는 나가지 아니하느니라](전통본문).[31]

주께서는 기도와 금식을 교훈하셨다. 금식은 간절한 기도이다. 예수께서는 다른 곳들에서 강청의 기도를 가르치셨다(눅 11:8). 또 그는 불의한 재판관에게 끈질기게 탄원한 과부의 비유에서 낙심치 않는 간곡한 기도도 가르치셨다(눅 18:1-8). 선하신 하나님께서는 자기 자녀들의 부르짖는 간곡한 기도, 특히 금식 기도를 잘 들어주실 것이다.

〔22-23절〕 **갈릴리에 모일 때에 예수께서 제자들에게 이르시되**[말씀하

---

30) Byz C D W it$^{a\ b\ d\ e\ ff2}$ vg syr$^{p\ s}$ 등이 그러함.

31) Byz C D W it$^{a\ b\ d\ ff2}$ vg (syr^{p}) cop$^{(meg)}$ arm Diatessaron Origen 등.

시기를] **인자(人子)가 장차 사람들의 손에 넘기워 죽임을 당하고 제3일에 살아나리라 하시니 제자들이 심히 근심하더라.**

이 말씀은 제자들에게 자신의 죽음과 부활에 대해 두 번째로 하신 말씀이었다(16:21에 이어). 그의 말을 들은 제자들은 심히 근심했다.

〔24-26절〕 가버나움에 이르니 반 세겔 받는 자들이 베드로에게 나아와 가로되[말하기를] **너의 선생이 반 세겔을 내지 아니하느냐? 가로되**[말하기를] **내신다 하고 집에 들어가니 예수께서 먼저 가라사대**[말씀하시기를] **시몬아, 네 생각은 어떠하뇨? 세상 임금들이 뉘게 관세(關稅)와 정세(丁稅)를 받느냐? 자기 아들에게냐, 타인에게냐? 베드로가 가로되**[말하기를] **타인에게니이다. 예수께서 가라사대**[말씀하시기를] **그러하면 아들들은 세를 면하리라.**

'반 세겔'이라는 원어(디드라크몬 δίδραχμον)는 '두 드라크마'라는 뜻의 단어이다. 이것은 성전 세금이다. 출애굽기 30:11-16에 보면, 이스라엘의 20세 이상된 모든 사람은 생명의 속전(贖錢)으로 반 세겔을 내어야 했고 그 돈은 성막 봉사에 쓰였다. 베드로는 주께서 세금을 안 내는 자라는 비난을 받지 않으시기를 원하였다. 그러나 아마 그는 자신과 주님께 돈이 없다는 것도 알고 있었다. 그의 대답은 주께서 모든 것을 처리하실 수 있다는 믿음을 가지고 한 것이었다고 본다.

예수께서는 베드로가 말하기 전에 그에게 말씀하셨다. 그는 그의 한 일을 알고 계셨다. 그의 지식은 사람의 제한성을 초월하신다. 관세(關稅)(텔로스 τέλος)는 소득세, 통행세를 가리키고, 정세(丁稅)(켄소스 κῆνσος)는 인두세(人頭稅)나 주민등록세를 가리킨다(BDAG). 하나님의 아들에게서 성전세를 받는 것은 합당하지 않다. 성전세가 면제될 자가 있다면 바로 그 분이시다. 예수께서는 자신이 온 세상의 왕의 아들이시며 성전의 주인이신 하나님의 아들이심을 증거하셨다.

〔27절〕 그러나 우리가 저희로 오해케 하지 않기 위하여 네가 바다에 가서 낚시를 던져 먼저 오르는 고기를 가져 입을 열면 돈 한 세겔을 얻을 것이니 가져다가 나와 너를 위하여 주라 하시니라.

부요하신 주께서는 우리를 위해 세상에 오셔서 가난한 삶을 사셨다(고후 8:9). 그에게는 한 세겔도 없으셨다. 제자들의 주머니도 비어 있었다. 주께서는 사람들로 오해케 하지 않기 위해 낚시한 물고기의 입 속에 있는 한 세겔을 자신과 베드로의 성전세로 내게 하셨다. 우리는 국가에 대한 정당한 의무도 회피해서는 안 된다.

고기 입에서 한 세겔을 얻은 이 사건은 신기한 일이었다. 주께서는 바다 속에 물고기 입에 물린 한 세겔을 보셨다. 그것은 그의 전지(全知)하심이 아니고선 불가능한 일이었다. 또 그 고기가 베드로의 낚시에 첫 번째로 걸린다는 것도 놀랍다. 그는 그 물고기를 보셨고 그 입 속에 있는 한 세겔을 보셨고 그 물고기가 정확히 바로 그 시각에 베드로의 첫 번째 낚시에 걸리게 하셨다. 이 모든 것이 그의 신적 능력으로 되어졌다. 여기에서 예수 그리스도의 신성(神性)의 영광이 다시 한번 더 드러났다. 예수 그리스도 그는 확실히 하나님의 아들이시다.

본문의 교훈을 정리해보자. 첫째로, 예수 그리스도께서는 귀신 들린 간질병 환자를 고쳐주셨고 물고기 입 속의 한 세겔을 보셨고 그 물고기를 낚게 하셨다. 예수님은 확실히 하나님의 아들 그리스도이시다!

둘째로, 주 예수 그리스도께서는 모든 문제의 해결자이시다! 주께서는 간질병을 꾸짖으셨고 귀신을 복종시키셨고 불치의 병들을 고쳐주셨다. 우리는 우리의 건강, 경제적 안정, 자녀, 사회적 평안 등 무슨 문제든지, 우리가 해결하기 어려운 문제를 하나님과 주 예수 그리스도 앞에 가지고 나와 그에게 기도해야 하고 겸손히, 간절히 의탁해야 한다.

셋째로, 우리는 비상한 경우에 하나님 앞에 금식하며 기도해야 한다. 주께서는 "이런 유는 기도와 금식으로가 아니고서는 나가지 아니하느니라"고 말씀하셨다. 우리는 강청의 기도, 간곡한 기도를 드려야 한다.

넷째로, 우리는 교회나 국가에 대한 정당한 의무를 회피해서는 안 된다. 우리는 국가가 정한 세금도 정당하게, 기꺼이 납부해야 한다.

18장: 겸손과 용서를 가르치심

1-14절, 겸손을 가르치심

〔1-3절〕 **그때에 제자들이 예수께 나아와 가로되**[말하기를] **천국에서는 누가** ['더' 혹은 '가장'] **크니이까? 예수께서 한 어린아이를 불러 저희 가운데 세우시고 가라사대**[말씀하시기를] **진실로 너희에게 이르노니 너희가 돌이켜 어린아이들과 같이 되지 아니하면 결단코 천국에 들어가지 못하리라.**

'크다'는 원어(메이존 μείζων)는 '더 크다' 혹은 '가장 크다'는 뜻이다(BDAG). "천국에서는 누가 가장 크니이까?"(KJV, NASB, NIV)라는 질문은 제자들의 마음 속에 있는 교만과 명예심을 보인다. 그때 예수께서는 한 어린아이를 불러 그들 가운데 세우시고 "내가 진실로 너희에게 이르노니 너희가 돌이켜 어린아이들과 같이 되지 아니하면 결단코 천국에 들어가지 못하리라"고 말씀하셨다. '돌이켜'라는 말은 '회개하여'라는 뜻이다. 그는 그들의 교만한 마음을 지적하시고 책망하시듯이 "너희가 회개해야 한다"고 말씀하신 것이다.

어린아이들은 대체로 아직 교만과 명예심을 갖고 있지 않다. 사람은 교만과 명예심을 버리고 겸손한 마음을 가져야 천국에 들어갈 수 있다. 이 말씀은 겸손한 인격이 구원의 조건이라는 뜻이 아니다. 구원은 하나님의 은혜로 구주 예수 그리스도를 믿음으로 얻는다. 그러나 하나님의 은혜로 구원 얻는 자는 교만하지 않고 자신을 낮추며 그런 사람만이 예수님을 믿고 구원 얻을 수 있다. 겸손은 구원의 조건은 아니지만, 구원의 과정이요 구원 얻는 자의 표가 되는 것이다.

〔4절〕 **그러므로 누구든지 이 어린아이와 같이 자기를 낮추는 그이가 천국에서** ['더' 혹은 '가장'] **큰 자니라.**

세상 사람들은 자기를 높이려 하지만 교회에서는 자신을 낮추는 자가 큰 자다. 예수께서는 후에 "너희 중에 누구든지 크고자 하는 자는 너희를 섬기는 자가 되고 너희 중에 누구든지 으뜸이 되고자 하는 자는 너희 종이 되어야 하리라"고 말씀하셨다(마 20:26-27). 겸손은 우리가 가져야 할 중요한 덕목이다. 예수께서는 "나는 마음이 온유하고 겸손하니 나의 멍에를 메고 내게 배우라"고 말씀하셨다(마 11:29). 사도 바울은, "너희 안에 이 마음을 품으라. 곧 그리스도 예수의 마음이니 그는 근본 하나님의 본체시나 . . . 자기를 비어 종의 형체를 가져 사람들과 같이 되었다"고 말했다(빌 2:5-8). 그러므로 우리는 예수 그리스도의 겸손을 본받아야 한다. 교회에서 큰 자는 예수 그리스도의 겸손을 본받아 그의 이름으로 다른 이들을 섬기는 자이다. 교회는 서로 섬기는 자들의 모임이 되어야 한다.

〔5절〕 또 누구든지 내 이름으로 이런 어린아이 하나를 영접하면 곧 나를 영접함이니.

교만한 사람은 높은 자에게는 아첨하고 낮은 자를 무시한다. 그러나 겸손한 자는 어린아이 하나라도 사랑하고 귀히 여긴다. 그 아이가 예수님을 믿는 자라면 더욱 그렇다. 그 아이는 예수 그리스도의 몸의 지체이기 때문이다(고전 12:27). 그러므로 예수 그리스도의 이름으로 어린아이 하나를 영접하는 것이 곧 예수 그리스도를 영접하는 것이다. 예수께서는 후에 양과 염소의 비유에서(마 25:31-46) 그의 형제들, 곧 그의 종들과 성도들 중에 지극히 작은 자 하나를 영접하며, 그가 주릴 때에 먹을 것을 주고 목마를 때에 마시게 하고 나그네 되었을 때에 영접하고 벗었을 때에 옷을 입히고 병들었을 때에 돌아보고 옥에 갇혔을 때에 방문하는 것이 곧 주님을 영접하고 대접하는 것이며, 또 그의 이름을 가진 소자(小子) 하나의 영접 여부가 구원과 멸망을 나누며, 의인과 악인, 영생에 이를 자와 영벌에 던지울 자를 나눌 것이라고 말씀하셨다. 행위는 구원의 조건은 아니나, 구원의 표가 된다. 우리는 겸손히 서로를 영접하며 서로를 섬겨야 한다.

〔6절〕 누구든지 나를 믿는 이 소자 중 하나를 실족케 하면 차라리 연자맷돌을 그 목에 달리우고 깊은 바다에 빠뜨리우는 것이 나으니라.

예수께서는 그를 믿는 어린아이 하나를 실족케 하는 것, 곧 범죄케 하는 것이 큰 죄가 됨을 말씀하셨다. 연자맷돌을 그 목에 달리우고 깊은 바다에 빠뜨리우는 것이 낫다는 말씀은 얼마나 무서운 경고인가! 남을 범죄케 하는 것보다 자신이 죽임을 당하는 편이 낫다는 것이다. 우리는 산즉 남을 살리고 남에게 유익을 주는 자가 되어야지 남을 범죄케 하고 남을 멸망시키는 자가 되어서는 안 된다.

〔7절〕 실족케 하는 일들이 있음을 인하여 세상에 화가 있도다. 실족케 하는 일이 없을 수는 없으나 실족케 하는 그 사람에게는 화가 있도다.

이 세상에는 남을 범죄케 하는 일들이 적지 않고, 그로 인해 세상에 화가 있다. 우리는 남을 죄에서 구원하는 일에 바쳐질지언정, 남을 죄 짓게 하는 것, 예를 들어, 이단을 가르친다든지, 위선적 말과 행위로 남에게 참 신앙과 교회에 대한 반발심을 가지게 한다든지 술취하고 음란한 풍조를 사회에 조장하는 등의 행위를 해서는 안 된다.

〔8-9절〕 만일 네 손이나 네 발이 너를 범죄케 하거든 찍어 내버리라. 불구자나 절뚝발이로 영생에 들어가는 것이 두 손과 두 발을 가지고 영원한 불에 던지우는 것보다 나으니라. 만일 네 눈이 너를 범죄케 하거든 빼어 내버리라. 한 눈으로 영생에 들어가는 것이 두 눈을 가지고 지옥 불에 던지우는 것보다 나으니라.

주의 말씀은 매우 날카롭고 엄격하시다. 그는 우리의 손이나 발, 우리의 눈이 우리를 계속 범죄케 한다면 그것을 찍어버리고 빼어버리는 것이 낫다고 말씀하셨다. 두 손, 두 발, 두 눈을 가지고 계속 범죄하여 지옥 가는 것보다 한 손, 한 발, 한 눈을 가지고 범죄하지 않아 영생에 들어가는 것이 낫기 때문이다. 그러므로 불구가 된 몸이 때때로 하나님의 더 큰 은혜일 수 있다. 건강한 몸으로 죄만 짓는 것보다 불구의 몸으로 하나님의 뜻을 행한다면, 그것은 확실히 더 복되다.

만일 우리가 불구의 몸을 원치 않는다면, 우리는 우리의 사지백체를 어떻게 하나님의 영광을 위해 거룩하고 선하게 사용해야 할 것을 알아야 한다. 우리의 몸은 우리의 것이 아니다. 이미 찍어버려야 했을 지체, 뽑아버려야 했을 지체를 가진 몸이다. 그러므로 우리는 우리의 손, 우리의 발, 우리의 눈을 하나님의 영광을 위해서만 사용해야 한다. 그렇지 못하다면, 차라리 불구자가 되는 것이 더 유익하다.

〔10절〕 삼가 이 소자 중에 하나도 업신여기지 말라. 너희에게 말하노니 저희 천사들이 하늘에서 하늘에 계신 내 아버지의 얼굴을 항상 뵈옵느니라.

'이 소자'는 그를 믿는 어린아이를 가리킨다. 기독교는 인격적 종교이다. 한 사람의 생명은, 어른의 생명이든 아이의 생명이든 혹 태아의 생명이든 동등하게 귀하다. 사람을 무시하고 차별하는 것은 비인격적이다. 물론 가정이나 교회에서 질서와 직분의 차이는 존중되어야 하고 아랫사람은 윗사람을 존중하고 복종해야 한다. 그러나 우리는 다른 사람의 인격을, 그것이 어린아이의 인격일지라도, 업신여기는 태도는 버려야 한다. 하나님께서는 그를 귀히 여기시고 그들의 천사들은 하늘에서 하나님의 얼굴을 항상 뵈옵기 때문이다.

〔11절〕 [인자(人子)는 잃은 자를 구원하기 위해 왔노라](전통본문).[32]

남을 범죄케 하는 것은 그의 영혼을 잃어버리는 것이다. 구주께서 오신 것은 잃어버린 영혼을 구원하시기 위함이다. 그의 제자된 우리는 한 영혼의 구원을 위해 힘쓰고 한 영혼을 실족지 않게 하기 위해 조심해야 한다. 주께서는 한 영혼의 구원을 위해 자기 목숨을 바치셨는데, 우리가 어떻게 다른 사람의 구원을 가로막을 수 있겠는가? 또 어떤 이가 심각한 종교적, 도덕적 결함이 있다 할지라도, 우리는 그를 업신여기거나 정죄하지 말고 오히려 그에 대해 관심을 가지고 전도하고 권면하여 그를 구원하고 바른 길로 인도해야 할 것이다.

---

32) Byz D W it$^{a\ (b)\ d\ ff2\ n}$ vg syr$^{p\ c}$ arm Diatessaron 등에 있다.

〔12-13절〕 너희 생각에는 어떻겠느뇨? 만일 어떤 사람이 양 일백 마리가 있는데 그 중에 하나가 길을 잃었으면 그 아흔 아홉 마리를 산에 두고 가서 길 잃은 양을 찾지 않겠느냐? 진실로 너희에게 이르노니[말하노니] **만일 찾으면 길을 잃지 아니한 아흔 아홉 마리보다 이것을 더 기뻐하리라.**

이 말씀은 누가복음 15:3-7의 '잃은 양의 비유'와 비슷하다. 아흔 아홉 마리의 양들보다 길 잃은 한 마리의 양을 찾으려는 것이 목자의 심정이요 그 양을 찾은 목자의 기쁨은 매우 클 것이다. 그렇다면 우리가 어떻게 어린 한 영혼이라도 우리의 실수로 인해 범죄하게 하고 잃어버려지게 할 수 있겠는가.

〔14절〕 이와 같이 이 소자 중에 하나라도 잃어지는 것은 하늘에 계신 너희 아버지의 뜻이 아니니라.

그러므로 우리는 예수님 믿는 자녀들, 어린아이나 청소년 하나라도 잃어버려지지 않도록 조심해야 한다. 그것이 하나님의 뜻이다.

본문의 교훈을 정리해보자. 첫째로, 우리는 어린아이같이 겸손하지 않으면 천국에 들어갈 수 없다. 우리는 겸손히 회개하고 예수 그리스도를 믿음으로 구원을 얻는다. 우리는 어린아이같이 자신을 낮추는 자가 되어야 한다. 우리는 예수 그리스도의 겸손을 본받아야 한다.

둘째로, 교회에서 큰 자는 겸손히 형제를 섬기는 자이다. 겸손의 덕은 구원 얻을 때뿐 아니라, 구원 얻은 후에도 늘 필요하다. 사도 바울은, "형제를 사랑하여 서로 우애하고 존경하기를 서로 먼저 하라"고 교훈했다(롬 12:10). 겸손은 성도의 성화(聖化)의 정도를 알 수 있는 덕이다.

셋째로, 우리는 어린아이 하나라도 귀히 여겨야 한다. 우리는 예수 그리스도의 이름으로 어린아이 한 명이라도 영접해야 한다. 그것은 곧 예수 그리스도를 영접하는 것이다. 또 우리는 어린아이 하나라도 업신여기거나 무시하거나 실족케 해서는 안 된다. 우리는 모든 사람을 존중해야 한다. 어린아이 한 명이라도 실족케 하는 것은 큰 죄를 짓는 것이다. 하나님의 뜻은 어린아이 하나라도 잃어버려지지 않는 것이다.

15-20절, 형제가 네게 죄를 범하거든

〔15절〕 네 형제가 [네게][33] **죄를 범하거든 가서 너와 그 사람과만 상대하여 권고하라**[책망하라]. **만일 들으면 네가 네 형제를 얻은 것이요.**

교회 생활에서 중요한 것은 사랑의 교제이다. 그런데 우리의 교우가 우리에게 말로 잘못된 비난이나 물질적 손실로 잘못을 범할 때가 있다. 성도가 성화가 불완전하고 지혜가 부족해서 말의 실수도 있고 물질적으로 어려워서 남에게 손해를 끼칠 경우도 있다.

예수님을 믿는 교우가 우리에게 죄를 범할 때 우리는 어떻게 대처해야 하는가? 주께서는 그 대처 방법을 말씀해 주셨다.

첫 번째는 가서 그 사람과만 상대하여 충고하고 책망하는 것이다. 개인적 충고와 책망이 첫 번째 단계이다. 우리는 그런 문제를 다른 사람에게 먼저 알리지 말아야 한다. 우리는 또 '저런 자와는 만날 것도 없어!' 하고 그를 끊거나 정죄하지도 말아야 한다. 우리는 먼저 그를 찾아가서 그 사람과만 상대하여 그에게 충고하고 책망해야 한다.

이렇게 하려면 시간이 들고 수고가 든다. 또 잘못하면 마음 상하는 말을 한마디 더 듣게 될지도 모른다. 그러나 주께서는 우리가 가서 그 사람과만 상대하여 그에게 충고하고 책망하라고 말씀하셨다. 이것이 그 교우를 사랑하고 그를 아끼는 성도의 바른 태도이다. 만일 그가 들으면 우리는 그 교우를 얻은 것이다. 성도의 교제를 유지하는 것은 중요하다. 우리는 "서로 사랑하라"는 주의 명령을 지켜야 한다. 우리는 교회의 연합과 하나됨을 보존하려고 노력해야 한다.

〔16절〕 만일 듣지 않거든 한두 사람을 데리고 가서 두세 증인의 입으로 말마다 증참케(<u>스타데</u> σταθῇ)[확증케] **하라.**

두 번째 단계는, 만일 그 형제가 개인적 책망을 듣지 않으면, 한두 사람을 데리고 가서 두세 증인의 입으로 모든 말들을 확증케 하는 것

---

33) Byz D (W) it[a b d e ff2] vg syr[p c s] cop[bo-pt meg] arm 등.

이다. 신명기 19:15는, “사람이 아무 악이든지 무릇 범한 죄는 한 증인으로만 정할 것이 아니요 두 증인의 입으로나 세 증인의 입으로 그 사건을 확정할 것이라”고 말했다. 두세 증인의 확증이 필요하다.

〔17-18절〕 만일 그들의 말도 듣지 않거든 교회에 말하고 교회의 말도 듣지 않거든 이방인과 세리와 같이 여기라. 진실로 너희에게 이르노니[말하노니] **무엇이든지 너희가 땅에서 매면 하늘에서도 매일 것이요 무엇이든지 땅에서 풀면 하늘에서도 풀리리라.**

세 번째 단계는, 만일 그가 그들의 말도 듣지 않으면, 교회에 말하는 것이다. 교회에 말한다는 것은 교회의 목사와 장로들에게 즉 당회에 말하거나 혹은 회중 앞에서 말하는 것을 의미할 것이다.

네 번째 단계는, 만일 그 범죄한 자가 교회의 권면 즉 당회의 권면이나 회중의 권면도 듣지 않으면, 그를 이방인과 세리와 같이 여기는 것이다. 우리는 그런 자와의 교제를 끊어야 한다. 그는 더 이상 교인으로 여겨 사랑의 교제를 나눌 대상이 아니다. 그는 교회 밖에 있는 사람으로 간주되어야 하고 성도들의 교제에서 제외되어야 한다.

이 말씀은 교회적 권징의 효력을 말씀하신 것이다. 매는 것은 권징의 시행 즉 교회적 벌을 주는 것이요 푸는 것은 해벌(解罰) 즉 교회적 벌을 거두는 것을 가리킨다. 교회적 벌은 권계(권면과 책망), 성찬식 참여 금지, 제명 출교 등이 있다. 권징은 비록 지상교회에서 시행되는 것이지만, 천상에 계신 하나님 앞에서 인정되는 것이며 효력을 가진다. 교회에서 시행된 정당한 권징은 하나님 앞에서 효력이 있다. 또한 교회에서 시행된 정당한 권징은 다른 교회들에서도 효력이 있다.

〔19절〕 진실로 다시 너희에게 이르노니[말하노니] **너희 중에 두 사람이 땅에서 합심하여 무엇이든지 구하면 하늘에 계신 내 아버지께서 저희를 위하여 이루게 하시리라.**

이 말씀은 문맥적으로 교회적 권징에 관련하여 주신 말씀이라고 보인다. 그것은 두세 사람이라도 바른 판단과 합심된 소원은 효력이 있다는 뜻일 것이다. 지교회의 당회(목사와 장로들의 회)가 결정한 권징이나 회중이 결정한 권징, 또 노회나 총회가 결정한 권징은 만일 그것이 성경적으로, 양심적으로, 이성적으로 정당성을 가진 것이라면, 하나님 아버지께서 받으시는 효력 있는 권징이 될 것이다.

그러나 이 말씀은 또한 합심기도의 일반적 교훈이기도 하다. 성도들이 땅에서 합심하여 무엇을 기도하면 하늘에 계신 하나님께서는 그들을 위해 그것을 이루실 것이다. 개인들의 기도도 응답이 있지만, 두 사람이 합심하여 드리는 기도는 더욱 응답이 있을 것이다. 하나님께서는 두 사람의 합심 기도를 잘 들어주실 것이다.

〔20절〕 두세 사람이 내 이름으로 모인 곳에는 나도 그들 중에 있느니라.

주께서는 또 두세 사람이 그의 이름으로 모인 곳에 그들 중에 함께 계시겠다고 약속하셨다. 주께서는 우리 개인과 함께하신다. 마태복음 28:20, "내가 너희에게 분부한 모든 것을 가르쳐 지키게 하라. 볼지어다, 내가 세상 끝날까지 너희와 항상 함께 있으리라 하시니라." 신성(神性)을 가지신 주 예수 그리스도께서는 그의 제자들과 함께 세상 끝날까지 함께하실 것을 약속하셨다. 주 예수께서는 오늘 시대를 사는 우리 모두들과도 세상 끝날까지 함께하실 것이다.

요한복음 15:4, "내 안에 거하라. 나도 너희 안에 거하리라." 주께서는 요한복음 15장에 기록된 포도나무 비유에서 이 말씀을 하셨다. 우리가 주 예수 그리스도 안에 거한다는 것은 그를 믿고 그의 계명을 순종하는 것, 즉 믿음과 순종을 가리킨다고 본다. 우리가 주 예수 그리스도를 믿고 순종하면 주께서도 우리 안에 항상 거하실 것이다.

고린도후서 13:5, "너희가 믿음에 있는가 너희 자신을 시험하고 너희 자신을 확증하라. 예수 그리스도께서 너희 안에 계신 줄을 너희가 스스로 알지 못하느냐? 그렇지 않으면 너희가 버리운 자니라." 사도 바울은 우리가 예수 그리스도를 믿는 자들이라면 예수 그리스도께서 우리 안에 계시며 우리가 그 사실을 알아야 한다고 말했다.

요한복음 14:16-17, “내가 아버지께 구하겠으니 그가 또 다른 보혜사를 너희에게 주사 영원토록 너희와 함께 있게 하시리니 저는 진리의 영이라. 세상은 능히 저를 받지 못하나니 이는 저를 보지도 못하고 알지도 못함이라. 그러나 너희는 저를 아나니 저는 너희와 함께 거하심이요 또 너희 속에 계시겠음이라.” 주께서 말씀하신 ‘다른 보혜사’는 성령을 가리켰고 성령께서는 오셔서 신약 성도들 속에 계시며 영원토록 우리와 함께 계실 것이다.

로마서 8:9, “만일 너희 속에 하나님의 영이 거하시면 너희가 육신에 있지 아니하고 영에 있나니 누구든지 그리스도의 영이 없으면 그리스도의 사람이 아니라.” 하나님의 영 곧 성령께서는 그리스도의 영이시며 우리는 그리스도의 영을 모시고 사는 그리스도의 사람이다.

이와 같이 주께서는 우리 개인과 함께하신다. 그러나 두세 사람이 주의 이름으로 모일 때에 주께서는 더욱 우리와 함께하실 것이다.

본문의 교훈을 정리해보자. 첫째로, 형제가 우리에게 죄를 범할 때 우리는 먼저 가서 그 사람과만 상대해 책망하고, 만일 그 형제가 개인적 책망을 듣지 않으면, 한두 사람을 데리고 가서 두세 증인의 입으로 모든 말을 확증케 하고, 만일 그들의 말도 듣지 않으면 교회에 말하고, 만일 교회의 말도 듣지 않으면 이방인과 세리와 같이 여겨야 한다.

둘째로, 우리는 교회에서 시행한 정당한 권징이 하나님 앞에서 효력이 있다는 것을 알아야 한다. 무엇이든지 우리가 땅에서 매면 하늘에서도 매일 것이요 무엇이든지 땅에서 풀면 하늘에서도 풀릴 것이다.

셋째로, 우리가 땅에서 합심하여 무엇을 기도하면 하늘에 계신 하나님께서 우리의 기도를 잘 들어주실 것이다. 합심 기도는 효력이 있다.

넷째로, 주께서는 두세 사람이 그의 이름으로 모인 곳에 함께하신다. 주께서는 우리 개인 안에 거하실 뿐 아니라, 우리 모임에 함께 계신다.

21-35절, 용서에 관한 교훈

〔21-22절〕 그때에 베드로가 나아와 가로되[말하기를] **주여**[주님이시여], **형제가 내게 죄를 범하면 몇 번이나 용서하여 주리이까? 일곱 번까지 하오리이까? 예수께서 가라사대**[말씀하시기를] **네게 이르노니 일곱 번뿐 아니라 일흔 번씩 일곱 번이라도 할지니라.**

형제가 우리에게 무슨 잘못을 범한 후 그것을 사과하면 우리는 그를 용서해야 한다. 물론, 용서는 상대방의 사과와 회개를 전제한다. 만일 형제가 내게 잘못을 범하고도 그 잘못을 인정하며 사과하지 않는다면, 용서라는 말도 무의미할 것이다. 주께서는 앞절들에서 형제가 사과하지 않을 경우 권징의 절차를 따라 행하고 만일 그가 교회적 권면도 받아들이지 않는다면 그와 교제를 끊으라고 교훈하셨다.

그러나 우리는 사과하는 형제에 대해선 일흔 번씩 일곱 번이라도 용서해야 한다. 일곱 번이나 반복해 잘못을 범하고 용서를 비는 사람을 용서하는 것도 쉽지 않겠지만, 주께서는 일곱 번뿐 아니라 일흔 번씩 일곱 번이라도 용서하라고 교훈하셨다. 일흔 번씩 일곱 번이라도 용서하라는 말씀은 무한하게 용서하라는 뜻이다. 상대가 진심으로 사과하기만 한다면, 우리는 그를 언제든지 용서해야 한다.

〔23절〕 이러므로 천국은 그 종들과 회계하려 하던 어떤 임금과 같으니.

주께서는 용서를 가르치시기 위해 천국을 그 종들과 회계하려 하던 어떤 임금과 같다고 비유하셨다. 이 비유에서 천국은 신약교회를, 임금은 하나님을, 또 종들은 교인들을 가리킨다. 신약교회는 천국의 현재적 측면이다. 임금이 종들과 회계 즉 재무 결산을 하듯이, 하나님께서는 그의 백성된 신약교회 교인들의 행위에 대해 판단하신다.

〔24-27절〕 회계할 때에 1만 달란트 빚진 자 하나를 데려오매 갚을 것이 없는지라. 주인이 명하여 그 몸과 처와 자식들과 모든 소유를 다 팔아 갚게 하라 한대 그 종이 엎드리어 절하며 가로되[말하기를] **내게 참으소서. 다 갚으리이다 하거늘 그 종의 주인이 불쌍히 여겨 놓아 보내며 그 빚을 탕감하여**

주었더니.

한 달란트는 6,000데나리온이었다(한 달란트는 약 30킬로그램이었고, 한 데나리온은 약 5그램이었다)(NBD). 한 데나리온은 노동자의 하루 품삯이었는데(마 20:2), 그것을 오늘날 품삯으로 10만원만 치더라도, 한 달란트는 약 6억원이며, 1만 달란트는 약 6조원이 된다.

그 종이 어떻게 그렇게 많은 빚을 졌는지 모르나 그 빚은 한 개인이 갚기에 불가능한 액수이다. 주인은 그 몸과 아내와 자식들과 모든 소유를 다 팔아 갚게 하라 명했다. 그 종은 엎드리어 절하며 "내게 참으소서. 다 갚으리이다"라고 말했지만, 빚을 갚을 가능성은 없었다.

수님의 비유는 하나님의 백성된 우리 모두의 과거의 영적 처지를 암시한다. 성도들이 구원 얻기 전의 죄의 빚은 스스로 갚기 불가능한 양이었다. 그 죄 때문에 우리는 지옥 형벌을 받아야 마땅하였다. 우리가 천국에 들어간다는 것은 불가능했다. 죗값은 지옥 형벌이었다.

주인은 그 종을 불쌍히 여겨 놓아 보내며 그 빚을 없는 것으로 해주었다. 이것이 하나님께서 죄인인 우리에게 주신 죄사함의 구원이다. 죄사함은 우리의 행위로 얻거나 행위로 이루는 것이 아니고 오직 하나님의 긍휼로 주신 선물이다. 그가 우리를 불쌍히 여기셨으므로 우리의 죄를 용서해주셨다. 죄사함의 원인은 하나님의 긍휼에 있다. 하나님께서 영원한 지옥 형벌을 받아야 마땅한 우리를 불쌍히 여기셔서 우리의 죄를 용서해주셨다. 이것이 하나님의 은혜의 구원이다.

〔28-30절〕 그 종이 나가서 제게 100데나리온 빚진 동관[동료] **하나를 만나 붙들어 목을 잡고 가로되**[말하기를] **빚을 갚으라 하매 그 동관**[동료]**이 엎드리어 간구하여 가로되**[말하기를] **나를 참아 주소서. 갚으리이다 하되 허락하지 아니하고 이에 가서 저가 빚을 갚도록 옥에 가두거늘.**

그 종은 나가서 그에게 100데나리온 빚진 동료 하나를 만났다. 100데나리온은 노동자의 100일 품삯에 해당한다. 그것은 물론 적은 금액이 아니다. 그러나 그것은 1만 달란트에 비하면 아무것도 아니었다.

그러나 그 종은 그 동료를 붙들어 목을 잡고 "빚을 갚으라"고 말했다. 그 동료가 "나를 참아 주소서. 갚으리이다"라고 말하며 엎드려 간청하였으나, 그 종은 그 동료의 청을 허락지 않고 그가 빚을 갚도록 그를 옥에 가두었다. 그는 자기가 주인에게 1만 달란트 빚을 탕감받은 것을 기억하지 않았다. 만일 그가 그 큰 은혜를 기억하였다면, 그는 100데나리온 정도의 빚은 기꺼이 없는 것으로 해주었을 것이다.

여기에서 주께서 말씀하고자 하시는 바는 우리가 서로의 허물과 잘못을 용서해야 한다는 것이다. 주께서는 특히 우리가 서로를 용서해야 할 근거를 분명하게 말씀하셨다. 1만 달란트의 빚은 우리들이 하나님 앞에서 범한 죄를 비유하며, 100데나리온의 빚은 다른 사람이 우리에게 범한 잘못을 비유한다. 주께서는 하나님께서 1만 달란트의 빚과 같은 우리의 죄, 곧 지옥 형벌을 받기에 합당했던 죄를 용서해 주셨으므로, 우리가 우리에게 잘못을 범한 형제의 잘못을, 그것이 어떤 큰 잘못이라 할지라도, 용서해야 한다고 말씀하신 것이다.

〔31-35절〕 그 동관들[동료 종들]**이 그것을 보고 심히 민망하여 주인에게 가서 그 일을 다 고하니 이에 주인이 저를 불러다가 말하되 악한 종아, 네가 빌기에 내가 네 빚을 전부 탕감하여 주었거늘 내가 너를 불쌍히 여김과 같이 너도 네 동관**[동료 종]**을 불쌍히 여김이 마땅치 아니하냐 하고 주인이 노하여 그 빚을 다 갚도록 저를 옥졸들에게 붙이니라. 너희가 각각 중심으로 형제를 용서하지 아니하면 내 천부께서도 너희에게 이와 같이 하시리라.**

그 종의 동료들은 그가 용서치 않음을 보고 심히 민망하여 주인에게 가서 그 일을 다 고하였고, 주인은 노하여 그 빚을 다 갚도록 그를 옥졸들에게 붙였다. 주인은 그 종에게 그가 베푼 것과 같은 긍휼을 그도 그의 동료에게 베풀었어야 했다고 말했다. 그 종은 그 주인에게 긍휼을 입은 것과 같이 그 자신도 그의 동료에게 긍휼을 베풀었어야 했다. 주인의 말은 정당한 말이었다. 하나님께서 우리에게 요구하시는 바도 마찬가지이다. 하나님께서는 하나님의 크신 긍휼을 입은 우리가 이 땅에서 서로 불쌍히 여기며 서로 용서하며 살기를 원하신다. 우리는 마땅히 서로 긍휼히 여기며 서로 용서하며 살아야 한다.

주께서는 우리가 형제를 용서하지 않으면 하늘에 계신 아버지께서도 우리를 용서하지 않으실 것이라고 경고하셨다. 이것은 참 두려운 경고의 말씀이다. 용서는 우리가 해도 되고 안 해도 되는 선택사항이 아니고 반드시 해야 하는 필수사항이다. 주께서는 기도에 대해 가르칠 때도 "우리가 우리에게 죄 지은 자를 사하여 준 것같이 우리 죄를 사하여 주옵소서"(마 6:12)라고 기도하라고 하신 후 "너희가 사람의 과실을 용서치 아니하면 너희 아버지께서도 너희 과실을 용서하지 아니하시리라"고 말씀하셨었다(마 6:14-15). 사도 바울도 "서로 인자(仁慈)하게 하며 불쌍히 여기며 서로 용서하기를 하나님께서 그리스도 안에서 너희를 용서하심과 같이 하라"고 교훈하였다(엡 4:32).

본문의 교훈을 정리해보자. 첫째로, 우리는 형제의 잘못을 일흔 번씩 일곱 번이라도 용서해야 한다. 일흔 번씩 일곱 번이라도 용서하라는 주님의 말씀은 내게 잘못을 행한 형제를 무한히 용서하라는 뜻이다. 형제가 진심으로 사과를 한다면, 우리는 언제든지 그를 용서해야 한다.

둘째로, 하나님께서는 1만 달란트 빚진 자 같은 우리, 즉 지옥 형벌을 받을 만했던 우리를 용서하셨다. 우리가 지은 죄의 빚은 우리 스스로 갚기 불가능했다. 우리는 지옥 형벌을 받아야 마땅했고 천국에 들어가기에 불가능하였다. 그러나 하나님께서는 그런 우리를 하나님의 아들 예수 그리스도의 대속사역과 그를 믿는 믿음에 근거하여 용서하셨다.

셋째로, 우리는 우리가 형제의 잘못을 용서치 않으면 하나님께서도 우리의 잘못을 용서치 않으실 것이라는 주님의 경고를 기억해야 한다. 우리에게 범하는 형제의 잘못은 아무리 큰 잘못이라도 100데나리온의 빚에 불과하다. 그것은 우리가 용서받은 죄에 비교할 수 없다. 그러므로 우리는 우리에게 잘못을 범한 형제의 잘못을 용서해주어야만 한다.

19장: 부자는 천국에 들어가기 어려움

1-15절, 이혼에 대한 교훈

〔1-2절〕 예수께서 이 말씀을 마치시고 갈릴리에서 떠나 요단강 건너 유대 지경에 이르시니 큰 무리가 좇거늘 예수께서 거기서 저희 병을 고치시더라.

예수께서는 갈릴리에서 떠나 요단강 건너 유대 지경에 이르셨다. 그가 예루살렘에 올라가 죽으실 일이 가까웠고 그의 갈릴리 사역은 끝났다. 그에게 남은 것은 유대 지방, 특히 예루살렘에서의 사역이다. 큰 무리가 그를 좇았고 그는 거기서 그들의 병을 고치셨다.

〔3-6절〕 바리새인들이 예수께 나아와 그를 시험하여 가로되[말하기를] **사람이 아무 연고를 물론하고 그 아내를 내어버리는 것이 옳으니이까? 예수께서 대답하여 가라사대**[말씀하시기를] **사람을 지으신 이가 본래 저희를 남자와 여자로 만드시고 말씀하시기를 이러므로 사람이 그 부모를 떠나서 아내에게 합하여 그 둘이 한 몸이 될지니라 하신 것을 읽지 못하였느냐? 이러한즉 이제 둘이 아니요 한 몸이니 그러므로 하나님이**[께서] **짝지어 주신 것을 사람이 나누지 못할지니라 하시니.**

바리새인들이 예수께 나아와 그를 시험하며 이혼이 옳은 일인지에 대해 질문하였다. 예수께서는 창세기 2장의 말씀을 인용하시며 대답하셨다. 하나님께서는 한 남자와 한 여자를 만드셔서 부부가 되게 하셨다. 결혼은 일부일처(一夫一妻)의 제도이었다. 주께서는 "이러므로 사람이 그 부모를 떠나서 아내에게 합하여 그 둘이 한 몸이 될지니라"는 성경말씀을 인용하셨다. 사람이 부모를 떠난다는 말은 결혼이 자녀가 부모로부터 독립하여 가정을 이루는 것을 보인다. 주께서는 또 "이러한즉 이제 둘이 아니요 한 몸이니 그러므로 하나님께서 짝지어 주신 것을 사람이 나누지 못할지니라"고 말씀하셨다. 결혼은 하나님께서 짝지어 주심으로 남녀가 하나가 되는 것이다. 이제는 둘이 아니요 하나이다. 부부라는 관계는 이 세상에서 가장 가까운 관계, 심지어 부모와 자식 간의 관계보다도 더 가까운 관계이다. 그러므로 하나님께서 짝지어 주신 것을 사람들이 나누어서는 안 된다.

〔7-8절〕 여짜오되 그러하면 어찌하여 모세는 이혼증서를 주어서 내어버리라 명하였나이까? 예수께서 가라사대[말씀하시되] **모세가 너희 마음의 완악함을 인하여 아내 내어버림을 허락하였거니와 본래는 그렇지 아니하니라.**

바리새인들은 모세의 율법에 있는 이혼의 규정을 들어 다시 물었다. "그러하면 어찌하여 모세는 이혼증서를 주어서 내어버리라 명하였나이까?" 신명기 24:1은, "사람이 아내를 취하여 데려온 후에 수치되는 일이 그에게 있음을 발견하고 그를 기뻐하지 아니하거든 이혼증서를 써서 그 손에 주고 그를 자기 집에서 내어보낼 것이요"라고 규정하였다. 예수님 당시에 유대인들 가운데는 이 법에서 '수치되는 일'(some uncleanness, 에르왓 다바르 עֶרְוַת דָּבָר)이라는 말에 대해 두 가지 견해가 있었다. 솸마이파는 그 말을 부부관계의 불신실, 즉 외도(外道)와 음행의 뜻으로 바르게 해석했으나, 힐렐파는 그 말이 남편의 마음에 상하거나 맞지 않는 모든 것을 포함하는 것으로 넓게 해석했다. 힐렐파에 의하면, 아주 하찮은 구실로도 이혼이 가능했다.

예수께서는 "모세가 너희 마음의 완악함을 인하여 아내 내어버림을 허락하였거니와 본래는 그렇지 아니하니라"고 말씀하셨다. 하나님께서 모세의 율법에 이혼 규정을 주신 것은 사람들의 마음의 완악함 때문이었다. 이혼은 하나님께서 세우신 본래의 결혼 제도의 뜻과 맞지 않았다. 결혼은 하나님께서 짝지어 주신 관계이다. 결혼 서약은 영속적 성격을 가진다. 사람이 그 서약을 파한다고 파해지는 것이 아니다. 사실, 부당한 이혼들 때문에 세상은 혼란하고 고통스럽다.

〔9절〕 내가 너희에게 말하노니 누구든지 음행한 연고 외에 아내를 내어버리고 다른 데 장가드는 자는 간음함이니라. [또 그 버리운 여자와 결혼하

는 자도 간음함이니라](전통본문).34)

예수께서는 배우자가 결혼 서약을 저버리고 음행한 경우 이혼이 합당하다고 말씀하셨다. 배우자가 다른 사람과 음행하는 것은 부부 관계에서 참을 수 없는 일이며 그 분노는 정당하고 그 경우 이혼이 허락된다. 그러나 부당한 이혼은 간음죄로 간주된다.

전통사본에 보면, 예수께서는, "또 그 버리운 여자와 결혼하는 자도 간음함이니라"고 말씀하셨다. 이 말씀은 부당한 재혼도 간음죄로 간주됨을 말씀하신 것이다. 부당한 이혼이 하나님 앞에서 인정될 수 없으므로 부당하게 버린 자나 버리운 자와의 재혼은 정당화될 수 없다는 뜻이다. 그러나 정당한 이혼 후에는 재혼이 가능하다고 본다.

〔10-12절〕 제자들이 가로되[말하기를] **만일 사람이 아내에게 이같이 할진대 장가들지 않는 것이 좋삽나이다. 예수께서 가라사대**[말씀하시기를] **사람마다 이 말을 받지 못하고 오직 타고난 자라야 할지니라. 어미의 태로부터 된 고자(鼓子)도 있고 사람이 만든 고자(鼓子)도 있고 천국을 위하여 스스로 된 고자(鼓子)도 있도다. 이 말을 받을 만한 자는 받을지어다.**

독신(獨身)은 모든 사람에게 가능한 일이 아니다. "오직 타고난 자라야 할지니라"는 말은 "그것이 주어진 자들 외에는"이라는 뜻이다. 그들 중에는 날 때부터 고자(鼓子)된 자들이 있다. 이들은 선천적으로 결혼이 불가능하거나 심리적으로 결혼을 원치 않는 자들이다. 또 궁중의 내시들과 같이 사람들이 만든 고자들도 있고, 또 사도 바울같이(고전 7:7) 천국을 위해 스스로 독신이 된 자들도 있다.

그러나 이 말은 받을 만한 자들만 받을 수 있다. 독신주의는 강요될 일이 아니다. 그것은 사람의 보통 결심을 넘어선다. 또, 독신생활이 결혼생활보다 더 나은 생활방식이라는 생각도 잘못이다. 결혼은 하나님께서 주신 제도이다. 하나님께서 은혜 주시면 결혼도, 독신도

---

34) Byz B W vg syr^{p} arm $Origen^{lat}$ 등.

복되나 은혜 주지 않으시면 그 어느 쪽도 복되지 않을 것이다.

〔13-15절〕 때에 사람들이 예수[님]**의 안수하고 기도하심을 바라고 어린아이들을 데리고 오매 제자들이 꾸짖거늘 예수께서 가라사대**[말씀하시기를] **어린아이들을 용납하고 내게 오는 것을 금하지 말라. 천국이 이런 자의 것이니라 하시고 저희 위에 안수하시고 거기서 떠나시니라.**

누가복음에 보면, 사람들은 '자기 어린 아기'를 데려왔다(눅 18:15). 사람들은 예전이나 지금이나 자기 아이들이 하나님의 복을 받기를 원한다. 사람들이 예수께 자기 아이들을 데려온 것은 잘한 일이었다. 오늘날도 믿는 부모들은 자기 아이들을 예배에 참석시킬 뿐 아니라, 그들을 위해 기도하고 그들이 하나님의 사람들에게 축복 기도를 받게 해야 한다. 그런데 제자들은 그것을 귀찮게 여겨 그들을 꾸짖었다.

마가복음은 예수께서 그들을 보시고 분히 여기셨다고 증거하였다(막 10:14). 어린아이들을 무시하는 어른들의 행동은 주님의 분노를 일으키고 책망을 받을 만했다. 주께서는 또 "어린아이들을 용납하고 내게 오는 것을 금하지 말라. 천국이 이런 자의 것이니라"고 말씀하셨다. 그가 모든 어린아이에게 이런 말씀을 하시는 것은 아닐 것이나, 믿는 가정에 태어난 아이들에게 그렇게 말씀하신 것은 분명하다.

신자들의 아이들은, 아직 신앙고백을 못하기 때문에 예수께 나올 수 없고 천국과 상관없는 것이 아니다. 그들은 하나님의 나라에 용납되고 환영을 받는다. 그들은 참으로 천국 백성으로 간주된다. 여기에 구약시대로부터 믿는 가정의 아들들에게 할례를 베풀므로 하나님의 백성으로 인정했던 언약의 원리가 신약시대에도 보인다. 믿는 가정의 아기들은 구원 얻지 못한 이방인들이나 외인들이 아니고, 언약 안에 있고 하나님의 나라의 백성으로 간주된다. 그들은 커서 하나님을 배반하기 전까지 하나님의 백성으로 간주되어야 할 것이나.

마가복음에는 예수께서 "그 어린아이들을 안고 저희 위에 안수하시고 축복하시니라"고 증거되어 있다(막 10:16). 그는 이처럼 실제로 어린아이들을 영접하셨고 안고 그들 위에 안수하시고 축복하셨다. 그렇다면, 그의 제자된 우리 부모들이 어떻게 자녀들을 사랑하고 위하여 기도해야 할지 알 수 있고, 우리 믿는 어른들이 어떻게 교회에 나온 어린 생명들을 귀히 여기고 사랑하며 위하여 기도해야 할지를 알 수 있다. 천국에서나 교회에서 어른이나 어린아이나 생명의 가치는 똑같다. 그러므로 우리가 어린아이 하나를 무시하는 것은 우리의 큰 실수요 부족이다. 우리는 어린아이 하나를 귀히 영접해야 한다.

본문의 교훈을 정리해보자. 첫째로, 우리는 하나님께서 만드신 결혼 제도를 귀히 여겨야 한다. 결혼은 자녀가 부모로부터 독립하여 가정을 이루는 것이며 부부 관계는 부모-자식 관계보다 더 가까운 관계다. 그러므로 하나님께서 짝지어 주신 것을 사람이 나누어서는 안 된다. 결혼 서약은 사람이 파한다고 파해지는 것이 아닌 영속적 성격을 가진다.

둘째로, 우리는 이혼과 재혼을 매우 조심해야 한다. 배우자가 결혼 서약을 저버리고 음행한 경우는 이혼이 가능하고 또 정당성도 가진다. 그러나 부당한 이혼은 하나님 앞에 간음죄에 해당한다. 부당한 이혼들 때문에 세상은 혼란하고 고통스럽다. 또 부당한 이혼이 하나님 앞에서 인정될 수 없으므로 부당하게 버린 자나 버리운 자와의 재혼은 정당화될 수 없다. 그러나 정당한 이혼 후에는 재혼이 가능하다고 본다.

셋째로, 독신(獨身) 생활은 모든 사람에게 가능한 일이 아니고 하나님께서 허락하신 자만 가능한 일이다. 그것은 사람의 보통 결심을 넘어선다. 그러나 독신생활이 결혼생활보다 반드시 더 나은 것은 아니다.

넷째로, 우리는 신자들의 아이들을 귀히 여겨야 한다. 믿는 가정의 아기들은 구원 얻지 못한 이방인이 아니고, 언약 안에 있고 천국 백성으로 간주된다. 그들은 커서 하나님을 떠나기 전까지 하나님의 백성으로 간주된다. 구약시대로부터 믿는 가정의 아들들에게 할례를 베풀므로 하나님의 백성으로 인정했던 언약 원리가 신약시대에도 적용된다.

16-30절, 부자는 천국에 들어가기 어려움

[16-17절] 어떤 사람이 주께 와서 가로되 [선한][35] **선생님이여, 내가 무슨 선한 일을 하여야 영생을 얻으리이까? 예수께서 가라사대**[말씀하시기를] **어찌하여 선한 일을 내게 묻느냐? 선한 이는 오직 한 분이시니라**[어찌하여 나를 선하다 일컫느냐? 하나님 한 분 외에는 선한 자가 없느니라](전통본문). **네가 생명에 들어가려면 계명들을 지키라.**

어떤 사람이 주께 와서 "선한 선생님이여, 내가 무슨 선한 일을 하여야 영생을 얻으리이까?"라고 말했다. 누가복음은 그를 '한 관원'이라고 말했다(눅 18:18). 마가복음에 보면, 그는 달려와 꿇어앉아 말했다(막 10:17). 아마 많은 사람이 있는 길에서 그러했을 것이다. 그것은 그의 진지함과 열심을 보인다. 영생은 사람에게 가장 관심 있는 문제이다. 사람은 누구나 오래 살기를 원한다. 전도서 3:11은 하나님께서 사람의 마음 속에 영원을 사모하는 마음을 주셨다고 말했다.

예수께서는 그에게 말씀하셨다. "어찌하여 나를 선하다 일컫느냐? 하나님 한 분 외에는 선한 자가 없느니라." 이것은 마가복음과 누가복음의 본문과 같다. 주께서 이렇게 대답하신 것은 모든 사람이 선하지 않고 하나님만 선하시기 때문이며, 또 그 사람이 예수님을 단순히 한 선한 선생님 정도로 생각하고 있었기 때문일 것이다. 실상 예수께서는 선한 선생님이실 뿐 아니라, 하나님의 아들 곧 하나님이시다.

주께서는 그 사람에게 "네가 생명에 들어가려면 계명들을 지키라"고 말씀하셨다. 이 말씀은 구약의 율법의 내용을 반복하신 것뿐이다. 레위기 18:5, "너희는 나의 규례와 법도를 지키라. 사람이 이를 행하면 그로 인하여 살리라." 그러나 사실상 계명들을 지켜 영생을 얻을 자는 아무도 없다. 계명들은 우리의 죄악됨을 깨닫게 해줄 뿐이다(롬 3:19-20). 그러나 사람은 율법을 통해 자신의 죄악됨을 깨닫게 된 후

---

35) Byz C W it[b ff2] vg syr[p c s] cop[sa meg] arm Justin Origen 등에 있음.

구주 예수 그리스도께로 인도함을 얻는다(갈 3:24).

〔18-22절〕 가로되[말하기를] **어느 계명이오니이까? 예수께서 가라사대** [말씀하시기를] **살인하지 말라, 간음하지 말라, 도적질하지 말라, 거짓증거하지 말라, 네 부모를 공경하라, 네 이웃을 네 몸과 같이 사랑하라 하신 것이니라. 그 청년이 가로되**[말하기를] **이 모든 것을 내가** [어릴 때부터](전통본문)36) **지키었사오니 아직도 무엇이 부족하니이까? 예수께서 가라사대**[말씀하시기를] **네가 온전하고자 할진대 가서 네 소유를 팔아 가난한 자들을 주라. 그리하면 하늘에서 보화가 네게 있으리라. 그리고 와서 나를 좇으라 하시니 그 청년이 재물이 많으므로 이 말씀을 듣고 근심하며 가니라.**

예수께서는 십계명 중에 인간 관계에 대한 계명들을 주로 말씀하셨다. 사람의 죄성은 사람이 하나님의 계명을 지키려 할 때, 또 지키려 할수록, 드러난다. 율법은 우리 자신을 정죄하고 하나님의 은혜와 예수 그리스도의 대속(代贖)과 의(義)가 필요함을 우리로 깨닫게 한다. 예수께 나온 이 청년은 상당히 착하게 살아왔던 것 같다. 마가복음에 보면, 그러므로 예수께서는 그를 보시고 사랑하셨다(막 10:21).

그러나 주께서는, "네가 온전하고자 할진대 가서 네 소유를 팔아 가난한 자들을 주라. 그리하면 하늘에서 보화가 네게 있으리라. 그리고 와서 나를 좇으라"고 말씀하셨다. 주 예수님의 요청은 그 청년의 문제점을 드러내었다. 그의 문제점은 물질에 대한 애착이었다. 그는 물질적으로 부유한 자이었다. 그의 문제점은, 그가 그의 물질적 부요를 포기하고 하나님을 섬길 수 있을까, 또 그가 물질적 부요가 있을 때는 비교적 정직하고 선하게 살 수 있었다고 할지라도, 가난할 때도 그렇게 살 수 있을까 하는 것이었다. 사람은 하나님과 재물을 겸하여 섬길 수 없다(마 6:24). 탐심은 우상숭배이다(골 3:5).

그 청년은 재물이 많으므로 이 말씀을 듣고 근심하며 갔다. 그는 겉으로는 착하고 진지하고 유망해 보였지만, 속에는 중대한 결함이

---

36) Byz C D W it vg[cl] syr cop arm Origen[gr lat] 등에 있음.

있었다. 그는 물질에 대한 애착 때문에 주의 말씀을 참으로 따를 수 없었다. 그러나 물질적 애착의 극복 없이는 사람에게 온전함이 없을 것이다. 그는 하나님을 참으로 순종하지 못하였다. 그는 영생을 얻는 방법에 대한 해답을 들었지만, 영생을 얻지 못하고 돌아섰다. 물질에 대한 애착 때문에 그는 영생의 주님을 따르지 못하고 돌아섰다.

〔23-26절〕 예수께서 제자들에게 이르시되[말씀하시기를] **내가 진실로 너희에게 이르노니**[말하노니] **부자는 천국에 들어가기가 어려우니라. 다시 너희에게 말하노니 약대**[낙타]**가 바늘귀로 들어가는 것이 부자가 하나님의 나라에 들어가는 것보다 쉬우니라 하신대 제자들이 듣고 심히 놀라 가로되**[말하기를] **그런즉 누가 구원을 얻을 수 있으리이까? 예수께서 저희를 보시며 가라사대**[말씀하시기를] **사람으로는 할 수 없으되 하나님으로서는 다 할 수 있느니라.**

'천국'과 '하나님의 나라'는 동의어이며 '영생'(16절)과 '구원'(25절)과도 같은 뜻으로 쓰였다. 주께서 부자가 천국에 들어가기가 불가능하다고 말씀하지는 않으셨으나, 부자가 천국에 들어가기가 낙타가 바늘귀로 들어가기보다 더 어렵다고 하신 것은 그것이 거의 불가능함을 보인다. 돈이 그에게 걸림돌이 되기 때문이다. 그렇다면, 사람이 부자가 되는 것은 결코 복이 아니고 매우 위험한 일이다.

제자들은 주의 말씀을 듣고 심히 놀라며 "그런즉 누가 구원을 얻을 수 있으리이까?"라고 말했다. 그때 예수께서는 그들을 보시며 "사람으로는 할 수 없으되 하나님으로서는 다 할 수 있느니라"고 말씀하셨다. 부자가 천국에 들어가기는 거의 불가능하지만, 하나님께서 은혜를 주시면 가능하다는 뜻이다. 하나님께는 구원의 능력이 있다. 옛날에 아브라함이나 이삭이나 욥도 부자이었지만(창 13:2; 26:12-14; 욥 1:3) 하나님의 은혜를 입은 경건한 자들이었다.

그러나 사람은 자기 스스로 돈에 대한 애착을 극복하고 하나님의 명령에 순종할 수 없다. 오직 하나님의 은혜를 받을 때 물질에 대한 애착을 버리고 하나님의 명령에 순종할 수 있다. 그는 자기의 소유물을 하나님의 것으로 인식하고 그의 영광을 위해 선한 일에 쓸 수 있다. 그러나 많은 경우, 돈은 영적 성장과 성화에 걸림돌이 된다.

〔27-29절〕 이에 베드로가 대답하여 가로되[말하기를] **보소서, 우리가 모든 것을 버리고 주**[님]**를 좇았사오니 그런즉 우리가 무엇을 얻으리이까? 예수께서 가라사대**[말씀하시기를] **내가 진실로 너희에게 이르노니**[말하노니] **세상이 새롭게 되어 인자(人子)가 자기 영광의 보좌에 앉을 때에 나를 좇는 너희도 열두 보좌에 앉아 이스라엘 열두 지파를 심판하리라. 또 내 이름을 위하여**[내 이름 때문에] **집이나 형제나 자매나 부모나** [아내나][37] **자식이나 전토를 버린 자마다 여러 배**[백 배][38]**를 받고 또 영생을 상속하리라.**

베드로와 안드레, 야고보와 요한은 그물과 배와 부친을 버려두고 주님을 따랐었다(마 4:20, 22). 오늘날도 전도자들은 모든 것을 버리고 주를 따라야 한다. 주께서는 그렇게 주님을 따른 제자들에게 좋은 것을 약속하셨다. 그는 세상이 새롭게 될 때 이스라엘 열두 지파를 심판하는 권세를 그들에게 주겠다고 말씀하셨다. 또 그는, 그들이 집이나 형제나 자매나 부모나 아내나 자식이나 전토를 버렸다면, 백 배를 받고 확실히 영생을 얻을 것이라고 말씀하셨다. 백 배를 받는다는 말씀은 현세와 내세에서 받을 것들을 다 포함할 것이다.

'영생을 상속한다'는 말씀은 이런 헌신의 대가로 영생을 획득한다는 뜻이 아니고 단지 이런 헌신이 영생을 얻는 확실한 표가 된다는 뜻일 뿐이다. 주님께 자신을 드린 자는 확실히 영생에 이를 것이다.

〔30절〕 그러나 먼저 된 자로서 나중 되고 나중 된 자로서 먼저 될 자가 많으니라.

주의 말씀은 일차적으로 먼저 된 이스라엘 백성이 나중 되고 나중 된 이방인들의 다수가 먼저 될 것을 의미했다. 그러나 동일한 원리가

37) Byz ℵ C W it^{h} vg syr^{p} $cop^{sa\ bo}$ arm 등에 있음.

38) Byz ℵ C D W $it^{a\ d\ e}$ vg $syr^{p\ c\ s}$ cop^{bo} arm 등에 있음.

신약교회 안에서도 적용될 수 있다. 신자에게는 믿은 연도가 중요치 않고 지금 어떻게 믿고 있는가가 중요하다. 늦게 시작해도 믿음에 앞설 수 있다. 그러므로 우리는 안일하고 높은 마음을 다 버리고 지금 말씀과 기도로 살며 계명들을 지키며 돈에 대한 애착을 버려야 한다.

본문의 교훈을 정리해보자. 첫째로, 하나님의 뜻은 우리가 그의 계명을 순종하는 것이다. 주께서는 "네가 생명에 들어가려면 계명들을 지키라"고 말씀하셨다. 사람이 하나님의 계명들을 지키면 영생에 이를 수 있다는 것은 하나님의 율법에 나타나 있는 하나님의 일반적 진리이다(레 18:5; 신 5:32-33). 단지 하나님의 모든 계명들을 지킴으로써 영생을 얻을 자가 없다는 것뿐이다. 그러나 하나님의 뜻은 여전히 우리가 그의 모든 계명들을 힘써 순종해야 한다는 것이다(신 10:12-13; 롬 6:13).

둘째로, 우리는 오직 하나님의 은혜로 그리고 우리의 죄를 대속하신 예수 그리스도를 믿음으로 구원을 얻었다. 사람이 하나님의 계명들을 온전히 순종하려 하면 할수록, 자신이 부족한 죄인임을 깨닫고 절망하게 된다. 율법은 죄인들을 주 예수 그리스도께로 인도하며, 그들은 오직 구주 예수 그리스도를 믿음으로 구원을 얻는다. 로마서 3:23-24, "모든 사람이 죄를 범하였으매 하나님의 영광에 이르지 못하더니 그리스도 예수 안에 있는 구속(救贖)으로 말미암아 하나님의 은혜로 값없이 의롭다 하심을 얻은 자 되었느니라." 구원은 오직 하나님의 은혜이다.

셋째로, 우리가 영생에 이르려면 우리는 물질에 대한 애착과 욕심을 끊어버려야 한다. 우리는 하나님과 재물을 겸하여 섬길 수 없다. 우리는 자신을 부정해야 예수 그리스도를 따를 수 있고 모든 소유를 버려야 주의 제자가 될 수 있다. 부자는 천국에 들어가기가 매우 어렵다. 재물의 욕심은 영생의 길을 가로막는 가시떨기와 같다. 돈을 사랑함이 일만 악의 뿌리이다. 우리는 돈에 대한 애착과 욕심을 버리고, 예수 그리스도를 믿고 따라야 한다. 그것이 영생에 이르는 성도의 바른 길이다.

20장: 많은 사람을 위한 대속물

1-16절, 포도원 품꾼 비유

[1절] 천국은 마치 품군을 얻어 포도원에 들여보내려고 이른 아침에 나간 집주인과 같으니.

본문에서 주께서 포도원으로 비유하신 천국은 신약교회를 가리킨다. 신약교회는 다니엘 2:44에 예언된 하나님의 나라의 시작이다. 우리는 예수님 믿고 구원 얻음으로 이미 하나님의 아들의 나라로 들어왔다. 골로새서 1:13, "그가 우리를 흑암의 권세에서 건져내사 그의 사랑의 아들의 나라로 옮기셨으니." 우리는 하나님의 거룩한 나라이다. 베드로전서 2:9, "너희는 택하신 족속이요 왕 같은 제사장들이요 거룩한 나라요 그의 소유된 백성이니." 포도원 주인은 예수 그리스도를 가리킨다. 포도원 주인이 이른 아침에 나간 것은 포도원에 일할 일꾼들을 구하기 위해서이었다. 추수 때에는 일꾼이 부족하여 포도원 주인은 사람들이 많은 길거리나 시장터에 나가 일꾼들을 구한다. 이른 아침은 시대적으로는 신약시대의 초기를 가리킬 것이나, 개인적으로는 사람들의 젊은 시절을 가리키는 것 같다.

[2절] 저가 하루 한 데나리온씩 품군들과 약속하여 포도원에 들여보내고.

포도원 주인은 하루 한 데나리온씩 일꾼들과 약속하며 포도원에 들여보냈다. 포도원의 일은 포도열매를 따는 것이다. 성도들의 일은 교회에 들어와 우선 자신의 영적 성장을 힘쓰는 것이다. 그들은 예배에 잘 참석하고 성경을 읽고 기도하며 하나님을 찬송하며 성경말씀을 들으며 다른 이들과 함께 기도하고 헌금과 선한 봉사의 일을 힘쓰고 또 하나님을 알지 못하는 자들에게 구원의 소식을 전한다.

한 데나리온은 구원과 영광의 천국과 영생을 가리킨다고 보인다.

품삯이라는 표현은 마치 구원이 행위의 대가(代價)처럼 들리나 실상은 그렇지 않다. 구원은 오직 하나님의 은혜이다(엡 2:8-9). 포도원의 주인은 일방적으로 일꾼들을 불렀고 한 데나리온의 품삯을 정하였다. 주인이 불러주지 않았더라면 그들은 그 포도원에서 일하지 못했을 것이다. 한 데나리온은 온종일의 일에 대한 대가가 아니었다. 단 한 시간만 일하고서도 한 데나리온을 받은 자들이 있었다.

〔3-7절〕 또 제3시에 나가보니 장터에 놀고(아르고스 ἀργός)[게으르게] **섰는 사람들이 또 있는지라. 저희에게 이르되 너희도 포도원에 들어가라. 내가 너희에게 상당하게 주리라 하니 저희가 가고 제6시와 제9시에 또 나가 그와 같이하고 제11시에도 나가 보니** [게으르게][39] **섰는 사람들이 또 있는지라. 가로되**[말하기를] **너희는 어찌하여 종일토록 놀고**[게으르게] **여기 섰느뇨? 가로되**[말하기를] **우리를 품군으로 쓰는 이가 없음이니이다. 가로되**[말하기를] **너희도 포도원에 들어가라.** [네가 상당하게 받으리라][40] **하니라.**

주인은 또 제3시 즉 오전 9시에 나가 보니 장터에 게으르게 섰는 사람들이 또 있었다. 그는 그들에게 포도원에 들어가라고 말하였다. 주인은 제6시 즉 정오와, 제9시 즉 오후 3시에 또 나가 그같이 했고 제11시 즉 오후 5시에도 나가 보니 게으르게 섰는 사람들이 또 있었다. 그들은 종일토록 게으르게 서 있었다. 그들은 자기들을 일꾼으로 쓰는 이가 없다고 말했다. 주인은 그들도 포도원에 들어가게 했다.

오후 3시나 5시에 포도원으로 부름 받은 자들은 하루종일 특별히 하는 일 없이 게으르게 섰던 자들이었다. 오후 3시나 5시는 시대적으로는 신약교회시대의 마지막에 해당할 것이며, 개인적으로는 인생의 노년기에 해당할 것이다. 주께서는 포도원에 들어오지 않은 자들을 게으르게 섰던 자들이라고 표현하셨다. 그가 우리를 부르시는 시점은 다양하지만, 공통점은 우리가 다 하나님의 부르심을 받아 포도원

39) Byz C* W syr^{p} 등에 있음.

40) Byz C* W syr$^{p\ (c)}$ (cop$^{bo\text{-}mss}$) 등에 있음.

인 그의 교회에 들어와 일하고 있다는 점이다. 우리의 일은 우리 개개인의 신앙생활과 교회생활과 선한 봉사생활을 가리킨다고 본다.

아직 날이 저물지 않았다. 아직 포도원에 일할 일거리가 남아 있다. 주께서는 사람들에게 일평생 허송세월하다가 생을 마치겠는가라고 물으신다. 그는 그들에게 이제라도 자신의 구원과 성화(聖化)를 위해 또 다른 이들의 구원과 성화를 위해, 또 하나님의 영광을 위해 일하다가 생을 마치라고 말씀하신다. 그는 그의 재림이 가까운 이 시대에도 말씀하시고 청년들뿐 아니라, 노인들에게도 말씀하신다.

〔8-9절〕 저물매 포도원 주인이 청지기에게 이르되[말하기를] **품군들을 불러 나중 온 자로부터 시작하여 먼저 온 자까지 삯을 주라 하니 제11시에 온 자들이 와서 한 데나리온씩을 받거늘.**

오후 6시쯤이 되면 날이 저물고 하루 일과가 마친다. 포도원 주인은 청지기에게 "일꾼들을 불러 나중 온 자로부터 시작하여 먼저 온 자까지 품삯을 주라"고 말했다. 제11시 즉 오후 5시에 온 자들이 와서 한 데나리온씩을 받았다. 그들은 1시간만 일했지만 하루 품삯인 한 데나리온을 받았다. 그 주인은 참 후한 사람이었다. 앞에서 말한 대로, 한 데나리온은 구원과 영광의 천국과 영생을 가리켰다고 본다.

이 말씀은 구원과 천국과 영생이 사람의 수고의 대가(代價)로 얻어진다는 것을 의미하는 것이 아니다. 그런 행위주의, 공로주의 관념은 성경의 구원 진리에 반대된다. 사람은 자기의 행위의 공로로 구원을 얻을 수 없다. 우리의 행위는 하나님의 엄격한 요구에 미달한다. 우리의 구원은 오직 하나님의 은혜와 예수 그리스도의 십자가 대속 사역으로만 또 오직 예수님을 믿음으로만 얻을 수 있다(롬 3:21-24).

〔10-12절〕 먼저 온 자들이 와서 더 받을 줄 알았더니 저희도 한 데나리온씩 받은지라. 받은 후 집주인을 원망[불평]**하여 가로되**[말하기를] **나중 온 이 사람들은 한 시간만 일하였거늘 저희를 종일 수고와 더위를 견딘 우리와 같게 하였나이다.**

먼저 온 자들이 품삯을 받을 차례가 되었을 때, 그들은 더 받을 줄 알았다. 그러나 그들도 한 데나리온씩만 받았다. 그들은 받은 후 그 집주인에게 불평하며 말했다. "나중 온 이 사람들은 한 시간만 일하였거늘 그들을 종일 수고와 더위를 견딘 우리와 같게 하였나이다."

앞장에서 베드로는 "우리가 모든 것을 버리고 주님을 좇았사오니 그런즉 우리가 무엇을 얻으리이까?"라고 물었었다. 이른 아침부터 일한 일꾼들은 처음부터 사도로 부름 받은 열두 제자들을 의미했을 것이다. 그들의 수고는 나중에 부름 받은 자들에 비해 컸을 것이다.

그러나 결과적으로 그들이 받는 품삯은 약속된 한 데나리온뿐이지, 그 이상의 것은 아니었다. 동일한 한 데나리온이 모든 일꾼들에게 주어지는 것이다. 그것은 공로주의적 사고방식에 반대된다. 주께서는 모든 진실한 성도들에게 구원과 영광의 천국과 영생이라는 동일한 선물을 주실 것이다. 먼저 믿는 자에게나 나중 믿는 자에게나 동일한 구원과 천국과 영생을 주실 것이다. 그러므로 우리는 부름 받은 시대나 나이를 관계치 말고, 오직 하나님과 주 예수께 충성하면 된다.

〔13-15절〕 주인이 그 중의 한 사람에게 대답하여 가로되[말하기를] **친구여, 내가 네게 잘못한 것이 없노라. 네가 나와 한 데나리온의 약속을 하지 아니하였느냐? 네 것이나 가지고 가라. 나중 온 이 사람에게 너와 같이 주는 것이 내 뜻이니라. 내 것을 가지고 내 뜻대로 할 것이 아니냐? 내가 선하므로 네가 악하게 보느냐?**

주인의 처사는 잘못한 것이 없었고 공의로운 것이었다. 왜냐하면 주인은 품꾼들에게 한 데나리온의 품삯을 약속했기 때문이다. 포도원에 늦게 온 자들에게도 똑같은 품삯을 주는 것은 주인의 뜻에 따른 것이었다. 주인의 재산을 주인의 뜻대로 하는 것은 아무런 잘못이 아니며, 또 포도원에 늦게 들어온 일꾼들에게 한 데나리온의 품삯을 주는 것은 선한 일이지 악한 일은 아니었다.

〔16절〕 이와 같이 나중 된 자로서 먼저 되고 먼저 된 자로서 나중 되리

라. [이는 많은 사람이 부름을 입으나 적은 사람이 택함을 입음이니라](전통본문).[41]

나중에 일꾼된 자들은 이방인들, 먼저 일꾼된 자들은 유대인들을 가리키며, 또 나중에 일꾼된 자들은 신입교인들을, 먼저 일꾼된 자들은 오래된 교인들을 가리킬 수 있을 것이다. 성도들의 신앙생활에는 연수나 햇수보다 진지함과 신실함이 더 중요하다. 신약교회는 많은 사람들이 구원과 천국과 영생의 초청을 받지만, 주 예수 그리스도를 믿고 순종하며 그 구원과 천국과 영생을 얻는 자들은 많지 않다.

본문의 교훈을 정리해보자. 첫째로, 신약교회는 하나님의 나라이다. 우리는 과거에 흑암의 권세 아래 있었으나 이제 하나님의 아들의 나라로 옮겨졌다. 우리는 하나님의 통치가 있는 그의 거룩한 나라가 되었다.

둘째로, 우리는 하나님의 포도원에서 열심히 일해야 한다. 포도원의 일은 하나님께 찬송과 경배를 드리며 성경말씀을 읽고 배우며 하나님의 선한 일에 참여하는 것, 즉 개인의 신앙생활과 교회생활과 봉사생활을 가리킨다. 아직 날이 저물지 않았고 포도원에 할 일들이 남아 있다. 우리는 일평생 허송세월하다가 생을 마치는 자가 되지 말고 이제라도 자신의 구원과 성화(聖化)를 위해, 또 다른 이들의 구원과 성화를 위해, 또 하나님의 영광을 위해 선한 일들을 하다가 생을 마쳐야 한다.

셋째로, 우리는 우리를 부르신 하나님의 은혜만 감사하며 다른 사람들과 비교하지 말고 오직 하나님 앞에 충성해야 한다. 이방인이었고 아무런 의(義)가 없었던 우리를 예수께서 은혜로 구원하셨고 영광의 천국과 영생을 약속하셨다. 많은 사람이 천국과 영생의 초청을 받지만, 주 예수 그리스도를 믿고 순종하며 천국과 영생을 얻는 자들은 많지 않다. 신앙생활에는 연수나 햇수보다 진지함과 신실함이 더 중요하다. 그러므로 우리는 언제 구원 얻었든지 간에 오직 하나님 앞에 충성해야 한다.

---

41) Byz C D W it$^{b\ d\ e\ ffe\ h\ n}$ vg syr$^{p\ c\ s}$ cop$^{meg\ bo\text{-}pt}$ arm 등에 있음.

17-34절, 섬기는 자가 되어야 함, 소경들을 고쳐주심

〔17-19절〕 예수께서 예루살렘으로 올라가려 하실 때에 열두 제자를 따로 데리시고 길에서 이르시되[말씀하시기를] **보라, 우리가 예루살렘으로 올라가노니 인자(人子)가 대제사장들과 서기관들에게 넘기우매 저희가 죽이기로 결안(決案)하고**[그를 정죄하고] **이방인들에게 넘겨주어 그를 능욕하며**[조롱하며] **채찍질하며 십자가에 못박게 하리니 제3일에 살아나리라.**

예수께서는 자신의 죽음과 부활에 대해 세 번째로 말씀하셨다. 첫 번째는 마태복음 16:21이다. "이때로부터 예수 그리스도께서 자기가 예루살렘에 올라가 장로들과 대제사장들과 서기관들에게 많은 고난을 받고 죽임을 당하고 제3일에 살아나야 할 것을 제자들에게 비로소 가르치시니." 두 번째는 17:22-23이다. "갈릴리에 모일 때에 예수께서 제자들에게 이르시되 인자(人子)가 장차 사람들의 손에 넘기워 죽임을 당하고 제3일에 살아나리라 하시니 제자들이 심히 근심하더라."

〔20-24절〕 그때에 세베대의 아들[아들들]**의 어미가 그 아들들을 데리고 예수께 와서 절하며 무엇을 구하니 예수께서 가라사대**[말씀하시기를] **무엇을 원하느뇨? 가로되 이 나의 두 아들을 주의 나라에서 하나는 주의 우편에, 하나는 주의 좌편에 앉게 명하소서. 예수께서 대답하여 가라사대**[말씀하시기를] **너희 구하는 것을 너희가 알지 못하는도다. 나의 마시려는 잔을 너희가 마실**[마시거나 나의 받을 세례를 받을](전통본문)42) **수 있느냐? 저희가 말하되 할 수 있나이다. 가라사대**[말씀하시기를] **너희가 과연 내 잔을 마시려니와**[마실 것이요 내가 받을 세례를 받으려니와](전통본문)43) **내 좌우편에 앉는 것은 나의 줄 것이 아니라. 내 아버지께서 누구를 위하여 예비하셨든지 그들이 얻을 것이니라**[그들에게 주어질 것이니라]. **열 제자가 듣고 그 두 형제에 대하여 분히 여기거늘.**

예수께서 자신의 죽음에 대해 말씀하신 때에 세베대의 아들들 즉

---

42) Byz C W it^{h} syr^{p} arm Origen^{lat}이 그러함.

43) Byz C W it^{h} syr^{p} cop^{bo-pt}이 그러함.

야고보와 요한의 어머니가 그 아들들을 데리고 예수께 와서 절하며 "이 나의 두 아들들을 주의 나라에서 하나는 주의 우편에, 하나는 주의 좌편에 앉게 명하소서"라고 요청하였다. 여기에 모든 사람들 속에 있는, 특히 어머니들 속에 있는 욕심, 자기 자녀들이 남보다 더 나은 자, 더 높은 자가 되기를 원하는 욕심이 보인다. 그것은 세상적 욕심이요 헛된 명예심이며 허영심이다. 사람이 이런 세상적 욕심을 제거하기가 어떻게 어려운지! 그러나 성도는 이런 욕심을 버려야 한다.

하나님 나라의 명예는 세상적 욕심으로 얻을 수 있는 것이 아니다. 예수님 자신은 십자가에 고난을 당하시고 죽으심으로 영광을 얻으실 것이었다. 그와 같이, 주님의 나라에서의 명예는 이 땅의 방식과 다르게 주님과 함께 고난받는 방식으로 얻어질 수 있을 뿐이다.

주님의 마시려는 잔을 자기들도 마시겠다고 말한 것을 보면, 그들의 마음은 그 점에서 무지했던 것 같다. 십자가의 고난을 잘 모르는 채 그들은 그 고난의 잔을 마실 수 있다고 용감하게 대답했다. 주께서는 그들이 주님의 고난에 참여할 것, 즉 순교할 것을 암시하셨다. 그러나 주님의 좌우편에 앉는 것은 하나님 아버지께서 예비하신 자에게 주어질 것이다. 지금 그것은 감추어진 하나님의 작정이며 하나님의 기쁘신 뜻의 일이다. 그러므로 사람이 하나님의 감추어진 것을 알려고 할 것은 없다. 그런 관심 자체가 올바르거나 선하지 못하였다.

열 제자는 그 말을 듣고 그 두 형제에 대해 분하게 생각하였다. 그것은 그들 속에도 같은 욕심이 있었기 때문이다. 남보다 높아지려는 욕심이 없는 곳에는 그런 유의 분노가 있지 않을 것이다.

〔25-27절〕 예수께서 제자들을 불러다가 가라사대[말씀하시기를] **이방인의 집권자들**[통치자들]**이 저희를 임의로 주관하고 그 대인(大人)들**[고위 관리들]**이 저희에게 권세를 부리는 줄을 너희가 알거니와 너희 중에는 그렇지 아니하니 너희 중에 누구든지 크고자 하는 자는 너희를 섬기는 자가 되고 너희 중에 누구든지 으뜸이 되고자 하는 자는 너희 종이 되어야 하리라.**

다른 사람들 위에 군림하여 그들을 지배하는 것은 세상 나라에서 볼 수 있는 일이요 방식이다. 남을 지배하려는 태도는 타락한 사람의 본성적 행위이다. 이것이 세상 나라의 모습이다. 그러나 하나님 나라와 교회는 전혀 다른 원리와 방식으로 운영되어야 한다. 교회에는 남을 지배하는 자들이 없어야 한다. 예수께서는 그런 유의 권위를 부정하신다. 모든 신자는 왕 같은 제사장들이며 한 목표인 주의 영광을 위해 서로 협력하는 자들이어야 한다.

교회 안에 큰 자가 있다면 남을 섬기는 자가 그러하다. 이 얼마나 세상과 다른 원리요 방식인가! 그러므로 누구든지 교회에서 큰 자가 되려고 하거나 으뜸이 되려고 하면, 다른 성도들을 겸손히 섬겨야 한다. 교회에서 훌륭한 자는 다른 사람들을 지배하는 자가 아니고, 자기를 낮추고 겸손히 다른 사람들을 섬기는 자이다.

사실, 이렇게 하면 거기에는 갈등이나 분쟁이나 분노가 결코 없을 것이다. 인간 사회의 갈등과 분쟁과 싸움은 불의와 거짓과 교만에서 생기는 현상이다(잠 13:10). 그러나 모두가 하나님의 법을 힘써 지키며 자신을 낮추고 서로 섬기려 한다면, 그런 곳에는 아무 싸움이나 갈등이 일어나지 않을 것이다. 그런 곳이 곧 천국의 모형이다.

〔28절〕 인자(人子)가 온 것은 섬김을 받으려 함이 아니라 도리어 섬기려 하고 자기 목숨을 많은 사람의 대속물(代贖物)(뤼트론 안티 폴론 λύτρον ἀντὶ πολλῶν)(많은 사람들을 대신한 속죄물)**로 주려 함이니라.**

주께서는 자신의 모범으로써 그의 교훈의 무게를 더하신다. 그는 섬김을 받으려고 세상에 오지 않으셨고 도리어 많은 사람들을 섬기시며 자기 목숨을 그들의 대속물로 주기 위해 오셨다. 주님의 사역의 핵심은 자신을 대속물로 주신 것이다. 이것은 그의 십자가에 죽으심의 의미이다. 그의 사역은 또한 부수적으로 그의 낮아지심과 섬김을 보인다. 그러므로 우리가 그를 믿고 따른다면, 우리도 남을 섬기며 남을 위해 우리의 목숨도 바칠 각오를 해야 하는 것이다.

〔29-31절〕 저희가 여리고에서 떠나갈 때에 큰 무리가 예수를[예수님을] **좇더라. 소경 둘이 길가에 앉았다가 예수께서 지나가신다 함을 듣고 소리질러 가로되**[말하기를] **주여**[주님이시여], **우리를 불쌍히 여기소서. 다윗의 자손이여 하니 무리가 꾸짖어 잠잠하라 하되 더욱 소리질러 가로되**[말하기를] **주여**[주님이시여], **우리를 불쌍히 여기소서. 다윗의 자손이**[시]**여 하는지라.**

'다윗의 자손'은 구약성경에 약속된 메시아를 가리킨다. 그 두 사람은 불쌍한 소경이었지만 놀랍게도 예수께서 하나님의 약속된 메시아라는 지식과 믿음을 가지고 있었다. 그들은 아마 들리는 소문을 통해 또 하나님의 은혜로 그런 지식과 믿음을 가지게 되었을 것이다.

무리들은 그 불쌍한 소경들을 동정하기는커녕 그들을 꾸짖으며 "잠잠하라"고 말했다. 예수님을 좇아 예루살렘으로 올라가고 있었던 그들은 그의 동정심을 갖고 있지 못했다. 소경들이 고침을 받는 데는 예수님 측근에 둘러서 있는 사람들이 도움을 주는 자들이 되지 못하고 오히려 방해거리이었다. 그러나 그 소경들은 더욱 소리질러 말했다. 주께 나아가는 자는 사람의 방해 때문에 낙심치 말아야 한다.

〔32절〕 예수께서 머물러 서서 저희를 불러.

소경들의 낙심치 않는 부르짖음은 마침내 주님의 관심을 끌었다. 예수께서는 머물러 서셨고 그들을 부르셨다. 우리는 기도하지 않으면 무엇을 받을 것을 기대하지 말아야 한다. 마태복음 7:7-8, "구하라 그러면 너희에게 주실 것이요, 찾으라 그러면 찾을 것이요, 문을 두드리라 그러면 너희에게 열릴 것이니 구하는 이마다 얻을 것이요 찾는 이가 찾을 것이요 두드리는 이에게 열릴 것이니라." 우리가 주 예수께 기도하며 낙심치 않고 계속 부르짖어 기도하면, 그가 그의 시선을 우리에게 돌리시고 우리의 기도의 소리에 귀를 기울이실 것이다.

〔33-34절〕 가라사대[말씀하시기를] **너희에게 무엇을 하여주기를 원하느냐? 가로되 주여, 우리 눈 뜨기를 원하나이다. 예수께서 민망히**[불쌍히] **여기사 저희 눈을 만지시니 곧 보게 되어 저희가 예수**[님]**를 좇으니라.**

소경들의 소원은 분명했다. 그들은 눈 뜨기를 원했다. 구체적 기도 제목은 확실한 기도 응답을 얻을 것이다. 예수께서는 그들을 불쌍히 여기셔서 그들의 눈을 만지셨고 그들은 곧 보게 되었다. 주님의 능력의 치료와 구원은 신속하고 완전하였다. 여기에 다시 예수 그리스도의 신성(神性)의 영광이 나타났다. 그는 확실히 하나님의 아들이시다.

본문의 교훈을 정리해보자. 첫째로, 예수께서는 섬김을 받으러 오지 않으셨고 자기 목숨을 많은 사람의 대속물로 주기 위해 오셨다. 28절, "인자(人子)가 온 것은 섬김을 받으려 함이 아니라 도리어 섬기려 하고 자기 목숨을 많은 사람의 대속물로 주려 함이니라." 그는 고난을 받으시고 십자가에 못박혀 피흘려 죽으심으로 대속 사역을 이루셨다.

둘째로, 예수 그리스도께서는 두 소경의 눈을 뜨게 하심으로써 자신이 하나님의 아들 그리스도이심을 증거하셨다. 옥에서 제자들을 보내어 오실 그이가 당신이오니이까라고 물었던 세례 요한에게 주께서는 "너희가 가서 듣고 보는 것을 요한에게 고하되 소경이 보며 앉은뱅이가 걸으며 문둥이가 깨끗함을 받으며 귀머거리가 들으며 죽은 자가 살아난다"고 말씀하셨었다(마 11:2-6). 그는 확실히 신적 구주이시다.

셋째로, 예수 그리스도를 믿고 따르는 우리는 자신을 크게 여기지 말고 남을 섬기는 자가 되어야 한다. 26-27절, "너희 중에 누구든지 크고자 하는 자는 너희를 섬기는 자가 되고 너희 중에 누구든지 으뜸이 되고자 하는 자는 너희 종이 되어야 하리라." 그것이 주 예수 그리스도를 본받는 것이며 그의 교훈을 실천하는 것이다. 섬기는 자가 큰 자이다. 빌립보서 2:3, "겸손한 마음으로 각각 자기보다 남을 낫게 여기라."

넷째로, 우리는 우리의 어려운 문제를 긍휼과 능력의 주께 아룀으로써 해결받을 수 있다. 기도는 성도의 특권이다. 우리의 소원의 목표와 방법이 바르다면, 우리의 간구는 응답받을 것이다. 시편 50:15, "환난 날에 나를 부르라. 내가 너를 건지리니 네가 나를 영화롭게 하리로다."

21장: 예루살렘에 올라가심

1-17절, 예루살렘에 올라가심

〔1-3절〕 저희가 예루살렘에 가까이 와서 감람산 벳바게에 이르렀을 때에 예수께서 두 제자를 보내시며 이르시되[말씀하시기를] **너희 맞은편 마을로 가라. 곧 매인 나귀와 나귀 새끼가 함께 있는 것을 보리니 풀어 내게로 끌고 오너라. 만일 누가 무슨 말을 하거든 주가**[주께서] **쓰시겠다 하라. 그리하면 즉시 보내리라 하시니.**

마가복음과 누가복음에 보면, 주께서는 "아무도 타 보지 않은 나귀 새끼를 끌고 오라"고 말씀하셨다. 그 나귀는 어미와 떨어질 수 없는 어린 새끼이었다. 그는 그의 전지(全知)하신 눈으로 그 나귀 새끼를 보셨다. 또 "나귀를 풀어 내게로 끌고 오너라," "만일 누가 무슨 말을 하거든 주께서 쓰시겠다고 하라"고 말씀하신 것은 무례한 것이 아니고 주께서 온 세상의 주인이심을 증거한다. 그는 온 세상의 참 주인이시며, 원하시는 대로 무엇을 취하거나 사용하실 수 있는 자이시다.

〔4-5절〕 이는 선지자로 하신 말씀을 이루려 하심이라. 일렀으되[말하기를] **시온 딸에게 이르기를**[말하기를] **네 왕이 네게 임하나니**[오나니] **그는 겸손하여 나귀, 곧 멍에 메는 짐승의 새끼를 탔도다 하라 하였느니라.**

마태는 주님의 말씀이 스가랴 9:9의 메시아 예언의 성취임을 증거한다. 말은 전쟁의 동물이요 나귀는 평화의 동물이라고 한다. 이방의 왕들은 말을 탔고 나귀를 타지 않았다. 나귀는 경멸을 당하는 짐승이었다. 주께서 나귀를 타신 것은 그의 겸손을 나타내신다. 그것도 어미에게 의존하는 나귀 새끼를 타신 것은 더욱 그러하다. 예수 그리스도의 나라는 세상 나라처럼 외적 영광을 따르지 않는다. 여기에 지극히 미천한 자들에게까지 미치는 은혜의 복음이 있다. 어떤 미천한 자도 예수께 나아올 수 있고 그는 그를 물리치지 않으실 것이다.

〔6-7절〕 제자들이 가서 예수[님]**의 명하신 대로 하여 나귀와 나귀 새끼를 끌고 와서 자기들의 겉옷을 그**[그것들] **위에 얹으매 예수께서 그 위에 타시니.**

옷을 그 위에 얹은 것은 안장을 대신해서였다. 주께서는 어린 나귀 새끼, 아직 안장도 없는 짐승을 타시고 예루살렘 성으로 들어가셨다. 주께서는 자기의 소유 혹은 공동 소유의 나귀 한 필도 없으셨다. 그는 가난한 삶을 사셨다. 지극히 부요하신 하나님의 아들, 이 세상의 모든 것의 소유자이셨던 그는 지극히 가난한 자가 되셨다. 그렇다면 그의 제자된 우리의 삶은 어떤 마음가짐이어야 하겠는가?

〔8-11절〕 무리의 대부분은 그 겉옷을 길에 펴며 다른 이는 나뭇가지를 베어 길에 펴고 앞에서 가고 뒤에서 따르는 무리가 소리질러 가로되[말하기를] **호산나**(הוֹשִׁיעָהנָּא)(구원하소서) **다윗의 자손이**[시]**여, 찬송하리로다. 주**[님]**의 이름으로 오시는 이여, 가장 높은 곳에서 호산나 하더라. 예수께서 예루살렘에 들어가시니 온 성이 소동하여 가로되**[말하기를] **이는 누구뇨 하거늘 무리가 가로되 갈릴리 나사렛에서 나온 선지자 예수**[님]**라 하니라.**

무리가 겉옷을 길에 펼친 것은 그에 대한 존경심의 표현이다. 무리의 대부분은 예수님을 유대인의 왕으로 여기며 환영하고 기뻐하였다. 그들은 다른 사람들에게 예수님을 갈릴리 나사렛에서 나온 선지자로 소개하였다. 비록 구약교회 지도자들은 그를 거절했고 죽일 것이지만, 하나님께서는 무리들을 감동하여 그를 증거하며 그를 찬양케 하셨다. 감격스런 일이다. 그러나 며칠이 지나면 그들 중 다수는 마음이 변하여 "저를 십자가에 못박으소서"라고 외칠 것이다. 사람의 마음은 변화무쌍하다. 그러므로 우리는 사람들이 우리를 존경한다고 너무 감격할 것도 없고 우리를 무시한다고 너무 낙심할 것도 없다.

〔12절〕 예수께서 [하나님의][44] **성전에 들어가사 성전 안에서 매매하는 모든 자를 내어쫓으시며 돈 바꾸는 자들의 상과 비둘기 파는 자들의 의자를 둘러엎으시고.**

---

44) Byz C D W $\text{it}^{a\ d\ e\ ff2\ h}$ vg $\text{syr}^{p\ c}$ 등.

하나님께 예배하는 처소인 성전이 불법적인 이익을 얻는 매매의 장소로 사용되었다. 이것은 교회의 타락이었다. 거룩한 교회의 이름 아래 자기의 물질적 이익을 노리는 불의한 교회지도자들은 성전 안에서 돈 바꾸고 비둘기 파는 자들과 결탁되어 있었음이 분명했다. 눈에 보이지 않는 하나님의 영광을 목표로 삼고 일하기보다 눈에 보이는 땅에 속한 것, 불타 없어질 헛된 것을 구하는 가련한 교회지도자들! 온유하시고 겸손하신 예수께서는, 회개하는 죄인들을 향해서는 동정하셨으나, 교회를 더럽히는 자들에 대해서는 격노하셨다.

〔13절〕 저희에게 이르시되[말씀하시기를] **기록된 바 내 집은 기도하는 집이라. 일컬음을 받으리라 하였거늘 너희는 강도의 굴혈**[소굴]**을 만드는도다**[만들었도다][45] **하시니라.**

주님의 성전 청결은 성전이 성경의 본래 가르침대로 되어야 한다는 정신에 근거하였다. 성경은, 성전이 하나님께 기도하는 집이라고 가르쳤다(사 56:7). 그러나 성전이 하나님께 예배하는 자들의 주머니의 돈을 교묘히 긁어모으는 곳으로 변질되었다. 구약교회의 지도자들은 성전을 강도의 소굴로 만들었다. 교회 개혁은 항상 성경에 근거해야만 된다. 요시야의 개혁, 히스기야의 개혁이 그러하였고, 루터와 칼빈의 교회 개혁도 그러하였다. 오늘날의 교회 개혁도 오직 성경의 교훈으로 돌아감으로써만 시작될 수 있고 진행되고 성취될 수 있다. 하나님의 뜻은 성경대로 믿고 성경대로 사는 것이다.

〔14절〕 소경과 저는 자들이 성전에서 예수께 나아오매 고쳐주시니.

구약교회의 지도자들의 위선적 행위들에 대해서는 격노하고 동정심을 보이지 않으시던 주님이지만, 성전에서 그에게 나아온 소경과 절뚝발이들에게는 긍휼과 능력을 베푸셨다. 그들은 예수께 나아와 고침을 받았다. 주께서는 뻔뻔스런 악인들에게는 노하셨지만, 도움을

---

45) Byz C W D 등에 그러함.

구하는 죄인들에게는 긍휼을 베푸셨던 것이다.

〔15-17절〕 대제사장들과 서기관들이 예수[님]**의 하시는 이상한 일**[놀라운 일들](KJV, NASB, NIV)**과 또 성전에서 소리질러 호산나 다윗의 자손이여 하는 아이들을 보고 분하여 예수께 말하되 저희의 하는 말을 듣느뇨? 예수께서 가라사대**[말씀하시기를] **그렇다, 어린 아기와 젖먹이들의 입에서 나오는 찬미를 온전케 하셨나이다**(시 8:2) **함을 너희가 읽어 본 일이 없느냐 하시고 그들을 떠나 성밖으로 베다니에 가서 거기서 유하시니라.**

주께서는 자신의 신적 영광을 많이 드러내셨지만, 대제사장들과 서기관들은 오히려 그것들에 대해 분노했다. 이것이야말로 이상한 일이다. 또 성전에서 "호산나 다윗의 자손이여" 하는 아이들이 있었는데 그들은 그 아이들에 대해서도 분노했다. 사실, 메시아를 영접해야 할 저 지도자들이 주님을 거부하고 그를 죽이려 하기 때문에 하나님께서는 어린 아기들을 사용하여 주를 찬송케 하셨던 것이다.

본문의 교훈을 정리해보자. 첫째로, 예수께서는 천지만물의 주인이시다. 그는 예루살렘에 올라가려 하실 때 두 제자를 맞은편 마을에 보내셔서 나귀와 나귀 새끼를 끌어오게 하시며 "주께서 쓰시겠다고 하라"고 말씀하셨다. 그것은 무례한 것이 아니고 그가 세상의 참 주인이심을 증거한다. 그는 원하시는 것을 사용하실 수 있는 세상의 참 주인이시다.

둘째로, 예수께서는 겸손히 나귀 새끼를 타시고 예루살렘에 올라가셨다. 그는 자기 소유나 제자들의 공동 소유의 말이나 나귀가 없으셨다. 그는 나귀 새끼를 빌려 타고 가셨다. 그것은 우리에게 교훈이 된다.

셋째로, 예수께서는 성전이 강도의 소굴이 된 것을 노하셨다. 구약교회의 지도자들은 성전의 제사들과 제물들을 돈벌이의 수단으로 생각하고 사용하고 있었다고 보인다. 교회의 부패는 가장 가증한 일이다.

넷째로, 예수께서는 성전에서 소경과 저는 자들을 고쳐주셨다. 그는 갈릴리에서도, 유대 땅에서도 병자들을 불쌍히 여기셨고 고쳐주셨다. 많은 병자들을 고쳐주신 그는 확실히 하나님의 아들 그리스도이시다.

18-46절, 권위의 근원

〔18절〕 이른 아침에 성으로 들어오실 때에 시장하신지라.

이른 아침이긴 하지만, 예수님 일행에게 아침식사를 제공하는 자가 없었던 것 같다. 그러나 가난한 환경은 그의 사역에 아무런 지장이 되지 않았다. 하나님의 사역은 가난 때문에 좌절되지 않는다.

〔19절〕 길가에서 한 무화과나무를 보시고 그리로 가사 잎사귀 밖에 아무것도 얻지 못하시고 나무에게 이르시되[말씀하시기를] **이제부터 영원토록 네게 열매가 맺지 못하리라 하시니 무화과나무가 곧 마른지라.**

배가 고프셨던 예수께서는 무화과나무에 열매가 있을까 하여 가까이 가셨다. 여기에 예수님의 인성(人性)의 증거가 있다. 사람이신 그는 배고픔을 느끼셨고 지식의 제한성을 가지셨다. 그의 인성은 우리의 것과 같은 참된 인성, 즉 육신적 연약성과 지식의 제한성을 가진 인성이셨다고 보인다. 그러나 죄성(罪性)은 없으셨다(히 4:15).

무화과는 보통 열매가 먼저 생긴 후 잎사귀가 커지므로 잎사귀가 있으면 열매를 기대하게 된다고 한다. 그러나 이 나무의 경우는 그렇지 않았다. 열매들은 열리지 않은 채 잎사귀만 무성했다. 이것은 선한 행위의 열매가 없이 종교적 형식들만 가득한 당시의 타락한 교회 현실을 잘 나타내 주는 것 같았다. 예수님의 무화과나무 저주는 열매 없는 삶에 대한 교훈을 제자들에게 주시기 위함이었다고 본다.

〔20-22절〕 제자들이 보고 이상히 여겨 가로되[말하기를] **무화과나무가 어찌하여 곧 말랐나이까? 예수께서 대답하여 가라사대**[말씀하시기를] **내가 진실로 너희에게 이르노니 만일 너희가 믿음이 있고 의심치 아니하면 이 무화과나무에게 된 이런 일만 할 뿐 아니라 이 산더러 들려 바다에 던지우라 하여도 될 것이요 너희가 기도할 때에 무엇이든지 믿고 구하는 것은 다 받으리라 하시니라.**

주께서는 또 이 일을 통해 믿음으로 하는 기도의 힘을 교훈하셨다. 죽기 위하여 올라가셨던 예루살렘에서, 또 이제 며칠 후면 십자가의 형틀을 지실 그가 제자들에게 기도하도록 교훈하며 격려하신 것이다. 물론, 우리는 이 교훈을 오늘날 은사주의자들처럼 기적을 추구하는 근거로 삼아서는 안 된다. 하나님께서는 교회 역사에서 기적들을 주심으로 섭리하지 않으셨다. 그러나 주의 교회의 복음 사역이 얼마나 놀라웁게 전진해 왔는지! 복음 사역에 크고 작은 많은 장애물들이 있었지만, 기도하는 종들을 통해, 그들의 믿음의 기도를 통해 그 장애물들은 극복되었다. 때로는 순교의 피를 흘려야 하였지만, 복음 전파의 대행진은 꺾이지 않고 힘차게 진행되었다. 우리는 기도를 통한 기적을 추구하는 자들이 아니지만, 기도를 통한 회개와 믿음, 구원과 성화는 언제나 기대한다. 우리는 오늘도 하나님께서 자기 백성을 구원하시고 강건케 하시고 자기 교회를 견고하게 하시기를 기도한다.

〔23-27절〕 예수께서 성전에 들어가 가르치실새 대제사장들과 백성의 장로들이 나아와 가로되[말하기를] **네가 무슨 권세로 이런 일을 하느뇨? 또 누가 이 권세를 주었느뇨? 예수께서 대답하시되 나도 한 말을 너희에게 물으리니 너희가 대답하면 나도 무슨 권세로 이런 일을 하는지 이르리라. 요한의 세례가 어디로서 왔느냐? 하늘로서냐? 사람에게로서냐? 저희가 서로 의논하여 가로되**[말하기를] **만일 하늘로서라 하면 어찌하여 저를 믿지 아니하였느냐 할 것이요 만일 사람에게로서라 하면 모든 사람이 요한을 선지자로 여기니 백성이 무섭다 하여 예수께 대답하여 가로되**[말하기를] **우리가 알지 못하노라 하니 예수께서 가라사대**[말씀하시기를] **나도 무슨 권세로 이런 일을 하는지 너희에게 이르지 아니하리라.**

구약교회 지도자들은 예수님의 권위의 근원에 대하여 질문하였다. 이것은 비난하려는 동기에서 했다고 보인다. 예수께서는 지혜롭게 되받아 질문하심으로 그들의 위선의 악을 드러내셨다. "요한의 세례가 어디로서 왔느냐? 하늘로서냐, 사람에게로서냐?" 그들은 요한도 인정치 않았고 그가 증거한 예수님도 인정치 않고 있었고 오히려 그를 죽이려 생각하고 있었다. 그들은 서로 말하기를 "만일 하늘로서라 하면 어찌하여 저를 믿지 않았느냐 할 것이요 만일 사람에게로서라 하면 모든 사람이 요한을 선지자로 여기니 백성이 무섭다" 하여 "우리가 알지 못하노라"고 대답했다. 예수께서도 "나도 무슨 권세로 이런 일을 하는지 너희에게 이르지 아니하리라"고 대답하셨다. 예수님의 권위의 근원은 세례 요한과 같이 하나님께로부터이었다. 그러나 저 악하고 위선적인 지도자들은 이 사실을 인정하지 않았다.

〔28-30절〕 그러나 너희 생각에는 어떠하뇨? 한 사람이 두 아들이 있는데 맏아들에게 가서 이르되[말하기를] **얘 오늘 포도원에 가서 일하라 하니 대답하여 가로되**[말하기를] **아버지여, 가겠소이다 하더니 가지 아니하고 둘째 아들에게 가서 또 이같이 말하니 대답하여 가로되**[말하기를] **싫소이다 하더니 그 후에 뉘우치고 갔으니.**

예수께서는 한 사람이 두 아들에게 "오늘 포도원에 가서 일하라"고 말한 비유를 말씀하셨다. 한 아들은 가겠다고 했으나 안 갔고, 다른 아들은 안 가겠다고 했으나 갔다. 원문(MT, UBS)에는,46) 맏아들이 처음에 싫다고 대답했으나 후에 뉘우치고 갔고, 둘째 아들이 처음에 가겠다고 대답했으나 가지 않았다고 되어 있다(KJV, NIV).

〔31-32절〕 그 둘 중에 누가 아비의 뜻대로 하였느뇨? 가로되[말하기를] **둘째 아들이니이다. 예수께서 저희에게 이르시되**[말씀하시기를] **내가 진실로 너희에게 이르노니**[말하노니] **세리들과 창기**[창녀]**들이 너희보다 먼저 하나님의 나라에 들어가리라. 요한이 의의 도로 너희에게 왔거늘 너희는 저를 믿지 아니하였으되 세리와 창기**[창녀]**는 믿었으며 너희는 이것을 보고도 종시 뉘우쳐 믿지 아니하였도다.**

원문에는 여기서도 첫째 아들이라고 되어 있다. 예수께서는 그들에게, "내가 진실로 너희에게 이르노니 세리들과 창녀들이 너희보다 먼저 하나님의 나라에 들어가리라"고 말씀하셨다. 포도원은 하나님의 나라 곧 신약교회를 상징했고, 맏아들은 세리들과 창녀들을 상징했고, 둘째 아들은 대제사장들과 장로들을 상징했다고 보인다.

---

46) Byz ℵ* C* (D) W it$^{a\ b\ d\ e\ ff2}$ vg syr$^{p\ (c\ s)}$ (cop^{meg}) Origen 등.

세리들과 창녀들은 처음에는 하나님의 뜻을 저버렸으나 세례 요한이 옳은 길을 외칠 때 회개했다. 그러나 대제사장들과 장로들은 하나님을 섬기는 자로 자부하였지만, 요한이 전하는 말씀을 따라 회개하지 않았다. 누가 하나님의 뜻을 따른 자인가? 신앙생활은 처음보다 끝이 중요하고 입술의 고백보다 실제적 행위가 더 중요하다.

〔33-39절〕 다시 한 비유를 들으라. 한 집 주인이 포도원을 만들고 산울로 두르고 거기 즙 짜는 구유를 파고 망대를 짓고 농부들에게 세로 주고 타국에 갔더니 실과 때가 가까우매 그 실과를 받으려고 자기 종들을 농부들에게 보내니 농부들이 종들을 잡아 하나는 심히 때리고 하나는 죽이고 하나는 돌로 쳤거늘 다시 다른 종들을 처음보다 많이 보내니 저희에게도 그렇게 하였는지라. 후에 자기 아들을 보내며 가로되[말하기를] **저희가 내 아들은 공경하리라 하였더니 농부들이 그 아들을 보고 서로 말하되 이는 상속자니 자 죽이고 그의 유업을 차지하자 하고 이에 잡아 포도원 밖에 내어쫓아 죽였느니라.**

예수께서는 포도원 비유도 하셨다. 포도원은 구약교회를 가리켰고(사 5:2), 포도원 주인은 하나님을 가리키고, 포도원을 관리한 농부들은 구약교회 지도자들을 가리키고, 열매는 성도들의 의와 거룩의 삶을 가리키고, 종들은 선지자들을 가리킨다고 본다. 하나님께서는 이스라엘 백성이 의롭고 거룩하게 살기를 원하셨다. 그러나 구약교회 지도자들은 선지자들을 영접하지 않았고, 그들의 말을 듣지도 않았고, 오히려 그들을 박해하고 죽였다. 하나님께서 많은 종들을 더 보내셨지만, 그 지도자들은 그들에게도 그러했다. 주인은 마지막으로 자기 아들을 보냈다. 그가 예수님이시다. 그런데 유대 지도자들은 그를 예루살렘 밖에서 죽일 것이다. 예수께서는 자기의 죽음을 예언하신 것이다.

〔40-43절〕 그러면 포도원 주인이 올 때에 이 농부들을 어떻게 하겠느뇨? 저희가 말하되 이 악한 자들을 진멸하고 포도원은 제때에 실과를 바칠 만한 다른 농부들에게 세(貰)로 줄지니이다. 예수께서 가라사대[말씀하시기를] **너희가 성경에**(시 118:22-23) **건축자들의 버린 돌이 모퉁이의 머릿돌이 되었나니 이것은 주로 말미암아 된 것이요 우리 눈에 기이하도다 함을**

읽어 본 일이 없느냐? 그러므로 내가 너희에게 이르노니[말하노니] **하나님의 나라를 너희는 빼앗기고 그 나라의 열매 맺는 백성이 받으리라.**

주인은 그 악한 농부들, 곧 위선적 지도자들을 멸하고 포도원을 제 때에 실과를 바칠 다른 농부들에게 줄 것이다. 예수께서는 건축자들의 버린 돌과 같으셨다. 유대 지도자들은 그를 버렸으나 그는 교회의 머릿돌이 되셨다. 이것은 사람이 한 일이 아니요 하나님께서 하신 일, 곧 기이한 일이다. 이 비유의 요점은, 의롭고 선한 행실이 없는 이스라엘 백성이 하나님 나라를 빼앗기고 의롭고 선한 행실이 있는 신약 교회가 그것을 대신할 것이라는 것이다. 하나님의 뜻은 의롭고 선한 행실과 삶이며, 참된 구원은 의롭고 선한 행위와 삶으로 나타난다.

〔44-46절〕 이 돌 위에 떨어지는 자는 깨어지겠고 이 돌이 사람 위에 떨어지면 저를 가루로 만들어 흩으리라 하시니 대제사장들과 바리새인들이 예수[님]**의 비유를 듣고 자기들을 가리켜 말씀하심인 줄 알고 잡고자 하나 무리를 무서워하니 이는 저희가 예수**[님]**를 선지자로 앎이었더라.**

메시아께서는 돌에 비교되셨다(단 2:34-35). 이 돌은 구원과 심판의 돌이다. 악하고 완고한 자도 이 돌 위에 떨어지면 심령이 부서질 것이다. 유대 지도자들은 이 비유가 자기들을 가리킨 것인 줄 알았다.

본문의 교훈을 정리해보자. 첫째로, 예수 그리스도의 권위의 근원은 하나님께로부터이었다. 예수 그리스도께서는 하나님의 아들이시다.

둘째로, 예수께서는 돌로 비유되셨다. 그 돌은 완고한 심령을 부숴 구원하기도 하지만, 끝까지 회개치 않는 자를 멸망시키기도 한다.

셋째로, 우리는 택자들의 구원과 회개와 믿음, 참된 교회의 건립과 성장, 또 우리 자신의 성화를 위해 기도해야 하고 또 기대해야 한다.

넷째로, 신앙생활은 처음보다 끝이, 또 입술의 고백보다 실제적 삶이 더 중요하다. 우리는 끝이 좋고 열매가 있는 생이 되어야 한다. 하나님의 뜻은 우리의 의롭고 선한 삶이며, 참된 구원은 그런 삶으로 나타난다. 의롭고 선한 행위가 없는 자들은 구원 얻지 못한 자들일 것이다.

22장: 유대의 지도자들과 변론하심

1-14절, 왕의 아들의 혼인잔치 비유

〔1-3절〕 **예수께서 다시 비유로 대답하여 가라사대**[말씀하시기를] **천국은 마치 자기 아들을 위하여 혼인잔치를 베푼 어떤 임금과 같으니 그 종들을 보내어 그 청한 사람들을 혼인잔치에 오라 하였더니 오기를 싫어하거늘.**

앞장의 포도원 비유에서는 하나님께서 사람에게 무엇을 요구하시는 분으로 묘사되었으나, 이 비유에서는 하나님께서 사람에게 무엇을 주시는 분으로 묘사되었다. 앞의 비유에서 하나님께서 요구하시는 바는 구원에 합당한 행위이지만, 여기에서 그가 주시는 바는 값없이 주시는 구원의 기쁨과 즐거움이다. 혼인잔치는 기쁘고 즐거운 시간이다. 이 비유에서 하나님께서는 왕으로, 예수께서는 왕자로, 천국은 왕자의 혼인잔치로 묘사되었다. 왕은 종들을 보내어 그 혼인잔치에 초청된 자들을 오라고 했다. 종들은 하나님의 말씀을 전하는 전도자들을 가리키며, 먼저 초청된 자들은 이스라엘 백성을 가리킬 것이다.

그러나 왕의 초청을 받은 그들은 그 혼인잔치에 참여하기를 싫어하였다. 이스라엘 백성은 하나님의 아들 예수 그리스도께서 전하신 천국 복음을 받아들이지 않았다. 요한복음 1:9-11, "참빛 곧 세상에 와서 각 사람에게 비취는 빛이 있었나니 그가 세상에 계셨으며 세상은 그로 말미암아 지은 바 되었으되 세상이 그를 알지 못하였고 자기 땅에 오매 자기 백성이 영접지 아니하였으나."

〔4-5절〕 **다시 다른 종들을 보내며 가로되**[말하기를] **청한 사람들에게 이르기를**[말하기를] **내가 오찬을 준비하되 나의 소와 살진 짐승을 잡고 모든 것을 갖추었으니 혼인잔치에 오소서 하라 하였더니 저희가 돌아보지도 않고 하나는 자기 밭으로, 하나는 자기 상업차로 가고.**

왕은 한번 더 다른 종들을 보내어 초청하였다. 이것은 왕의 인내요 친절이었다. 이번에는 잔치의 풍성함을 좀더 자세히 설명하며 초청했다. 그러나 저들은 세상일에만 관심을 두고 왕의 초청에는 관심이 없었고 돌아보지도 않고 하나는 자기 밭으로, 하나는 자기 상업차로 갔다. 이것은 단순한 무관심이 아니고 왕의 초청에 대한 멸시이었다. 사람들은 세상일에는 관심이 많고 열심이 있고 분주하지만, 하나님과 하나님의 복음에 대해, 구원과 거룩하고 의롭고 선한 삶에 대해, 영생과 내세와 천국에 대해 관심이 없고 그것을 무시하고 멸시한다.

〔6-7절〕 그 남은 자들은 종들을 잡아 능욕하고 죽이니 임금이 [듣고][47] **노하여 군대를 보내어 그 살인한 자들을 진멸하고 그 동네를 불사르고.**

초청을 받은 자들이 그 초청을 멸시하며 자기 일들을 보러 가버렸을 뿐 아니라, 그 남은 자들은 그 종들을 잡아 학대하고 죽였다. 이것은 더 악한 일이었다. 마침내 왕은 진노하여 군대를 보내어 그 악한 자들을 죽이고 그 동네를 불사를 것이다. 이와 같이, 복음의 초청을 먼저 받은 이스라엘 백성은 그 초청을 싫어하고 경멸했고 심지어 그것을 전한 하나님의 선지자들과 종들을 학대하고 죽였다. 이스라엘 백성은 국가적으로, 민족적으로 하나님의 복음을 거절했다. 예루살렘 교회의 일곱 집사 중 하나이었던 스데반은 이렇게 말하였다. "목이 곧고 마음과 귀에 할례를 받지 못한 사람들아, 너희가 항상 성령을 거스려 너희 조상과 같이 너희도 하는도다. 너희 조상들은 선지자 중에 누구를 핍박지 아니하였느냐? 의인이 오시리라 예고한 자들을 저희가 죽였고 이제 너희는 그 의인을 잡아준 자요 살인한 자가 되나니 너희가 천사의 전한 율법을 받고도 지키지 아니하였도다"(행 7:51-53). 하나님께서는 이스라엘 백성을 다시 징벌하실 것이다. 그것은 주후 70년 로마 군대에 의한 예루살렘 멸망의 사건이었다. 그것은 예수님을 죽이고 교회를 박해한 죄에 대한 하나님의 징벌이었다.

---

47) Byz C (D) W it vg syr^{p} cop^{bo-pt} Irenaeus^{lat} 등에 있음.

〔8-10절〕 이에 종들에게 이르되[말하기를] **혼인잔치는 예비되었으나 청한 사람들은 합당치 아니하니 사거리 길에 가서 사람을 만나는 대로 혼인잔치에 청하여 오너라 한대 종들이 길에 나가 악한 자나 선한 자나 만나는 대로 모두 데려오니 혼인 자리에 손**[손님]**이 가득한지라.**

기쁘고 즐거운 메시아의 혼인잔치가 준비되었으나 처음 청함을 받은 이스라엘 백성들은 그 잔치에 합당치 않았다. 사거리 길에 있는 사람들은 이방인들을 가리켰다고 보인다. 이번에는 온 세계에 있는 모든 사람들이 초청을 받았다. 드러난 악인이든지 비교적 선한 자이든지 구별 없이 많은 사람이 초청을 받아 교회로 나아온다. 혼인잔치에 사람들이 가득하듯이, 하나님의 교회는 다양한 부류의 사람들로 가득하게 될 것이다. 많은 사람들이 교회로 초청을 받을 것이다. 또 이방인들의 충만한 수가 구원을 얻을 것이다(롬 11:25).

〔11-14절〕 임금이 손[손님]**을 보러 들어올새 거기서 예복을 입지 않은 한 사람을 보고 가로되**[말하기를] **친구여, 이찌하여 예복을 입지 않고 여기 들어왔느냐 하니 저가 유구무언이어늘**[아무 말이 없거늘] **임금이 사환들에게 말하되 그 수족을 결박하여** [들어][48] **바깥 어두움에 내어 던지라. 거기서 슬피 울며 이를 갊이 있으리라 하니라.** [이는] **청함을 받은 자는 많되 택함을 입은 자는 적으니라**[적음이니라].

그런데 예복을 입지 않고 참여한 자가 있었다. 이 예복은 잔치에 참여하는 자가 반드시 입어야 하는 옷이었다. 그렇지 않았다면 왕이 그것을 문제삼지 않았을 것이다. 이 예복은 예수 그리스도의 보혈로 말미암은 의를 상징한다. 이사야 61:10이 말한 '의의 겉옷'이다. 신약 성경도 예수 그리스도를 믿는 우리가 그리스도로 옷 입는다고 표현한다. 로마서 13:14, "오직 주 예수 그리스도로 옷 입고 정욕을 위하여 육신의 일을 도모하지 말라." 갈라디아서 3:27, "누구든지 그리스도와 합하여 세례를 받은 자는 그리스도로 옷 입었느니라." 그것은 의의

48) Byz C (D) W (it syr$^{c\ s}$ Irenaeus^{lat}) 등에 있음.

옷이다. 그것은 예수 그리스도의 속죄를 믿는 믿음으로 얻는 의의 옷이다. "나의 의는 이것뿐, 예수님의 피밖에 없네!" 누가 예복을 입었는지, 누가 입지 않고 교회에 들어와 앉아 있는지 사람은 알지 못할지라도, 자신은 알고 하나님께서도 다 아신다.

예복을 입지 않은 자는 변명할 여지가 없다. 예복은 자기가 마련하는 것이 아니고 하나님의 은혜로 값없이 주어지는 것이며 그 예복을 입지 않은 자는 단지 교만과 불신앙으로 예수님의 십자가 의를 거절하고 자기의 행위의 의를 의지하는 것뿐이기 때문이다(롬 10:2-4). 그 잘못은 전적으로 자기 자신에게 있다. 그러므로 예복을 입지 않은 자는 정죄될 것이다. 예수님의 의가 아니고서는 아무도 구원을 얻을 수 없다. 그는 하나님의 기쁨과 영광으로부터 추방되어 지옥에서 슬피 울며 고통하게 될 것이다. 이와 같이, 구원의 복음으로 청함을 받은 자들은 많지만, 참으로 구원 얻는 자들은 적을 것이다.

본문의 교훈을 정리해보자. 첫째로, 천국은 기쁘고 즐거운 혼인 잔치와 같다. 요한계시록 19:7, "어린양의 혼인 기약이 이르렀고 그 아내가 예비하였으니." 우리가 장차 들어갈 천국은 평안과 희락의 세계이다.

둘째로, 우리는 하나님의 천국 초청에 무관심하거나 무시하지 말아야 한다. 시편 73:25-26, "하늘에서는 주 외에 누가 내게 있으리요 땅에서는 주밖에 나의 사모할 자 없나이다. 내 육체와 마음은 쇠잔하나 하나님께서는 내 마음의 반석이시요 영원한 분깃이시라." 이 세상의 지나가는 것들은 실상 허무하다(전도서). 우리는 영원하신 하나님과 구원과 영광스런 천국과 복된 영생에 대해 관심과 사모함을 가져야 한다.

셋째로, 우리는 천국 잔치에 참여하기에 합당한 예복을 입어야 한다. 그 예복은 예수 그리스도를 믿음으로 얻는 의를 가리킨다(롬 3:21-24). 갈라디아서 3:27, "누구든지 그리스도와 합하여 세례를 받은 자는 그리스도로 옷 입었느니라." 우리는 예수 그리스도의 의만 의지해야 한다.

15-33절, 세금 문제와 부활 문제에 대한 질문

〔15-17절〕 이에 바리새인들이 가서 어떻게 하여 예수[님]**로 말의 올무에 걸리게 할까 상론하고**[서로 의논하고] **자기 제자들을 헤롯 당원들과 함께 예수께 보내어 말하되 선생님이여, 우리가 아노니 당신은 참되시고 참으로써 하나님의 도를 가르치시며 아무라도 꺼리는 일이 없으시니 이는 사람을 외모로 보지 아니하심이니이다. 그러면 당신의 생각에는 어떠한지 우리에게 이르소서. 가이사에게 세를 바치는 것이 가하니이까, 불가하니이까 한대.**

하나님의 원수들은 잠시라도 쉬지 않고 활동한다. 바리새인들과 헤롯 당원들은 종교적, 정치적 견해가 서로 다른 자들이었으나, 예수님을 핍박하는 데는 힘을 합했다. 오늘날도 다양한 사상들과 입장들을 가진 사람들이 때때로 하나님의 일을 대적하는 데는 힘을 합한다. 보냄을 받은 자들은 예수님에 대하여 존경하듯이 그가 참되시며 참으로써 하나님의 도를 가르치신다고 말하였다. 예수님의 의로우시고 신실하심은 저늘도 부정할 수 없었을 것이다. 예수께서는 참되셨고 진리로 하나님의 도를 가르치셨고 아무라도 꺼리는 일이 없으셨다.

당시 유대인들 가운데는 두 종류의 사람들이 있었을 것이다. 하나는 로마 황제인 가이사에게 세금을 바쳐야 한다는 친(親)로마파요, 다른 하나는 세금을 바칠 필요가 없다는 반(反)로마파, 즉 민족주의파이었을 것이다. 그러므로 가이사에게 세금을 바치는 것이 옳은가 그른가 하는 변론이 있었을 것이며, 이것은 당시에 한 중요한 사회 문제이며 예수께 질문해 그를 곤란케 할 만한 문제이었을 것이다.

〔18-22절〕 예수께서 저희의 악함을 아시고 가라사대[말씀하시기를] **외식하는 자들아, 어찌하여 나를 시험하느냐? 셋돈을 내게 보이라 하시니 데나리온 하나를 가져왔거늘 예수께서 말씀하시되 이 형상과 이 글이 뉘 것이냐? 가로되**[말하기를] **가이사의 것이니이다. 이에 가라사대**[말씀하시기를] **그런즉 가이사의 것은 가이사에게, 하나님의 것은 하나님께 바치라 하시니 저희가 이 말씀을 듣고 기이히 여겨 예수**[님]**를 떠나가니라.**

예수께서는 그들의 악함을 아시고 "외식하는 자들아, 어찌하여 나를 시험하느냐?"고 말씀하셨다. 그들의 질문 뒤에는 예수님을 올무에 걸리게 하려는 의도가 있었다. 예수님의 대답은 '예' 아니면 '아니오' 일 것이요 그러면 그들은 그를 친(親)로마파나 반(反)로마파로 몰 수 있었을 것이다. 이것은 유대 백성과 이간을 붙일 빌미가 되든지, 아니면 로마 정부에 대한 반역자로 비난할 거리가 될 것이다.

주께서는 그 시험하는 질문에 지혜롭게 대답하셨다. 그는 "셋돈을 내게 보이라"고 말씀하셨다. 그들이 데나리온 하나를 가져오자, 그는 "이 형상과 이 글이 뉘 것이냐?"고 물으셨다. 그것은 가이사의 형상과 글이었다. 유대인들은 로마의 통치 아래 살고 있었고 유대 땅에서는 로마의 화폐가 사용되고 있었다. 그들이 "가이사의 것이니이다"라고 대답하자, 그는 "그런즉 가이사의 것은 가이사에게, 하나님의 것은 하나님께 바치라"고 말씀하셨다. 이 말씀은 가이사의 것을 가이사에게 바치는 것, 즉 세금 내는 것이 정당한 일이라는 뜻이다.

성도는 세상에 사는 동안 두 영역에서 산다. 하나는 하나님의 나라요 다른 하나는 세상 나라이다. 우선, 성도는 하나님의 나라에 속하므로 그 나라의 규범들을 지켜야 한다. 헌금도 그 중에 하나이다. 하나님께서 온 세상의 주인이시므로 세상에서 우리의 소유 중 하나님의 것이 아닌 것이 없지만, 구약성경은 소득의 십일조와 첫 열매와 헌물을 헌금의 기준으로 말씀하셨다. 레위기 27:30, "땅의 십분의 일 곧 땅의 곡식이나 나무의 과실이나 그 십분의 일은 여호와의 것이니 여호와께 성물(聖物)이라." 잠언 3:9, "네 재물과 네 소산물의 처음 익은 열매로 여호와를 공경하라." 말라기 3:8-10, "사람이 어찌 하나님의 것을 도적질하겠느냐? 그러나 너희는 나의 것을 도적질하고도 말하기를 우리가 어떻게 주님의 것을 도적질하였나이까 하도다. 이는 곧 십일조와 헌물이라. 너희 곧 온 나라가 나의 것을 도적질하였으므로 너희가 저주를 받았느니라. . . . 너희의 온전한 십일조를 창고에 들여 나의 집에 양식이 있게 하고." 신약 성도는 우리의 모든 것을 하나님을 위해 드리며 소득의 십일조 이상과 첫 열매와 감사헌금을 드린다.

성도는 또한 세상에 사는 동안 납세의 의무를 포함한 세상 나라 규범도 지켜야 한다. 베드로전서 2:13, "인간에 세운 모든 제도를 주를 위하여 순복하라." 로마서 13:7, "모든 자에게 줄 것을 주되 공세를 받을 자에게 공세를 바치고 국세 받을 자에게 국세를 바치라."

〔23-28절〕 부활이 없다 하는 사두개인들이 그 날에 예수께 와서 물어 가로되[묻기를] **선생님이여, 무세가 일렀으되 사람이 만일 자식이 없이 죽으면 그 동생이 그 아내에게 장가들어 형을 위하여 후사(後嗣)를 세울지니라 하였나이다. 우리 중에 칠 형제가 있었는데 맏이 장가들었다가 죽어 후사(後嗣)가 없으므로 그의 아내를 그 동생에게 끼쳐두고 그 둘째와 세째**[셋째]**로 일곱째까지 그렇게 하다가 최후에 그 여자도 죽었나이다. 그런즉 저희가 다 그를 취하였으니 부활 때에 일곱 중에 뉘 아내가 되리이까?**

사두개인들은 당시 합리주의자, 자유주의자이었다. 사도행전 23:8은, "이는 사두개인은 부활도 없고 천사도 없고 영도 없다 하고 바리새인은 다 있다 함이라"고 말한다. 사두개인의 사상은 곧 불신앙이요 이단이었다. 그들이 언급한 형수와의 결혼 규정은 신명기 25:5-6에 기록된 법이었다. 거기에 보면, "형제가 동거하는데 그 중 하나가 죽고 아들이 없거든 그 죽은 자의 아내는 나가서 타인에게 시집가지 말 것이요 그 남편의 형제가 그에게로 들어가서 그를 취하여 아내를 삼아 그의 남편의 형제된 의무를 그에게 다 행할 것이요 그 여인의 낳은 첫아들로 그 죽은 형제의 후사를 잇게 하여 그 이름을 이스라엘 중에서 끊어지지 않게 할 것이니라"고 했다. 그러나 사두개인들은 한 독특한 경우를 들어 부활의 불합리성을 증명하려 했다. 이것은 기발한 착안이었다. 그들은 부활의 관념이 이 율법과 조화되기 어렵다고 생각하여 그것을 부활에 대한 반론으로 제시하였던 것이다.

〔29-30절〕 예수께서 대답하여 가라사대[말씀하시기를] **너희가 성경도, 하나님의 능력도 알지 못하는 고로 오해하였도다. 부활 때에는 장가도 아니 가고 시집도 아니 가고 하늘에 있는** [하나님의][49] **천사들과 같으니라.**

예수께서는 심한 어조로 책망하지는 않으셨으나 몸의 부활을 부정하는 사두개인들의 사상이 비성경적 오류임을 분명히 지적하셨다. '오해하다'는 말(플라나오 πλανάω)은 '잘못되다'는 뜻이다. 오류에 대한 그의 지적은 조용할지라도 힘이 있으시고 분명하셨다.

부활의 부정은 무엇보다 성경 진리에 반대되었다. 구약성경은 몸의 부활에 대해 분명히 증거하였다. 이사야 26:19는, "주님의 죽은 자들은 살아나고 우리의 시체들은 일어나리이다. 티끌에 거하는 자들아, 너희는 깨어 노래하라. 주님의 이슬은 빛난 이슬이니 땅이 죽은 자들을 내어놓으리로다"라고 말하였고, 또 다니엘 12:2도, "땅의 티끌 가운데서 자는 자 중에 많이 깨어 영생을 얻는 자도 있겠고 수욕을 받아서 무궁히 부끄러움을 입을 자도 있을 것이며"라고 말했다.

또 부활의 부정은 하나님의 능력을 부정하는 것이었다. 하나님께서는 생명이시며 생명을 주시는 분이시다. 그에게는 죽은 자를 살릴 능력이 있으시다. 부활이 사람 보기에 불가능하지 하나님께는 결코 어렵지 않다. 전능하신 하나님께서는 무슨 일이나 하실 수 있다.

또 결혼관계는 이 세상에 국한된다. 천국에서는 결혼이 없다. 이 점에서 부활한 사람은 천사와 같다. 천사의 세계에는 결혼이 없기 때문이다. 부활 때에는 사람에게 더 이상 자녀의 출산도 필요 없고, 육체의 정욕도 없을 것이다. 그러므로 죽은 자들의 부활을 부정하는 사두개인들의 사상은 하나님의 진리에 대한 바른 지식이 아니었다.

〔31-33절〕 죽은 자의 부활을 의논할진대 하나님께서 너희에게 말씀하신 바 나는 아브라함의 하나님이요 이삭의 하나님이요 야곱의 하나님이로라 하

---

49) Byz ℵ W vg syr$^{p\ s}$ Origen^{lat} 등.

신 것을 읽어보지 못하였느냐? 하나님은[께서는] **죽은 자의 하나님이 아니요 산 자의 하나님이시니라 하시니 무리가 듣고 그의 가르치심에 놀라더라.**

사실상, 죽은 자들의 부활은 "나는 아브라함의 하나님이요 이삭의 하나님이요 야곱의 하나님이로라"라는 말씀에서 증명된다. 아브라함과 이삭과 야곱이 죽고 만 존재라면, 아브라함의 하나님, 이삭의 하나님, 야곱의 하나님이시라는 말씀은 옛날을 기억하시는 일에 불과했을 것이다. 그러나 그렇지 않다. 하나님께서는 본래 사람을 불멸적 존재로 만드셨다. 범죄로 인해 죽음이 왔으나, 구원은 당연히 죽은 자들의 부활과 영생을 내포했다. 사람이 죽고 만다면, 창조와 구원은 무의미할 것이다. 그러므로 부활은 창조와 구원의 목적에 부합하는 것이다.

하나님께는 아브라함이라는 존재가 결코 죽고 없어지는 존재가 아니었다. 아브라함뿐 아니라, 모든 인생은 하나님 앞에서 불멸적 영혼이다. 아브라함은 하나님 앞에서 현재 살아 있다. 그러나 이런 정도가 아니다. 사람은 영육의 결합체이다. 의인 아브라함의 영은 하나님과 함께 있지만, 장차 다시 몸과 결합하여 영광스런 사람이 될 것이다. 이것이 바로 부활이요 성도들의 소망인 것이다. 이와 같이 성도들은 죽어도 장차 영광스런 몸으로 부활할 것이다(요 11:25-26).

본문의 교훈을 정리해보자. 첫째로, 우리는 세상 나라에 살면서 정당하게 세금을 내어야 한다. 우리는 국민으로서의 의무들을 다해야 한다.

둘째로, 우리는 사두개인들처럼 사람의 몸의 부활을 부정해서는 안 된다. 사두개인들은 성경도 하나님의 능력도 알지 못했다. 그러나 구약성경도 부활을 증거하고(사 26:19; 단 12:2) 신약성경은 말할 것도 없다. 또 하나님의 전능하심을 안다면 몸의 부활은 믿지 못할 일이 아니다.

셋째로, 우리의 몸의 부활 후, 천국에서는 결혼이 없을 것이다. 결혼 제도와 결혼 관계는 사람이 이 세상에 사는 동안 하나님께서 주신 제도이다. 천국에서는 육신의 욕망, 특히 죄악된 욕망이 없을 것이다.

34-46절, 큰 계명들, 그리스도의 신성(神性)

〔34-38절〕 예수께서 사두개인들로 대답할 수 없게 하셨다 함을 바리새인들이 듣고 모였는데 그 중에 한 율법사가 예수[님]**를 시험하여 묻되 선생님이여, 율법 중에 어느 계명이 크니이까? 예수께서 가라사대**[말씀하시기를] **네 마음을 다하고 목숨을 다하고 뜻을 다하여 주 너의 하나님을 사랑하라 하셨으니 이것이 크고 첫째 되는 계명이요.**

율법사는 서기관으로도 불린다(막 12:28). 모세오경에 나오는 하나님의 율법들은 그 수가 많다. 그 많은 법들 중에 어느 계명이 큰 계명인가 하는 문제는 매우 중요하고 관심 있는 문제이었을 것이다.

예수께서는 신명기 6:5를 가장 큰 계명이라고 말씀하셨다. 그 본문은 네 마음을 다하고 네 영혼(목숨과 뜻)을 다하고 네 힘을 다하여 여호와 하나님을 사랑하라는 것이다. 경건은 사람에게 가장 중요한 의무이다. 사람의 가치는 그의 경건과 도덕성에 있다.

그러므로 무신론(無神論)은 가장 큰 죄악이다. 그것은 창세기 1:1, "태초에 하나님께서 천지를 창조하시니라"는 말씀을 부정하는 것이다. 하나님을 부정하는 사람들은 세상의 근원을 하나님의 창조 사역 대신에 진화론으로 설명하려 한다. 그러나 물질이 전능한가? 그 영원한 물질에서 이런 오묘막측한 우주만물이 나왔다는 말인가?

구약성경 시편 14:1은, "어리석은 자는 그 마음에 이르기를 하나님이 없다 하도다. 저희는 부패하고 소행이 가증하여 선을 행하는 자가 없도다"라고 말하였고, 또 신약성경 히브리서 11:6은, "믿음이 없이는 기쁘시게 못하나니 하나님께 나아가는 자는 반드시 그가 계신 것과 또한 그가 자기를 찾는 자들에게 상 주시는 이심을 믿어야 할지니라"고 말했다. 하나님을 알고 경외하는 것이 지혜와 지식의 근본이다.

믿음의 선진들은 살아계시고 참되신 하나님을 섬기며 체험하였다. 이사야 37장에 보면, 유다 왕 히스기야는 앗수르 왕이 예루살렘 성을 침공하고 포위하여 여호와 하나님과 이스라엘 백성을 모욕하고 조롱하는 편지를 받아보고 그 편지를 가지고 성전에 올라가 여호와 앞에 펴놓고 기도하였다. "이스라엘 하나님 만군의 여호와여, 주는 천하 만국의 유일하신 하나님이시라. 주께서 천지를 만드셨나이다. 여호와여, 귀를 기울여 들으시옵소서. 여호와여, 눈을 떠 보시옵소서. 산헤립이 사자로 사시는 하나님을 훼방한 모든 말을 들으시옵소서. . . . 우리 하나님 여호와여, 이제 우리를 그의 손에서 구원하사 천하 만국으로 주만 여호와이신 줄을 알게 하옵소서"(사 37:14-20). 히스기야 왕은 하나님의 기도 응답을 받았고 앗수르 군대는 하나님의 재앙으로 그 밤에 18만 5천명이 죽었고 예루살렘 성에서 물러갔다.

〔39절〕 둘째는 그와 같으니 네 이웃을 네 몸과 같이 사랑하라 하셨으니.

이 법은 레위기 19:18의 말씀이다. 이웃 사랑은 모든 인간 관계의 법들의 완성이다. 예수께서는 제자들에게 "서로 사랑하라"는 새 계명을 주셨다(요 13:34). 또 그는 선한 사마리아인의 비유를 통해 이웃 사랑에 대해 교훈하셨다. 예루살렘에서 여리고로 내려가다가 강도를 만나 거의 죽게된 한 사람이 있었는데, 어떤 사마리아인이 여행 중에 그를 보고 불쌍히 여겨 가까이 가서 기름과 포도주를 그 상처에 붓고 싸매고 자기 짐승에 태워 주막으로 데리고 가서 돌보아 주고 이튿날에 데나리온 둘을 내어 주막 주인에게 주며 "이 사람을 돌보아 주라. 부비가 더 들면 내가 돌아올 때에 갚으리라"고 말했다고 하시며(눅 10:30-35) "가서 너도 이와 같이 하라"고 교훈하셨다(눅 10:37).

사도 바울도 로마서 13:8-10에서 "피차 사랑의 빚 외에는 아무에게든지 아무 빚도 지지 말라. 남을 사랑하는 자는 율법을 다 이루었느니라. 간음하지 말라, 살인하지 말라, 도적질하지 말라, 탐내지 말라 한 것과 그 외에 다른 계명이 있을지라도 네 이웃을 네 자신과 같이 사랑하라 하신 그 말씀 가운데 다 들었느니라. 사랑은 이웃에게 악을 행치 아니하나니 그러므로 사랑은 율법의 완성이니라"고 말했다.

〔40절〕 **이 두 계명이 온 율법과 선지자의 강령이니라**[온 율법과 선지자들은 이 두 계명에 달려 있느니라].

'율법과 선지자들'이라는 말은 구약성경을 가리킨다. 구약성경의 모든 교훈들은 하나님을 사랑하고 이웃을 사랑하라는 명령으로 요약될 수 있다. 물론 성경에는 이런 도덕적 율법의 내용만 있는 것이 아니다. 사람은 도덕법으로 구원을 얻지 못한다. 율법은 의로운 표준이며 규범이지만, 사람은 죄성을 가지고 있기 때문에 그것을 다 지키지 못한다. 구원은 오직 하나님의 은혜와 예수 그리스도의 대속(代贖)으로 그리고 그를 믿음으로만 얻는다. 율법은 단지 무엇이 하나님의 뜻이며 요구인지, 우리가 얼마나 죄악되며 무능한지, 예수 그리스도의 대속(代贖)이 왜 필요한지를 알려준다. 그러나 예수 그리스도의 은혜로 구원 얻은 자들은 이제 마음을 다하고 영혼을 다하고 힘을 다하여 하나님을 사랑하고 이웃을 자기 몸과 같이 사랑해야 한다.

〔41-44절〕 **바리새인들이 모였을 때에 예수께서 그들에게 물으시되 너희는 그리스도에 대하여 어떻게 생각하느냐, 뉘 자손이냐? 대답하되 다윗의 자손**[아들]**이니이다. 가라사대**[말씀하시기를] **그러면 다윗이 성령**[님]**에 감동하여 어찌 그리스도를 주**[님]**라 칭하여 말하되 주께서 내 주께 이르시되** [말씀하시기를] **내가 네 원수를 네 발 아래 둘 때까지 내 우편에 앉았으라 하셨도다 하였느냐?**

바리새인들은 다윗의 자손 중에서 메시아가 오실 것이라는 예언을 알고 있었다. 이것은 그리스도의 인성(人性)에 대한 지식이다. 예수 그리스도께서 사람이시라는 것은 믿기 어렵지 않을 것이다.

주께서는 구약성경 중 시편의 영감성을 증거하셨다. 시편은 성도들의 찬양, 감사, 고백, 간구의 글들이지만, 주께서 이런 시편까지도 하나님의 영감으로 기록되었음을 증거해 주신 것이다. 이것은 본래 정통 유대교의 성경관이었다. 예수께서는 정통 유대교의 성경관을 그대로 받아들이셨다. 사실, 그는 마귀의 시험을 받으셨을 때도 기록된 말씀을 인용하심으로써 그 시험을 물리치셨다(마 4:4, 7, 10). 그의 사도들도 동일한 성경관을 가지고 있었다. 사도행전 1:16, "성령이 다윗의 입을 의탁하사 예수님 잡는 자들을 지로한[안내한] 유다를 가리켜 미리 말씀하신 성경이 응하였으니 마땅하도다"(베드로). 디모데후서 3:16, "모든 성경은 하나님의 감동으로 된 것으로"(바울).

오늘날같이 성경에 대한 믿음이 없는 불신앙과 회의주의의 시대에 우리는 예수님 자신과 그의 사도들이 가졌던 바른 성경관을 가져야 한다. 그래서 하나님의 말씀인 성경을 열심히 읽고 배우고 믿고 행해야 한다. 성경은 우리 믿음을 견고케 하고 우리 인격을 온전케 한다.

"주께서 내 주께 이르시되 내가 네 원수를 네 발 아래 둘 때까지 내 우편에 앉았으라 하셨도다"는 시편 110:1의 말씀은 메시아의 승천과 그가 하나님 우편에 앉으실 것을 예언한 말씀이다. 메시아의 원수가 있다. 그 원수는 사탄이다. 사탄을 발아래 두는 것은 사탄을 최종적으로 영원한 지옥 불못에 던지는 것을 의미한다(계 20:10). 이것이 사탄에 대한 최종적 벌이다. 만왕의 왕이신 예수께서는 사탄의 최종 멸망 때까지 하나님 보좌 오른편에 앉으실 것이다. 다시 말해, 그가 하나님 보좌 오른편으로부터 다시 오실 때는 마귀와 그의 사자들을 심판하여 영원한 멸망에 던져 넣으실 때가 될 것이다.

[45-46절] 다윗이 그리스도를 주라 칭하였은즉 어찌 그의 자손이 되겠느냐 하시니 한 말도 능히 대답하는 자가 없고 그 날부터 감히 그에게 묻는 자도 없더라.

예수님의 질문은 메시아의 인성(人性)만 아는 유대 지도자들에게는 어려운 질문일 것이지만, 그들은 메시아의 신성(神性)도 알아야 했다. 메시아께서는 다윗의 자손이실 뿐 아니라, 또한 다윗의 주이시다. 다윗 왕도 메시아 왕국에서는 한 신민(臣民)에 불과할 것이다.

예수 그리스도께서는 하나님이시다. 그는 빌립에게 "빌립아, 내가 이렇게 오래 너희와 함께 있으되 네가 나를 알지 못하느냐? 나를 본 자는 아버지를 보았거늘 어찌하여 아버지를 보이라 하느냐?"고 말씀하셨다(요 14:9). 사도 바울은 고린도후서 4:6에서 "어두운 데서 빛이 비취리라 하시던 그 하나님께서 예수 그리스도의 얼굴에 있는 하나님의 영광을 아는 빛을 우리 마음에 비취셨느니라"고 말하였다. 신약성경은 예수 그리스도에 대해 그의 신적 명칭, 그의 신적 속성, 그의 신적 사역, 그의 신적 영예를 통해 그가 하나님이심을 밝히 증거했다. 구약성경의 예언도 그렇고(사 9:6), 신약성경은 더욱 그렇다. 믿는 자들은 복되다. 메시아께서는 참 사람이실 뿐 아니라, 참 하나님이시다. 우리를 위해 십자가에 죽으시고 다시 사신 사람이신 예수 그리스도께서는 하나님의 영원한 아들이시요 참된 신성(神性)을 가진 하나님이시다. 우리는 신적 구주 예수님을 믿고 사랑하고 따라야 한다.

본문의 교훈을 정리해보자. 첫째로, 모든 성경은 하나님의 말씀이다. 이 믿음은 정통 유대교의 성경관이며 예수님과 사도들의 성경관이었다. 우리는 성경을 믿지 않는 오늘 시대에 바른 성경관을 가져야 한다.

둘째로, 예수께서는 참 사람이시며 참 하나님이시다. 성경은 예수님의 신적 명칭, 신적 속성, 신적 사역, 신적 영예를 통하여 그의 신성을 증거한다. 우리는 참 하나님이신 구주를 믿고 사랑하며 따라야 한다.

셋째로, 우리는 마음을 다하고 영혼을 다하고 뜻을 다하고 힘을 다하여 여호와 하나님을 사랑해야 한다. 경건은 사람에게 가장 중요한 의무이다. 구원 얻은 성도의 모든 도덕적인 삶과 헌신과 봉사는 참된 경건에서 나온다. 우리는 하나님을 알고 경외하고 사랑하고 순종해야 한다.

넷째로, 우리는 우리의 이웃을 우리의 몸같이 사랑해야 한다. 사랑은 율법의 완성이다. 구원은 오직 하나님의 은혜와 예수 그리스도의 대속(代贖)으로 또 그를 믿음으로만 얻지만, 예수 그리스도의 대속(代贖)으로 구원 얻은 자들은 이제 하나님과 우리의 이웃을 사랑해야 한다.

23장: 위선자들을 책망하심

1-14절, 위선자들을 책망하심 (1)

〔1-3절〕 이에 예수께서 무리와 제자들에게 말씀하여 가라사대[말씀하시기를] **서기관들과 바리새인들이 모세의 자리에 앉았으니 그러므로 무엇이든지 저희의 말하는 바는 행하고 지키되 저희의 하는 행위는 본받지 말라. 저희는 말만 하고 행치 아니하며.**

서기관들과 바리새인들은 모세의 자리에 앉아 있다. '모세의 자리'는 선지자의 자리이다. 모세는 선지자 중의 선지자이었다(신 34:10). 선지자는 하나님 말씀을 대언(代言)하고 선포하고 전달하는 자이다.

그 당시의 서기관들과 바리새인들은 말만 하고 행함이 없는 위선자들이었다. 위선자의 경건은 죽은 경건이다. 디도서 1:16은 입으로는 하나님을 시인하나 행위로는 부인하는 자를 가증한 자요 복종치 않는 자라고 말했다. 야고보서 2:26은, "영혼 없는 몸이 죽은 것같이 행함이 없는 믿음은 죽은 것이니라"고 말했다. 주께서는 그런 위선자의 바른 말은 들을지라도 그들의 행위는 본받지 말라고 말씀하셨다.

〔4절〕 또 무거운 짐을 묶어 사람의 어깨에 지우되 자기는 이것을 한 손가락으로도 움직이려 하지 아니하며.

위선적 지도자들은 무거운 짐만 사람들의 어깨에 지운다. '무거운 짐'은 하나님의 법들에 근거한 규칙들을 가리킨다. 그들은 교인들에게는 무거운 종교적 의무들을 부과하지만 자신들은 한 손가락으로도 그것들을 행하려 하지 않는다. 이것이 위선이요 죽은 경건이다. 그러나 참 경건은 모범을 보이는 것이다. 사도 바울은 디모데에게, '누구든지 네 연소함을 업신여기지 못하게 하고 오직 말과 행실과 사랑과 믿음과 정절에 대하여 믿는 자에게 본이 되라'고 말했고(딤전 4:12), 디도에게는 '젊은 남자들을 권면하여 근신하게 하되 범사에 네 자신으로 선한 일의 본을 보이라'고 했다(딛 2:6-7). 사도 베드로도 장로들에게 "맡기운 자들에게 주장하는 자세를 하지 말고 오직 양 무리의 본이 되라"고 말했다(벧전 5:3). 참 경건은 모범된 행위로 나타난다.

〔5절〕 저희 모든 행위를 사람에게 보이고자 하여 하나니 곧 그 차는 경문(經文)을 넓게 하며 옷술을 크게 하고.

경문(經文)은 이마와 팔과 허리에 차는, 성경구절들이 쓰인 가는 양피지 띠를 가리킨다. 신명기 6:8에 율법의 말씀을 손목에 매어 기호를 삼고 미간에 붙여 표를 삼으라고 하였는데, 유대인들은 이 말씀에 근거하여 기도할 때 경문을 찼던 것 같다. 서기관들과 바리새인들은 그 차는 경문을 넓게 하며 옷술을 크게 했다. 그것은 자신을 더 경건하게 보이기 위함이었을 것이다. 그것은 남의 칭찬과 남에게 높임을 받으려는 마음에서 나왔다. 그러나 참 경건은 형식이 아니고 실질이며, 외모로 함이 아니고 진심으로 함이다(신 6:5; 잠 4:23). 사도 바울은 디모데후서 3:5에서 장차 사람들이 경건의 모양은 있으나 경건의 능력은 부인하는 어려운 때가 올 것이라고 예언하였다.

〔6-7절〕 잔치의 상석과 회당의 상좌와 시장에서 문안 받는 것과 사람에게 랍비라[랍비여, 랍비여 하고][50] **칭함을 받는 것을 좋아하느니라.**

그들이 잔치의 상석과 회당의 상좌에 앉기를 좋아하는 것은 교만이며 명예심이다. 겸손한 인격은 그렇지 않다. 우리는 우리를 영원한 지옥 불못에서 구원하신 주 예수 그리스도만 높이며 자랑해야 한다.

〔8-10절〕 그러나 너희는 랍비라 칭함을 받지 말라. 너희 선생(카데게테스 καθηγητής)**은 하나이요**[하나이니 곧 그리스도시요][51] **너희는 다 형제니라. 땅에 있는 자를 아비라 하지 말라. 너희 아버지는 하나이시니 곧 하늘에 계신 자시니라. 또한 지도자**(카데게테스 καθηγητής)[선생]**라 칭함을 받지 말라. 너희 지도자**[선생]**는 하나이니 곧 그리스도니라.**

---

50) Byz D W $syr^{s\ c}$ 등이 그러함.

51) Byz syr^{c}이 그러함.

랍비, 아비, 및 선생이라는 명칭들은 다 종교적 선생을 가리켰다고 보인다. 우리들의 선생님과 영적 아버지는 오직 하나님과 예수 그리스도뿐이시다. 사도 바울은 고린도전서 4:15에서 "그리스도 예수 안에서 복음으로써 내가 너희를 낳았다"고 표현했으나, 항상 아버지라고 불리거나 이런 칭호를 사랑하지 않았다. 우리는 서로 형제 자매로 여기는 것이 가장 좋고 가장 합당하다고 본다.

교회의 직분자들은 다 봉사자들이다. 우리는 어떤 칭호를 좋아하지 말아야 한다. 우리는 자기의 명예나 유익을 위해 일하지 말고, 주의 영광과 성도들의 유익만을 위해 일해야 한다. 물론, 서로 존경하고 피차 복종하는 것은 성도의 의무이며, 주께서 세우신 교회의 직분자들을 존경하고 복종하는 것도 그러하다.

〔11-12절〕 너희 중에 큰 자는 너희를 섬기는 자가 되어야 하리라. 누구든지 자기를 높이는 자는 낮아지고 누구든지 자기를 낮추는 자는 높아지리라.

세상에서는 큰 자가 섬김을 받는다. 그러나 천국과 교회 안에서는 그렇지 않다. 천국에서 가장 큰 자이신 우리 주님 구주 예수 그리스도께서 친히 자신을 낮추어 죄인들을 위하여 자기 몸을 희생하셨다(마 20:28). 그러므로 우리는 주님을 본받는 자들로서 직분이 중해지면 중해질수록 더욱 자신을 낮추어 주님처럼 다른 사람들을 섬기는 자가 되어야 한다. 겸손과 섬김은 영적 성숙의 표이다.

〔13절〕 화 있을진저 외식하는 서기관들과 바리새인들이여, 너희는 천국 문을 사람들 앞에서 닫고 너희도 들어가지 않고 들어가려 하는 자도 들어가지 못하게 하는도다.

예수 그리스도께서는 일반 백성들에게가 아니고 부패한 지도자들에게 노하셨다. 마태복음 5장의 8복(福)과 대조적으로, 그는 위선적 지도자들에게 8화(禍)를 말씀하셨다(전통본문의 14절을 포함하여).

외식자들의 한 특징은 천국문을 가로막는 것이다. 천국은 사람에게 가장 큰 소망이다. 하나님께서는 영생과 천국을 약속하셨다. 디도서 1:2, "이 영생은 거짓이 없으신 하나님께서 영원한 때 전부터 약속하신 것인데." 예수 그리스도께서는 영생과 천국의 문이시다. 그는 "좁은 문으로 들어가라. 멸망으로 인도하는 문은 크고 그 길이 넓어 그리로 들어가는 자가 많고 생명으로 인도하는 문은 좁고 길이 협착하여 찾는 이가 적음이니라"고 말씀하셨다(마 7:13-14). 그는 그 좁은 문이시다. 또 그는 "내가 문이니 누구든지 나로 말미암아 들어가면 구원을 얻고 또는 들어가며 나오며 꼴을 얻으리라"고 말씀하셨다(요 10:9). 그는 양의 문이요 구원의 문이시다. 또 그는 "내가 곧 길이요 진리요 생명이니 나로 말미암지 않고는 아버지께로 올 자가 없느니라"고 말씀하셨다(요 14:6). 그는 천국 가는 유일한 길이시다.

주께서는 사도 베드로에게 천국 열쇠를 주신다고 말씀하셨는데, 그것은 복음 사역, 말씀 사역을 가리켰다. 그것은 모든 복음 사역자들에게 주신 열쇠이다. 참된 회개와 예수 그리스도께 대한 믿음을 전하는 것은 천국문을 여는 것이다. 그러나 참된 회개와 예수 그리스도께 대한 믿음을 전하지 않는 것은 천국문을 닫는 것이며 또 선한 삶의 본을 보이지 않는 것은 사람들로 하여금 천국 복음으로부터 멀어지게 하는 일이 된다. 그런 자는 천국의 안내자가 아니고 방해자이다. 천국문을 닫는 자들이나 천국의 방해자들에게는 화가 있을 것이다.

〔14절〕 [화 있을진저 외식하는 서기관들과 바리새인들이여, 너희가 과부들의 집을 삼키며 위선적이게 길게 기도하는도다. 그러므로 너희는 더 큰 정죄를 받으리로다](전통본문).[52]

위선적인 서기관들과 바리새인들은 과부들의 재산을 교묘히 취했다. 그들은 실상 하나님을 경외하거나 천국과 내세에 소망을 둔 자들이 아니고 땅의 것만 구하는 자들이었다. 그 위선자들은 길게 기도함으로 경건한 모양을 가졌으나 속에는 물질 욕심이 가득하였다.

---

52) (13절 앞에) Byz W (syr^{p}); (14절에) it$^{b\ ff2\ h}$ vg^{cl} (syr^{c}) cop^{bo-mss} 등.

이런 위선자들은 장차 더 큰 정죄를 받을 것이다. 마태복음 11장에 보면, 주께서는 권능을 많이 베푸신 고라신, 벳새다, 가버나움 등의 마을이 회개치 않음으로 두로와 시돈 같은 이방 도시나 심지어 옛날 유황불 심판을 받았던 소돔 성보다 더 큰 심판을 받을 것이라고 말씀하셨다(마 11:20-24). 죄에 크고 작음이 있듯이, 심판에도 크고 작음이 있다. 하나님께서는 사람의 행위대로, 즉 그의 죄의 크고 작음에 합당한 벌을 주신다. 위선의 악은 큰 악이다.

본문의 교훈을 정리해보자. 첫째로, 우리는 위선적 설교자들의 말은 행하되 그 행위는 본받지 말아야 한다. 위선자들은 말만 하고 행하지 않는다. 우리는 하나님의 진리를 알고 믿는 만큼 그대로 행해야 한다.

둘째로, 위선자들은 자신의 경건함을 사람들에게 보이려 하고 사람들에게 존경을 받고 높임을 받는 것을 좋아한다. 그들은 경건하고 겸손한 봉사자들이 아니다. 우리는 하나님 앞에서 살아야 하고 사람들에게 선생이라는 명칭으로 불리기를 좋아하지 말고 믿는 교우들 간에 서로 사랑하며 겸손히 자신을 낮추고 다른 이들을 섬기는 자가 되어야 한다.

셋째로, 위선자들은 자신도 천국에 들어가지 못하고 들어가려 하는 자들도 들어가지 못하게 한다. 그들은 천국의 안내자들이 아니고 오히려 천국의 방해자들이다. 사람들은 그들의 위선 때문에 구원의 복음에 대해 호감을 가지지 않고 도리어 실망하며 거부감마저 가지는 것이다. 우리는 사람이 천국에 들어가지 못하게 방해하는 자가 되지 말고 천국 복음을 전하고 천국 백성답게 삶으로써 천국의 안내자가 되어야 한다.

넷째로, 위선자들은 과부들의 집을 삼키며 위선적으로 길게 기도한다. 참된 경건은 하나님 앞에 사는 것이며 사람들에게 보이려고 하는 것이 아니며 또 이 세상의 물질적 탐심을 버리고 하나님께서 약속하신 영광의 천국과 하나님의 상급을 소망하며 사모하는 것이다. 우리는 참으로 경건하고 진실한 삶을 살고 이 세상의 물질적 탐심을 버려야 한다.

15-39절, 위선자들을 책망하심 (2)

〔15절〕 화 있을진저 외식하는[위선적] **서기관들과 바리새인들이여, 너희는 교인 하나를 얻기 위하여 바다와 육지를 두루 다니다가 생기면 너희보다 배나 더 지옥 자식이 되게 하는도다.**

위선자들은 교인수 늘이는 데 열심을 가졌다. 그러나 교인의 수효보다 더 중요한 것은 교인의 사람됨이다. 참된 회개와 구원이 없다면, 구름떼같이 사람들을 모았다 할지라도, 그것은 하나님의 뜻과 상관없는 일일 것이다. 참된 신자들의 수효의 증가가 아니라면 무의미하다. 위선자들은 알곡 운동이 아니고 쭉정이 운동을 했고 얻은 교인들을 자기들보다 배나 더 부패하고 위선적인 지옥 자식이 되게 했다.

〔16-22절〕 화 있을진저 소경된 인도자여, 너희가 말하되 누구든지 성전으로 맹세하면 아무 일 없거니와 성전의 금으로 맹세하면 지킬지라 하는도다. 우맹[미련한 자들]**이요 소경들이여, 어느 것이 크뇨? 그 금이냐? 금을 거룩하게 하는 성전이냐? 너희가 또 이르되**[말하기를] **누구든지 제단으로 맹세하면 아무 일 없거니와 그 위에 있는 예물로 맹세하면 지킬지라 하는도다. 소경들이여, 어느 것이 크뇨? 그 예물이냐? 예물을 거룩하게 하는 제단이냐? 그러므로 제단으로 맹세하는 자는 제단과 그 위에 있는 모든 것으로 맹세함이요 또 성전으로 맹세하는 자는 성전과 그 안에 계신 이로 맹세함이요 또 하늘로 맹세하는 자는 하나님의 보좌와 그 위에 앉으신 이로 맹세함이니라.**

'성전의 금'이란 성전에 바쳐지는 헌금을 가리키는 것 같다. 위선자들은 미련한 자들이요 영적 소경이었다. 무엇이 더 가치 있고 무엇이 덜 가치가 있는지에 대한 바른 판단이 없었다. 그들은 성전과 제단보다 제단에 바쳐진 헌금과 예물을 더 중시했다. 그것은 그들이 하나님을 사랑하기보다 돈을 사랑하기 때문이었다고 보인다. 그러나 그들의 물질적 탐심은 헌금이라는 종교적 형식에 감추어져 있었다.

성전과 제단은 하나님의 거룩한 도구들이다. 그것으로 맹세함은 곧 그것의 주인이신 하나님으로 맹세함이 된다. 비록 어떤 가난한 자가 헌금이 없어 헌금 없이 맹세를 한다고 할지라도 그것은 참된 맹세가 될 수 있다. 물론, 헌금과 예물은 경건의 한 표현이다. 십일조나 감사헌금도 그러하다. 그러나 헌금보다 더 중요한 것은 하나님 자신이며 성전과 제단이다. 그러므로 우리는 물질을 하나님보다 더 중시해서는 안 되며, 더 가치 있는 분을 더 가치 있게 여겨야 한다.

[23-24절] 화 있을진저 외식하는[위선적] **서기관들과 바리새인들이여, 너희가 박하와 회향**(dill, 시라)**과 근채**(cummin, 커민)**의 십일조를 드리되 율법의 더 중한 바 의(義)와 인(仁)과 신(信)은 버렸도다. 그러나 이것도 행하고 저것도 버리지 말아야 할지니라. 소경된 인도자여, 하루살이는 걸러내고 약대**[낙타]**는 삼키는도다.**

위선적 서기관들과 바리새인들은 박하와 회향과 근채의 십일조를 드렸다. 그것들은 향미료들이었다. 이것은 땅의 소산물들의 십일조를 드리라는 율법에 근거한 것이다(레 27:30). 그러나 십일조보다 훨씬 더 중요한 것은 의(義)와 인(仁)과 신(信)이다. 의(義)는 하나님께서 주신 율법 곧 도덕법을 행하는 것이며, 인(仁)은 자비와 사랑을 가리킨다. 사랑은 율법의 완성이다. 신(信)은 하나님께 대한 믿음을 가리킨다. 물론 인간 관계의 신실성도 포함된다. 선지자 미가는, "여호와께서 네게 구하시는 것이 오직 공의를 행하며 자비를 사랑하며 겸손히 네 하나님과 함께 행하는 것이 아니냐?"고 말했다(미 6:8). 공의와 자비와 경건, 즉 경건과 도덕성은 하나님의 계명의 요점이다.

저 소경된 지도자들은 하루살이는 걸러내고 낙타는 삼키고 있었다. 주께서는 십일조를 하루살이에, 의(義)와 인(仁)과 신(信)을 낙타에 비교하셨다고 본다. 우리는 경건의 형식보다 실질을 중시해야 하고, 실질이 없는 종교적 형식이 무의미하고 무가치함을 알아야 한다.

[25-26절] 화 있을진저 외식하는[위선적] **서기관들과 바리새인들이여, 잔과 대접의 겉은 깨끗이 하되 그 안에는 탐욕과 방탕**[불의](전통본문)[53]**으**

---

53) Byz C (vg) syr^{p} (syr^{s} Clement) 등.

로 가득하게 하는도다. 소경된 바리새인아, 너는 먼저 [잔과 대접의][54] **안을 깨끗이 하라. 그리하면** [그것들의] **겉도 깨끗하리라.**

위선자들은 외적 성결을 중시했으나 그들 안에는 탐욕과 불의로 가득했다. 그러나 사실 중요한 것은 마음의 성결이다. 마음은 사람의 인격을 형성한다. 마음에 가득한 것은 말과 행위로 나타난다. 그러므로 사람은 먼저 마음을 깨끗이 해야 한다. 내면적 성결이 없는 외적 성결은 가치가 작고 위선(僞善)에 그칠 수 있다.

사도 바울은 에베소서 5:3-7에서 이렇게 교훈하였다. "음행과 온갖 더러운 것과 탐욕은 너희 중에서 그 이름이라도 부르지 말라. 이는 성도의 마땅한 바니라. 누추함과 어리석은 말이나 희롱의 말이 마땅치 아니하니 돌이켜 감사하는 말을 하라. 너희도 이것을 정녕히 알거니와 음행하는 자나 더러운 자나 탐하는 자 곧 우상숭배자는 다 그리스도와 하나님 나라에서 기업을 얻지 못하리니 누구든지 헛된 말로 너희를 속이지 못하게 하라. 이를 인하여 하나님의 진노가 불순종의 아들들에게 임하나니 그러므로 저희와 함께 참여하는 자 되지 말라."

〔27-28절〕 화 있을진저 외식하는[위선적] **서기관들과 바리새인들이여. 회칠한 무덤 같으니 겉으로는 아름답게 보이나 그 안에는 죽은 사람의 뼈와 모든 더러운 것이 가득하도다. 이와 같이 너희도 겉으로는 사람에게 옳게 보이되 안으로는 외식**[위선]**과 불법이 가득하도다.**

위선자들은 내면적 성결이 없이 외적 단장만 힘썼다. 그들은 마치 회칠한 무덤과 같았다. 회칠한 무덤은 겉으로는 아름답게 보일지라도 그 속에는 온갖 더러운 것과 불쾌한 냄새로 가득하다. 이와 같이 위선자들은 의롭고 선한 자처럼 보여도 실상 마음에는 위선과 불법이 가득했다. 우리는 먼저 내면적 성결과 단장, 즉 진실한 의와 선을 행하기를 힘써야 한다. 우리는 모든 거짓과 위선을 버려야 한다.

---

54) Byz (ℵ* B*) C W (it^{n} vg) syr^{p} cop$^{sa\ bo\ (meg)}$ arm (Origen^{lat}) 등.

〔29-33절〕 화 있을진저 외식하는[위선적] **서기관들과 바리새인들이여, 너희는 선지자들의 무덤을 쌓고 의인들의 비석**(므네메이온 μνημεῖον)[무덤]**을 꾸미며 가로되**[말하기를] **만일 우리가 조상 때에 있었더면 우리는 저희가 선지자의 피를 흘리는 데 참여하지 아니하였으리라 하니 그러면 너희가 선지자를 죽인 자의 자손 됨을 스스로 증거함이로다. 너희가 너희 조상의 양을 채우라. 뱀들아, 독사의 새끼들아, 너희가 어떻게 지옥의 판결을 피하겠느냐?**

위선자들은 선지자들을 위하는 자들처럼 말하지만, 실상은 그렇지 않았다. 그들은 그들의 조상과 다를 바가 없는 마음을 갖고 있었다. 그러므로 주께서는 그들의 말이 오히려 그들의 정체를 드러낸다고 말씀하시며 그들의 조상의 분량을 채우라고 하신다. 위선자들은 본질상 하나님의 자녀들이 아니고 마귀의 자식들이다. 뱀들과 독사의 새끼들이 사람에게 큰 해를 끼치듯이, 위선자들은 사람들에게 치명적 해를 주고 있다. 그러므로 그들은 지옥의 판결을 피할 수 없다.

〔34-36절〕 그러므로 내가 너희에게 선지자들과 지혜 있는 자들과 서기관들을 보내매 너희가 그 중에서 더러는 죽이고 십자가에 못박고 그 중에 더러는 너희 회당에서 채찍질하고 이 동네에서 저 동네로 구박하리라. 그러므로 의인 아벨의 피로부터 성전과 제단 사이에서 너희가 죽인 바라갸의 아들 사가랴의 피까지 땅 위에서 흘린 의로운 피가 다 너희에게 돌아가리라. 내가 진실로 너희에게 이르노니 이것이 다 이 세대에게 돌아가리라.

주께서 그의 종들과 성경 교사들과 해석자들을 그들에게 보내실 때 그들은 그들을 죽이고 때리고 핍박할 것이다. 주의 종들은 유대인들에게 죽임과 매맞음과 핍박을 받을 것이다. 교회는 이것을 기억하고 항상 담대한 마음을 가져야 한다. 유대인들은 마침내 예수 그리스도를 죽일 것이다. 그러나 그 사건은 단지 의인 아벨로부터 역사상 흘려진 의로운 자들의 피흘림의 절정이 될 뿐이다. 이것은 그들이 그들 조상과 다를 바 없다는 것을 증명할 것이다. 그러나 이 세대는 그 피흘린 죗값으로 하나님의 엄중한 심판을 받게 될 것이다.

〔37-39절〕 예루살렘아, 예루살렘아, 선지자들을 죽이고 네게 파송된 자

들을 돌로 치는 자여, 암탉이 그 새끼를 날개 아래 모음같이 내가 네 자녀를 모으려 한 일이 몇 번이냐? 그러나 너희가 원치 아니하였도다. 보라, 너희 집이 황폐하여 버린 바 되리라. 내가 너희에게 이르노니[말하노니] **이제부터 너희는 찬송하리로다. 주의 이름으로 오시는 이여 할 때까지 나를 보지 못하리라 하시니라.**

예수께서는 여러 번 예루살렘을 품으려 하셨으나 예루살렘 거민들은 하나님을 대항했고 회개하기를 원치 않았다. 그 성은 최종적 회복의 때까지 황폐케 될 것이다. 주의 재림의 때에 세상은 공의의 심판을 받을 것이지만, 최종적으로는 영광스러운 회복이 있을 것이다.

본문의 교훈을 정리해보자. 첫째로, 위선자들은 교인수만 중시하고 교인들을 배나 더 지옥 자식이 되게 했다. 우리는 교인수보다 교인들의 사람됨을 중시하고 그들을 결코 지옥 자식이 되게 해서는 안 된다.

둘째로, 위선자들은 신앙생활의 내면적 실질보다 종교적 형식을 더 중시했고 하나님이나 성전보다 헌금을 더 중시했다. 십일조 헌금이나 성수주일 같은 종교적 형식도 중요하고 귀하지만, 하나님을 알고 경외함과 사랑과 의와 자비와 신실함은 훨씬 더 중요하고 귀한 덕목이다.

셋째로, 위선자들은 내면적 성결, 도덕적 성결보다 외적 성결, 위생적 성결을 더 중시했고, 내면적 단장보다 외적 단장을 중시했다. 그들 속에는 탐욕과 불의, 위선과 불법이 가득하였다. 하나님께서는 우리의 중심을 보신다. 하나님의 뜻은 우리가 외적인 성결보다 내면적, 도덕적 성결을 힘쓰고 외적인 단장보다 내면적, 도덕적 단장을 힘쓰라는 것이다.

넷째로, 위선자들은 선조들처럼 의인의 피를 흘리는 자들이었다. 그들의 선조들은 많은 선지자들을 핍박하고 죽였고, 그들은 지금 하나님의 아들이신 예수 그리스도를 믿지 않고 배척하고 그를 죽이려고 하고 있다. 우리는 의인의 피를 흘리는 반역의 악을 조심해야 한다.

위선자들은 결국 지옥의 판결을 받을 것이다. 우리는 하나님을 경외하고 예수 그리스도를 믿고 도덕적 성결과 단장을 힘써야 한다.

24장: 주님의 재림과 세상 종말의 징조들

1-28절, 주님의 재림의 징조들

〔1-3절〕 예수께서 성전에서 나와서 가실 때에 제자들이 성전 건물들을 가리켜 보이려고 나아오니 대답하여 가라사대[말씀하시기를] **너희가 이 모든 것을 보지 못하느냐? 내가 진실로 너희에게 이르노니**[말하노니] **돌 하나도 돌 위에 남지 않고 다 무너뜨리우리라. 예수께서 감람산 위에 앉으셨을 때에 제자들이 종용히**[조용히] **와서 가로되**[말하기를] **우리에게 이르소서. 어느 때에 이런 일이 있겠사오며 또 주**[님]**의 임하심과 세상 끝에는 무슨 징조가 있사오리이까?**

마태복음 24, 25장은 주께서 감람산에서 가르치신 내용이다. 주께서 예루살렘 성전의 파괴를 예언하셨을 때, 제자들은 그 시기와, 주님의 재림과 세상 종말 징조에 대해 질문했다. 예루살렘 멸망은 세상 종말의 그림자였다. 매튜 풀은 주께서 말씀하신 종말 징조들이 예루살렘 멸망 직전에도 어느 정도 나타났다고 말했다(성경주석, III, 113).

〔4-5절〕 예수께서 대답하여 가라사대[말씀하시기를] **너희가 사람의 미혹을 받지 않도록 주의하라. 많은 사람이 내 이름으로 와서 이르되 나는 그리스도라 하여 많은 사람을 미혹케 하리라.**

주님의 재림과 세상 종말의 첫 번째 징조는 거짓 그리스도들의 출현이다. 거짓 그리스도들이 많이 나타나 많은 사람을 미혹케 할 것이다. 사도시대 말기에 벌써 많은 적그리스도들과 거짓 선지자들이 나타났다(요일 2:18; 4:1-3; 요이 7, 9). 주후 70년의 예루살렘 멸망 때뿐 아니라, 교회 역사상 이런 비슷한 일들이 종종 있었고 주님의 재림 직전에 최종적으로 큰 미혹과 교회들의 큰 혼란이 있을 것이다.

이단은 기독교의 근본교리들로부터 탈선된 견해나, 그런 견해를 취하는 인물과 집단을 가리킨다. 역사상 로마 천주교회는 매우 거대한, 대표적 이단이다. 여호와의 증인, 몰몬교, 안식교 등 세계적 이단 종파들이 있고, 우리나라에도 많은 이단들이 있다. 오늘날 기독교계에서 가장 큰 미혹은 자유주의 신학과 은사주의이다. 자유주의 신학은 기독교의 근본적 교리들을 부정하는 사상으로 교회역사상 가장 파괴적인 이단이며, 은사주의도 성경 계시를 넘어섬으로 이단이다.

〔6-7절〕 **난리**[전쟁]**와 난리**[전쟁] **소문을 듣겠으나 너희는 삼가 두려워 말라. 이런 일**[그 모든 일](전통사본)**이 있어야 하되 끝은 아직 아니니라. 민족이 민족을, 나라가 나라를 대적하여 일어나겠고.**

주님의 재림과 세상 종말의 두 번째의 징조는 전쟁이다. 역사상 수많은 크고 작은 전쟁들이 있었지만, 20세기에 일어난 두 차례의 세계적 전쟁은 매우 처참한 전쟁이었다. 제1차 세계대전은 약 천만명의 군인들과 수많은 민간인들을, 그리고 제2차 세계대전은 약 1,700만명의 군인들과 셀 수 없이 많은 민간인들을 희생시켰다. 지금 세계는 핵 전쟁이 될 제3차 세계대전의 위험과 공포 아래 있다.

〔7-8절〕 . . . **처처에 기근**(리모이 λιμοὶ)**과** [무서운 전염병(로이모이 λοιμοὶ)과](전통본문) **지진이 있으리니 이 모든 것이 재난의 시작이니라.**

주님의 재림과 세상 종말의 세 번째 징조는 기근이다. 20세기에 와서 온 세계에 기근으로 죽는 자들이 많았고 오늘날에도 매일 약 8억명 이상이 굶주리고 있다는 보도도 있었다(조선일보, 1998. 12. 7, 11쪽).

주님의 재림과 세상 종말의 네 번째 징조는 무서운 전염병이다. 역사상 종종 무서운 전염병들이 있었지만, 오늘날 성도덕의 문란과 특히 동성애로 인해 에이즈(AIDS) 같은 무서운 병이 급속히 확산되고 있다. 에이즈는 아직 치료약이 없다. 또 2023년 5월 현재, 코로나 19로 전세계는 6억 8천만명 이상 감염되었고 680만명 이상이 죽었다.

주님의 재림과 세상 종말의 다섯 번째 징조는 지진이다. 큰 지진의 위력은 약 1억 8천만 톤의 강력한 폭약(TNT)과 같으며, 그것은 세계 최초로 일본 히로시마에 투하된 원자폭탄의 약 만 배의 위력이라고 한다. 20세기에 5천명 이상의 사망자를 낸 지진들은 24개 이상이 되며, 그 중 2만명 이상의 사망자를 낸 것도 14개나 된다.

〔9-10절〕 그때에 사람들이 너희를 환난에 넘겨주겠으며 너희를 죽이리니 너희가 내 이름을 위하여 모든 민족에게 미움을 받으리라. 그때에 많은 사람이 시험에 빠져[실족하며] **서로 잡아주고**[배신하고] **서로 미워하겠으며.**

주님의 재림과 세상 종말의 여섯 번째 징조는 핍박이다. 초대교회 때의 로마 황제, 중세교회 때의 로마 교황은 핍박자들이었다. 20세기 초 우리 선조들은 일본 통치시대의 신사참배 강요와 북한 공산주의자들의 핍박을 경험했다. 그러나 주님의 재림 직전 세계적 독재자나 독재 국가의 출현으로 이 예언은 성취될 것이다. 이때 진실한 성도들, 즉 짐승의 표(666)를 받지 않는 자들은 큰 핍박과 죽임을 당하게 될 것이다. 또 이런 핍박의 때 많은 사람들은 시험에 빠져 서로 잡아주고 서로 미워할 것이다. 그들은 자신의 평안을 위해 하나님을 배신하고 믿음을 버리고 오히려 참 성도들을 핍박하는 일에 앞장설 것이다.

〔11-13절〕 거짓 선지자가 많이 일어나 많은 사람을 미혹하게 하겠으며 불법이 성하므로 많은 사람의 사랑이 식어지리라. 그러나 끝까지 견디는 자는 구원을 얻으리라.

주님의 재림과 세상 종말의 일곱 번째 징조는 배교(背敎)다. 거짓 목사들이 많이 일어나 많은 사람들을 미혹하게 할 것이다. 많은 형식적 교인들이 참 신앙을 배반하고 변절할 것이다. 데살로니가후서 2:3, "먼저 배도(背道)하는 일이 있고." 과거 천주교회가 바른 신앙을 배반하고 멀리 이탈했었고 아직도 그러하다. 오늘날에는 자유주의 신학과 은사주의가 많은 사람들을 바른 신앙에서 떠나게 만들고 있다.

주님의 재림과 세상 종말의 여덟 번째 징조는 불법이 성하는 것이다. 말세 교회의 문제는 교리적인 것일 뿐만 아니라, 또한 윤리적인 것이다. 교회들 안에 불법과 부도덕한 일이 많을 것이다. 오늘날 많은 교회들은 신약성경에 밝히 교훈한 바를 저버리고 여자 목사와 여자

장로를 세우고 심지어 낙태를 허용하고 동성애를 용납하고 있다.

주님의 재림과 세상 종말의 아홉 번째 징조는 사랑이 식어지는 것이다. 교회들이 부패할 때 성도들은 서로 사랑하라는 주님의 명령을 행하기 어려워진다. 그러나 우리는 끝까지 믿음을 지키고 서로 사랑해야 한다. 성도들은 마귀의 시험을 이기는 자가 되어야 한다.

〔14절〕 이 천국 복음이 모든 민족에게 증거되기 위하여 온 세상에 전파되리니 그제야 끝이 오리라

주님의 재림과 세상 종말의 열 번째 징조는 세계복음화이다. 세계복음화는 복음이 온 세계에 전파되어 택자들이 구원 얻는 것을 말한다. 기독교 2천년 역사는 세계복음화의 역사이었다. 백년 전에 복음이 비로소 아시아의 동쪽 끝부분인 한국에까지 전해졌다. 세계복음화는 또한 이스라엘의 민족적 회심을 포함할 것이다(롬 11:25-26).

〔15-18절〕 그러므로 너희가 선지자 다니엘의 말한 바 멸망의 가증한 것이 거룩한 곳에 선 것을 보거든 (읽는 자는 깨달을진저) 그때에 유대에 있는 자들은 산으로 도망할지어다. 지붕 위에 있는 자는 집안에 있는 물건을 가질러[가지러] **내려가지 말며 밭에 있는 자는 겉옷을 가질러**[가지러] **뒤로 돌이키지 말지어다.**

다니엘 11:31은, “군대는 그의 편에 서서 성소 곧 견고한 곳을 더럽히며 매일 드리는 제사를 폐하며 멸망케 하는 미운 물건을 세울 것”이라고 예언했다. 이 예언은 주전 167년 수리아 왕 안티오커스 4세(일명 ‘에피파네스’)의 군대가 예루살렘 성전을 파괴하고 제사를 폐지하고 성전에 제우스 신상을 세울 것을 가리켰다고 보인다.

이것은 역사상 성취되었다고 보이지만, 예루살렘 멸망과 주님의 재림의 징조로 다시 제시되었다. 로마 군대는 주후 66년 예루살렘을 공격해 주후 70년 ‘매일 드리는 제사’를 폐했다. 주님의 재림 직전에도 비슷한 일이 있을 것이다. 데살로니가후서 2:3-4, “저 죄의 사람 곧 멸망의 아들이 나타나기 전에는 오지 아니하리니 저는 대적하는 자라. 범사에 일컫는 하나님이나 숭배함을 받는 자 위에 뛰어나 자존하여 하나님 성전에 앉아 자기를 보여 하나님이라 하느니라."

주께서는 예루살렘 성이 멸망할 때 산으로 도망하라고 말씀하셨다. 초대교회 역사가 유세비우스는, 예루살렘 멸망의 때 유대의 그리스도인들은 요단 건너편, 페레아 지방 북쪽 펠라로 도피했다고 증거했다. 또 주께서는 집안의 물건이나 겉옷을 가지러 가지 말라고 말씀하셨다. 그것은 그 재난이 급속하므로 세상것에 대한 모든 애착을 버리고 급히 피해야 할 것을 가리켰다. 우리는 롯의 처를 기억해야 한다.

〔19-22절〕 그 날에는 아이 밴 자들과 젖먹이는 자들에게 화가 있으리로다. 너희의 도망하는 일이 겨울에나 안식일에 되지 않도록 기도하라. 이는 그때에 큰 환난이 있겠음이라. 창세로부터 지금까지 이런 환난이 없었고 후에도 없으리라. 그 날들을 감하지 아니할 것이면 모든 육체가 구원을 얻지 못할 것이나 그러나 택하신 자들을 위하여 그 날들을 감하시리라.

아이 밴 자들과 젖먹이는 자들에게 화가 있다는 것은 피난하기 어렵기 때문이다. 결혼은 정당한 일이지만 심신의 고통도 뒤따르며 환난의 때에는 더욱 그러하다(고전 7:26-28). 또 주께서는, 겨울에나 안식일에도 피난하기 어려우니까 그런 때를 피하도록 기도하라고 말씀하셨다.

예루살렘 성의 멸망은 큰 환난이었다. 이와 같이, 예수 그리스도의 재림 직전에도 대환난이 있을 것이며 요한계시록은 그것을 일곱 인, 일곱 나팔, 일곱 대접으로 예언하였다(계 6:12-17; 8:13 등). 그 환난의 정도는 점점 더 심해지고 특히 일곱 대접은 극심한 재앙을 예언하였다고 본다(계 16장). 그러나 하나님께서는 환난의 날들을 감하실 것이다. 요한계시록에서는 환난의 기간을 3년 반으로 자주 표현했다(계 11:2; 12:6; 13:5). 이것은 문자적 기간일지 모르나 그 기간은 제한되고 짧을 것이다. 그것은 택자들 곧 구원 얻을 자들을 위해 그럴 것이다. 그들은 진노의 대상이 아니므로 피할 길을 얻게 될 것이다. 요한계시록 9:4, "(황충 재앙 때) 저희에게 이르시되 땅의 풀이나 푸른 것이나 각종 수목(樹木)은 해하지 말고 오직 이마에 하나님의 인 맞지 아니한 사람들만 해하라 하시더라.”

〔23-25절〕 그때에 사람이 너희에게 말하되 보라, 그리스도가 여기 있다 혹 저기 있다 하여도 믿지 말라. 거짓 그리스도들과 거짓 선지자들이 일어나 큰 표적과 기사를 보이어 할 수만 있으면 택하신 자들도 미혹하게 하리라[속이리라]**. 보라, 내가 너희에게 미리 말하였노라.**

예수께서는 거짓 그리스도들과 거짓 선지자들을 조심하라고 다시 강조하신다. 그런데 이번에는 그들이 큰 표적과 기사를 보이어 미혹하게 할 것을 말씀하셨다. 신앙의 초보적 단계에서는 진리의 기초적 지식들이 필요하지만, 신앙의 성장 과정에서는 많은 영적 싸움들을 해야 하고 많은 시험과 속임을 분별하며 이겨야 한다. 사탄은 할 수 있는 대로 택하신 자들도 속이고 넘어뜨리려 한다. 택함 받은 자들은 비록 최종적으로 실패하지 않겠지만 깨어 조심하고 싸워야 한다.

사도 바울도 데살로니후서 2:9-10에서, “악한 자의 옴은 사탄의 활동을 따라 모든 능력과 표적과 거짓 기적과 불의의 모든 속임으로 멸망하는 자들에게 오리니 이는 저희가 진리의 사랑을 받지 아니하여 구원함을 얻지 못함이니라”고 말했다. 이 말씀은, 거짓된 기적주의가 재림 직전의 징조로 유행할 것이며 그 근원은 사탄, 그 대상과 진짜 피해자는 진리를 거부한 멸망할 자들이라는 것을 증거한다.

우리는 주님의 예언의 말씀을 명심해야 한다. 주께서는 미리 말씀하셨다. 이제 남은 것은 우리의 충실한 순종이다. 그러므로 우리는 열심히 성경을 읽고 묵상하며 기도하며 믿고 순종해야 한다.

〔26-28절〕 그러면 사람들이 너희에게 말하되 보라, 그리스도가 광야에 있다 하여도 나가지 말고 보라, 골방에 있다 하여도 믿지 말라. 번개가 동편에서 나서 서편까지 번쩍임같이 인자(人子)의 임함[옴]**도 그러하리라. 주검**[시체]**이 있는 곳에는 독수리들이 모일지니라.**

주의 재림은 번개같이 온 세상에 동시에 알려지는 방식으로 이루어질 것이다. 구원의 방주는 오직 예수 그리스도뿐이다. "시체가 있는 곳에 독수리들이 모인다"는 말씀은 영적으로 죽은 악인들이 있는 곳에는 하나님의 심판이 있을 것이라는 뜻 같다. 참 교회는 하나님의 심판을 피할 것이다. 그러나 오늘날 참된 교회들이 많지 않은 것 같다.

본문의 교훈을 정리해보자. 첫째로, 주님의 재림과 세상 종말에 징조들이 있을 것이다. (1) 미혹. 많은 거짓 목사들이 나타날 것이다. (2) 전쟁. 세계적 전쟁들이 일어날 것이다. (3) 기근. 세계적 기근이 있을 것이다. (4) 전염병. 세계적 전염병들이 있을 것이다. (5) 지진. 많은 큰 지진들이 있을 것이다. (6) 핍박. 공산국가 같은 독재국가의 핍박이 있을 것이다. (7) 배교. 많은 교회들이 역사적 기독교 신앙에서 떠날 것이다. (8) 불법 성행. 교회들이 해이해짐으로 불법이 성행할 것이다. (9) 사랑의 식어짐. 교회가 해이해지고 불법이 성행하면 성도들의 사랑이 식어질 것이다. (10) 세계복음화. 세상 종말은 가까워 오지만, 복음이 온 세상에 전파되고 택자들을 구원하시는 하나님의 뜻은 다 이루어질 것이다.

둘째로, 주님의 재림 직전의 대환난은 성도들도 참여할 고난의 때이지만, 우리는 진노의 대상이 아니므로 피할 길을 얻게 될 것이다. 그러므로 우리는 환난 시대를 너무 두려워하지 말아야 하고, 사람의 생사화복을 주관하시는 섭리자 하나님께 우리의 생명을 맡기며 살아야 한다.

셋째로, 우리는 특히 미혹과 배교를 조심해야 한다. 우리는 자유주의 신학의 불신앙과 배교를 조심해야 하고, 은사주의의 미혹을 조심해야 한다. 거짓된 목사들은 큰 표적과 기사를 보이어 할 수만 있으면 택하신 자들도 넘어뜨리려는 할 것이다. 기독교는 바른 교리와 바른 생활이다. 우리는 열심히 성경을 읽고 기도하며 성경을 믿고 순종해야 한다.

넷째로, 우리는 세상것들에 대한 애착을 버리고 주님의 재림과 천국만 소망해야 한다. 우리는 롯의 아내처럼 세상 애착을 갖다가 소금기둥이 되지 말고 주님의 재림을 사모하며 깨어 기다리는 자가 되어야 한다.

29-51절, 주의 재림과 성도의 준비

〔29-30절〕 그 날 환난 후에 즉시 해가 어두워지며 달이 빛을 내지 아니하며 별들이 하늘에서 떨어지며 하늘의 권능들이 흔들리리라. 그때에 인자(人子)의 징조가 하늘에서 보이겠고 그때에 땅의 모든 족속들이 통곡하며 그들이 인자(人子)가 구름을 타고 능력과 큰 영광으로 오는 것을 보리라.

대환난 후에 해가 어두워지며 달이 빛을 내지 않으며 별들이 하늘에서 떨어지며 하늘의 권능들이 흔들릴 것이다. 이것은 요한계시록에 나오는 예언들과 같다. 요한계시록 8:10-11, "셋째 천사가 나팔을 부니 횃불같이 타는 큰 별이 하늘에서 떨어져 강들의 삼분의 일과 여러 물샘에 떨어지니 이 별 이름은 쑥이라. 물들의 삼분의 일이 쑥이 되매 그 물들이 쓰게 됨을 인하여 많은 사람이 죽더라." 요한계시록 8:12, "넷째 천사가 나팔을 부니 해 삼분의 일과 달 삼분의 일과 별들의 삼분의 일이 침을 받아 그 삼분의 일이 어두워지니 낮 삼분의 일은 비췸이 없고 밤도 그러하더라."

그때에 주 예수님의 재림 징조가 하늘에서 보일 것이며 땅의 모든 족속들은 통곡하며 주께서 구름을 타고 능력과 큰 영광으로 오시는 것을 볼 것이다. 재림은 하늘로부터 내려오는 사건이다. 그때에 땅의 모든 족속은 통곡할 것이다. 요한계시록 1:7, "각인의 눈이 그를 보겠고 그를 찌른 자들도 볼 터이요 땅에 있는 모든 족속이 그를 인하여 애곡하리니 그러하리라. 아멘." 심판의 시간이 되었고, 예수 그리스도를 영접지 않았던 죄인들은 두려움 가운데 통곡할 것이다.

주께서는 재림하는 자신을 인자(人子) 즉 사람의 아들이라고 부르셨다. 그는 하나님의 아들로서는 언제 어디서나 우리와 함께 계시지만(마 18:20; 28:20) 사람의 아들로서는 시간과 공간의 제한을 받으신다. 재림하시는 주 예수께서는 하늘에서 땅으로 내려오실 것이다.

예수께서는 구름을 타고 오실 것이다. 요한계시록 1:7, "볼지어다,

구름을 타고 오시리라. 각인의 눈이 그를 보겠고." 물론 이 말씀들에서 강조된 것은 구름이 아니고, 우리가 볼 수 있게 오신다는 사실이다. 그것은 그의 승천 때에 천사들이 증거한 바이었다. 사도행전 1:9-11, "이 말씀을 마치시고 저희 보는 데서 올리워 가시니 구름이 저를 가리워 보이지 않게 하더라. 올라가실 때에 제자들이 자세히 하늘을 쳐다보고 있는데 흰옷 입은 두 사람이 저희 곁에 서서 가로되 갈릴리 사람들아, 어찌하여 서서 하늘을 쳐다보느냐? 너희 가운데서 하늘로 올리우신 이 예수는 하늘로 가심을 본 그대로 오시리라 하였느니라."

재림하시는 주님은 능력과 큰 영광을 가지실 것이다. 그것은 그의 처음 오심과 다를 것이다. 그의 초림(初臨)은 어린 아기의 출생이었다. 그것은 십자가에 죽기 위해 오신 고난의 종의 출생이었다. 그러나 그의 재림(再臨)은 다를 것이다. 주 예수 그리스도께서는 큰 영광과 능력을 가시고 온 세상의 심판주로 다시 오실 것이다.

〔31절〕 저가 큰 나팔소리와 함께 천사들을 보내리니 저희가 그 택하신 자들을 하늘 이끝에서 저끝까지 사방에서 모으리라.

하나님의 택함을 받은 자들은 지구 동쪽 끝에서부터 서쪽 끝까지 사방에서 하늘로 들림 받을 것이다. 이것은 데살로니가전서 4:16-17에 증거된 대로다. "주께서 호령과 천사장의 소리와 하나님의 나팔로 친히 하늘로 좇아 강림하시리니 그리스도 안에서 죽은 자들이 먼저 일어나고 그 후에 우리 살아 남은 자도 저희와 함께 구름 속으로 끌어 올려 공중에서 주를 영접하게 하시리니." 성도들은 그때 하늘로 들리어 기쁨으로 주를 영접할 것이나, 세상에서 불신앙과 죄 가운데 살던 나머지 사람들은 두려움과 슬픔과 큰 고통 속에 있을 것이다.

〔32-33절〕 무화과나무의 비유를 배우라. 그 가지가 연하여지고 잎사귀를 내면 여름이 가까운 줄을 아나니 이와 같이 너희도 이 모든 일을 보거든 인자(人子)[그것(KJV, NIV), 그(NASB)]**가 가까이 곧 문 앞에 이른 줄 알라.**

무화과나무가 이스라엘을 가리키고 그 잎사귀가 나는 것은 이스라엘의 독립을 가리킨다는 해석은 잘못이라고 본다. 본문은 무화과나무 가지가 연하여지고 잎사귀를 내면 여름이 가까움을 알듯이 재림 징조의 모든 일이 일어나면 주의 재림이 가까움을 알라는 뜻일 뿐이다. 무화과나무와 여름은 재림의 징조들과 재림에 비교될 뿐이다.

〔34-35절〕 내가 진실로 너희에게 말하노니 이 세대가 지나가기 전에 이 일이 다 이루리라. 천지는 없어지겠으나 내 말은 없어지지 아니하리라.

이 말씀은 그의 예언이 확실히 성취될 것을 강조한다. 예루살렘 멸망의 예언은 주후 70년에 역사적으로 성취되었다. 이와 같이, 주님의 재림 약속도 반드시 성취될 것이다. 주께서는 신약성경 끝부분에서도 "내가 진실로 속히 오리라"고 약속하셨다(계 22:20). 세상의 일들은 다 변하지만, 하나님의 말씀은 영원하며 확실하다(벧전 1:24-25). 우리는 영원한 그 진리의 말씀을 사랑하고 굳게 붙들어야 한다.

〔36절〕 그러나 그 날과 그때는 아무도 모르나니 하늘의 천사들도, (아들도)(전통본문에는 없음)[55] **모르고 오직 아버지만 아시느니라.**

하나님의 뜻은 우리에게 재림의 날과 시간을 알려주지 않으시는 것이며 따라서 우리는 그것을 알려고 해서는 안 된다. 사도행전 1:7에 보면, 주께서는 "때와 기한은 아버지께서 자기의 권한에 두셨으니 너희의 알 바 아니요"라고 말씀하셨다. 2천년 전에 재림의 때를 2천년 후라고 알려주셨다면, 많은 이들이 해이해지거나 낙망했을 것이다. 하나님의 이 비밀은 성도들에게 유익하였고 지금도 그러하다.

〔37-39절〕 노아의 때와 같이 인자(人子)의 임함[옴]도 그러하리라. 홍수 전에 노아가 방주에 들어가던 날까지 사람들이 먹고 마시고 장가들고 시집가고 있으면서 홍수가 나서 저희를 다 멸하기까지 깨닫지 못하였으니 인자(人子)의 임함[옴]도 이와 같으리라.

먹고 마시고 장가들고 시집가는 것 자체가 죄는 아니지만, 그것이

55) Byz W vg syr$^{p\ s}$ cop$^{sa\ bo}$ 등은 '아들도'라는 말이 없음.

삶의 전부이면 그는 멸망의 길을 걷는 자일 것이다. 주님의 재림의 날 곧 심판의 날이 다가오고 있다. 노아가 방주를 준비하고 그 안으로 들어갔듯이, 우리 모두는 구원의 방주이신 예수 그리스도를 믿음으로 그 안에 거해야 한다. 예수님 안에만 심판을 피하는 곳이 있다.

〔40-41절〕 그때에 두 사람이 밭에 있으매 하나는 데려감을 당하고 하나는 버려둠을 당할 것이요 두 여자가 매를 갈고 있으매 하나는 데려감을 당하고 하나는 버려둠을 당할 것이니라.

예수 그리스도의 재림 때에 큰 분리가 일어날 것이다. 어떤 이는 데려감을 당하고 어떤 이는 버려둠을 당할 것이다. 자신의 죄를 회개하고 예수 그리스도를 믿고 순종한 자들은 하늘로 들리어 재림의 주님을 영접하게 될 것이지만, 하나님과 예수 그리스도를 알지 못하고 죄의 낙을 누리던 사람들은 버림을 받을 것이다.

〔42-44절〕 그러므로 깨어 있으라. 어느 날[때](전통본문)[56]**에 너희 주가 임할는지 너희가 알지 못함이니라. 너희도 아는 바니 만일 집 주인이 도적이 어느 경점에 올 줄을 알았더면 깨어 있어 그 집을 뚫지 못하게 하였으리라. 이러므로 너희도 예비하고 있으라. 생각지 않은 때에 인자가 오리라.**

주님의 재림 사건에서 우리에게 가장 중요한 것은 깨어 있는 것이다. 깨어 있는 것이란 말씀과 기도 가운데 믿음으로 살고 계명 순종으로 사는 것이다. 주께서는 자신의 재림을 도둑의 침입 같다고 표현하셨다. 이 말씀은 그 사건이 갑작스럽게 이루어질 것이라는 뜻이다. 주님의 재림은 여러 징조들 후에 이루어질 것이나 갑작스럽게 이루어질 것이므로, 우리는 주님의 재림을 맞을 준비를 항상 해야 한다.

〔45-47절〕 충성되고 지혜 있는 종이 되어 주인에게 그 집 사람들을 맡아 때를 따라 양식을 나눠줄 자가 누구뇨? 주인이 올 때에 그 종의 이렇게 하는 것을 보면 그 종이 복이 있으리로다. 내가 진실로 너희에게 이르노니 주인이 그 모든 소유를 저에게 맡기리라.

---

56) Byz it[a b h] vg syr[p s] cop[sa-ms bo-pt] arm Origen[lat] 등이 그러함.

주께서는 제자들이 충성되고 지혜 있는 종들이 되어 주의 백성들을 맡아 때를 따라 신구약성경의 말씀을 가르치라고 교훈하셨다. 그들은 주의 마음을 시원케 하는 복된 종들이 될 것이다(잠 25:13).

〔48-51절〕 만일 그 악한 종이 마음에 생각하기를 주인이 더디 오리라 하여 동무들을 때리며 술친구들로 더불어 먹고 마시게 되면 생각지 않은 날 알지 못하는 시간에 그 종의 주인이 이르러 엄히 때리고[쪼개고] **외식하는 자의 받는 율**[자리](NASB)**에 처하리니 거기서 슬피 울며 이를 갊이 있으리라.**

마음이 해이하고 거칠어지고 방탕함에 떨어져 현실의 즐거움만을 추구하는 악한 종들에게는 주님의 재림이 무서운 징벌이 될 것이다. 그들은 내어쫓기며 외식자들로 간주되며 엄한 벌을 받을 것이다.

본문의 교훈을 정리해보자. 첫째로, 예수 그리스도의 재림은 확실한 사건이다. 주 예수 그리스도께서는 눈으로 볼 수 있게, 영광스럽게 하늘로부터 다시 오실 것이다. 그때 죽은 성도들은 영광스럽게 부활하며 살아 있는 자들은 영광스럽게 변화 받아 하늘로 들리어 주님을 영접할 것이다. 그러나 땅에 남은 자들은 두려움과 후회 속에서 통곡할 것이다. 우리는 주님의 재림을 믿고 소망하며 맞이하는 자들이 되어야 한다.

둘째로, 우리는 주님의 재림을 맞이하도록 깨어 있어야 한다. 그것은 믿음과 순종의 삶, 즉 성경말씀을 읽고 듣고 믿고 기도하기를 힘쓰고 또 하나님의 계명들을 순종하며 사는 것을 가리킨다. 그것은 정상적인 신앙생활이다. 성경의 핵심은 죄를 멀리하고 주 예수 그리스도를 믿고 서로 사랑하라는 것이다. 우리는 죄를 멀리하고 믿음으로 살아야 하고 서로 사랑해야 한다. 그것이 주님의 재림을 대비하여 깨어 있는 삶이다.

셋째로, 주님의 종들은 지혜롭고 충성된 종들이 되어야 한다. 주 예수 그리스도의 재림은 갑작스럽게 이루어질 것이다. 그러므로 주님의 종들은 마음이 해이해지거나 세속적 즐거움에 빠지지 말고 늘 깨어 지혜롭고 충성된 종들이 되어 영의 양식인 신구약성경을 교인들을 위해, 그들의 영적 성장, 곧 성화를 위해 충성되이 가르치며 전해야 한다.

25장: 깨어 충성할 것

1-13절, 열 처녀 비유

〔1절〕 그때에 천국은 마치 등을 들고 신랑을 맞으러 나간 열 처녀와 같다 하리니.

본문의 천국은 신약교회와 교인들을 가리킨다. 천국은 신약교회에서 이미 시작되었고 주의 재림으로 영광스럽게 완성될 것이다. 신약교회와 교인들은 등을 들고 신랑을 맞으러 나간 열 처녀들과 같다.

유대 나라의 결혼 풍습은 밤에 신랑이 그의 친구들과 함께 신부를 맞으러 오면 신부의 친구들이 나가서 그들을 맞아 함께 잔치에 참여한다고 한다. 이때 어두운 길을 밝힐 등불이 필요했다. 이 비유에서 신랑은 예수 그리스도를 상징하고, 열 처녀들은 신약교회의 교인들을 가리켰다. 결혼 잔치는 영광스런 천국을 가리켰다.

구약성경은 하나님과 이스라엘 백성을 남편과 아내의 관계로 묘사한다(사 54:5; 호 2:19). 신약성경도 성도들이 예수 그리스도를 남편으로 맞는 정결한 처녀라고 비유했다. 사도 바울은 고린도 교인들에게, “내가 너희를 정결한 처녀로 한 남편인 그리스도께 드리려고 중매함이로다”고 말하였고(고후 11:2), 요한계시록 19:7은, “어린양의 혼인 기약이 이르렀고 그 아내가 [자신을] 예비하였다”고 말했다.

〔2-4절〕 그 중에 다섯은 미련하고 다섯은 슬기 있는지라. 미련한 자들은 등을 가지되 기름을 가지지 아니하고 슬기 있는 자들은 그릇에 기름을 담아 등과 함께 가져갔더니.

열 처녀들 중 다섯 명의 미련한 자들은 등을 가졌으나 기름을 가지지 않았고 나머지 다섯 명의 지혜로운 자들은 그릇에 기름을 넉넉히 넣어 등과 함께 가져갔다. 등은 교인들의 신앙고백을 가리키고, 기름은 그들이 소유한 내면적 은혜를 가리켰다고 본다. 성경에서 기름은 성령님을 상징한다. 성도들의 내면적 은혜는 성령님의 활동이시다. 성령께서는 구원 얻은 성도들 속에 늘 거하시며 활동하신다.

신약교회의 교인들 가운데는 두 부류가 있다. 한 부류는 성령께서 주시는 구원과 중생의 은혜를 받은 자들이다. 그들은 하나님과 예수 그리스도를 진실히 믿고 주의 계명에 순종하여 거룩과 사랑의 열매를 맺는 자들이다. 그러나 다른 한 부류는 예수님 믿는 모양은 갖고 있으나 성령님의 내면적 은혜를 받지 못한 자들이다. 그들은 중생치 못한 사람들, 즉 구원 얻지 못한 사람들이다. 그들은 새 생명과 성령님의 내주(內住)하심이 없기 때문에 거룩과 사랑의 행실도 없다. 그들은 예수님 믿는 모양만 가진 형식적 교인들이다. 비록 그들이 천국과 영생에 대한 소망을 가지고 있다 하더라도 그 소망은 헛된 것이다.

〔5-6절〕 신랑이 더디 오므로 다 졸며 잘새 밤중에 소리가 나되 보라, 신랑이로다. 맞으러 나오라 하매.

열 처녀들은 신랑이 더디 오므로 다 졸며 잤다. 인간편에서 볼 때 주 예수 그리스도의 재림은 매우 더딘 것 같다. 벌써 2천년의 세월이 흘렀다. 지혜로운 다섯 처녀를 포함하여 열 처녀 모두가 졸며 잤다는 것은 주님의 재림 직전에 기독교계 전체가 해이해질 것을 암시하는 것 같다. 구원 얻은 성도들 속에도 연약이 있다. 또 우리의 믿음이라는 것은 심히 보잘것없다. 그러므로 예수께서는 "인자(人子)가 올 때에 세상에서 믿음을 보겠느냐?"고 말씀하셨다(눅 18:8). 그러나 우리의 본성이 약하지만, 진실한 교인들과 종들이 있을 것이다.

밤중에 "보라, 신랑이로다. 맞으러 나오라"는 소리가 났다. 밤중은 환난과 핍박의 때를 암시할지도 모른다. "보라, 신랑을 맞으러 나오라"는 소리는 천사들의 소리일 것이다. 주 예수 그리스도의 재림이 매우 더딘 것같이 보여도, 그는 반드시 다시 오실 것이다. 우리는 "보라, 신랑이로다. 맞으러 나오라"는 천사들의 음성을 듣는 날이 올 것이다. 그때 곧 일어나 재림의 주님을 맞이할 준비가 되어 있는 지혜로운 자들은 복되다. 신앙생활은 평소 생활이다. 구원 얻은 새 생명을 가진 자는 평소에 믿음으로 살고 죄를 멀리하고 사랑을 실천한다.

〔7-9절〕 이에 그 처녀들이 다 일어나 등을 준비할새 미련한 자들이 슬기 있는 자들에게 이르되[말하기를] **우리 등불이 꺼져가니 너희 기름을 좀 나눠 달라 하거늘 슬기 있는 자들이 대답하여 가로되**[말하기를] **우리와 너희의 쓰기에 다 부족할까 하노니 차라리 파는 자들에게 가서 너희 쓸 것을 사라 하니.**

미련한 처녀들은 그들의 꺼져가는 등불을 위해 지혜로운 처녀들에게 기름을 나눠주기를 요청하였다. 그러나 지혜로운 처녀들이 가진 기름은 미련한 자들과 나눠 쓰기에 충분치 않았다. 이것은 신자 개인이 받은 구원의 은혜가 다른 이의 구원을 위해 나눠 쓰기에 충분치 않음을 보인다. 구원은 각 개인의 문제 즉 각자가 준비해야 할 문제이다. 개인의 구원은 다른 사람의 은혜에 의존할 수 없다.

〔10-12절〕 저희가 사러 간 동안에 신랑이 오므로 예비하였던 자들은 함께 혼인 잔치에 들어가고 문은 닫힌지라. 그 후에 남은 처녀들이 와서 가로되 주여, 주여, 우리에게 열어 주소서. 대답하여 가로되[말하기를] **진실로 너희에게 이르노니 내가 너희를 알지 못하노라 하였느니라.**

신약교회 교인들 중에는 등과 기름을 예비해 결혼 잔치에 들어갈 자들이 있고, 등만 있고 기름이 없어 결혼 잔치에 들어가지 못할 자들이 있을 것이다. 어리석은 다섯 처녀들은 뒤늦게 와서 "주여, 주여, 우리에게 열어 주소서" 하고 요청했으나, 주께서는 그들을 거절하셨다. 그 두 부류의 분리는 분명하였다. 미련한 자들은 주께서 처음부터 알지 못하신 자들이었다고 본다. 그들은 처음부터 주님의 택한 양들이 아니었고 믿는 모양만 갖춘 형식적 교인들이며 참된 회개와 믿음으로 그들의 구원을 증명한 적이 없는 자들이었다고 본다.

〔13절〕 그런즉 깨어 있으라. [이는] **너희는** [인자가 올](전통사본)[57] **그 날과 그 시를 알지 못하느니라**[알지 못함이니라].

---

57) Byz vg^{mss}에 있음.

주 예수 그리스도께서 승천하신 대로 다시 하늘로부터 내려오실 것을 믿고 소망하는 참된 그리스도인들이 명심해야 할 교훈이 여기 있다. 우리는 깨어 있어야 한다. 그 이유는 주의 재림의 날과 때를 알지 못하기 때문이다. 깨어 있는 삶은 기름을 준비한 것으로 표현된다. 기름은 우리 안에 계신 성령님의 은혜들을 가리켰고, 그 은혜의 증거는 참된 신앙고백과 거룩과 사랑의 행위이다. 그것은 한두 번의 행위를 가리키는 것이 아니고 평소 생활을 가리킨다. 날마다 성경 읽고 기도함으로 하나님과 동행하며 거룩과 사랑을 행하는 자가 깨어 있는 자이다. 그러나 죄 가운데서 육신의 즐거움을 누리는 자는 영적으로 잠들었거나 죽은 자이다. 만일 우리가 참으로 예수님 믿고 구원 얻은 자들이라면, 우리는 믿음과 사랑의 삶으로 우리의 구원을 증명해야 한다. 경건하고 거룩하고 선한 삶은 구원의 증거이다.

본문의 교훈을 정리해보자. 첫째로, 천국은 결혼 잔치와 같이 기쁘고 즐거운 세계이다. 이 세상은 죄가 많고 죄로 인해 슬픔과 질병과 죽음이 있다. 그러나 천국은 죄와 슬픔과 질병과 죽음이 없는 복된 세계이다. 천국은 성령님 안에서 의와 평안과 희락이 넘친 곳이다(롬 14:17).

둘째로, 우리는 지혜로운 다섯 처녀들과 같이 등과 기름을 함께 준비해야 한다. 우리는 형식적 신앙고백, 입술의 신앙고백만 하지 말고, 바른 지식과 심령에서 나오는 바른 신앙고백을 해야 하고 그와 함께 성령님의 내면적 은혜가 있어야 한다. 그 은혜를 받은 자들은 오직 믿음으로 살고 경건하게 살며, 계명을 순종하여 의와 선을 행할 것이다.

셋째로, 우리는 주님의 재림을 준비하며 깨어 있어야 한다(13절). 깨어 있는 생활은 등과 기름을 준비한 생활이다. 주께서 자신의 재림을 약속하신 지 벌써 2천년의 세월이 흘렀으나, 그는 약속하신 대로 반드시 다시 오실 것이다(계 1:7; 22:20). 그는 24장에 기록된 대로 큰 환난의 징조들 후에 갑자기 오실 것이다. 우리는 준비하며 깨어 있어야 한다.

14-30절, 달란트 비유

[14-15절] 또 어떤 사람이 타국에 갈제[갈 때에] **그 종들을 불러 자기 소유를 맡김과 같으니 각각 그 재능대로 하나에게는 금 다섯 달란트를, 하나에게는 두 달란트를, 하나에게는 한 달란트를 주고** [바로][58] **떠났더니.**

타국에 가는 주인은 승천하실 주님 자신을 가리켰고, 종들은 교회의 모든 직분자들과 교인들을 가리켰다. 주인은 그 종들에게 각각 그 재능대로 그 소유를 맡겼다. 1달란트는 약 30킬로그램이다. 사람이 가지고 태어나는 모든 조건들, 부모, 가정 환경, 유산(遺産), 지능지수, 재능, 건강, 학력, 조국, 시대 등은 다 하나님의 소유이며 다 하나님께서 주신 것들이다. 또 우리가 구원 얻은 후 하나님께 받은 각양 은사들과 직분들도 그러하다(롬 12:6-8). 그는 우리 모두에게 동일한 구원의 은혜를 주셨지만, 이 세상에서 모든 사람들에게 다양한 재능들과 은사들과 직업들을 주셨고 교회에서도 여러 직분들을 주셨다.

[16-18절] 다섯 달란트 받은 자는 (바로) **가서 그것으로 장사하여 또 다섯 달란트를 남기고 두 달란트 받은 자도 그같이 하여 또 두 달란트를 남겼으되 한 달란트 받은 자는 가서 땅을 파고 그 주인의 돈을 감추어 두었더니.**

하나님께서 맡기신 모든 일은 열매를 맺는 일이다. 우리 각 사람은 개인의 성화의 일을 받았고 또 여러 가지 선한 봉사의 일들을 받았다. 우리 모두는 믿음과 순종으로 거룩하고 선한 삶을 살아야 한다. 로마서 6:22, "이제는 너희가 죄에게서 해방되고 하나님께 종이 되어 거룩함에 이르는 열매를 얻었으니 이 마지막은 영생이라." 디도서 2:14, "그가 우리를 대신하여 자신을 주심은 모든 불법에서 우리를 구속(救贖)하시고 우리를 깨끗하게 하사 선한 일에 열심하는 친 백성이 되게 하려 하심이니라." 선한 일들 중에 매우 선하고 귀한 일은 하나님의 복음을 전하여 영혼을 구원하는 일과 교회를 세우고 구원 얻은 영혼

---

58) Byz A C D W it[d] vg syr[p] 등에 있고, 16절에는 '바로'라는 말이 없음.

들을 가르치고 돌보는 일이다. 이것은 하나님의 일이며 교회의 사명이다. 우리는 이 선한 일을 위해 일하며 협력하며 충성해야 한다.

주께서는 그가 각자에게 주신 재능과 은사만큼 열매를 기대하신다. 다섯 달란트 주신 자에게는 아마 다섯 달란트를, 두 달란트 주신 자에게는 아마 두 달란트를, 한 달란트 주신 자에게는 아마 한 달란트를 기대하신다. 우리는 다른 사람과 비교하지 말고 우리가 받은 만큼, 할 수 있는 만큼 부지런히, 충성되이 일하며 열매를 맺으면 된다.

다섯 달란트 받은 종과 두 달란트 받은 종은 부지런히, 충성되이 수고하고 일하여 이익을 남겼다. 그러나 한 달란트 받은 사람은 그렇지 않았다. 그는 그 한 달란트를 낭비하지도 않았지만, 그것으로 부지런히 수고하고 일하여 이익을 남기지도 않았다. 그는 자신의 재능과 은사와 직분을 그저 묵혀 두었다. 그는 확실히 게으른 자이었고 주께로부터 받은 직분에 충성하지 않았고 선한 열매를 맺지 못했다.

〔19-23절〕 오랜 후에 그 종들의 주인이 돌아와 저희와 회계[결산]**할새 다섯 달란트 받았던 자는 다섯 달란트를 더 가지고 와서 가로되**[말하기를] **주여, 내게 다섯 달란트를 주셨는데 보소서, 내가 또 다섯 달란트를 남겼나이다. 그 주인이 이르되**[말하기를] **잘하였도다, 착하고 충성된 종아. 네가 작은 일에 충성하였으매 내가 많은 것으로 네게 맡기리니 네 주인의 즐거움에 참여할지어다 하고 두 달란트 받았던 자도 와서 가로되**[말하기를] **주여, 내게 두 달란트를 주셨는데 보소서, 내가 또 두 달란트를 남겼나이다. 그 주인이 이르되**[말하기를] **잘하였도다, 착하고 충성된 종아. 네가 작은 일에 충성하였으매 내가 많은 것으로 네게 맡기리니 네 주인의 즐거움에 참여할지어다 하고.**

'오랜 후에'라는 말씀은 주의 재림이 상당히 지체될 것을 암시한다. 결산하는 것은 주의 종들과 교인들에게 맡기신 일에 대해 결산하시는 것이다. 그것은 그들의 순종에 대한 결산이다. 고린도후서 5:9-10은 "우리는 거하든지 떠나든지 주를 기쁘시게 하는 자 되기를 힘쓰노라. 이는 우리가 다 반드시 그리스도의 심판대 앞에 드러나 각각 선악간에 그 몸으로 행한 것을 따라 받으려 함이라"고 말하였다.

다섯 달란트 받은 자와 두 달란트 받은 자는 주인을 믿고 존중하였고 그 명령에 순종하며 충성했다. 그들은 게으름을 피우거나 주인의 뜻을 거역하지 않았다. 그들은 상당한 이익을 남겼다. 교만한 자는 그렇게 하지 못하고 오직 겸손한 자만 그렇게 할 수 있다. 주인은 그들을 칭찬했고 그들에게, "내가 많은 것으로 네게 맡기리니 네 주인의 즐거움에 참여하라"고 말했다. 주께서는 우리의 순종과 선행과 충성에 대해 보상하실 것을 말씀하셨다. 천국은 즐거움이 있는 행복한 곳이며, 충성된 종들은 거기에서 하나님의 즐거움에 참여할 것이다.

〔24-25절〕 한 달란트 받았던 자도 와서 가로되 주여, 당신은 굳은(스클레로스 σκληρός)[엄한, 까다로운] **사람이라. 심지 않은 데서 거두고 헤치지**[뿌리지] **않은 데서 모으는 줄을 내가 알았으므로 두려워하여 나가서 당신의 달란트를 땅에 감추어 두었었나이다. 보소서, 당신의 것을 받으셨나이다.**

한 달란트 받은 자는 주인이 엄하고 까다로운 자라고 생각했다. 그는 주인에 대해 불평하고 불만했다. 그러나 주인은 엄하고 까다로운 사람이 아니었다. 주인이 자기 종들에게 자기 소유를 주면서 장사하라고 부탁하는 것은 정당한 일이었다. 종들은 주인의 뜻에 순종해야 했다. 그러나 한 달란트 받은 자는 그 주인의 뜻에 순종치 않고 그를 두려워하며 그 한 달란트를 땅에 감추어 두었다. 그는 일하는 수고와 어려움을 피하였다. 그러나 우리는 주께서 주신 재능과 은사를 땅 속에 묻어 두어서는 안 된다. 우리는 그것을 가지고 그의 명하신 일을 해야 하고 수고와 어려움을 무릅쓰고 선한 열매를 맺어야 한다.

〔26-30절〕 그 주인이 대답하여 가로되[말하기를] **악하고 게으른 종아, 나는 심지 않은 데서 거두고 헤치지**[뿌리지] **않은 데서 모으는 줄로 네가 알았느냐? 그러면 네가 마땅히 내 돈을 취리(取利)하는 자들에게나 두었다가 나로 돌아와서 내 본전과 변리**[이자]**를 받게 할 것이니라 하고 그에게서 그 한 달란트를 빼앗아 열 달란트 가진 자에게 주어라. 무릇 있는 자는 받아 풍족하게 되고 없는 자는 그 있는 것까지 빼앗기리라. 이 무익한 종을 바깥**

어두운 데로 내어쫓으라. 거기서 슬피 울며 이를 갊이 있으리라 하니라.

한 달란트 받은 자는 주인에 대해 잘못 생각하였고 게을렀고 그의 명령을 거역했다. 생각은 행동과 밀접하게 연관되어 있다. 하나님께 대한 잘못된 생각은 순종과 선행과 충성이 없는 삶으로 나타난다. 그러나 있는 자들과 없는 자들, 곧 바른 지식과 믿음, 순종과 충성, 거룩과 선행의 열매가 있는 자들과 바른 지식과 믿음, 순종과 충성, 거룩과 선행의 열매가 없는 자들은 분명하게 구별된다. 있는 자는 더욱 풍족해질 것이지만, 없는 자는 그 있는 것도 빼앗길 것이다.

한 달란트 받은 자는 하나님께서 주신 모든 것들을 자신의 성화와 다른 사람들의 구원과 유익을 위해 잘 사용하지 못했다. 그는 무익한 종이었다. 주인은, "그를 바깥 어두운 데로 내어쫓으라. 거기서 슬피 울며 이를 갊이 있으리라"고 말했다. '바깥 어두운 데'는 지옥을 가리킨다. 악한 자들은 천국에서 제외되고 지옥에 던지울 것이다.

본문의 교훈을 정리해보자. 첫째로, 우리의 가진 모든 재능과 은사들은 다 하나님께서 주신 것들이다. 그것이 어떤 유의 것이든지 또 그것이 얼마큼 주어졌든지 간에 그렇다. 우리는 다 하나님의 종들이다.

둘째로, 우리는 하나님을 바로 알고 그의 명령에 순종하며 충성해야 한다. 우리는 다섯 달란트나 두 달란트 받은 자처럼 하나님의 명령과 선한 일들에 순종하며 충성해야 한다. 로마서 12:11, "부지런하여 게으르지 말고 열심을 품고 주를 섬기라." 디도서 2:14, "그가 우리를 대신하여 자신을 주심은 모든 불법에서 우리를 구속(救贖)하시고 우리를 깨끗하게 하사 선한 일에 열심하는 친 백성이 되게 하려 하심이니라." 에베소서 5:15-16, "오직 지혜 있는 자같이 하여 세월을 아끼라."

셋째로, 우리는 지옥을 피하고 천국의 즐거움에 참여해야 한다. 지옥은 영원한 불못이다. 그러나 천국은 기쁨과 즐거움이 있는 곳이다. 충성된 자들은 하나님의 칭찬을 듣고 천국의 즐거움에 참여할 것이다.

31-46절, 양과 염소 비유

〔31-36절〕 인자(人子)[사람의 아들]**가 자기 영광으로 모든 천사와 함께 올 때에 자기 영광의 보좌에 앉으리니 모든 민족을 그 앞에 모으고 각각 분별하기를 목자가 양과 염소를 분별하는 것같이 하여 양은 그 오른편에, 염소는 왼편에 두리라. 그때에 임금이 그 오른편에 있는 자들에게 이르시되** [말씀하시기를] **내 아버지께 복 받을 자들이여, 나아와 창세로부터 너희를 위하여 예비된 나라를 상속하라.** [이는] **내가 주릴 때에 너희가 먹을 것을 주었고 목마를 때에 마시게 하였고 나그네 되었을 때에 영접하였고 벗었을 때에 옷을 입혔고 병들었을 때에 돌아보았고 옥에 갇혔을 때에 와서 보았느니라**[보았음이니라].

주 예수께서는 재림주이신 자신을 '사람의 아들'로 표현하셨다. 그는 신성(神性)으로는 항상 우리와 함께 계시지만, 인성(人性)으로는 지금 하늘의 하나님 오른편에 계시며 거기로부터 땅에 내려오실 것이다. 그는 모든 천사들과 함께 오실 것이며 자기의 영광의 보좌에 앉으실 것이다. 그는 보좌에 앉으셔서 모든 민족을 그 앞에 모으시고 목자가 양과 염소를 분별하여 양은 오른편에, 염소는 왼편에 두듯이 나누실 것이다. 양은 의인을, 염소는 악인을 상징한다. 열국 심판은 구약성경에도 예언된 바이었다. 요엘 3:2, "내가 만국을 모아 데리고 여호사밧 골짜기에 내려가서 내 백성 곧 내 기업된 이스라엘을 위하여 거기서 그들을 심문하리니." 모든 민족에게 복음이 전파되고 있고 구원 얻은 자들과 그렇지 못한 자들은 마지막 날에 나뉠 것이다.

구원 얻은 자들은 이미 하나님께 복 받은 자들이다. 그들이 받은 복은 죄사함과 의롭다 하심, 하나님의 자녀 됨, 천국을 상속받음 등이다. 특히 천국은 창세로부터 그들을 위해 준비된 나라이다. 천국은 이 세상에서 가장 복된 유산이며, 성도 개인과 교회 전체의 소망이다.

주께서는 의인들이 천국에 들어가는 이유가 주님을 섬긴 행위라고 증거하셨다. 그들은 주께서 주리실 때 먹을 것을 드렸고, 목마르실 때 마시게 했고, 나그네 되셨을 때 영접했고, 벗으셨을 때 옷을 입혀드렸고, 병드셨을 때 돌아보았고, 옥에 갇히셨을 때 방문하였다. 주께서는 자신의 고난을 전제하시며 의인들이 그를 사랑하고 섬겼다고 말씀하셨다. 선행은 구원의 근거는 아니지만 구원 얻은 증거가 된다.

[37-40절] 이에 의인들이 대답하여 가로되[말하기를] **주여, 우리가 어느 때에 주의 주리신 것을 보고 공궤하였으며**[먹을 것을 드렸으며] **목마르신 것을 보고 마시게 하였나이까? 어느 때에 나그네 되신 것을 보고 영접하였으며 벗으신 것을 보고 옷 입혔나이까? 어느 때에 병드신 것이나 옥에 갇히신 것을 보고 가서 뵈었나이까 하리니 임금이 대답하여 가라사대**[말씀하시기를] **내가 진실로 너희에게 이르노니 너희가 여기 내 형제 중에 지극히 작은 자 하나에게 한 것이 곧 내게 한 것이니라 하시고.**

의인들은 주님을 직접 섬긴 일이 없었다. 그러나 주께서는, "너희가 여기 내 형제 중에 지극히 작은 자 하나에게 한 것이 곧 내게 한 것이니라"고 말씀하셨다. '여기 내 형제들'은 그를 믿고 따르는 모든 제자들, 특히 그가 세상에 파송하시는 사도들과 후시대의 목사들과 전도자들을 가리켰다고 본다. 마태복음 18:5에 보면, 주께서는 그를 믿는 어린 성도 하나를 영접하는 것이 주를 영접하는 것이라고 말씀하셨고, 또 마태복음 10:40에 보면, 그가 보내시는 전도자들에게 "너희를 영접하는 자는 나를 영접하는 것이라"고 말씀하셨다.

[41-46절] 또 왼편에 있는 자들에게 이르시되[말씀하시기를] **저주를 받은 자들아, 나를 떠나 마귀와 그 사자들을 위하여 예비된 영영한 불에 들어가라.** [이는] **내가 주릴 때에 너희가 먹을 것을 주지 아니하였고 목마를 때에 마시게 하지 아니하였고 나그네 되었을 때에 영접하지 아니하였고 벗었을 때에 옷 입히지 아니하였고 병들었을 때와 옥에 갇혔을 때에 돌아보지 아니하였느니라**[아니하였음이니라] **하시니 저희도 대답하여 가로되**[말하기를] **주여, 우리가 어느 때에 주의 주리신 것이나 목마르신 것이나 나그네 되신 것이나 벗으신 것이나 병드신 것이나 옥에 갇히신 것을 보고 공양치**[섬기지] **아니하더이까? 이에 임금이 대답하여 가라사대**[말씀하시기를] **내가 진실로 너희에게 이르노니**[말하노니] **이 지극히 작은 자 하나에게 하지**

아니한 것이 곧 내게 하지 아니한 것이니라 하시리니 저희는 영벌(永罰)에, 의인들은 영생(永生)에 들어가리라 하시니라.

주께서는 왼편에 있는 자들, 곧 염소로 표현된 자들에게는, "저주를 받은 자들아, 나를 떠나 마귀와 그 사자들을 위해 예비된 영영한 불에 들어가라"고 말씀하셨다. 사람이 하나님의 저주를 받는 이유는 하나뿐인데, 곧 죄 때문이다. 죄를 회개치 않고 죄 씻음을 받지 못한 모든 죄인들은 하나님의 저주 아래 있다. 그들에게는 하나님의 공의로운 형벌이 내려질 것이다. 저주받은 악인들이 들어갈 마지막 장소는 지옥이다. 그 곳은 '영영한 불'(41절)의 장소이다(막 9:43, 48; 계 20:10). 그 곳은 마귀와 악령들을 위하여 예비된 곳이지만, 범죄하고 회개치 않는 모든 사람들도 거기에 들어갈 것이다.

그들이, "주여, 우리가 어느 때에 주의 주리신 것이나 목마르신 것이나 나그네 되신 것이나 벗으신 것이나 병드신 것이나 옥에 갇히신 것을 보고 섬기지 아니하더이까?"라고 대답하자, 임금은 "내가 진실로 너희에게 이르노니 이 지극히 작은 자 하나에게 하지 아니한 것이 곧 내게 하지 아니한 것이니라"고 대답하였다.

승천하여 영광 중에 계신 주님 자신은 지금 고난을 당하고 계시지 않지만, 주님의 제자들은 세상에서 여러 가지 고난을 당할 것이다. 주님의 관심은 그들에게 있다. 특히 주님의 사도들과 제자들은 얼마 후면 전도의 사명을 받아 온 세계로 보내질 것이다. 이제 주께서는 일반 신자들에게 주님을 영접하듯이 그들을 영접하라고 교훈하신다.

주께서는 "이 지극히 작은 자 하나에게 하지 아니한 것이 곧 내게 하지 아니한 것이니라"고 말씀하셨다. 그것은 우리가 예수 그리스도를 믿는 어린 신자 한 사람, 특히 주의 사랑하는 전도자 한 사람을 영접하지 않는 것이 천국을 잃고 지옥에 던지울 큰 죄악임을 말씀하신 것이다. 사람의 행위는 그의 믿음을 증거한다. 주께서는 "저희는 영벌(永罰)에, 의인들은 영생(永生)에 들어가리라"고 말씀하셨다.

이것은 "서로 사랑하라"(요 13:34)는 새 계명의 실천의 문제이다. 사도 요한은 요한일서에서 서로 사랑하지 않는 자는 아직도 어두움 가운데 사는 자요(2:9-11) 중생치 못한 자요(3:9-10) 새 생명이 없는 자라고 말하였다(3:14-15). 더욱이 주께서 보내신 참된 종들에 대한 태도는 주께 대한 태도를 나타낸다. 그들이 참된 신자라면 예수 그리스도를 믿는 형제들과 특히 주의 종들을 사랑하고 귀히 여겼을 것이다. 그들에 대해 무관심하고 무정한 자들은 주님을 믿는 자가 아닐 것이다. 그들은 확실히 천국에서 제외되고 지옥에 던지울 것이다.

본문의 교훈을 정리해보자. 첫째로, 영광 중에 재림하실 주 예수께서는 모든 나라들과 사람들을 모으시고 심판하실 것이며 의인들과 악인들을 나누실 것이다. 우리는 이 세상에 마지막 심판이 있음을 알아야 한다. 고린도후서 5:10, "이는 우리가 다 반드시 그리스도의 심판대 앞에 드러나 각각 선악간에 그 몸으로 행한 것을 따라 받으려 함이라." 모든 사람이 하나님의 심판대 앞에 서며 선악간에 심판을 받을 것이다.

둘째로, 천국은 하나님께서 창세로부터 의인들을 위하여 예비하신 곳이며 하나님께 복 받은 의인들이 들어갈 영생의 나라이지만, 지옥은 마귀와 악령들을 위해 예비된 곳이며 저주받은 악인들도 들어갈 영벌(永罰)의 장소이다. 성경은 복된 영생의 나라인 천국과 영원한 형벌의 지옥을 증거한다. 우리는 영원한 천국과 지옥이 있음을 알아야 한다.

셋째로, 주께서는 사람들이 영생과 영벌을 받는 이유를 서로 사랑하는 일의 실천 여부로 말씀하셨다. 서로 사랑하는 일은 주님의 말씀을 전하는 자들을 영접하고 돌보는 일을 포함한다. 우리는 서로 사랑하라는 새 계명을 실천해야 하고 예수 그리스도를 믿는 작은 자 한 사람을 사랑하고 영접해야 하고 특히 하나님의 말씀을 전하는 전도자 한 사람을 귀히 여겨야 한다. 이 비유는 모든 성도에게 서로 사랑하라는 의무를 다시 강조하며 또 주님의 크고 작은 종들에게 작은 위로를 준다.

26장: 잡히심

복음서들은 예수 그리스도의 3년여의 사역 기간 중 마지막 주간의 교훈들과 사건들을 매우 자세하게 기록하였다(마태는 일곱 장, 마가는 넉 장, 누가는 다섯 장, 요한은 여덟 장). 그것은 예수 그리스도의 죽음이 그의 생애에서 매우 중요한 사건이었기 때문일 것이다.

1-16절, 공모, 향유를 부음, 배신

〔1-2절〕 **예수께서 이 말씀을 다 마치시고 제자들에게 이르시되**[말씀하시기를] **너희의 아는 바와 같이 이틀을 지나면 유월절이라. 인자(人子)가 십자가에 못 박히기 위하여 팔리우리라 하시더라.**

주께서 제자들과 함께 유월절 식사를 목요일 밤에 가지셨다면, 이 말씀을 하신 날은 그 이틀 전, 즉 화요일이었을 것이다. 예수께서는 유월절에 넘기우실 것이다. '판다'는 원어(파라디도미 παραδίδωμι)는 '넘긴다'는 뜻이다. 유월절은 이스라엘 백성이 애굽의 노예생활에서 해방된 것을 기념하는 주요 절기이다. 유월절에 집 문 좌우 기둥과 인방(위 아래 문틀)에 어린양의 피를 바른 의식은 죄인들이 그리스도의 피로 구원 얻음을 예표하였다. 사도 바울은 고린도전서 5:7에서 예수 그리스도를 유월절 어린양으로 표현하였다.

예수께서는 자신의 죽음을 미리 아셨고 제자들에게 이미 세 차례나 자신의 죽음에 대하여 예언하셨다(마 16:21; 17:22-23; 20:18-19). 자신의 죽음에 대한 예언은 그의 신적인 지식을 증거한다. 또 그가 이것을 미리 말씀하신 것은 제자들의 마음을 준비시켜 그들로 그가 십자가에 죽으실 때 당황치 않게 하시고 또 제자들 자신도 장차 고난과 죽음을 당할 것을 각오하게 하심이었을 것이다.

〔3-5절〕 **그때에 대제사장들과 백성의 장로들이 가야바라 하는 대제사장**

의 아문(衙門)(<u>아울레</u> αὐλή)[관저, 뜰]**에 모여 예수를**[예수님을] **궤계로**(<u>돌로</u> δόλῳ)[은밀히, 몰래](BDAG, NASB) **잡아죽이려고 의논하되 말하기를 민요(民擾)가 날까 하노니 명절에는 말자 하더라.**

가야바는 당시의 대제사장이었다(눅 3:2; 요 11:51). 그는 겉으로는 경건하게 보였겠지만, 실상 메시아를 죽이는 일에 앞장선 악한 자이었다. 유대의 종교지도자들은 예수님 죽이기를 공모했다. 실상 그들은 처음부터 그런 일을 계획했다. 예수께서 안식일에 병자들을 고쳐주신 것 때문에 그들은 이미 예수님을 죽일 것을 의논했었다(요 5:16 전통본문; 마 12:14). 또 요한복음 5:18에 보면, 유대인들은 예수께서 하나님을 자기의 친아버지라고 말씀하심을 인해 그를 죽이려 하였고, 요한복음 7:7은 그가 그들을 악하다고 증거하시기 때문에, 요한복음 12:19는 온 세상이 그를 따르기 때문에, 그리고 마태복음 27:18은 그들이 그를 시기하기 때문에 죽이려 했다고 증거한다.

하나님을 섬기며 백성에게 하나님의 법을 가르친다는 종교지도자들이 의로우신 하나님의 아들을 까닭 없이 죽이려고 이렇게 악한 일을 도모하였던 것이다. 그의 교훈에 문제가 있었다면 그들은 그것을 지적하고 성경과 이성에 입각한 공정한 비평을 하여야 했었다. 까닭 없이 미워하고 죽이려 하는 것은 하나님 앞에 큰 죄악이었다. 우리는 하나님을 경외하고 서로 사랑하고 이웃에게 선을 베풀어야 한다.

[6-9절] 예수께서 베다니 문둥이[나병환자] **시몬의 집에 계실 때에 한 여자가 매우 귀한 향유 한 옥합을 가지고 나아와서 식사하시는 예수**[님]**의 머리에 부으니 제자들이 보고 분하여 가로되**[말하기를] **무슨 의사로 이것을 허비하느뇨? 이것을 많은 값에 팔아 가난한 자들에게 줄 수 있었겠도다 하거늘.**

그 나병환자 시몬은 아마 이전에 나병을 앓았다가 고침을 받은 자이었을 것이다. 이 일은, 요한복음에 기록된 대로, 예수께서 유월절 엿새 전 베다니에 오셨을 때에 아마 그 날에 있었던 일이고, 예수께 향유를 부었던 그 여인은 나사로의 여자 형제 마리아이었던 것 같다

(요 11:1-2; 12:1-3). 마리아는 지극히 비싼 향유 곧 순전한 나드 한 근을 가져다가 예수님의 머리에 붓고 또 그의 발에도 붓고(요 12:3) 자기의 머리털로 그의 발을 씻었다. 향유 냄새는 온 집에 가득하였다. 세상의 귀부인들은 값비싼 옷이나 신발, 고급화장품이나 장신구로 자기 몸을 단장한다. 그러나 세상에 참으로 값비싼 향유를 발라야 할 분이 계시다면, 그는 바로 우리 주 예수 그리스도이시다.

마가복음과 요한복음은 그 향유가 3백 데나리온 이상의 가치가 있다고 증거한다(막 14:3-5; 요 12:3-6). 그것은 노동자의 3백일 이상의 품삯에 해당한다. 노동자의 품삯을 하루 10만원으로 잡으면 그것은 약 3,000만원 이상의 가치가 되는 값비싼 향유이었다.

그렇게 분노한 제자들 중 가룟 유다가 대표적 인물이었다. 요한복음 12:3-6은 이렇게 기록한다. "제자 중 하나로서 예수님을 잡아 줄 가룟 유다가 말하되 이 향유를 어찌하여 삼백 데나리온에 팔아 가난한 자들에게 주지 아니하였느냐 하니 이렇게 말함은 가난한 자들을 생각함이 아니요 저는 도적이라. 돈궤를 맡고 거기 넣는 것을 훔쳐 감이러라." 그는 선한 일에 대해 말하였지만 실상 다른 마음을 품고 있었다고 보인다. 그는 돈궤에서 돈을 훔치는 도적이었다.

〔10-13절〕 예수께서 아시고 저희에게 이르시되[말씀하시기를] **너희가 어찌하여 이 여자를 괴롭게 하느냐? 저가 내게 좋은 일을 하였느니라. 가난한 자들은 항상 너희와 함께 있거니와 나는 항상 함께 있지 아니하리라. 이 여자가 내 몸에 이 향유를 부은 것은 내 장사(葬事)를 위하여 함이니라.**

주님의 판단은 그들과 달랐다. 그는 그가 좋은 일을 하였으므로 그를 괴롭게 하지 말라고 말씀하셨다. 또 그는 가난한 자들을 돕는 것은 우리가 항상 할 수 있지만, 자기를 위해 향유를 붓는 일은 항상 할 수 있는 일이 아니라고 말씀하셨다. 그의 지상 생애는 이제 며칠 남지 않았다. 마리아는 그가 죽으시기 전에 아마 자기가 가장 아끼던 귀한 향유를 그에게 부어드리고 싶어했다. 유대의 종교지도자들이 그를 잡아죽이려 한 그때에, 마리아는 예수 그리스도의 죽음을 예견하며 그에게 자기의 귀한 향유를 부어 그의 죽음을 준비하기를 원하였다. 그러나, 실상 주 예수께서는 우리를 위해 자신의 몸을 깨뜨려 그 어떤 향유보다 더 귀한 그의 보배로운 피(寶血)를 다 쏟아주셨다.

〔13절〕 내가 진실로 너희에게 이르노니 온 천하에 어디서든지 이 복음이 전파되는 곳에는 이 여자의 행한 일도 말하여 저를 기념하리라 하시니라.

예수께서는 그 여인의 행위가 후시대에도 기억될 만한 일이라고 칭찬하셨다. 가난한 자를 구제하는 일도 귀하지만, 하나님을 위해 쓴 돈, 주 예수 그리스도와 그의 복음을 위해 쓴 돈은 참으로 귀한 돈이다. 오늘날도 하나님을 위해, 주 예수 그리스도와 그의 복음을 위해 쓰는 시간과 돈과 수고는 참으로 귀하다. 주께서는 먼저 우리를 위해 자신의 성체(聖體)를 깨뜨리시고 보혈을 다 쏟아주셨다. 이제 우리는 하나님과 주님을 위해 우리의 시간과 돈과 수고를 드려야 한다.

〔14-16절〕 그때에 열둘 중에 하나인 가룟 유다라 하는 자가 대제사장들에게 가서 말하되 내가 예수를 너희에게 넘겨주리니 얼마나 주려느냐 하니 그들이 은 삼십을 달아 주거늘 저가 그때부터 예수를 넘겨줄 기회를 찾더라.

은 30은 아마 30스타테르, 즉 120데나리온을 가리킬 것이다(NBD). 그것은 마리아가 드린 향유 값인 300데나리온(막 14:5; 요 12:5)보다는 못했으나 꽤 큰 금액이었다. 한 사람은 300데나리온 짜리 향유를 주님께 부어드렸으나, 다른 한 사람은 120데나리온을 얻으려고 주님을 배신하였다. 이것은 너무 대조적이다. 지식과 무지, 믿음과 불신앙, 충성과 배신은 너무나 큰 대조를 이루었다.

가룟 유다는 열두 제자 중의 한 사람이었다. 그러나 그는 주님을 배신하였다. 사람은 심히 무지하고 악한 존재이다. 하나님께서 은혜를 주지 않으시면, 3년 동안 예수님을 따라다니며 그의 곁에서 그의 은혜로운 말씀을 듣고 그의 놀라운 기적들을 보고 체험한 것이 아무 소용이 없었다. 가룟 유다는 처음부터 믿지 않은 자이었다. 예수께서는 그를 따르는 자들 중에 믿지 않는 자들이 있었고 자기를 팔 자가 누구인지 처음부터 아셨다. 요한복음 6:64, "너희 중에 믿지 아니하는 자들이 있느니라 하시니 이는 예수께서 믿지 아니하는 자들이 누구며 자기를 팔 자가 누군지 처음부터 아심이러라." 유다의 불신앙은 없어지지 않았다. 또 그는 도적이었다. 요한복음 12:6은 그가 돈궤를 맡고 거기 넣는 것을 훔쳐갔다고 말한다. 그의 돈 사랑은 없어지지 않았다. 그의 물질에 대한 탐심은 마침내 그를 멸망케 하였다.

또 사탄의 활동이 강하였다. 누가복음 22:3은, "열둘 중에 하나인 가룟인이라 부르는 유다에게 사단이 들어갔다"고 말하고, 요한복음 13:27도, "조각을 받은 후 곧 사단이 그 속에 들어간지라"고 말한다. 물론, 하나님의 능력은 사탄의 능력보다 크시다. 그러나 하나님께서 버려두시면 사람은 누구나 사단의 유혹에 넘어질 수밖에 없다. 그러므로 사람이 믿음으로 바로 살려면 오직 하나님의 은혜가 필요하다.

본문의 교훈을 정리해보자. 첫째로, 마리아는 값이 300데나리온 이상인 귀한 향유를 죽음을 앞두신 주께 부어드렸다. 우리의 가장 귀한 것이 주께서 우리 위해 흘리신 보혈의 가치에 감히 비교될 수는 없으나, 우리는 주 예수 그리스도를 위해 우리의 가장 귀한 것을 드려야 한다.

둘째로, 하나님과 주 예수님과 그의 복음을 위해 쓴 돈은 가난한 자를 구제한 돈보다 귀하다. 주 예수께서는 우리를 위해 자신을 다 주셨다. 이제 우리는 주님을 위해 우리의 시간과 돈과 수고를 드려야 한다.

셋째로, 한 사람은 300데나리온 이상 짜리 향유를 주님께 부어드렸으나, 다른 한 사람은 120데나리온을 얻으려고 주님을 배신했다. 지식과 무지, 믿음과 불신앙, 충성과 배신은 너무나 큰 대조를 이룬다. 하나님께서 은혜를 주지 않으시면 3년 간이나 예수님을 따라 다닌 것은 아무 소용이 없었다. 우리는 하나님의 은혜로 돈에 대한 욕심을 버려야 한다.

17-30절, 마지막 유월절 식탁

〔17-19절〕 무교절의 첫날에 제자들이 예수께 나아와서 가로되[말하기를] **유월절 잡수실 것을 우리가 어디서 예비하기를 원하시나이까? 가라사대**[말씀하시기를] **성안 아무에게 가서 이르되 선생님 말씀이 내 때가 가까왔으니 내 제자들과 함께 유월절을 네 집에서 지키겠다 하시더라 하라 하신대 제자들이 예수**[예수님]**의 시키신 대로 하여 유월절을 예비하였더라.**

예수님의 3년의 공적 사역 기간 중 가장 중요한 사건인 그의 죽음의 사건, 곧 인류 구속(救贖)의 사건이 다가오고 있었다. 모든 일은 때가 있다(전 3:1-8). 하나님께서는 모든 일을 작정하신 때에 이루신다.

유월절은 1월 14일 저녁이며 유월절 식사를 하면 무교절 첫날이 된다. 본문의 유월절은 예수께서 공적 사역을 시작하신 후 네 번째로 맞는 유월절이라고 본다(요 2:13; 4:35; 6:4). 마가복음이나 누가복음에 보면, 주께서는 한 큰 다락방을 빌리게 하셨다(막 14:15; 눅 22:12). 제자들은 주께서 시키신 대로 하여 유월절 식사를 준비하였다.

〔20-25절〕 저물 때에 예수께서 열두 제자와 함께 앉으셨더니 저희가 먹을 때에 이르시되[말씀하시기를] **내가 진실로 너희에게 이르노니**[말하노니] **너희 중에 한 사람이 나를 팔리라 하시니 저희가 심히 근심하여 각각 여짜오되 주여**[주님이시여]**, 내니이까? 대답하여 가라사대**[말씀하시기를] **나와 함께 그릇에 손을 넣는 그가 나를 팔리라. 인자(人子)는 자기에게 대하여 기록된 대로 가거니와 인자를 파는 그 사람에게는 화가 있으리로다. 그 사람은 차라리 나지 아니 하였더면 제게 좋을 뻔하였느니라. 예수**[님]**를 파는 유다가 대답하여 가로되**[말하기를] **랍비여, 내니이까? 대답하시되 네가 말하였도다 하시니라.**

그 유월절 저녁식사는 결코 평안한 식탁이 아니었다. 주께서는 그와 함께 그릇에 손을 넣는 자, 즉 그의 측근의 제자들 중 하나가 그를 배신하여 그를 팔아넘길 것이라고 말씀하셨기 때문이다. 그의 사랑하고 믿던 열두 제자들 중 하나가 그를 배반하고 그를 대적할 것이다.

가룟 유다는 마지막 유월절 식탁에 참여했고 예수님 가까이에 앉았던 것이 분명하다. 요한복음은 그가 예수께로부터 빵 조각을 받은 후 곧 사탄이 그 속에 들어갔다고 증거한다(요 13:27).

그리스도의 죽음은 성경에 기록된 바요 하나님의 작정된 바이며, 그 일은 그대로 이루어질 것이다. 요한복음 6:64에 보면, 주 예수께서는 가룟 유다가 믿음이 없었고 장차 그를 팔 것을 처음부터 아셨다. 또 누가복음 22:22에 보면, 주께서는 "인자는 이미 작정된 대로 가거니와 그를 파는 그 사람에게는 화가 있으리로다"라고 말씀하셨다.

하나님의 작정과 사람의 도덕적 책임의 관계는 심오하나. 하나님께서는 모든 일을 주권적으로 작정하시고 섭리하시지만, 악을 행하는 사람은 그 악행에 대해 책임을 져야 한다. 이 둘은 다 하나님의 계시된 진리이다. 단지, 우리는 하나님의 은혜가 아니라면 회개도, 믿음도, 순종도, 끝까지 주를 따름도 불가능하다는 것을 안다.

가룟 유다가 다른 제자들과 다르게 예수님을 '랍비' 곧 선생님이라고 부른 것은 그가 예수님을 신적 구주, 즉 그의 신성(神性)을 믿지 않았음을 보이는 것 같고 또 "내니이까?"라는 그의 질문은 주께서 그의 은밀한 계획을 모르시리라는 생각을 나타내는 것 같다. 가룟 유다는 예수 그리스도의 신적 인격과 신적 지식을 믿지 않았던 것 같다.

가룟 유다는 최종적으로도 구원에서 제외된 불쌍한 영혼이지만, 세상에서도 그의 마지막은 불행하였다. 성경은, 그가 예수께서 정죄되심을 보고 뉘우쳐 은 삼십을 대제사장들과 장로들에게 도로 갖다 주며 스스로 목매어 죽었으며(마 27:3-5), 또 그가 몸이 곤두박질하여 배가 터져 창자가 다 흘러나왔다고 증거하였다(행 1:18). 우리는 가룟 유다처럼 믿음 없고 가련한 배신자가 되지 않기를 원한다. 그러려면 우리는 지금 자신을 부정하고 믿음과 순종으로 살아야 한다.

[26-27절] 저희가 먹을 때에 예수께서 떡을 가지사 축복하시고 떼어 제자들을 주시며 가라사대[말씀하시기를] **받아 먹으라. 이것이 내 몸이니라**

하시고 또 잔을 가지사 사례하시고 저희에게 주시며 가라사대[말씀하시기를] **너희가 다 이것을 마시라.**

그 날 밤에 사용된 빵은 큰 한 덩어리의 빵이었던 것 같다. 가룟 유다는 그 유월절 식탁, 곧 최초의 성찬식에 참여했다고 보인다(눅 22:21; 요 13:26-27). 비록 그가 성찬식에 참여했지만, 그는 구원 얻지 못한 자이었다. 성찬의 떡과 포도즙은 그 자체에 효력이 있는 것이 아니며, 따라서 성찬에 참여하는 자가 다 구원 얻는 것이 아니다.

주께서 떡을 '내 몸'이라고 말씀하시고 포도즙을 '내 피'라고 말씀하신 것은 상징적 표현이라고 본다. 떡과 포도즙은 예수 그리스도의 몸과 피를 상징한다. 그러나 거기에는 상징적 일치가 있다. 즉 그 떡은 예수님의 몸과 같고 그 포도즙은 예수님의 피와 같다. 그러므로 고린도전서 11:27은 사람이 주의 떡과 잔을 합당치 않게 먹고 마시는 것은 주의 몸과 피를 범하는 죄가 있다고 경고하였다. 주께서는 이 의식에서 그의 신성(神性)의 영으로 우리와 함께하신다고 본다.

〔28-30절〕 이것은 죄사함을 얻게 하려고 많은 사람을 위하여 흘리는 바 나의 피 곧 언약의[새 언약의][59] **피니라. 그러나 너희에게 이르노니**[말하노니] **내가 포도나무에서 난 것을 이제부터 내 아버지의 나라에서 새것으로 너희와 함께 마시는 날까지 마시지 아니하리라 하시니라. 이에 저희가 찬미하고 감람산으로 나아가니라.**

새 언약은 하나님께서 예수 그리스도를 믿는 자들과 맺으신 구원의 약속이다. 예수 그리스도께서 십자가 위에서 피 흘리신 죽음은 많은 사람의 죄사함을 위한 것이다. '많은 사람'은 택자들을 가리킨다. 하나님께 택함 받은 자들의 수는 매우 많다. 요한계시록 7:9, "이 일 후에 내가 보니 각 나라와 족속과 백성과 방언에서 아무라도 능히 셀 수 없는 큰 무리가 흰옷을 입고 손에 종려가지를 들고 보좌 앞과 어린양 앞에 서

---

59) Byz A C D W it$^{a\ d\ ff2}$ vg syr$^{p\ s}$ cop$^{sa\ bo}$ arm Irenaeus^{lat} Origen^{lat} Diatessaron 등에 있음.

서." 또 성경은 피가 생명이며 속죄의 피가 죄를 씻음을 증거한다. 레위기 17:11, "육체의 생명은 피에 있음이라. 내가 이 피를 너희에게 주어 단에 뿌려 너희의 생명을 위하여 속하게 하였나니 생명이 피에 있으므로 피가 죄를 속하느니라." 그러므로 그리스도의 속죄의 피가 중요하며 우리에게 있어서 속죄 신앙이 가장 중요하다. 요한복음 6:53-55, "예수께서 이르시되 내가 진실로 진실로 너희에게 이르노니 인자(人子)의 살을 먹지 아니하고 인자의 피를 마시지 아니하면 너희 속에 생명이 없느니라. 내 살을 먹고 내 피를 마시는 자는 영생을 가졌고 마지막 날에 내가 그를 다시 살리리니 내 살은 참된 양식이요 내 피는 참된 음료로다." 구주 예수 그리스도의 속죄가 없었다면, 이 세상에서 죄인들에게 죄사함과 구원과 영생이 없었을 것이다. 그러므로 그리스도인들에게 있어서 속죄 신앙은 기본적인 구원 신앙이다. 그것은 구원의 생명이다. 우리는 장차 천국에서 복되고 즐거운 식탁교제를 나눌 것이다.

본문의 교훈을 정리해보자. 첫째로, 우리는 가룟 유다처럼 헛되이 주를 따르지 말아야 한다. 가룟 유다는 예수님의 부르심을 받아 열두 제자들의 수에 들었고 3년 동안 예수님 가까이에서 그의 교훈을 받고 그 행하신 기적들을 보았지만 그를 헛되이 따르다가 마침내 배신자가 되었다. 가룟 유다의 실패의 원인은 그가 돈 사랑을 버리지 못한 데 있다고 본다. 그는 돈궤를 맡고 거기 넣는 것을 훔쳤다(요 12:6). 우리는 평소 하나님의 은혜를 구하며 자신을 부정하고 돈 사랑, 육신의 쾌락 사랑, 세상 사랑을 버리고 하나님과 예수 그리스도만 믿고 순종해야 한다.

둘째로, 우리는 오직 예수 그리스도의 속죄를 믿고 의지해야 한다. 예수께서는 우리의 죄를 대속하시려고 십자가에 죽으셨다. 그가 찢으신 살과 흘리신 피가 우리에게 죄사함과 의롭다 하심과 영생이 되었다. 그를 믿는 자마다 죄사함과 의롭다 하심과 영생을 얻는다. 그러므로 우리는 속죄의 구주 예수 그리스도를 믿고 의지하고 사랑해야 한다.

31-46절, 겟세마네에서 기도하심

〔31-35절〕 때에 예수께서 제자들에게 이르시되[말씀하시기를] **오늘밤에 너희가 다 나를 버리리라. 기록된 바 내가 목자를 치리니 양의 떼가 흩어지리라 하였느니라. 그러나 내가 살아난 후에 너희보다 먼저 갈릴리로 가리라. 베드로가 대답하여 가로되**[말하기를] **다 주**[님]**를 버릴지라도 나는 언제든지 버리지 않겠나이다. 예수께서 가라사대**[말씀하시기를] **내가 진실로 네게 이르노니**[말하노니] **오늘밤 닭 울기 전에 네가 세 번 나를 부인하리라. 베드로가 가로되**[말하기를] **내가 주**[님]**와 함께 죽을지언정 주**[님]**를 부인하지 않겠나이다 하고 모든 제자도 이와 같이 말하니라.**

주께서 인용하신 말씀은 스가랴 13:7의 예언이었다. 그는 그 예언의 말씀을 인용하시면서 제자들이 그를 버릴 것을 말씀하셨고 그가 부활하신 후 갈릴리로 먼저 가실 것도 말씀하셨다. 주께는 신적 지식이 있으셨다. 사도 베드로는 "내가 주님과 함께 죽을지언정 주님을 부인하지 않겠다"고 말했고 모든 제자들도 그와 같이 말했다. 그들의 말은 진심의 고백이었을 것이다. 그러나 사람의 선한 소원과 진심의 고백도 하나님의 은혜의 도우심이 없으면 실패하고 말 것이다. 사람은 심히 연약한 존재이며 사람의 굳은 결심도 그러하다. 승리의 삶은 우리의 힘으로가 아니고 오직 성령님의 능력과 도우심으로 가능하다.

〔36절〕 이에 예수께서 제자들과 함께 겟세마네라 하는 곳에 이르러 제자들에게 이르시되[말씀하시기를] **내가 저기 가서 기도할 동안에 너희는 여기 앉아 있으라 하시고 베드로와 세베대의 두 아들을 데리고 가실새 고민하고 슬퍼하사 이에 말씀하시되 내 마음**[영혼]**이 심히 고민하여 죽게 되었으니 너희는 여기 머물러 나와 함께 깨어 있으라 하시고 조금 나아가사 얼굴을 땅에 대시고 엎드려 기도하여 가라사대**[말씀하시기를] **내 아버지여, 만일 할 만하시거든 이 잔을 내게서 지나가게 하옵소서, 그러나 나의 원대로 마옵시고 아버지의 원대로 하옵소서 하시고.**

겟세마네 동산은 감람산이라고도 하며 주께서 제자들과 함께 자주 가셔서 기도하셨던 곳이었다(눅 22:39). 예수께서 기도하신다는 것은 그의 인성(人性)의 증거이었다. 물론 그의 신성(神性)으로도 아버지와 대화하는 것이 가능하시겠지만, 그가 아버지께 기도하신 것은 그의 인성을 나타내셨다고 본다. 그는 잡히시기 전날 기도하셨다. 그것은 우리에게 본과 교훈이 된다. 우리가 큰 일을 앞두고 해야 할 가장 첫 번째 일이며 가장 중요한 일은 하나님께 기도하는 일이다.

그는 베드로와, 세베대의 두 아들 곧 요한과 야고보를 데리고 좀더 나아가셨다. 이 세 제자는 예수님의 열두 제자들 중에서도 최측근의 인물들이었다(눅 8:51; 9:28). 그는 그때 심히 고민하며 슬퍼하셨다. 그는 우리와 같이 연약한 감정을 가진 사람이셨다. 그는 조금 나아가 얼굴을 땅에 대고 엎드려 기도하셨다. 누가복음은 그가 무릎을 꿇고 기도하셨으며 땀이 땅에 떨어지는 핏방울같이 되도록 힘쓰고 애써 간절히 기도하셨다고 증거하였다(눅 22:41, 44). 그는, "내 아버지여, 만일 할 만하시거든 이 잔을 내게서 지나가게 하옵소서"라고 기도하셨다. 그가 자신에게서 지나가기를 원하신 '이 잔'은 십자가에 못박히심과 죽으심을 가리켰다. 십자가에 못박혀 죽으심은 육신적 고통뿐 아니라, 택자들의 죄책을 담당하는 영적 고통이 있는 죽으심이었다.

그의 기도는, 참 하나님이시며 참 사람이신 그의 신비하고 독특한 인격을 증거한다. 그는 하나님과 사람들 사이의 중보자로서 참 사람이 되셨다(딤전 2:5). 그는 사람으로서 십자가에 달려 죽으심을 피하기를 원하셨고 마음의 큰 슬픔과 고통 중에 땀을 흘리며 간절히 기도하셨다. 히브리서 5:7은, "그는 육체에 계실 때에 자기를 죽음에서 능히 구원하실 이에게 심한 통곡과 눈물로 간구와 소원을 올렸고 그의 경외하심을 인하여 들으심을 얻었느니라"고 증거하였다. 그의 기도는 사람이신 예수 그리스도의 모습을 잘 보인다.

십자가의 죽음은 사람으로서 피하고 싶은 일이셨을 것이다. 그러나 그는 자신의 뜻을 꺾고 아버지의 뜻대로 이루어지기를 기도하셨다. 그의 기도는 자기의 뜻을 고집하고 관철하려는 기도가 아니었다. 그의 기도는 자기를 꺾고 아버지의 뜻에 순종하는 기도이었다. 하나님의 뜻은 거룩하시고 선하시고 완전하시며, 오직 그의 뜻이 땅 위에서 다 이루어져야 한다. 하나님의 아들 예수 그리스도께서는 이 일에서도 아버지께 순종하셨다. 그는 아버지께 순종하심으로 그의 온전함을 증거하셨다. 그러므로 히브리서 5:8-9는, "그가 아들이시라도 받으신 고난으로 순종함을 배워서 온전하게 되었은즉 자기를 순종하는 모든 자에게 영원한 구원의 근원이 되셨다"고 증거하였다.

십자가의 죽음은 사람으로서 감당하기 어려운 일이었으나, 하나님께서는 우리의 죄의 속죄를 위해 자기 아들을 십자가에 내어주셨다. 하나님의 아들 예수 그리스도께서는 우리의 죄 때문에 벌을 받으심으로 하나님의 의(義)를 만족시키셨다. 여기에 예수 그리스도의 십자가의 깊은 의미 곧 속죄적 의미가 있다. 우리의 죄 문제는 구주 예수 그리스도의 십자가의 속죄의 죽음을 통하지 않고는 해결될 수 없었다. 그러나 그가 피 흘려 죽으심으로 우리는 죄씻음을 얻었다.

〔40-41절〕 제자들에게 오사 그 자는 것을 보시고 베드로에게 말씀하시되 너희가 나와 함께 한 시[시간] **동안도 이렇게 깨어 있을 수 없더냐? 시험에 들지 않게 깨어 있어 기도하라. 마음**(토 프뉴마 τὸ πνεῦμα)[영, 심령]**에는 원이로되**[원하지만] **육신이 약하도다 하시고.**

주 예수께서는 한 시간 동안 기도하셨고 제자들에게 시험에 들지 않게 깨어 있어 기도하라고 말씀하셨다. 그러나 그 한 시간 동안도, 제자들은 주님과 함께 마음을 같이하여 깨어 기도하지 못했고 피곤하여 잠을 잤다. 기도는 시험을 이기는 길이며 사람이 깨어 기도할 때 시험에 들지 않을 수 있으나, 기도하지 않으면 시험에 빠지게 된다. 그러나 우리의 심령은 바른 것을 원하지만 육신이 연약하다.

〔42-46절〕 다시 두 번째 나아가 기도하여 가라사대[말씀하시기를] **내 아버지여, 만일 내가 마시지 않고는 이 잔이 내게서 지나갈 수 없거든 아버**

지의 원대로 되기를 원하나이다 하시고 다시 오사 보신즉 저희가 자니 이는 저희 눈이 피곤함일러라. 또 저희를 두시고 나아가 세 번째 동일한 말씀으로 기도하신 후 이에 제자들에게 오사 이르시되[말씀하시기를] **이제는 자고 쉬라**(KJV, 원문에 맞음). **보라, 때가 가까왔으니 인자(人子)가 죄인의 손에 팔리우느니라. 일어나라. 함께 가자. 보라, 나를 파는 자가 가까이 왔느니라.**

예수님의 기도는 세 번 반복되었다. 그것은 한 시간씩 세 번, 약 세 시간의 기도이었을 것이다. 그의 기도의 내용은 비슷하였던 것 같다. 아버지의 뜻은 아들이 속죄제물로 십자가에 죽는 것이었다. 예수께서는 기도를 통해 그것을 다시 확인하고 확신하셨을 것이다. 십자가에 못박히는 것은 사람으로서는 정말 어려운 일이지만, 그는 아버지의 뜻에 순종하여 그렇게 하기로 굳게 결심하셨을 것이다.

본문의 교훈을 정리해보자. 첫째로, 우리는 겟세마네에서의 예수님의 기도를 본받아야 한다. 예수께서는 십자가에 못박혀 죽으시기 전날 밤 겟세마네 동산에서 오랫동안 기도하셨다. 그는 세 번 반복하여 무릎을 꿇고 엎드려 간절히 아버지께 기도하셨다. 누가복음은 그가 얼굴의 땀이 땅에 떨어지는 핏방울같이 되도록 기도하셨다고 증거한다. 그는 인간적으로 십자가에 못박혀 죽으시는 것을 피하고 싶으셨으나, 자기의 뜻을 꺾고 아버지의 뜻에 순종하기를 결심하셨다. 우리는 주님의 그 기도를 본받아야 한다. 우리는 중대한 일 앞에서 간절히 기도해야 하고 우리 자신의 뜻을 꺾고 하나님의 뜻만 이루어지기를 기도해야 한다.

둘째로, 시험을 이기는 길은 깨어 기도하는 것뿐이다. 세상에는 죄와 마귀의 시험이 많이 있다. 이런 일을 이기려면 우리는 성경 읽고 기도하며 하나님의 은혜를 구해야 한다. 그러므로 주께서는 "시험에 들지 않게 깨어 있어 기도하라"고 말씀하셨다. 어려운 문제를 해결하는 길은 말씀묵상과 기도밖에 없다. 에베소서 6:18은 하나님의 전신갑주를 입고 마귀와의 영적 싸움을 싸우고 무시로 성령 안에서 기도하라고 교훈했다. 죄와 세상과 마귀의 시험을 이기는 길은 말씀과 기도밖에 없다.

47-75절, 잡히심, 심문받으심

〔47-52절〕 말씀하실 때에 열둘 중에 하나인 유다가 왔는데 대제사장들과 백성의 장로들에게서 파송된 큰 무리가 검[칼]**과 몽치**[몽둥이]**를 가지고 그와 함께하였더라. 예수**[님]**를 파는 자가 그들에게 군호를 짜 가로되**[말하기를] **내가 입맞추는 자가 그이니 그를 잡으라 하였는지라. 곧 예수께 나아와 랍비여, 안녕하시옵니까 하고 입을 맞추니 예수께서 가라사대**[말씀하시기를] **친구여, 네가 무엇을 하려고 왔는지 행하라**(에프 호 파레이 ἐφ' ὃ πάρει)[왜 왔는가](TR, KJV) **하신대 이에 저희가 나아와 예수께 손을 대어 잡는지라. 예수**[님]**와 함께 있던 자 중에 하나가 손을 펴 검을 빼어 대제사장의 종을 쳐 그 귀를 떨어뜨리니 이에 예수께서 이르시되**[말씀하시기를] **네 검을 도로 집에 꽂으라. 검을 가지는 자는 다 검으로 망하느니라.**

유다는 위선적 입맞춤으로 주님을 잡히시게 했다. 이 세상에는 돈 욕심, 배신, 폭력이 있으나, 천국에는 의와 사랑과 진실만 있다.

요한복음 18:10은 칼을 쓴 그 제자가 베드로이며 그 종의 이름이 말고라고 말했고 누가복음 22:51은 주께서 그 종의 귀를 만져 낫게 하셨다고 말하였다. 기독교는 칼을 사용하지 않고 폭력이나 물리적 힘으로 사람들을 정복하거나 다스리지 않는다. 또 기독교는 돈이나 사람의 지혜나 조직을 의지하여 일하지도 않는다. 그것은 모두 인간적이고 세상적이다. 기독교는 하나님의 진리를 말로 전하고 사랑의 행위로 실천하며 순교를 두려워하지 않는다. 사람들이 볼 때 무력(無力)하게 보일지 몰라도, 말과 사랑은 칼보다 강하다.

〔53-56절〕 너는 내가 내 아버지께 구하여 지금 열두 영(營) 더 되는 천사를 보내시게 할 수 없는 줄로 아느냐? 내가 만일 그렇게 하면 이런 일이 있으리라 한 성경이 어떻게 이루어지리요 하시더라. 그때에 예수께서 무리에게 말씀하시되 너희가 강도를 잡는 것같이 검[칼]**과 몽치**[몽둥이]**를 가지고 나를 잡으러 나왔느냐? 내가 날마다 성전에 앉아 가르쳤으되 너희가 나를 잡지 아니하였도다. 그러나 이렇게 된 것은 다 선지자들의 글을 이루려 함이니라 하시더라. 이에 제자들이 다 예수**[님]**를 버리고 도망하니라.**

영(營)이라는 원어(레게온 λεγεών)는 6천명 이상의 군인들로 편성된 로마제국의 군대단위이다. 열두 영은 7만 내지 8만명의 군인들을 의미한다. 그것은 많은 수의 천사들을 뜻한다. 예수께서는 힘이 없어서 잡히시는 것이 아니다. 하나님께서는 앗수르 군대 진영에서 하룻밤에 18만 5천명을 죽게 하신 일이 있으셨다(사 37:36). 그는 천사들을 동원하여, 예수님을 잡는 자들을 당장 다 멸하실 수 있다.

그러나 예수께서는 성경의 예언대로 잡혀 죽으셔야 했다. 성경의 예언 성취는 곧 하나님의 뜻의 성취이었다. 구약성경에는 메시아의 강림과 죽음에 대한 예언들과 예표들이 많이 있다. 성경의 예언들과 예표들은 성취되어야 했고 또 성취될 것이다. 예수께서는 그 예언들과 예표들대로 죽어야 하셨고 자기 백성의 죄를 대속(代贖)하는 제물이 되어야 하셨다. 그것은 다 하나님의 뜻을 성취하시는 일이었다.

주께서 잡히시던 그 밤, 그의 제자들은 다 그를 버리고 도망하였다 그들은 주님을 언제든지 버리지 않겠다 고백했던 자들이었다(33, 35절). 그러나 그 결심과 고백은 지켜지지 않았다. 그들은 자기 신변의 위협을 느꼈을 때 두려워하여 다 도망치고 말았다. 그들은 비겁하고 연약하였다. 그러나 이것은 단지 그들만의 연약이 아니고 바로 모든 사람의 연약, 곧 오늘 우리의 연약이기도 하다. 우리도 깨어 기도하지 않으면 어려운 일이 있을 때 실패하고 말 것이다.

〔57-58절〕 예수[님]를 잡은 자들이 끌고 대제사장 가야바에게로 가니 거기 서기관[들]과 장로들이 모여 있더라. 베드로가 멀찍이 예수[님]를 좇아 대제사장의 집 뜰에까지 가서 그 결국을 보려고 안에 들어가 하속들과 함께 앉았더라.

유대의 종교 지도자들은 예수님을 잡아죽이려고 이미 공모(共謀)하였고 그 새벽에 소집되어 있었다. 그들은 그를 죽이는 일에 열심이 있었다. 바른 지식이 없는 잘못된 열심이 얼마나 위험한지!

사도 베드로는 그의 고백대로 주님을 따르지 못했지만, 다른 제자들처럼 멀리 도망치지는 않았다. 그는 비록 멀찍이라도 예수님을 따라 대제사장의 관저의 뜰에까지 들어갔다. 그러나 그가 가까이 주님을 따랐더라면 더 좋았을 것이다. 지난 밤 그가 주님과 함께 깨어 기도했더라면 아마 그는 그렇게 할 수 있었을지도 모른다.

〔59-64절〕 대제사장들과 [장로들과](전통사본) **온 공회가 예수**[님]**를 죽이려고 그를 칠 거짓 증거를 찾으매**[거짓 증거를 찾으나 얻지 못했고][60] **거짓 증인이 많이 왔으나 얻지 못하더니 후에 두 사람**[두 거짓 증인][61]**이 와서 가로되**[말하기를] **이 사람의 말이 내가 하나님의 성전을 헐고 사흘에 지을 수 있다 하더라 하니 대제사장이 일어서서 예수께 묻되 아무 대답도 없느냐? 이 사람들의 너를 치는 증거가 어떠하뇨 하되 예수께서 잠잠하시거늘 대제사장이 가로되**[말하기를] **내가 너로 살아계신 하나님께 맹세하게 하노니 네가 하나님의 아들 그리스도인지 우리에게 말하라. 예수께서 가라사대** [말씀하시기를] **네가 말하였느니라. 그러나 내가 너희에게 이르노니**[말하노니] **이후에 인자(人子)가 권능의 우편에 앉은 것과 하늘 구름을 타고 오는 것을 너희가 보리라 하시니.**

공회는 대제사장들과 장로들과 서기관들로 구성된 유대 나라의 최고 의결기관이었다. 그들은 예수님을 죽일 명분을 위해 거짓 증거를 찾고 있었다. 사람을 죽이려고 거짓 증거를 찾는다는 것은 매우 악한 일이다. 의로운 판단은 합당한 증거들과 논리에 근거한다. 그러나 이 경우 같이, 이미 결론을 내려놓고 그것을 위해 그럴듯한 증거들을 찾는 일은 매우 악하다. 거짓말하는 자는 지옥에 던지울 것이다.

그러나 그들은 많은 거짓 증인들을 통해서도 예수님을 사형시킬 만한 적절한 구실을 찾지 못했다. 예수께서 "너희가 이 성전을 헐라. 내가 사흘 동안에 일으키리라"고 말씀하신 적이 있었으나(요 2:19) 그것은 자기의 몸을 가리켜 말씀하신 것이었고(요 2:21) 설령 그것이 문자 그대로의 뜻이라 하더라도 그를 죽일 이유는 되지 못하였다.

---

60) Byz A (D) W it syr$^{(s)}$ 등이 그러함.

61) Byz (A) C D (W) it vg (syr^{s}) 등이 그러함.

예수께서는 유대인의 공회, 즉 재판정에서 자신의 신분 즉 자신이 하나님의 아들 그리스도이심에 대하여 시편 110:1과 다니엘 7:13의 예언을 사용하시면서 하나님 앞에서 맹세하시며 엄숙히 증거하셨다. 이것은 주께서 자신에 대해 하신 공적인 답변이시며 진술이셨다. 그는 처음부터 자신의 신분을 말씀하셨다. 그는 수가 성 여인에게 자신이 그리스도라고 말씀하셨었다(요 4:25-26). 그는 "당신은 그리스도시요 살아계신 하나님의 아들이시니이다"라는 베드로의 고백을 인정하셨다(마 16:16). 예수께서 하나님의 아들 그리스도시라는 것은 그의 행하신 모든 기적들과 부활을 통해 확증된다(요 20:30-31). 예수님의 인격을 존중하는 자마다 그가 자신에 대해 증거하신 바를 믿어야 한다. 그가 그리스도가 아니시라면 그는 사기꾼이나 미치광이였을 것이다. 그러나 우리는 그가 하나님의 아들 그리스도이심을 믿는다.

〔65-68절〕 이에 대제사장이 자기 옷을 찢으며 가로되[말하기를] **저가 참람한 말을 하였으니 어찌 더 증인을 요구하리요? 보라, 너희가 지금 이 참람한 말을 들었도다. 생각이 어떠하뇨? 대답하여 가로되**[말하기를] **저는 사형에 해당하니라 하고 이에 예수**[님]**의 얼굴에 침 뱉으며 주먹으로 치고 혹은 손바닥으로 때리며 가로되**[말하기를] **그리스도야, 우리에게 선지자 노릇을 하라. 너를 친 자가 누구냐 하더라.**

하나님의 아들께서 자신을 하나님의 아들 그리스도라고 주장하시는 것은 결코 참람한 말이 아니다. 오히려 하나님의 아들이 아니라는 어떤 증거도 제시함 없이 그를 정죄하는 것이 옳지 않다. 유대 지도자들은 예수님을 죽이기로 이미 작정했다. 공회의 재판은 형식에 불과했다. 공정한 심사가 없는 법정! 이것이 부패된 교회의 모습이었다. 하나님의 아들이신 주 예수 그리스도께서는 악한 자들에게 얼굴에 침 뱉음, 주먹으로 침, 손바닥으로 때림 등 학대와 조롱을 받으셨다.

〔69-75절〕 베드로가 바깥뜰에 앉았더니 한 비자[여종]**가 나아와 가로되**[말하기를] **너도 갈릴리 사람 예수와 함께 있었도다 하거늘 베드로가 모든**

사람 앞에서 부인하여 가로되[말하기를] **나는 네 말하는 것이 무엇인지 알지 못하겠노라 하며 앞문까지 나아가니 다른 비자**[여종]**가 저를 보고 거기 있는 사람들에게 말하되 이 사람은**[사람도][62] **나사렛 예수와 함께 있었도다 하매 베드로가 맹세하고 또 부인하여 가로되**[말하기를] **내가 그 사람을 알지 못하노라 하더라. 조금 후에 곁에 섰던 사람들이 나아와 베드로에게 이르되**[말하기를] **너도 진실로 그 당이라. 네 말소리가 너를 표명한다 하거늘 저가 저주하며 맹세하여 가로되**[말하기를] **내가 그 사람을 알지 못하노라 하니 닭이 곧 울더라. 이에 베드로가 예수**[님]**의 말씀에 닭 울기 전에 네가 세 번 나를 부인하리라 하심이 생각나서 밖에 나가서 심히 통곡하니라.**

베드로는 대제사장의 관저 바깥뜰에서 한 여종과 모든 사람 앞에서 예수님을 모른다고 공개적으로 부인하였다. 조금 후에 그는 다른 여종과 사람들 앞에서 맹세하며 예수님을 또 부인하였다. 세 번째로 그는 사람들 앞에서 저주하며 맹세하며 예수님을 또 부인했다. 그는 "내가 거짓말하는 것이면 천벌을 받을 것이라"고 말했을 것이다. 그 때 닭이 곧 울었다. 베드로는 예수님의 말씀에 닭 울기 전에 네가 세 번 나를 부인하리라는 말씀이 생각나서 밖에 나가서 심히 통곡했다.

본문의 교훈을 정리해보자. 첫째로, 예수께서는 유대인의 공회 앞에서 자신이 하나님의 아들 그리스도임을 증거하셨다. 우리는 예수께서 하나님의 아들 그리스도이심을 믿고 확신하고 사랑하고 따라야 한다.

둘째로, 예수께서는 악한 자들에게 침 뱉음과 주먹으로 침과 손바닥으로 때림을 당하셨다. 거룩하시고 존귀하신 주께서 고난을 당하셨고 마침내 십자가에 죽으실 것이다. 우리는 그의 고난을 기억해야 한다.

셋째로, 제자들은 예수님을 버리고 도망쳤고 베드로는 사람들 앞에서 예수님을 모른다고 맹세하며 저주하며 부인했다. 그들의 연약은 우리의 연약이다. 우리는 자신의 결심만 의지하지 말고 하나님의 은혜와 성령님의 도우심을 구하고 의지하며 온전히 순종하고 충성해야 한다.

---

62) Byz A C W it$^{a\ b\ ff2\ h}$ vg syr^{p} (cop^{bo}) arm Origen^{lat} 등에 있음.

27장: 죽으심

1-26절, 가룟 유다의 죽음, 빌라도의 판결

〔1-2절〕 새벽에 모든 대제사장과 백성의 장로들이 예수[님]**를 죽이려고 함께 의논하고 결박하여 끌고 가서 총독** [본디오][63] **빌라도에게 넘겨주니라.**

유대 나라는 로마 제국의 지배 아래 있었고 보디오 빌라도는 로마 황제가 세운 유대 지방의 총독이었다(눅 3:1). 유대의 종교지도자들의 목표는 예수를 죽이는 것이었다. 그들은 예수님을 결박하여 끌고 가서 로마 총독에게 넘겼다. 죄인들이 의로우신 하나님 아들을 결박하여 끌고 갔다. 그들은 새벽에 그 일을 했다. 그 악한 자들은 악을 계획하고 실행하기 위해 밤늦게도 이른 새벽에도 분주하였다.

그들이 예수님을 빌라도에게 넘긴 까닭은, 그들에게 죄수를 사형시킬 권한이 없었기 때문이었다. 요한복음 18:31에 보면, 빌라도가 "너희가 저를 데려다가 너희 법대로 재판하라"고 말하자, 유대인들은 "우리에게는 사람을 죽이는 권한이 없나이다"라고 대답했다. 또 그들은 예수님을 죽임에 있어서 백성들의 비난을 피하려 하였다. 즉 그들은 이 일을 위해 로마 총독을 이용했다. 저 타락한 종교인들은 로마 총독을 이용하여 예수 그리스도를 죽이는 악을 행했던 것이다. 그들은 세상적으로 지혜로웠으나, 인류 역사상 가장 큰 죄를 짓고 있었다. 그들은 하나님의 아들 예수 그리스도를 죽이려 하고 있었다.

〔3-5절〕 때에 예수[님]**를 판 유다가 그의 정죄됨을 보고 스스로 뉘우쳐 그 은 삼십을 대제사장들과 장로들에게 도로 갖다 주며 가로되**[말하기를] **내가 무죄한 피를 팔고 죄를 범하였도다 하니 저희가 가로되**[말하기를] **그것이 우리에게 무슨 상관이 있느냐? 네가 당하라 하거늘 유다가 은을 성소에 던**

---

63) Byz A C W it[a b d ff2 h] vg arm Origen[lat] 등에 있음.

져 넣고 물러가서 스스로 목매어 죽은지라.

가룟인 유다에게도 양심은 있었다. 돈에 대한 탐욕 때문에 양심이 마비되었을 때는 3년간 따르던 주님을 배반하였지만, 그 양심이 깨어났을 때 그는 자기 행동을 후회하였다. 은 30으로 인한 잠시 동안의 기쁨보다 양심의 고통은 더 컸다. 그것이 범죄한 자의 후회와 고통이다. 유다는 그 돈을 쓸 수 없었을 뿐 아니라, 가지고 있을 수도 없었다. 그래서 그는 그것을 대제사장들과 장로들에게 도로 갖다주었다. 그는 쓰지도 못할 돈 때문에 주님을 팔아넘긴 헛된 수고를 했던 것이다. 죄를 짓는 모든 사람은 이처럼 무지하고 어리석다.

유다는 예수님의 정죄 당하심을 '무죄한 피'라고 증거하였다. 그는 이 말을 통해 예수님의 무죄함을 증거하였다. 이 배신한 제자까지도 주님의 무죄함을 증거했다. 그러나 유대 지도자들은 화인 맞은 양심, 즉 완전히 무감각한 양심을 가졌고 조금도 미안한 마음이나 후회하는 마음을 가지고 있지 않았던 것 같다. 그들의 죄는 매우 컸다.

유다는 은을 성소에 던져 넣고 스스로 목매어 죽었다. 또 사도행전 1:18은 "이 사람이 불의의 삯으로 밭을 사고 후에 몸이 곤두박질하여 배가 터져 창자가 다 흘러나온지라"고 증거하였다. 이 증거는 그의 죽음에 대한 본문의 내용을 보충하였다.

유다가 자살한 것을 보면, 그의 후회가 회개는 아니었던 것 같다. 참된 회개는 자신의 죄악된 행위를 슬퍼하는 것만이 아니고, 돌이켜 하나님께로 나아가는 것이다. 하나님께서는 회개하는 자를 사랑하시고 용서하신다. 또 참으로 회개한 자는 이제 자신의 남은 삶을 하나님의 영광을 위해 산다. 그러나 자살은 하나님의 사랑과 용서를 믿지 않고 하나님께 소망을 두지 않고 단지 자기의 행위에 대해 후회하고 절망하는 행위일 뿐이다. 세상 근심은 사망을 이룬다(고후 7:10).

〔6-10절〕 대제사장들이 그 은을 거두며 가로되[말하기를] **이것은 핏값이라. 성전고(聖殿庫)**[성전 보물창고]**에 넣어 둠이 옳지 않다 하고 의논한 후**

이것으로 토기장이의 밭을 사서 나그네의 묘지를 삼았으니 그러므로 오늘날 까지 그 밭을 피밭이라 일컫느니라. 이에 선지자 예레미야로 하신 말씀이 이루었나니 일렀으되[말하기를] **저희가 그 정가(定價)된 자 곧 이스라엘 자손 중에서 정가한 자의 가격 곧 은 삼십을 가지고 토기장이의 밭 값으로 주었으니 이는 주께서 내게 명하신 바와 같으니라 하였더라.**

유대 지도자들의 행위는 마치 불쌍한 나그네들을 위하는 것 같은 위선적 행위이었다. 위선자들은 언제나 사람들의 칭찬을 얻기 위해 선을 행하지만, 그들의 중심에는 의와 선과 진실이 없다.

마태는 "이에 선지자 예레미야로 하신 말씀이 이루었나니 일렀으되 저희가 그 정가(定價)된 자 곧 이스라엘 자손 중에서 정가한 자의 가격 곧 은 삼십을 가지고 토기장이의 밭 값으로 주었으니 이는 주께서 내게 명하신 바와 같으니라 하였더라"고 말했다. 하나님의 이 섭리적 사건은 이미 구약 스가랴 선지자의 글에 예언된 바이었다(슥 11:13). 구약성경의 예언은 이처럼 놀랍게 성취되었다. 마태가 스가랴의 예언을 예레미야의 예언이라고 증거한 이유는 분명치 않다. 주석가 라이트푸트는 유대인 학자 데이빗 김치의 글을 인용하여 예레미야가 선지자들 가운데 첫 번째 지위를 가졌고 그의 책이 선지서들 중에 첫 번째로 놓였기 때문에 이렇게 불리었을 것이라고 설명하였다(브라운).

〔11절〕 **예수께서 총독 앞에 섰으매 총독이 물어 가로되**[말하기를] **네가 유대인의 왕이냐? 예수께서 대답하시되 네 말이 옳도다**(쉬 레게이스 σὺ λέγεις)[네가 말하는도다, 네가 말하는 대로로다(NASB, NIV)] **하시고.**

유대 지도자들은 공회에서 예수께 "네가 하나님의 아들 그리스도이냐?"고 물었었으나 로마 총독 앞에서는 간교하게 그에게 '유대인의 왕'이라는 정치적 죄목을 씌웠다고 보인다. 그러나 예수께서는 "네가 유대인의 왕이냐?"는 총독의 질문에 그렇다고 하시며 자신이 유대인의 왕이심을 증거하셨다. 구약성경은 왕이신 메시아를 예언하였다. 예레미야 30:9, "[너희는] 내가 너희를 위하여 일으킬 너희 왕 다윗을 섬기리라.” 에스겔 37:24, “내 종 다윗이 그들의 왕이 되리니.”

〔12-14절〕 대제사장들과 장로들에게 고소를 당하되 아무 대답도 아니 하시는지라. 이에 빌라도가 이르되[말하기를] **저희가 너를 쳐서 얼마나 많은 것으로 증거하는지 듣지 못하느냐 하되 한마디도 대답지 아니하시니 총독이 심히 기이히 여기더라.**

예수께서는 대제사장들과 장로들에게 고소를 당하지만 아무 대답도 안 하셨다. 그것은 그들이 이미 자기를 죽이려고 작정하고 빌라도에게 끌고 왔고 그가 자신을 변명한다고 바뀔 일이 아니었음을 아셨기 때문일 것이다. 그러므로 그는 그저 모든 것을 아버지께 의탁하셨을 것이다. 그러나 빌라도는 예수님의 태도를 매우 기이히 여겼다.

〔15-19절〕 명절을 당하면 총독이 무리의 소원대로 죄수 하나를 놓아주는 전례(前例)가 있더니 그때에 바라바라 하는 유명한 죄수가 있는데 저희가 모였을 때에 빌라도가 물어 가로되[묻기를] **너희는 내가 누구를 너희에게 놓아주기를 원하느냐? 바라바냐? 그리스도라 하는 예수냐 하니 이는 저가 그들의**[그들이] **시기로 예수**[님]**를 넘겨준 줄 앎이러라. 총독이 재판 자리에 앉았을 때에 그 아내가 사람을 보내어 가로되**[말하기를] **저 옳은 사람에게 아무 상관도 하지 마옵소서. 오늘 꿈에 내가 그 사람을 인하여 애를 많이 썼나이다 하더라.**

마가복음에 보면, 바라바는 민란을 꾸미고 민란에 살인한 자이었다(막 15:7). 빌라도는 유대인들에게 예수와 바라바, 둘 중에 누구를 석방해주기를 원하는지 물었다. 그는 유대 지도자들이 시기로 예수를 넘겨주었고 그가 사형 당할 만한 죄가 없었음을 알았다. 시기는 미움과 살인을 만드는 무서운 악이다. 빌라도 총독의 아내도 예수님을 ‘저 옳은 사람’이라고 부르며 그를 상관치 말라고 말하였다.

〔20-23절〕 대제사장들과 장로들이 무리를 권하여 바라바를 달라 하게 하고 예수를 멸하자 하게 하였더니 총독이 대답하여 가로되[말하기를] **둘 중에 누구를 너희에게 놓아주기를 원하느냐? 가로되**[말하기를] **바라바로소이다. 빌라도가 가로되**[말하기를] **그러면 그리스도라 하는 예수를 내가 어떻**

게 하랴? 저희가 다 가로되[말하기를] **십자가에 못박혀야 하겠나이다. 빌라도가 가로되**[말하기를] **어찜이뇨? 무슨 악한 일을 하였느냐? 저희가 더욱 소리질러 가로되**[말하기를] **십자가에 못박혀야 하겠나이다 하는지라.**

대제사장들과 장로들은 무리를 선동하고 설득하여 바라바를 달라 하게 하고 예수를 멸하자 하게 했다. 그들은 어떻게든지 그를 죽여 버리려 했다. 그들은 백성들의 판단력을 흐려놓았고 그를 죽이자고 설득하고 선동하였다. 이것은 참으로 악한 행동이었다.

"그리스도라 하는 예수를 내가 어떻게 하랴?"라는 빌라도의 질문은 재판관으로서 매우 무책임한 말이었다. 객관적 사실들과 증거들을 종합하여 법률적으로, 이성적으로, 양심적으로 바르게 판단하고 시시비비를 가려야 할 재판관이 사람들의 의견이나 여론에 이끌려 재판하려 했으니, 참으로 부끄럽고 잘못된 일이었다.

무리들이 예수가 십자가에 못박혀야 하겠다고 말하자, 빌라도는 "어찜이뇨? 무슨 악한 일을 하였느냐?"고 물었다. 그는 예수가 사형에 처할 무슨 죄를 지었는지 알기를 원했다. 그러나 무리들은 예수님에 대한 아무런 죄목을 제시하지 못하고 더욱 소리만 쳤다.

〔24-25절〕 빌라도가 아무 효험도 없이 도리어 민란이 나려는 것을 보고 물을 가져다가 무리 앞에서 손을 씻으며 가로되[말하기를] **이** [옳은][64] **사람의 피에 대하여 나는 무죄하니 너희가 당하라. 백성이 다 대답하여 가로되**[말하기를] **그 피를 우리와 우리 자손에게 돌릴지어다 하거늘.**

빌라도의 심문은 좋은 결과를 내지 못하고 도리어 민란이 일어날 것 같았다. 무리의 외침은 정의와 상관없는 유대 지도자들의 작전일 뿐이었다. "이 옳은 사람의 피에 대하여 나는 무죄하다"는 총독 빌라도의 말은 책임회피의 악을 더했다. 그는 예수님을 놓을 권세도, 십자가에 죽일 권세도 가지고 있었다(요 19:10). 판결은 그에게 맡겨진 일이었다. 손을 씻는다고 책임을 면할 수는 없다. 사도신경의 고백대로,

---

64) Byz א A W it^{h} vg syr^{p} cop$^{sa\text{-}mss\ meg\ bo}$ arm 등에 있음.

예수께서는 '빌라도에게 고난을 받으셨다.'

백성들은 "그 피를 우리와 우리 자손에게 돌릴지어다"라고 말했다. 그들은 그 핏값이 얼마나 큰 것인지를 알지 못했다. 하나님의 아들을 십자가에 못박는 죄의 형벌을 과연 그들이 받을 수 있겠는가? 그들의 무지한 대답대로, 하나님께서는 후에 그 죄에 대해 보응하셨다. 그는 주후 70년 로마 군대로 예루살렘 성을 처참히 짓밟게 하셨다.

회개치 않는 죄에 대한 하나님의 심판과 형벌은 무섭다. 최종적으로 그것은 영원한 지옥형벌이다. 그러나 죄를 회개해도 때때로 훈련의 과정이 있다. 그것은 정확한 죗값은 아니지만 죄 때문에 주시는 고난의 훈련 과정이다. 우리에게 가장 최상의 길은 죄를 안 짓는 것이지만, 죄를 범했을 때는 즉시 또 철저히 회개해야 한다.

〔26절〕 이에 바라바는 저희에게 놓아주고 예수[님]는 채찍질하고 십자가에 못 박히게 넘겨주니라.

죽어야 할 죄인 바라바는 놓여났고 의로우신 하나님의 아들 예수께서는 죽음에 내어준 바 되셨다. 빌라도의 판결은 불의했다. 그 자신도, 그의 아내도 예수에게 사형에 해당하는 죄가 없었음을 알고 있었다. 그는 예수님을 놓아주려고 노력도 하였다. 그러나 그는 무리들의 여론을 두려워하여 법과 이성과 양심의 판단에 반대되는 불의하고 무책임하고 비겁한 판결을 내렸다. 로마 황제를 대신하여 공의로운 판결을 내려야 할 그가 그 지위와 권세를 오용하였다. 그는 의로우시고 선하신 예수님께 십자가형이라는 극형인 사형을 선고했다. 예수께서는 로마 총독 본디오 빌라도의 불의한 판결로 정죄되셨다.

본문의 교훈을 정리해보자. 첫째로, 가룟 유다는 예수께서 정죄되심을 보고 스스로 뉘우쳐 그 은 삼십을 대제사장들과 장로들에게 도로 갖다 주었고 그들이 그 은을 받기를 거절하자 그 은을 성소에 던져 넣고 물러가서 스스로 목매어 죽었다. 그는 불쌍한 생을 마쳤다. 그는 참으로 회개하지는 못했다고 보인다. 사람이 큰 죄와 실수를 범할 수는 있으나 그 죄와 실수를 깨달을 때 단순히 후회하는 데 그치지 말고 하나님께로 나아와 그 죄와 실수를 고백하고 용서를 구하여 받고 남은 삶을 하나님의 영광을 위해 바르고 선하게 살기를 결심하고 실천해야 한다.

둘째로, 예수께서는 로마 총독 빌라도의 법정에서 자신이 유대인의 왕이심을 분명하게 증거하셨다. 11절, "네가 말하는도다[네가 말하는 대로로다](NASB, NIV)." 예수께서는 유대인의 공회에서 "내가 너로 살아계신 하나님께 맹세하게 하노니 네가 하나님의 아들 그리스도인지 우리에게 말하라"는 대제사장의 질문에 대해 "네가 말하였느니라. 그러나 내가 너희에게 이르노니 이후에 인자가 권능의 우편에 앉은 것과 하늘 구름을 타고 오는 것을 너희가 보리라"고 증거하셨었다(마 26:63-64). 그는 이제 로마 총독인 빌라도의 법정에서도 자신이 유대인의 왕이심을 분명하게 증거하셨다. '유대인의 왕'은 구약성경이 예언한 메시아를 가리키는 말이다(사 9:6-7; 렘 23:5-6; 30:9; 겔 17:24; 34:23-24; 호 3:5). 우리는 예수께서 구약성경에 예언된 메시아, 곧 유대인들의 왕이시요 하나님의 아들 그리스도이심을 깨닫고 그를 믿고 확신해야 한다.

셋째로, 로마 총독 빌라도는 예수께서 사형에 처할 죄가 없는 자임을 알았고 유대 지도자들이 시기하여 그를 죽이려 함도 알았으나 그들의 작전과 군중들의 외침이 민란으로 이어질까 두려워하여 그들의 외침에 굴복하여 그를 정죄하고 십자가형의 판결을 내렸다. 그는 유대인들에게 "그러면 그리스도라 하는 예수를 내가 어떻게 하랴?"라고 물었었다. 죄수의 생사를 나눌 판결을 법과 이성과 양심에 따라 하지 않고 군중에게 물어서 하는가? 사도신경의 진술대로, 예수께서는 빌라도에게 고난을 받으셨다. 당시 최고 법정의 권세를 가졌던 총독 빌라도는 로마법에도 어긋니고 사람의 이성과 양심에도 어긋나는 불의하고 부책임하고 비겁한 판결을 내렸다. 이것이 세상이다. 우리는 빌라도에게 고난을 받으신 주 예수님을 믿고 사랑하고 또 고난을 각오하며 그를 따라야 한다.

27-66절, 십자가에 달리심, 무덤에 묻히심

〔27-31절〕 이에 총독의 군병들이 예수[님]를 데리고 관정 안으로 들어가서 온 군대를 그에게로 모으고 그의 옷을 벗기고 홍포를 입히며 가시 면류관을 엮어 그 머리에 씌우고 갈대를 그 오른손에 들리고 그 앞에서 무릎을 꿇고 희롱하여 가로되[말하기를] 유대인의 왕이여, 평안할지어다 하며 그에게 침 뱉고 갈대를 빼앗아 그의 머리를 치더라. 희롱을 다한 후 홍포를 벗기고 도로 그의 옷을 입혀 십자가에 못박으려고 끌고 나가니라.

하나님의 아들 예수께서는 로마 총독의 군병들, 죄 많은 이방인들에게 조롱을 받으셨다. 그는 침 뱉음과 갈대로 침도 당하셨다. 군병들은 조롱을 다한 후 그를 십자가에 못박으려고 끌고 나갔다.

〔32-34절〕 나가다가 시몬이란 구레네[65] 사람을 만나매 그를 억지로 같이 가게 하여 예수[님]의 십자가를 지웠더라. 골고다 즉 해골의 곳이라는 곳에 이르러 쓸개 탄 포도주[신포도주 혹은 포도식초](전통본문)를 예수[님]께 주어 마시게 하려 하였더니 예수께서 맛보시고 마시고자 아니하시더라.

군병들은 사형집행을 위해 예수님을 데리고 나가다가 구레네 사람 시몬이라는 자를 만나 그를 억지로 같이 가게 하여 예수님의 십자가를 지웠다. 요한복음에 보면, 예수께서는 친히 자기의 십자가를 지고 사형장에 나오셨다(요 19:17). 그렇다면 십자가 형틀이 무거워 예수가 혼자 지기 힘들어 보여 시몬을 붙들어 함께 지웠던 것 같다.

골고다 언덕에 와서 군병들은 예수에게 쓸개 탄 신포도주를 주어 마시게 하려 했다. 쓸개 탄 신포도주 혹은 포도식초는 사형수로 고통을 덜 느끼게 하는 진통제 역할을 한다고 한다(NBD). 그러나 예수께서는 이미 십자가의 고난을 각오하셨기 때문에 그것을 거절하셨다.

〔35-44절〕 저희가 예수[님]를 십자가에 못박은 후에 그 옷을 제비 뽑아 나누고 거기 앉아 지키더라. 그 머리 위에 이는 유대인의 왕 예수라 쓴 죄패를 붙였더라. 이때에 예수[님]와 함께 강도 둘이 십자가에 못박히니 하나는

---

65) 애굽 서쪽에 인접한 오늘날 리비아 최북단 지중해 연안의 항구도시.

우편에, 하나는 좌편에 있더라. 지나가는 자들은 자기 머리를 흔들며 예수[님]**를 모욕하여 가로되 성전을 헐고 사흘에 짓는 자여, 네가 만일 하나님의 아들이어든 자기를 구원하고 십자가에서 내려오라 하며 그와 같이 대제사장들도 서기관들과 장로들과 함께 희롱하여 가로되**[말하기를] **저가 남은 구원하였으되 자기는 구원할 수 없도다. 저가 이스라엘의 왕이로다**[왕이라면].66) **지금 십자가에서 내려올지어다. 그러면 우리가 믿겠노라. 저가 하나님을 신뢰하니 하나님이**[께서] **저를 기뻐하시면 이제** [그를](전통사본) **구원하실지라. 제 말이 나는 하나님의 아들이라 하였도다 하며 함께 십자가에 못박힌 강도들도 이와 같이 욕하더라.**

예수께서는 십자가에 못박히셨다. 누가복음 24:39-40에 기록된 대로 부활하신 주께서 제자들에게 그의 상하신 손과 발을 보이신 것을 보면, 그는 십자가 위에서 양손과 양발에 못이 박히신 것이 분명하였다. 그렇다면 그는 피흘림은 물론, 살이 찢어지고 뼈가 으스러지는 고통을 경험하셨고 그 고통은 여러 시간 지속되었을 것이다.

군병들은 예수님을 십자가에 못박은 후에 그의 옷들을 제비뽑아 나누었다. 요한복음 19:23-24는 군병들이 예수를 십자가에 못박고 그의 옷을 취하여 네 깃에 나눠 각각 한 깃씩 얻었고 속옷은 통으로 짠 것이어서 제비뽑아 취했다고 자세히 증거하였다. 이것은 "내 겉옷을 나누며 속옷을 제비뽑나이다"라는 시편 22:18의 예언대로 된 것이다. 주께서는 부끄럽게도 겉옷과 속옷까지 벗기운 채 십자가에 달리셨다.

군병들은 그런 후 십자가 옆에 앉아 지켰다. 그의 머리 위에는 "이는 유대인의 왕 예수라"고 쓴 죄패가 있었다. 누가복음 23:38의 전통본문과 요한복음 19:20은 그 죄패가 히브리어와 라틴어와 헬라어로 기록되었다고 말한다. 이 죄패는 예수님의 신분을 바르게 증거하였고 그 내용은 온 세계의 각 언어로 알려져야 할 내용이었다.

그때에 그와 함께 강도 둘이 하나는 우편에, 하나는 좌편에 십자가

---

66) Byz A W it[a b ff2 h] vg syr[p s] cop[meg bo] arm Origen[lat] 등에 있음.

에 못박혔다. 예수께서는 강도들과 같은 죄인으로 취급되셨다. 이것은 그리스도께서 범죄자 중 하나로 간주될 것이라고 예언한 이사야 53:12의 예언대로 된 것이었다. 그는 우리를 대신해 죄인이 되셨다.

대제사장들과 서기관들과 장로들의 희롱의 말은, "나를 보는 자는 다 비웃으며 입술을 비쭉이고 머리를 흔들며 말하되 저가 여호와께 의탁하니 구원하실 걸, 저를 기뻐하시니 건지실 걸 하나이다"라고 한 시편 22:7-8의 예언대로 된 것이다. 본문은 또 함께 십자가에 못박힌 강도들도 욕하였다고 말한다. 그러나 한 강도는 누가복음에 증거된 대로 곧 회개하였다(눅 23:39-43). 그는 죽기 직전에 구원을 얻었다.

밤새 기도와 심문으로 잠을 자지 못하신 예수께서는 무거운 십자가 형틀을 지고 사형장으로 나가셨고 십자가에 못박히셨고 피흘림과 큰 고통을 당하셨고 겉옷과 속옷이 벗기우는 수치를 당하셨고 지나가는 자들과 유대의 종교지도자들의 조롱과 멸시를 당하셨다.

[45-46절] 제6시로부터 온 땅에 어두움이 임하여 제9시까지 계속하더니 제9시 즈음에 예수께서 크게 소리질러 가라사대[말씀하시기를] **엘리 엘리 라마**[리마](전통사본) **사박다니 하시니 이는 곧 나의 하나님, 나의 하나님, 어찌하여 나를 버리셨나이까 하는 뜻이라.**

제6시 즉 정오부터 온 땅이 어두워져 제9시 즉 오후 3시까지 계속되었다. 마가복음 15:25의 증거대로, 예수께서는 제3시 즉 오전 9시에 십자가에 못박히셨고 정오부터 오후 3시까지 온 땅이 어두웠다. 그것은 인류 역사상 사람들이 하나님의 아들을 십자가에 못박아 죽이는 가장 악한 죄를 범하는 시간 하나님께서 심히 노하심을 잘 나타낸다.

제9시 즉 오후 3시 즈음에 예수께서는 "엘리 엘리 리마 사박다니" 하시며 크게 소리지르셨다. 그것은 "나의 하나님, 나의 하나님, 어찌하여 나를 버리셨나이까?"라는 뜻이다. 그것은 육신적인 고통의 부르짖음이며 또 택자들의 죄를 짊어지고 하나님의 저주를 받으신 영의 고통이었다. 갈라디아서 3:13은, "그리스도께서 우리를 위하여 저주를 받은 바 되사 율법의 저주에서 우리를 속량하셨다"고 말했다.

사랑의 하나님께서 우리를 죄와 지옥 형벌에서 건져내시려고 자기 아들에게 우리의 모든 죄를 짊어지우셨다. 택자들을 향하신 하나님의 사랑은 이렇게 나타났다. 사람들의 죄의 용서는 이처럼 큰 대가의 지불로 이루어졌다. 우리가 이 사실을 깊이 깨닫는다면, 우리는 하나님의 사랑을 감사하며 하나님을 사랑하며 모든 죄를 멀리해야 한다.

〔47-50절〕 거기 섰던 자 중 어떤 이들이 듣고 가로되[말하기를] **이 사람이 엘리야를 부른다 하고 그 중에 한 사람이 곧 달려가서 해융을 가지고 신 포도주를 머금게 하여 갈대에 꿰어 마시우거늘 그 남은 사람들이 가로되**[말하기를] **가만 두어라. 엘리야가 와서 저를 구원하나 보자 하더라. 예수께서 다시 크게 소리지르시고 영혼**(토 프뉴마 τὸ πνεῦμα)[그 영]**이 떠나시다.**

예수께서는 다시 크게 소리 지르시고 영혼이 떠나셨다. 요한복음 19:30은 예수께서 신 포도주를 받으신 후 "다 이루었다"고 말씀하신 후 머리를 숙이고 영혼이 놀아가셨다고 증거했고, 누가복음 23:46은 예수께서 큰 소리로 불러 "아버지여, 내 영혼을 아버지 손에 부탁하나이다"라고 말씀하신 후 운명하셨다고 증거했다. 그는 친히 십자가에 죽으심으로 아버지께서 명하신 택자들을 위한 구속(救贖) 사역을 다 이루셨고 자기의 영혼을 아버지께 부탁하셨다.

〔51-54절〕 이에 성소 휘장이 위로부터 아래까지 찢어져 둘이 되고 땅이 진동하며 바위가 터지고 무덤들이 열리며 자던 성도의 몸이 많이 일어나되 예수[님]**의 부활 후에 저희가 무덤에서 나와서 거룩한 성에 들어가 많은 사람에게 보이니라. 백부장과 및 함께 예수**[님]**를 지키던 자들이 지진과 그 되는 일들을 보고 심히 두려워하여 가로되**[말하기를] **이는 진실로 하나님의 아들이었도다 하더라.**

예수 그리스도께서 십자가 위에서 죽으셨을 때 몇 가지 놀라운 일들이 일어났다. 하나는, 성전의 성소 휘장이 위로부터 아래까지 찢어져 둘이 되었다. 히브리서 10:19-20은, "우리가 예수[님]의 피를 힘입어 성소에 들어갈 담력을 얻었나니 그 길은 우리를 위하여 휘장 가운데로 열어 놓으신 새롭고 산 길이요 휘장은 곧 저의 육체니라"고 말한다. 우리는 예수 그리스도로 말미암아 하나님 앞에, 하나님의 은혜의 보좌 앞에 나아갈 길과 담력을 얻었다.

다른 하나는, 땅이 진동하며 바위가 터지고 무덤들이 열리며 자던 성도들의 몸이 많이 일어났다. 그들은 예수께서 부활하신 후에 무덤에서 나와 거룩한 성에 들어가 많은 사람들에게 보였다. 이것은 예수 그리스도의 대속사역으로 장차 성도들이 부활할 것을 예시하였다.

또 하나는, 사형을 집행한 백부장과 및 함께 예수님을 지키던 군병들이 지진과 그 되는 일들을 보고 심히 두려워하며 "이 사람은 진실로 하나님의 아들이었도다"라고 증거하였다. 그들은 비록 하나님을 잘 모르던 이방인들이었지만, 그때에 되어진 일들을 보면서 예수께서 죄가 없는 의인이시며(눅 23:47) 하나님의 아들이심을 깨달았다.

〔55-56절〕 예수[님]를 섬기며 갈릴리에서 부터 좇아온 많은 여자가 거기 있어 멀리서 바라보고 있으니 그 중에 막달라 마리아와 또 야고보와 요셉의 어머니 마리아와 또 세베대의 아들들의 어머니도 있더라.

갈릴리에서 온 여자들은 비록 멀리서지만 십자가에 달리신 주님을 바라보고 있었다. 그 중에 막달라 마리아와 또 야고보와 요셉의 어머니 마리아와 또 세베대의 아들들의 어머니도 있었다. 여자들은 일차적으로 가정적 책임을 가지고 있지만, 얼마든지 하나님과 그의 복음을 위해 수고하고 협력하며 주를 따르는 제자가 될 수 있다.

〔57-61절〕 저물었을 때에 아리마대 부자 요셉이라 하는 사람이 왔으니 그도 예수[님]의 제자라. 빌라도에게 가서 예수[님]의 시체를 달라 하니 이에 빌라도가 내어주라 분부하거늘 요셉이 시체를 가져다가 정(淨)한[깨끗한] 세마포로 싸서 바위 속에 판 자기 새 무덤에 넣어 두고 큰돌을 굴려 무덤 문에 놓고 가니 거기 막달라 마리아와 다른 마리아가 무덤을 향하여 앉았더라.

날이 저물었을 때에 아리마대 부자 요셉이라 하는 사람이 왔다. 그도 예수님의 제자이었다. 마가복음 15:43은 그가 존귀한 공회원이라고 말한다. 그는 빌라도에게 가서 예수님의 시체를 달라고 요청하였고, 빌라도는 내어주라 명했다. 비상한 때에 하나님께서는 예수님의 장례를 위해 아리마대 요셉을 예비하셨고 그의 마음을 감동하셨다.

요셉은 예수님의 시체를 가져다가 깨끗한 세마포로 싸서 바위 속에 판 자기의 새 무덤에 넣어두고 큰돌을 굴려 무덤 문에 놓고 갔다. 거기에 막달라 마리아와 다른 마리아가 무덤을 향해 앉았다. 예수님은 이사야 53:9의 예언대로 부자의 무덤에 묻히셨다.

〔62-64절〕 그 이튿날은 예비일 다음 날이라. 대제사장들과 바리새인들이 함께 빌라도에게 모여 가로되[말하기를] **주여, 저 유혹하던 자가 살았을 때에 말하되 내가 사흘 후에 다시 살아나리라 한 것을 우리가 기억하노니 그러므로 분부하여 그 무덤을 사흘까지 굳게 지키게 하소서. 그의 제자들이 와서 시체를 도적질하여 가고 백성에게 말하되 그가 죽은 자 가운데서 살아났다 하면 후의 유혹이 전보다 더 될까 하나이다 하니.**

유대 지도자들은 빌라도에게 가서 예수님을 '저 유혹하던 자'라고 악평하며 그가 사흘 후에 다시 살아나리라고 말했다고 했다. 물론 그들은 예수님의 말씀을 믿지 않았겠지만, 그가 그 말을 했다는 것은 믿었다. 그들은 예수님의 부활은 상상치 못하였다. 그들이 상상한 것은 예수님의 제자들이 선생의 시체를 도적질한 후 그가 부활했다고 거짓말을 퍼뜨리는 것이었다. 그들은 예수의 시체가 도둑질 당하면 문제가 복잡해질 것이라고 생각했다. 그래서 적어도 사흘은 그 무덤을 굳게 지켜야 한다고 판단했고 그것을 빌라도에게 요청한 것이다.

〔65-66절〕 빌라도가 가로되[말하기를] **너희에게 파숫군**[파수꾼]**이 있으니 가서 힘대로 굳게 하라 하거늘 저희가 파숫군**[파수꾼]**과 함께 가서 돌을 인봉하고 무덤을 굳게 하니라.**

빌라도는, "너희에게 파수꾼이 있으니 가서 힘대로 굳게 하라"고 말했고, 그들은 파수꾼과 함께 가서 돌을 인봉하고 무덤을 굳게 했다. 실상 이런 상황에서 예수님의 제자들이 선생님의 시체를 도적질하는 것은 불가능했다. 이것은 오히려 그의 부활을 더욱 힘있게 증거한다.

본문의 교훈을 정리해보자. 첫째로, 하나님께서는 우리를 죄와 지옥 형벌에서 건져내시려고 자기의 외아들을 속죄제물로 내어주셨다. 하나님의 영원하신 아들께서는 사람이 되어 세상에 오셨고 십자가에 죽으심으로 만세 전에 하나님의 택하심을 입은 자들을 위해 대속 제물이 되셨다. 그는 십자가에 못박혀 죽으셨다. 양손과 양발에는 많은 피가 흘러나왔을 것이다. 그는 로마 군병들과 지나가는 자들과 유대 지도자들에게 조롱과 모욕과 침 뱉음과 갈대로 머리를 침을 받으셨다. 그는 마침내 하나님의 버림을 당하셨다. 그는 "나의 하나님, 나의 하나님, 어찌하여 나를 버리셨나이까?"라고 부르짖으셨다. 그는 우리를 위하여 율법의 저주를 받으셨고 우리를 율법의 저주에서 속량하셨다(갈 3:13). 이 모든 일들은 구약성경에 예언된 대로 다 이루어졌다. 요한복음 19:30은 그가 십자가 위에서 숨을 거두시기 전에 "다 이루었다"고 말씀하셨다고 증거한다. 그는 택자들을 위한 대속 사역을 다 이루셨다. 우리가 예수 그리스도의 십자가 대속의 의미를 깨닫는다면, 우리는 하나님의 크신 은혜를 감사하며 구주 예수 그리스도를 참으로 사랑하며 따를 것이다.

둘째로, 예수 그리스도께서 십자가 위에서 죽으셨을 때 성전의 성소 휘장이 위로부터 아래까지 찢어져 둘이 되었다(51절). 그것은 예수 그리스도께서 우리를 하나님의 은혜의 보좌 앞으로 인도하셨음을 보인다. 히브리서 10:19-20은, "형제들아, 우리가 예수님의 피를 힘입어 성소에 들어갈 담력을 얻었나니 그 길은 우리를 위하여 휘장 가운데로 열어 놓으신 새롭고 산 길이요 휘장은 곧 저의 육체니라"고 말했다.

셋째로, 예수 그리스도께서 십자가 위에서 죽으셨을 때 땅이 진동하며 바위가 터지고 무덤들이 열리며 자던 성도들의 몸이 많이 일어났다. 이것은 성도들이 주 예수 그리스도의 대속 사역으로 장차 부활할 것을 예시하였다. 사도 바울은 고린도전서 15:20에서 "그리스도께서 죽은 자 가운데서 다시 살아 잠자는 자들의 첫 열매가 되셨도다"라고 말했다.

28장: 부활하심

〔1-4절〕 안식일이 다하여가고 안식 후 첫날(미안 삽바톤 μίαν σαββάτων)[주간의 첫날]**이 되려는 미명(未明)에**[새벽에] **막달라 마리아와 다른 마리아가 무덤을 보려고 왔더니 큰 지진이 나며 주의 천사가 하늘로서 내려와** [문으로부터]67) **돌을 굴려 내고 그 위에 앉았는데 그 형상이 번개같고 그 옷은 눈같이 희거늘 수직하던 자들이 저를 무서워하여 떨며 죽은 사람과 같이 되었더라.**

안식일이 지나고 주간의 첫날 새벽, 동이 터 오는 시간이 되었다. 예수님의 무덤을 보려고 왔던 여자들은 막달라 마리아와 다른 마리아 등이었다(막 16:1). 그들은 예수님의 시체에 향품을 바르기 위해 왔다(눅 23:56; 24:1). 시체에 향품을 바르는 것은 상처와 피흘린 흔적을 닦고 썩는 냄새를 막으려는 것이었다. 그들에게 그의 부활을 기대하는 믿음은 없어 보이지만, 향품을 준비하고 그 새벽에 무덤에 간 것은 예수님을 향한 여자들의 거룩한 사랑이었다. 누가와 요한은 그 새벽에 두 명의 천사들이 그 무덤에 있었다고 증거한다. 천사의 모습이 번개같고 그 옷이 눈같이 흰 것은 그들의 민첩함과 성결함을 보인다.

〔5-7절〕 천사가 여자들에게 일러 가로되[말하기를] **너희는 무서워 말라. 십자가에 못박히신 예수**[님]**를 너희가 찾는 줄을 내가 아노라. 그가 여기 계시지 않고 그의 말씀하시던 대로 살아나셨느니라. 와서 그의**[주께서](전통본문)68) **누우셨던 곳을 보라. 또 빨리 가서 그의 제자들에게 이르되**[말하기를] **그가 죽은 자 가운데서 살아나셨고** [보라] **너희보다 먼저 갈릴리로 가시나니 거기서 너희가 뵈오리라 하라. 보라, 내가 너희에게 일렀느니라 하거늘.**

천사는 여자들에게 무서워말라고 안심시키면서 세 가지의 내용을 말했다. 첫째로, 십자가에 못박히신 예수께서 무덤에 계시지 않고 그

---

67) Byz A C W syr^{p} cop^{bo} 등에 있음.

68) Byz A C D W it$^{a\ b\ d\ ff2\ h}$ vg syr$^{(p)}$ 등이 그러함.

의 말씀하신 대로 살아나셨다는 부활의 사실을 전했다. 둘째로, 와서 주께서 누우셨던 곳을 보라, 즉 빈 무덤을 확인하라고 말했다. 여자들은 예수님의 무덤이 비었음을 확인했다. 빈 무덤은 마태, 마가, 누가, 요한이 다 증거하는 예수님의 부활의 첫 번째 증거이다. 셋째로, 빨리 가서 제자들에게 예수님의 부활의 소식을 전하라고 말했다. 부활의 소식은 제자들에게 예수님에 대한 확신과 위로와 힘을 줄 것이다.

〔8-9절〕 그 여자들이 무서움과 큰 기쁨으로 무덤을 빨리 떠나 제자들에게 알게 하려고 달음질할새[달음질하더라. 그런데 그들이 그의 제자들에게 말하려고 가고 있었을 때 보라](전통사본) **예수께서 저희를 만나 가라사대**[말씀하시기를] **평안하뇨 하시거늘 여자들이 나아가 그 발을 붙잡고 경배하니.**

여자들은 돌아오는 길에 예수님을 만났고 그에게 나아가 그 발을 붙잡고 경배하였다. 그들이 그에게 경배하였다는 것은 그들이 예수님을 신적인 존재로 섬겼음을 보인다. 인간 선생에게는 머리를 숙여 인사는 하지만 엎드려 절하지는 않는다. 요한계시록 22:8-9에 보면, 사도 요한이 천사의 발 앞에 경배하려고 엎드렸을 때, 그 천사는, "나는 너와 네 형제 선지자들과 또 이 책의 말을 지키는 자들과 함께 된 종이니 그리하지 말고 오직 하나님께 경배하라"고 말하였다.

〔10절〕 이에 예수께서 가라사대[말씀하시기를] **무서워 말라. 가서 내 형제들에게 갈릴리로 가라 하라. 거기서 나를 보리라 하시니라.**

주께서는 제자들을 '내 형제들'이라고 부르셨다. 그의 말씀은 그의 인성(人性)을 보이시며 또 겸손하심을 나타내신다. 그는 즐거이 자신을 우리의 형제로 낮추셨다. 그는 제자들이 갈릴리로 가서 거기에서 자신을 보게 되리라고 말씀하셨다. 부활하신 주께서 그 40일 동안의 나타나심(행 1:3)과 가르치심은 주로 갈릴리에서 행해졌던 것 같다. 거기서 제자들은 낙심과 슬픔을 떨쳐버리고 부활하신 주님을 확신하게 되고 전도의 사명을 받고 부활의 증인으로 준비될 것이다.

〔11-15절〕 여자들이 갈제 파숫군[파수꾼] **중 몇이 성에 들어가 모든 된**

일을 대제사장들에게 고하니 그들이 장로들과 함께 모여 의논하고 군병들에게 돈을 많이 주며 가로되[말하기를] 너희는 말하기를 그의 제자들이 밤에 와서 우리가 잘 때에 그를 도적질하여 갔다 하라. 만일 이 말이 총독에게 들리면 우리가 권하여 너희로 근심되지 않게 하리라 하니 군병들이 돈을 받고 가르친 대로 하였으니 이 말이 오늘날까지 유대인 가운데 두루 퍼지니라.

그 새벽에 되어진 일들, 즉 지진, 돌이 굴려진 것, 천사들의 나타남, 무덤이 비었음을 본 파수꾼들은 그 사실들을 대제사장들에게 보고했다. 그러나 대제사장들은 그 사실들을 확인하려는 마음이 없었다. 그들은 그 새벽에 일어난 일들을 숨기려 했다. 하나님의 은혜가 아니고서는 악한 자들에게서 양심의 일깨움은 기대할 수 없는 일이다.

이 긴급한 사태를 수습하기 위해 대제사장들은 군병들에게 많은 돈을 주어 그 입을 막고 가짜 뉴스를 퍼뜨리게 했다. 그러나 그 거짓말은 타당성이 없다. 파수꾼들은 무장된 군인들이고 제자들은 보통 사람들이었다. 또 그들이 잠잘 때 도둑질하여 갔다는 사실은 어떻게 알았는가? 또 만일 제자들이 시체를 도둑질하여 갔다면, 유대 지도자들은 그것을 능히 찾아내었을 것이다. 또 예수님의 제자들이 선생님의 시체나 감추어 놓고 그가 부활했다고 확신 있게 거짓말을 외치며 기뻐하고 핍박을 받고 순교까지 했다는 것은 가능한 일이 아니다!

유대 지도자들과 군병들은 거짓말을 퍼뜨렸다. 인류 역사는 거짓말들로 가득한 역사이다. 회개치 않는 악인들은 거짓으로 남을 속이며 자신도 속는다. 거짓말을 진리로 믿고 진리를 거짓말로 배척한다. 참된 지식과 믿음을 얻는 것은 하나님의 은혜로만 가능하다. 우리는 모든 거짓을 추방하고 진리만 믿는 자들이 되어야 한다. 우리는 하나님의 은혜로 진리 자체이신 하나님과 예수 그리스도를 믿었고 진리 안에서 살게 되었음을 감사하며 늘 진실하게 살아야 한다.

〔16-17절〕 열한 제자가 갈릴리에 가서 예수[님]의 명하시던 산에 이르러 예수[님]를 뵈옵고 경배하나 오히려 의심하는 자[들]도 있더라.

열한 제자들은 갈릴리에 가서 예수께서 명하신 산에 이르러 부활하신 예수님을 뵈옵고 그에게 경배하였으나 아직 의심하는 자들도 있었다. 의심은 사람 속에 있는 연약한 생각이다. 그러나 우리는 성령의 도우심으로 예수 그리스도의 부활을 믿고 확신케 되었다.

[18-19절] 예수께서 나아와 일러 가라사대[말씀하시기를] **하늘과 땅의 모든 권세를 내게 주셨으니 (그러므로)**[69] **너희는 가서 모든 족속으로 제자를 삼아 아버지와 아들과 성령의 이름으로 세례를 주고.**

예수께서는 하나님의 아들로서 본래 신적 권세를 가지고 계셨지만, 사람이 되신 후에도 그러셔서 요한계시록 5:12-13의 말씀대로 우리의 찬양과 경배의 대상이 되신다. 그는 마귀와 악령들을 제압하시고 죄인들을 구원하실 수 있다. 이제 주 예수께서는 하늘과 땅의 모든 권세를 가지고 그의 제자들에게 세계복음화의 사명을 주신다. 그의 제자들은 그를 힘입어 담대히 이 사명의 일을 행할 수 있다.

이 전도의 명령은 일차적으로 열한 제자들, 즉 사도들에게 주신 것이다. 디도서 1:3, "이 전도는 우리 구주 하나님의 명대로 내게 맡기신 것이라." 전도의 임무는 먼저는 사도들에게 그리고 그들을 이어 목사들과 선교사들에게 있고, 또 넓게는 모든 성도들에게 있다. 이 전도의 일은 주 예수 그리스도께서 신약교회에 주신 최대의 사명이다.

주 예수께서는 제자들에게 온 세계로 가라고 명하셨다. 전도자들은 어느 곳이든지 가야 한다. 전도는 영혼들에게로 찾아가는 것이다. 오는 사람들도 가르치지만, 오지 않는 사람들에게도 가야 한다.

전도의 대상은 모든 족속들이다. 자기 나라 사람뿐 아니라, 온 세계의 모든 사람들이다. 주 예수 그리스도의 명령은 세계복음화, 즉 온 세계에 복음을 전하여 택한 백성들을 구원하는 것이다. 아직도 세상에는 복음을 받지 못한 민족들이 있다고 한다. 세계복음화는 끝나지

---

69) Byz ℵ A cop^{bo-pt} Irenaeus^{lat} 등은 생략함.

않았다고 보인다. 국내전도자들뿐 아니라, 해외선교사들이 필요하다.

'제자를 삼으라'는 주의 명령은 예수 그리스도의 제자를 삼으라는 뜻이다. 우리의 선생님은 예수님뿐이시다(마 23:8-10). 목사는 아무것도 아니다. 오직 하나님께서 구원하시고 새 생명을 자라게 하신다.

주 예수께서는 "아버지와 아들과 성령의 이름으로 세례를 주라"고 말씀하셨다. '이름으로(에이스 εἰς)'라는 말은 '이름 안으로'라는 뜻으로 영적 연합을 가리킨다. 세례는 죄씻음과 하나님과의 영적 연합의 표이다. 죄는 영적인 죽음과 하나님과의 교제의 단절을 가져왔으나 (엡 2:1) 세례는 주 예수 그리스도를 믿음으로 얻은 죄씻음과 새 생명과 삼위일체 하나님과의 영적 연합을 표시하며 확증한다.

〔20절〕 내가 너희에게 분부한[명한] **모든 것을 가르쳐 지키게 하라. 볼지어다, 내가 세상 끝날까지 너희와 항상 함께 있으리라 하시니라.** [아멘.][70]

전도는 복음 전파와 세례로만 그치지 않고 주의 명하신 모든 말씀을 가르쳐 지키게 하는 것이어야 한다. 주께서 명하신 모든 말씀은 사도들을 통해 전달되었고 해설되었고 신약성경에 다 기록되었다. 성경은 하나님의 말씀이다. 오늘날 목사들은 오직 성경 권위에 의존한다. 목사들은 성경을 연구하고 가르치는 일에 충실해야 한다.

가르침의 범위는 주께서 명하신 '모든 것'이다. 편식이 몸에 좋지 않듯이, 우리는 구약도 신약도 가르치며, 율법도 복음도 가르쳐야 한다. 우리는 교리도 윤리도 가르치며, 칭의도 성화도 가르쳐야 한다. 우리는 성경의 모든 말씀을 골고루 읽고 묵상하고 가르쳐야 한다.

또 가르침의 목적은 실천이다. 주께서는 "가르쳐 지키게 하라"고 말씀하셨다. 우리는 하나님의 모든 말씀을 지켜 행해야 한다.

주께서는 이런 명령을 주시면서 후원과 위로의 말씀을 첨가하셨다. "볼지어다, 내가 세상 끝날까지 너희와 항상 함께 있으리라." 주의 종

70) Byz it$^{a\ b\ ff2}$ vg^{mss} syr^{p} cop$^{bo\text{-}pt}$ 등에 있음.

들에게는 하나님의 지도와 도움이 필요하다. 이것은 우리의 낙심과 좌절을 제거해주며 날마다 새 힘을 보장한다. 주님의 이 위로의 말씀은 보혜사[위로자, 격려자] 성령을 통해 이루어질 것이다. 주께서는 사명만 주신 것이 아니고 그 사명을 수행할 수 있는 힘도 보장하셨다. 그러므로 교회들은 전도의 사명 수행에 충실해야 한다.

본장의 교훈을 정리해보자. 첫째로, 우리는 예수 그리스도의 부활을 확신해야 한다. 여자들은 천사들에게 그의 부활의 소식을 들었고 그의 무덤이 비었음을 확인했고 돌아오는 길에 주님을 뵈었다. 제자들은 그의 말씀대로 갈릴리에 가서 주 예수님을 뵈었다. 주 예수께서는 죽으셨다가 다시 사신 주님, 지금도 살아계신 신적 구주이시다. 우리는 우리 죄를 대속하기 위해 십자가에 죽으셨고 삼일 만에 부활하신 예수 그리스도께서 지금도 살아계심을 알아야 한다. 우리는 성경 특히 신약성경을 통하여 주 예수 그리스도를 확신하게 된다. 하나님의 택한 백성은 신약성경의 증언들, 특히 예수님의 기적들과 십자가에 죽으심과 부활하심에 대한 증언들을 통해 예수께서 하나님의 아들 그리스도이시며 우리의 구주이심을 알고 그를 믿고 확신하고 그를 따를 수 있다.

둘째로, 부활하신 주께서는 온 세상에 복음을 전하라고 명하셨다. "너희는 가서 모든 족속으로 제자를 삼으라." 이것은 하늘과 땅의 모든 권세를 가지신 하나님의 아들 주 예수 그리스도께서 신약교회에 주신 특별한 명령, 곧 신약교회가 주께로부터 받은 사명이다. 전도는 주 예수 그리스도를 믿는 우리가 이 세상에서 해야 할 가장 중요한 일이다.

셋째로, 주께서는 세상 끝날까지 우리와 함께하시겠다고 약속하셨다. 20절, "볼지어다, 내가 세상 끝날까지 너희와 항상 함께 있으리라." 성도의 세상 생활은 영적 전쟁과 같고 전도자의 길은 더 그러하지만, 우리는 주님의 약속대로 주 예수께서 성령님으로 우리 안에 항상 계심을 깨닫고 고난 중에도 낙심치 말고 오직 말씀과 기도로, 믿음과 순종으로 행해야 한다.

저자 소개

연세대학교 문과대학 철학과 졸업 (B.A.).
총신대학 신학연구원[신학대학원] 졸업 (M.Div. equiv.).
미국, Faith Theological Seminary 졸업 (Th.M. in N.T.).
미국, Bob Jones University 대학원 졸업 (Ph.D. in Theology).
계약신학대학원 교수 역임, 합정동교회 원로목사.
〔**역서**〕 J. 그레셤 메이천, 신약개론, 신앙이란 무엇인가? 등 다수.
〔**저서**〕 구약성경강해 1, 2, 신약성경강해, 조직신학, 기독교교리개요, 신약성경 전통본문 옹호, 기독교 윤리, 현대교회문제, 자유주의 신학의 이단성, 교회연합운동 비평, 복음주의 비평, 현대교회문제자료집, 천주교회비평 등.

마태복음 강해

2015년 2월 11일 1판
2019년 11월 27일 2판
2025년 5월 16일 3판

저 자 김 효 성

발행처 옛신앙 출판사
Old-time Faith Press
www.oldfaith.net

서울특별시 마포구 독막로 26 (합정동)
합정동교회 내
02-334-8291, 팩스 02-337-4869
oldfaith@hjdc.net

등록번호: 제10-1225호

ISBN 978-89-98821-06-7 03230

♣ **'옛신앙'**이란, 옛부터 하나님의 선지자들과 주 예수 그리스도의 사도들이 가졌던 신앙, 오직 정확 무오(正確無誤)한 하나님 말씀인 신구약 성경에만 근거한 신앙, 오늘날 배교(背敎)와 타협의 풍조에 물들지 않는 신앙을 의미합니다.

"여호와께서 이같이 말씀하시되 '너희는 길에 서서 보며 **옛적 길** 곧 **선한 길**이 어디인지 알아보고 그리로 행하라. 너희 심령이 평안을 얻으리라' 하나, 그들의 대답이 '우리는 그리로 행치 않겠노라' 하였으며"(렘 6:16).

옛신앙 출판사 서적 안내

1. 김효성, **현대교회문제**. [7판]. 198쪽. 4,000원.
2. 김효성, **자유주의 신학의 이단성**. [2판]. 170쪽. 4,000원.
3. 김효성, **교회연합운동 비평**. [2판]. 146쪽. 4,000원.
4. 김효성, **복음주의 비평**. [2판]. 166쪽. 4,000원.
5. 김효성, **천주교회 비평**. [2판]. 97쪽. 3,000원.
6. 김효성, **이단종파들**. [7판]. 88쪽. 2,000원.
7. 김효성, **공산주의 비평**. [4판]. 44쪽. 2,000원.
8. 김효성, **조직신학**. [2판]. 627쪽. 6,000원.
9. 김효성, **기독교 교리개요**. [11판]. 126쪽. 3,000원.
10. 김효성, **기독교 윤리**. [7판]. 240쪽. 5,000원.
11. 김효성, **신약성경 전통본문 옹호**. 166쪽. 4,000원.
12. 김효성, **기독교 신앙입문**. [11판]. 34쪽. 2,000원.
14. 김효성, **창세기 강해**. [4판]. 356쪽. 7,000원.
15. 김효성, **출애굽기 강해**. [3판]. 205쪽. 4,000원.
16. 김효성, **레위기 강해**. [3판]. 164쪽. 4,000원.
17. 김효성, **민수기 강해**. [3판]. 179쪽. 4,000원.
18. 김효성, **신명기 강해**. [2판]. 184쪽. 4,000원.
19. 김효성, **여호수아 사사기 룻기 강해**. [3판]. 216쪽. 4,000원.
20. 김효성, **사무엘서 강해**. [3판]. 233쪽. 5,000원.
21. 김효성, **열왕기 강해**. [3판]. 217쪽. 5,000원.
22. 김효성, **역대기 강해**. [3판]. 255쪽. 6,000원.
23. 김효성, **에스라 느헤미야 에스더 강해**. [3판]. 132쪽. 4,000원.
24. 김효성, **욥기 강해**. [3판]. 190쪽. 4,000원.
25. 김효성, **시편 강해**. [3판]. 703쪽. 10,000원.
26. 김효성, **잠언 강해**. [3판]. 623쪽. 10,000원.
27. 김효성, **전도서 강해**. [3판]. 84쪽. 3,000원.
28. 김효성, **아가서 강해**. [3판]. 88쪽. 3,000원.
29. 김효성, **이사야 강해**. [3판]. 406쪽. 8,000원.
30. 김효성, **예레미야 및 애가 강해**. [3판]. 360쪽. 7,000원.
31. 김효성, **에스겔 다니엘 강해**. [3판]. 295쪽. 6,000원.
32. 김효성, **소선지서 강해**. [2판]. 318쪽. 6,000원.
33. 김효성, **마태복음 강해**. [3판]. 350쪽. 7,000원.
34. 김효성, **마가복음 강해**. [4판]. 224쪽. 5,000원.
35. 김효성, **누가복음 강해**. [3판]. 363쪽. 7,000원.
36. 김효성, **요한복음 강해**. [3판]. 281쪽. 5,000원.
37. 김효성, **사도행전 강해**. [3판]. 236쪽. 4,000원.
38. 김효성, **로마서 강해**. [4판]. 145쪽. 4,000원.
39. 김효성, **고린도전서 강해**. [3판]. 120쪽. 4,000원.
40. 김효성, **고린도후서 강해**. [3판]. 100쪽. 3,000원.
41. 김효성, **갈라디아서 에베소서 강해**. [3판]. 170쪽. 4,000원.
42. 김효성, **빌립보서 골로새서 강해**. [2판]. 143쪽. 4,000원.
43. 김효성, **데살로니가전후서 빌레몬서 강해**. [2판]. 92쪽. 3,000원.
44. 김효성, **디모데전후서 디도서 강해**. [2판]. 164쪽. 4,000원.
45. 김효성, **히브리서 강해**. [3판]. 109쪽. 3,000원.
46. 김효성, **야고보서 베드로전후서 강해**. [3판]. 149쪽. 4,000원.
47. 김효성, **요한1,2,3서 유다서 강해**. [2판]. 104쪽. 3,000원.
48. 김효성, **요한계시록 강해**. [3판]. 175쪽. 4,000원.

☆ **주문: oldfaith.net/07books.htm 전화: 02-334-8291**
☆ **계좌: 우리은행 1005-604-140217 합정동교회**